Wilhelm Pahls

Mit Volldampf durch die Kontinente

Widmung und Dank

Dieses Buch ist in erster Linie
all denen gewidmet, die sich aus Liebe zu Gott
in großer Hingabe für ihre Nächsten einsetzen.
Dabei denke ich ganz besonders an alle
früheren und heutigen Mitarbeiter
im Missionswerk DIE BRUDERHAND
in Oppershausen,
an die vielen Mitstreiter bei der Gründung
und dem Aufbau der Gemeinde
in Wienhausen
und an unsere Missionare, die freiwillig auf vieles
verzichten und in fernen Ländern arbeiten.
Ich widme es aber auch den vielen treuen Christen,
die seit Jahrzehnten in verschiedenen Ländern
in meinen Evangelisationen mitgearbeitet haben,
und ganz besonders allen,
die durch unsere gemeinsamen Einsätze
zum Glauben gekommen sind.

***

Ein besonderer Dank geht auch diesmal wieder
an zwei Frauen, die ganz entscheidend zum Gelingen
dieses Buches beigetragen haben:
An meine Frau Johanna, die während der intensiven Zeit
des Schreibens auf vieles verzichtet,
mir den Rücken freigehalten
und mich immer wieder zum Dranbleiben ermutigt hat,
und an meine Tochter Karina, die mir wieder
ungezählte Stunden ihrer Zeit geschenkt hat,
um mich zu beraten und mir bei den Korrekturen zu helfen.
Dank des technischen Fortschritts ist das ja heute auch
über weite räumliche Entfernungen wunderbar
per E-Mail-Kontakt und Telefon Tag und Nacht möglich.

Wilhelm Pahls

Mit Volldampf durch die Kontinente

Wilhelm Pahls berichtet aus seinem weltweiten abenteuerlichen Dienst

Die Autobiografie, Teil 2

BRUNNEN
VERLAG BASEL · GIESSEN

ABCteam-Bücher erscheinen in folgenden Verlagen

Aussaat Verlag Neukirchen-Vluyn
R. Brockhaus Verlag Wuppertal
Brunnen Verlag Basel und Gießen
Christliches Verlagshaus Stuttgart
Oncken Verlag Wuppertal und Kassel

Bibliografische Information der Deutschen Bibliothek
Die Deutsche Bibliothek verzeichnet diese Publikation in der Deutschen Nationalbibliografie; detaillierte bibliografische Daten sind im Internet über http://dnb.ddb.de abrufbar.

Die Bibelstellen sind, soweit nicht anders angegeben, der Lutherbibel 1999 (mit neuer deutscher Rechtschreibung) entnommen.

Homepage: www.wilhelm-pahls.de
E-Mail-Adresse: wilhelm.pahls@gmx.de

Umschlag: Michael Basler, Lörrach
Fotos Umschlag: Wilhelm Pahls
Satz: Bertschi & Messmer AG, Basel
Druck: Johannis, Lahr
Printed in Germany

ISBN 978-3-7655-1402-9

Inhaltsverzeichnis

Teil 3: Die vielen offenen Türen (ab 1957) 67

Teil 4: Die Zeit der Großevangelisationen (ab 1971) 145

Teil 8: Wie baut man eine Gemeinde? 279

Teil 9: Ein Herz für die Weltmission 303

Teil 10: Menschen, die ich nie vergesse 319

Vorwort
von Werner Gitt

Liest man die Autobiografien von Politikern, so gewinnt man oft den Eindruck, sie wurden zur Rechtfertigung ihres früheren Handelns geschrieben. Der vorliegende Lebensbericht von Wilhelm Pahls hat dagegen einen ganz anderen Tenor. Hier schreibt jemand, um Gott zu danken, um ihm die Ehre zu geben und um dem Leser zu wichtigen Impulsen für das eigene Leben zu verhelfen. Diesem von Gott weltweit eingesetzten Mann, der sich in keine unserer vielen Schubladen pressen lässt, begegnete ich erstmals im Sommer 1978.

Ich führte als Neuling meine erste Zeltmission in Nienhagen, einem kleinen Heidedorf in der Nähe von Celle, durch. Dem Ruf zur Mitarbeit war ich nach einer Predigt von Paul Meyer, dem Gründer der Neulandmission Plettenberg, gefolgt. Ich hatte einem halben Einsatz zugestimmt; mehr traute ich mir zunächst nicht zu. Aufgrund von Änderungen sollte ich dann doch ein volles 10-Tage-Programm als Evangelist bestreiten. Wird das gutgehen? Ich hatte ja bisher keinerlei Erfahrungen in dieser Arbeit! Werden überhaupt Menschen kommen, und wird man das Gesagte akzeptieren?

Rückblickend denke ich noch sehr gerne an diesen Ersteinsatz zurück. Starke Unterstützung erhielt ich durch das Missionswerk DIE BRUDERHAND im nahe gelegenen Wienhausen. Man lud Leute ein, kam selbst, und ein starker Chor bereicherte die Abende. Während dieser Tage kam ein sympathischer, freundlicher Mann auf mich zu und lud mich zu seiner Familie nach Hause zu einem Essen ein. Ich hatte ihn schon mehrmals unter den Zuhörern bemerkt. Dieser mir bis dahin unbekannte Mann war Wilhelm Pahls. Ich wusste damals nicht, dass ich bei dem m. E. größten Evangelisten des deutschen Sprachbereichs zu Gast war. Unvergesslich ist mir, wie er mich in meinem ersten evangelistischen Verkündigungsdienst ermutigt hat.

Später sind wir uns hier und da immer wieder begegnet und zu guten Freunden geworden. Seine Predigten habe ich oft bei Autofahrten zu eigenen Einsätzen gehört, weil sie anregend, ergreifend und motivierend auf mich wirkten.

Ich freue mich, dass mit diesem Buch nun der zweite Teil seiner Autobiografie vorliegt. Ich wünsche ihm eine starke Verbreitung, denn wer das beherzigt, was er hier gelesen hat, kann nicht mehr der Alte bleiben. Die Aussagen regen an und fordern heraus, bisherige Positionen zu überdenken. Wilhelm Pahls nimmt uns nicht nur hinein in eine bewegende und spannend zu lesende Lebensgeschichte; er buchstabiert mit uns die Schritte durch, die Gott ihn selbst geführt hat. Gott hat sich in Wilhelm Pahls ein Werkzeug erwählt und geformt, durch das im Laufe der Jahre Tausende zu Nachfolgern Christi wurden. Viele jener, die in seiner Seelsorge waren, stehen heute selbst im Verkündigungsdienst, im Gemeindedienst oder weltweit auf den Missionsfeldern, um die Ernte Gottes einzusammeln.

Die Biografie wirkt insbesondere authentisch, weil Wilhelm Pahls uns mit großer Offenheit in die verschiedenen Situationen seines Lebens hineinnimmt. Er spricht von Siegen, Niederlagen und Gefahren eines Evangelisten, von Hoffnungen und Ängsten, von Freude und Tränen.

Wer das Buch liest, fragt sich: Was ist das Geheimnis seines vollmächtigen Dienstes? Ich lese folgende markante Punkte heraus:

- Die Bibel ist seine göttliche Informationsquelle, die er über alles stellt. Seine Verkündigung geschieht in unerschütterlicher Treue zum Wort Gottes, ohne auch nur den geringsten Tribut an den Zeitgeist zu entrichten.

- Weiterhin hat er Bücher von großen Gottesmännern gründlich durchgearbeitet und von diesen Vorbildern so viel wie möglich gelernt und umgesetzt.
- Er ist ein Mann des treuen Gebets.
- Er ist ein Vollblutevangelist, der nicht auf Nebenschauplätzen kämpft, sondern einer, der eine volle Stunde nur über Bekehrung reden kann, ohne dass es irgendeinen langweilt. Die Hauptthemen »Wer bin ich Mensch?« und »Wer ist mein Retter?« bleiben unverrückbar im Zentrum der Botschaft – und zwar unabhängig davon, von welchem biblischen Text er ausgeht.

Wilhelm Pahls hat hier viele seiner Erfahrungen als Evangelist niedergeschrieben. Streckenweise könnte man dem vorliegenden Buch auch den Titel »Ratschläge für Evangelisten« geben – in Analogie zu Spurgeons Bestseller »Ratschläge für Prediger«.

Möge der Herr Jesus ihm noch lange die Gesundheit und Kraft erhalten, um in vielen Ländern die beste Botschaft, die es überhaupt gibt, zu verkündigen.

Dir. u. Prof. a. D. Dr.-Ing. Werner Gitt
Braunschweig, im Sommer 2007

Geleitwort von Thomas Vögelin

Ein Mensch, den ich nie vergesse

»Menschen, die ich nie vergesse«, so heißt ein Kapitel in diesem Buch, in welchem Wilhelm Pahls neben einer ganzen Reihe anderer Namen auch meinen Namen erwähnt. Ich freue mich sehr darüber, dass ich für ihn zu diesen Menschen zähle.

Denn andersherum ist es für mich ganz gewiss auch so: Für mich ist Wilhelm Pahls ein Mensch, den *ich* nie vergesse. Außer meiner Ehefrau hatte er den stärksten Einfluss in meinem Leben, wofür ich Gott und ihm ewig dankbar bin.

Um deutlich zu machen, welche Bedeutung Wilhelm Pahls für mein Leben hatte und hat, möchte ich an dieser Stelle mein Lebenszeugnis schreiben.

Wie aus einem biederen, frommen jungen Mann ein leidenschaftlicher Missionar wurde

Aufgewachsen bin ich in engem Kontakt mit einer Evangelisch-methodistischen Kirche in der Schweiz. Wie es sich für einen frommen Jungen gehört, nahm ich an jedem Gottesdienst, an jeder Jugendstunde und an vielen anderen Veranstaltungen teil. Ich rauchte nicht, tanzte nicht, fluchte auch nicht. Aber echte Freude kannte ich damals nicht. Im Gegenteil: Ich sehnte mich nach dieser Freude, doch stattdessen war in mir eine gähnende Leere.

Unvergesslich bleibt mir der Abend, als ich mit 19 Jahren, am 8. Juni 1977, zum ersten Mal das Zelt der Schweizerischen Zeltmission in Sissach betrat. Das ganze Programm berührte mich stark. Dann trat Wilhelm Pahls ans Mikrofon. Die Predigt sprach mich direkt an. Plötzlich wusste ich: Das gilt mir! Wenn ich weiterlebe wie bisher, bin ich ewig verloren. Es folgten schlaflose Nächte. Am Freitagabend rang ich mich dann durch, ins Seelsorgezelt zu gehen. Ich war einer von zehn, denen Wilhelm Pahls noch einmal ganz gründlich den Heilsweg erklärte. Dann traf ich meine größte Entscheidung. Anschließend gab Wilhelm Pahls mir die Broschüre »Das harrt Ihrer« des Radio-Evangelisten Werner Heukelbach.

Auf dem Nachhauseweg überfielen mich plötzlich starke Zweifel. War das echt, was ich da erlebt hatte, oder handelte es sich nur um eine Gefühlssache? Ich bat Gott, dass *er* mir doch ein Zeichen geben möge. Als ich am nächsten Morgen mit dem Zug zur Arbeit fuhr, saß in meinem Abteil eine ältere Frau, die die gleiche Broschüre von Werner Heukelbach aus ihrer Tasche zog und mir überreichte. Das war für mich ein klares Zeichen von Gott, dass meine Entscheidung vom Vortag richtig war.

Am Sonntagabend saß ich wieder im Zelt. Während der Predigt spürte ich eine tiefe innere Freude. Ich wusste: Jetzt habe ich Jesus. Ich war ganz sicher: Jetzt bin ich wiedergeboren, jetzt bin ich ein Gotteskind.

Das, was ich erfahren hatte, wollte ich unbedingt weitersagen. Am liebsten wollte ich vollzeitlich – wie Wilhelm Pahls – vielen anderen das Evangelium verkündigen.

Meine Familie verstand mich nicht, aber sie sagten: »Das wird sich schon wieder geben.« Bis heute können sie meinen Weg nicht verstehen und nicht unterstützen.

Einige Monate später saß ich in einem kleinen Gottesdienst, wo ein junger Mann von der Bibelschule Brake seine Geschichte erzählte. Dies war ausschlaggebend für mein weiteres Leben. Später studierte auch ich an dieser Bibelschule in Deutschland, mit dem Ziel, einmal in die Schweiz zurückzukehren, um viele Schweizer für Jesus zu gewinnen.

Während meiner Bibelschulzeit bekam ich zweimal[1] die Möglichkeit, neben Wilhelm Pahls als Zeltdiakon im Zelt mitzuarbeiten. Seine feste Entschlossenheit, sich jeden Tag mit uns und anderen im Gebet zu treffen und trotz vieler Angriffe nicht am Auftrag der klaren Verkündigung zu zweifeln und sich niemals mit »Durchschnittlichem« zufriedenzugeben, waren wichtige Dinge, die mir bei Wilhelm Pahls auffielen und die dann mein weiteres Leben prägten.

Während der Botschaft saß ich meist betend im alten Wohnwagen, der zum Tonstudio umgebaut war. Mit den Ohren hörte ich die Botschaft, mit den Augen sah ich die vielen Besucher, und dann dachte ich wieder: »Heute sollte es doch für jeden klar sein!« Und tatsächlich: Jeden Abend kamen die Menschen, um sich zu bekehren und ein neues Leben mit Jesus zu beginnen.

Während der drei Jahre Ausbildungszeit in Brake legte mir Gott eine große Last für die ganze Welt aufs Herz. Wie dankbar denke ich heute an die Anfänge zurück. Immer wieder hörte ich Kassetten von Wilhelm Pahls. Viele Predigten, besonders die Vorträge über Freundschaft, Liebe, Sexualität und Ehe, konnte ich nach einiger Zeit fast auswendig. Für mich war schnell klar – daran gab es überhaupt keinen Zweifel –, dass ich nur eine Frau heiraten konnte, die auch ein Herz für Weltmission hatte. Und diese Frau, Mechthild, fand ich in meiner Bibelschulklasse.

Als wir 1984 geheiratet hatten, nahmen wir am großen Jugendmissionskongress in Stuttgart teil. Ein wildfremder Missionar kam auf mich zu und sagte mir: »Wenn ich ein Vöglein wäre, würde ich nach Chile fliegen.« Durch diesen Satz erlebte ich meine Berufung nach Chile.

Dort verbrachten wir bald darauf die schönsten Jahre unseres Lebens und spürten nach und nach, dass nicht Gemeindebau, sondern die Motivation von Jugendlichen für die Weltmission unsere Aufgabe war. Mit nur 23 Schülern begannen wir 1990 unsere erste Schulungskonferenz inmitten eines Slumgebiets in einem kleinen Dorf namens Melipilla. Diese Arbeit hat sich später auf fünf Länder der Konusspitze Süd-Amerikas ausgeweitet. Inzwischen arbeiten Mechthild und ich schon 23 Jahre im Missionsdienst als Missionare der DMG.

Das, was ich als Zeltdiakon in wenigen Monaten erlebte, bieten wir jetzt als Short-term-Programm sogar für junge Europäer an. Schon fast achtzig junge Leute sind mit CEC[2] für mehrere Monate im Missionsdienst innerhalb Süd-Amerikas unterwegs gewesen und sind tief verändert wieder nach Deutschland zurückgekehrt. Es ist eine Lebensschule, in der manche dieser jungen Leute – genau wie ich kurz nach meiner Bekehrung – ihren Ruf in die Mission erhalten. An unserem internationalen Kongress »CIMA 2007« im Januar nahmen über tausend Jugendliche teil.

Das CEC wäre ohne Wilhelm Pahls nicht das, was es heute ist. Er zeigte mir, wer ich vor Gott bin, und half mir zu einer klaren, radikalen Bekehrung. (Sehr schade, dass ausgerechnet seine klare Verkündigung oft so hart angegriffen wurde. War es doch gerade diese, die so vielen geholfen hat.) Wilhelm Pahls war für mich ein krasses Vorbild – so würden meine Kinder dies ausdrücken –, jemand, dem ich unbedingt nacheifern wollte. Ich wusste: So möchte ich leben, das war für mich echt.

In den ersten Jahren lernte ich ganze Botschaften von ihm auswendig und übernahm seine Evangelisationsmethoden. Jemand kam einmal nach einer Predigt zu mir und sagte: »Diese Predigt habe ich doch schon mal von Wilhelm Pahls gehört!«

Er gab mir tiefe christliche Wahrheiten für die Ehe, die Familie und meinen Dienst weiter. Durch die Informationsblätter »ECHO. Mitteilungen aus dem Missionswerk DIE BRUDERHAND« und durch die Kassetten, die ich mehrmals gelesen bzw. gehört hatte, war Wilhelm, ohne es zu wissen, mein indirekter Mentor. Obwohl ich anfangs stark auf ihn fixiert war, führte Gott mich doch eigene, persönliche Wege.

Seine »schweren Zeiten« (Tod seiner Frau Margrit) wurden mir zum besonderen Segen. Wenn ich nur die Sonnenseiten mitbekommen hätte, hätte ich mich oft gefragt: »Was läuft bei mir schief?« So waren seine dunklen Tage Trost und Motivation, wahrscheinlich nicht nur für mich. Ein Unbekannter sagte einmal: »Die Erde, die nur Sonne kennt, wird früher oder später zur Wüste.«

Im Juni wurden es dreißig Jahre, seit ich mich bei Wilhelm Pahls bekehrte. Viele, viele Male habe ich aus seinem Munde den Satz gehört:

> Die Zeit ist kurz, o Mensch, sei weise
> und nütze jeden Augenblick,
> nur einmal machst du diese Reise,
> lass eine Segensspur zurück!

Dieser Satz prägte sich tief in mein Leben ein. Sogar meine Kinder können ihn auswendig. Darum geht es: Lass eine Segensspur zurück!

Thomas Vögelin, Leiter des CEC in Süd-Amerika
Im Sommer 2007

Einführung von Wilhelm Pahls

Lebt er noch? – Schlagt ihn tot!

So heißt der erste Teil meiner Autobiografie, die im Herbst 2006 im Brunnen Verlag erschien.

Ja, er lebt noch! Wie lange noch, das liegt natürlich in Gottes Hand.

Jedenfalls konnte ich – nach vielen Nachfragen und Ermutigungen aus dem Leserkreis – jetzt auch den zweiten Teil meiner Autobiografie fertigstellen.

Das erste Buch beschäftigt sich mit den ersten dreißig Jahren[3] meines Lebens: mit der atemberaubenden Geschichte meiner Kindheit und Jugend, mit dem Leben auf dem Bauernhof, mit meiner Schulzeit, mit den Kriegsjahren, mit meiner Ausbildung und den wilden Jahren in meiner Musik-, Tanz-, Motorrad- und Schulden-Ära, aber auch mit der totalen Lebenswende und den abenteuerlichen Erlebnissen in einem hochinteressanten christlichen Dienst.

Es wäre natürlich ein ganz großer Vorteil für alle, die jetzt diese Fortsetzung lesen wollen, wenn sie vorher den ersten Teil gelesen hätten.

In Teil 2, also in diesem Buch, geht es hauptsächlich um die tiefgreifenden Erlebnisse der Jahre 1966 bis 1995. Dabei schließt sich dieser Teil allerdings nicht nahtlos an. Es ging mir von Anfang an nicht so sehr darum, eine chronologische Folge der Ereignisse aufzuschreiben. An manchen Stellen greife ich zurück und erzähle von Erfahrungen, die entscheidend wichtig waren für meinen späteren Lebensweg.

Mein Hauptanliegen mit dem Schreiben meiner Biografie ist nicht, aller Welt so viel wie möglich von meiner Person mitzuteilen. Was mir bei dem Erzählen meiner Geschichte wirklich wichtig ist, ist etwas anderes: Ich will deutlich werden lassen, dass Gott es ist, der Geschichte schreibt.

Wenn in diesem Buch von großen Abenteuern und wunderbaren Begebenheiten die Rede ist, dann ist mir bewusst, dass alles Großartige, das in meinem Leben geschehen ist, nicht mein Verdienst ist, sondern es ist das Wirken Gottes. Wir können auch im allergünstigsten Fall immer nur Mitarbeiter sein. Manchmal sind wir sogar nur Zuschauer.

Eine meiner größten Entdeckungen und Erkenntnisse möchte ich folgendermaßen beschreiben: Es ist einfach nicht wahr, was einige uns ständig vorgaukeln wollen. Sie sagen fälschlicherweise:

Wer mehr weiß,
wer mehr kann
oder wer mehr verdient,
der hat mehr vom Leben.

Wer das meint, ist einem großen Irrtum erlegen, vielleicht auch einem schlimmen Selbstbetrug. Die Wahrheit sieht nämlich ganz anders aus. In Wirklichkeit ist es so:

- Nicht der Mensch, der mehr weiß, sondern der Mensch, der von dem, was er weiß, möglichst viel umsetzt, hat mehr vom Leben!
- Nicht der Mensch, der mehr kann, sondern der Mensch, der möglichst viel von dem, was er kann, anwendet, hat mehr vom Leben!
- Nicht der Mensch, der mehr hat, sondern der Mensch, der möglichst viel von dem, was er hat, weitergibt, hat mehr vom Leben!

Umsetzen, anwenden, weitergeben – das sind die Schritte zu einem reichen, zufriedenen, glücklichen Leben.

Erschütternd war für mich eine unvergessliche Begegnung auf einer Süd-Amerikareise. Das traurige Beispiel möchte ich gern erzählen:

Vor mir saß ein 36-jähriger Mann. Er weinte. Er war untröstlich. Meine Predigt über ein wirklich lohnendes Leben hatte ihn derart erschüttert, dass ihm seine ganze Lebensreise wie eine leere Seifenblase vorkam.

Vier Jahre hatte er die Grundschule besucht. Dann kamen acht Jahre auf dem Gymnasium und anschließend achtzehn Jahre Studium in allen möglichen Bereichen. Er beherrschte sieben Fremdsprachen. Er hatte verschiedene Länder kennengelernt und eine Reihe Studiengänge erfolgreich abgeschlossen.

Das alles konnte er schaffen und sich auch leisten, weil er sehr intelligent war und weil seine verstorbenen Eltern ihm ein großes Vermögen hinterlassen hatten.

Nun saß er da, völlig niedergeschlagen, ja total verzweifelt, und stammelte: »Ich glaube, ich bin der Ärmste in der ganzen Stadt. Ich habe praktisch umsonst gelebt. Und das Traurigste: Ich bin sogar Christ, aber ich habe eigentlich nie richtig mitgearbeitet, ich habe nie etwas Besonderes für Gott und für andere getan. Wozu habe ich eigentlich bis jetzt gelebt?«

Ein altes Sprichwort sagt:

Willst du glücklich sein im Leben,
trage bei zu anderer Glück,
denn die Freude, die wir geben,
kehrt ins eigene Herz zurück.

Oh, wie wahr ist dieser weise Spruch. Das gilt für alle Lebensbereiche – auch in der Ehe und in der Familie, das gilt in der Schule, das gilt besonders in der Kirchengemeinde, aber auch in der Wirtschaft und sogar in der Politik.

Auch bei diesem zweiten Buch werden sich sicherlich manche fragen, wie ich nur auf einen so reißerischen Titel kommen konnte. Das will ich erklären. Kein Buchtitel könnte besser ausdrücken, mit welchem Tempo sich mein Lebensalltag ereignete. Mit Volldampf. Mit Höchstleistung. Das war mir damals aber gar nicht so bewusst. Mir war auch nie unwohl dabei. Ich fühlte mich nicht überfordert, nicht gestresst, nicht ausgenutzt. Ich hatte schließlich über zwanzig Jahre in der Sünde gelebt und so unendlich viel nachzuholen. Das wollte ich tun, und zwar mit ganzem Herzen.

In den ersten Dienstjahren war ich eigentlich noch ziemlich »sesshaft« und evangelisierte hauptsächlich in der Schweiz, dann mehr und mehr auch in Deutschland, Frankreich und Österreich. Doch bald brachen die Dämme, und es ging mir fast wie John Wesley, der sagte: »Mein Kirchspiel ist die ganze Welt.«

Das Geheimnis des Glücks liegt in der Hingabe!

Genau dazu will dieses Buch uns einladen. Es soll nicht nur eine Autobiografie sein, sondern ein Appell an unsere Gefühle und an unseren Verstand. Es soll unser Gewissen wachrütteln und uns herausfordern zu einem hingegebenen, wirklich lohnenden Leben.

Mein Ziel mit diesem Buch ist nicht nur, eine wahre und spannende Geschichte zu schreiben, sondern viele Leser zu einer echten Gewissensprüfung zu bewegen und sie einzuladen zu einer Totalhingabe an den, der aus Liebe zu uns das Letzte für uns eingesetzt hat.

Wilhelm Pahls
Wienhausen, im Sommer 2007

Teil 1: Das Geheimnis des Glücks

Glücklich machen, das ist's

Autobahnen kann man nicht nur zum Fahren nützen. Man kann auf der Autobahn auch Menschen glücklich machen – und dann sogar selbst überglücklich weiterfahren.

Ich fuhr ausnahmsweise ganz gemächlich auf dem rechten Fahrstreifen auf der A1 von Zürich kommend in Richtung Bern. Schon aus der Ferne sah ich auf dem rechten Standstreifen einen Mann neben seinem kleinen Lieferwagen stehen. Er hatte offensichtlich ein Problem.

Schnell versetzte ich mich in seine Lage und dachte so bei mir: »Der Mann hat ein Problem; er braucht jetzt jemanden, der sein Problem lösen kann. – Vielleicht bin ich dieser Jemand?« Ich bremste langsam ab und stand schließlich kurz vor seinem Fahrzeug auch auf dem Seitenstreifen.

Dann stieg ich aus, ging dem Mann entgegen und fragte: »Was haben Sie für ein Problem?« Er lachte und sagte: »Eigentlich nur ein ganz einfaches: Ich habe kein Benzin mehr.« Ich lachte zurück und sagte: »Das ist wirklich ein ganz einfaches Problem – und stellen Sie sich vor: Das kann ich lösen, ich habe nämlich fünf Liter Benzin im Reservekanister in meinem Kofferraum.« Er strahlte. Ich holte meinen Kanister heraus, während er schon den Tankdeckel von seinem Kleintransporter abschraubte. Doch als ich gerade mit dem Einfüllen beginnen wollte, stammelte er ganz bedröppelt: »Ich habe noch ein Problem.« Das verstand ich jetzt nicht. »Noch ein Problem? Wie meinen Sie das?« Er seufzte und sagte halblaut: »Ich habe nicht einmal Geld bei mir.« Ich machte ganz ruhig weiter und erklärte ihm: »Das ist nun wirklich kein Problem; dann schenke ich Ihnen die paar Liter.«

Er war sicher froh über meine Bemerkung und auch darüber, dass ich meine Hilfsaktion fortsetzte. Aber dann merkte ich, wie er mich von oben bis unten musterte. Und während ich noch beim Eingießen war, fragte er mich: »Sagen Sie mal: Warum machen Sie das?« Ich nahm den Kanister etwas zurück und fragte: »Ja, soll ich aufhören?« Er bat mich und fragte noch einmal: »Nein, bitte nicht! Aber warum machen Sie das?«

Darauf konnte ich ihm natürlich leicht antworten: »Weil es uns allen viel besser geht, wenn wir uns gegenseitig helfen.« Ich glaube, das sah er auch so. Und dann fragte er: »Was machen Sie sonst so?« Und ich antwortete sofort: »Ich bin Evangelist«, dachte aber, er würde das überhaupt nicht verstehen.

Kleine Pause. Wir waren uns ja früher noch nie begegnet. Aber jetzt wurde es richtig spannend. »Evangelist? Sie sind Evangelist? – Jetzt sagen Sie nur noch, Sie heißen Pahls?« Als ich das bejahte, fing er an, sich zu entschuldigen: »Sie waren doch vor einiger Zeit als Redner bei einer großen Veranstaltung in Bern.« Damit hatte er Recht. »Ja«, sagte ich, »dort hatten wir eine Großevangelisation, und ich war jeden Abend der Redner. Der Einsatz dauerte über drei Wochen. Es war gewaltig. Zuletzt kamen über 6000 Besucher pro Abend. Waren Sie auch dort?« – »Nein«, sagte er sichtlich beschämt, »wir wohnen nicht in Bern, aber meine Verwandten sind immer dorthin gefahren. Sie haben mich so oft eingeladen, aber ich habe abgelehnt und bin nie mitgefahren. Und jetzt kommen Sie hier auf der Autobahn zu mir und schenken mir Benzin. Ich bin richtig fertig. Wirklich. Es tut mir leid ... Aber wenn Sie mal wieder nach Bern kommen, bin ich ganz bestimmt dabei.«

Ich spürte, dass er es ernst meinte.

Wir hatten dann noch eine kurze, aber sehr bewegende Unterhaltung. Nachdem ich ihm das Buch »Jesus unser Schicksal« geschenkt und ihm noch ein paar gute Ratschläge gegeben hatte, verabschiedeten wir uns und machten uns beide glücklich auf die Weiterreise.

Ich bin ziemlich sicher, dass der Mann glücklich war. Ich war's aber auch! Ja, ich denke, dass *ich* noch glücklicher war als er, dass ich an dem Tag vielleicht sogar der glücklichste Mann auf der Schweizer Autobahn war.

Das ist ein Geheimnis! Die Bibel beschreibt es so: »Geben ist seliger als nehmen!« (Apostelgeschichte 20,35).

Wie wahr das ist! Aber die meisten lernen es nie und verpassen dabei die schönsten Seiten des Lebens. Ich habe jedenfalls noch nie einen wirklich glücklichen Egoisten getroffen.

Jemand sagte einmal: »Der schönste Dank für Gottes Gaben ist der, dass man sie weitergibt.« Und ich meine: »Ein hingegebenes Leben zum Wohl für andere ist das größte und schönste Abenteuer des 21. Jahrhunderts.«

Der erfolgreiche Eheberater Oeser sagte einmal: »Wer verstanden werden will, sollte nicht heiraten. Verstehen, das ist's. Wer glücklich werden will, sollte nicht heiraten. Glücklich machen, das ist's!«

Das ist wahr, das ist wirklich wahr: »Glücklich machen, das ist's!«

Ich erinnere mich gut an ein Erlebnis auf einem Kaufhausparkplatz. Ich hatte, auf der Suche nach einer Parklücke, bereits einige Runden gedreht. Dann endlich sah ich, wie zwei Rückfahrscheinwerfer aufleuchteten und ein Auto langsam rückwärts aus einer Parklücke kam. Während ich mich dann mit meinem Auto der freigewordenen Lücke näherte, kam von der Gegenseite – vielleicht drei Sekunden nach mir – auch ein Auto, am Steuer eine Frau in mittleren Jahren. Sie hatte auf der Suche nach einem freien Parkplatz wohl auch schon einige Runden gedreht. Doch ich war tatsächlich ein ganz bisschen früher da und bog bereits in die freigewordene Parklücke ein. Da sah ich ihr verzweifeltes Gesicht und dachte blitzartig an die Worte: »Gib, und dir wird gegeben!«

Ein kurzer innerer Kampf – dann drehte ich die Scheibe runter und rief der Frau zu: »Ich glaube, Sie suchen auch verzweifelt eine Parklücke. Ich überlasse Ihnen diese. Vielleicht finde ich bald eine andere.« Dann fuhr ich wieder zurück. Danach gab ich der Frau noch ein paar Handzeichen für ihr Manöver in die schmale Parklücke. Natürlich war sie überglücklich und bedankte sich ebenso überschwänglich. Kurz darauf hatte ich tatsächlich auch einen Platz gefunden und fühlte mich richtig gut.

Doch ungefähr zehn Minuten später – als ich das riesige Kaufhaus betreten hatte – kam erst der eigentliche Höhepunkt der Geschichte. Die fremde Frau vom Parkplatz hatte ich vorher nie gesehen und ging davon aus, dass ich sie auch in Zukunft nie wiedersehen würde.

Ich schob den Einkaufswagen durch einen fast endlosen Gang und suchte einige Sachen, die meine Frau mir auf einem Zettel notiert hatte. Da rief plötzlich jemand aus einiger Entfernung mitten aus der Menschenmenge mit strahlendem Gesicht: »Noch mal vielen, vielen Dank!« Es war die Frau vom Parkplatz. Ich spürte, dass ich ihr eine große Freude gemacht hatte. Doch als ich ihr strahlendes Gesicht sah, war ich selbst wahrscheinlich noch glücklicher als sie. So einfach ist das.

So einfach ist das – und doch fällt es uns oft so schwer. Wie viele verpasste Gelegenheiten gibt es auch in meinem Leben. Darum nehme ich es mir immer wieder neu vor: Ich will für Gott und für andere leben! Nur dann findet mein Leben wahre Erfüllung.

Qual oder Freude

Um gleich ganz offen und ehrlich zu sein: Einkaufen ist für mich fast jedes Mal eine richtige Qual. Vielleicht ist es eher Frauensache, und Männer haben eine andere Berufung? Vielleicht bin ich da aber auch eine Ausnahme.

Manchmal lässt es sich allerdings nicht vermeiden. Dann muss ich eben mit, weil ja kein anderer für mich meinen zukünftigen Anzug oder die Schuhe anprobieren kann. Manchmal muss ich auch mal mit einem Einkaufszettel allein in den Supermarkt. Zum Glück kommt das nur sehr selten vor. Auch den Schaufensterbummel überlasse ich nur allzu gern anderen. Das scheint allerdings bei vielen Männern ganz ähnlich zu sein.

Nun ein kleines Erlebnis, das für mich sehr aufschlussreich war: Ich hatte fast alles, was auf meinem Zettel stand, gefunden und im Einkaufswagen deponiert und schob ihn jetzt mit der ganzen Fracht zur Kasse. Dort traf ich auf eine lange Schlange ebenso voller Einkaufswagen und bemerkte schnell, dass die drängelnden Frauen fast alle in großer Zeitnot waren. Ich dachte so bei mir: Sicher sind einige mit ihren Gedanken bereits beim Essenkochen oder bei den Kindern, die jeden Augenblick aus der Schule kommen. Endlich näherte ich mich mit meinem übervollen Transportmittel dem Förderband. Schon einige Minuten hatte ich eine Frau hinter mir bemerkt, die mir den Eindruck machte, dass sie langsam am Verzweifeln war. Mein voller Einkaufswagen musste ihre Ungeduld wohl zusätzlich hochgekocht haben. Sie trippelte, murmelte vor sich hin und sah todunglücklich aus.

Während des zehnminütigen Schlangestehens hatte ich mir schon etwas Besonderes ausgedacht, aber ich hatte die Frau hinter mir absichtlich noch zappeln lassen. Doch dann kam mein großer Augenblick. Statt mein erstes Päckchen aufs Band zu legen, drehte ich mich um und sagte zu der Frau: »Ich glaube, Sie sind ziemlich in Zeitnot. Wollen wir die Plätze tauschen?« Kaum zu beschreiben, wie überrascht die Frau mich ansah, strahlte und sich für mein winziges »Geschenk« bedankte. Kurz darauf hatte sie ihre Ware bezahlt und lief mit ihrem Wagen auf den Ausgang zu. Dabei drehte sie sich einige Male um und winkte mir zu, um damit anzudeuten, dass sie mir sehr dankbar war. Ich kam zwar ein paar Minuten später zu meinem Auto, aber an dem Tag war ich sicher der glücklichste Mensch auf dem Supermarktgelände.

Es ist eigentlich so einfach, zwei Menschen gleichzeitig glücklich zu machen – nämlich denjenigen, dem man etwas Gutes tut, und gleichzeitig sich selbst.

Teil 2: Das große Abenteuer

Der schönste Beruf

Bestimmt gehen die Meinungen hier weit auseinander. Ich will jetzt auch keine allgemein gültigen Behauptungen aufstellen, sondern einfach sagen, wie ich es empfinde.

Grundsätzlich sind diejenigen die glücklichsten Menschen, die sich am meisten für das Wohl anderer einsetzen. Dazu gibt es auch unendlich viele Möglichkeiten auf fast allen Ebenen.

Wie oft habe ich schon in strahlende Augen gesehen, nur weil ich einem wildfremden Mann neben der Parkuhr einen Parkgroschen schenkte oder einer Frau den Koffer in den Zug hob. Oder weil ich auf einem Parkplatz kurz ausstieg, um einem jungen Mann beim Anschieben seines alten Autos zu helfen. Fast jeder Tag ist voller Gelegenheiten, ein paar kleine Glücksbringer zu entdecken, die nicht nur den Beschenkten, sondern auch den Schenkenden glücklich machen.

Doch jetzt zum schönsten Beruf. Ich denke, dass fast jeder seinen Beruf zum schönsten Beruf machen kann. Wie oft staune ich darüber, in welch großartiger Weise das vielen Zeitgenossen gelingt. Mir ist aufgefallen, dass Menschen kaum einmal so glücklich aussehen wie dann, wenn sie gerade eine gute Tat vollbracht haben und in die leuchtenden Augen des Beschenkten sehen. Und genau das darf ein Evangelist in seinem Dienst fast täglich erleben, auch wenn das natürlich nicht der Hauptgrund ist, gerade diesen Beruf zu ergreifen.

Es ist etwas Eigenartiges: Viele Evangelisten, die ich kennenlernte, waren Seiteneinsteiger. Manche von ihnen haben vorher jahrelang in einem anderen Beruf gearbeitet und ganz andere Ziele angestrebt. Einige haben sogar eine sehr bewegte – um nicht zu sagen: eine sehr turbulente – Vergangenheit hinter sich. Sie hätten sich nie vorstellen können, später einmal als Evangelisten durch die Welt zu reisen. Manche haben nicht einmal eine theologische Ausbildungsstätte besucht. Kaum einer von ihnen ahnte vorher etwas von seiner späteren Tätigkeit. Aber alle, die ihre Berufung ernst genommen und sich ganz ihrer Bestimmung hingegeben haben, sind sicher meiner Meinung, wenn ich sage: Der evangelistische Dienst ist einerseits eine mühsame, an den Kräften zehrende, opfervolle Tätigkeit, aber anderseits eine der schönsten Aufgaben, die ein Mensch ausüben kann.

Wie wird man eigentlich Evangelist?

Die Bibel zeigt uns ganz klar:

1. Ein Mensch kann und muss – wenn er ins Reich Gottes kommen will – sich einmal persönlich für Jesus entscheiden.
2. Er kann und sollte – wenn er im Glaubensleben ernsthaft vorwärts kommen will – sich sofort für eine gute Gemeinde entscheiden.
3. Er sollte sich auch – wenn er wirklich etwas für Gott bewegen will – für ein hingegebenes Leben und für eine bestmögliche Mitarbeit in seiner Gemeinde entscheiden.
4. Aber – und das ist ganz wichtig – kein Christ kann ohne göttliche Berufung einfach von sich aus entscheiden, einmal Bibellehrer oder Pastor oder Evangelist zu werden.

Eine Bibelschule oder eine höhere theologische Ausbildungsstätte können einen unschätzbaren Wert haben und den späteren Dienst für Jesus sehr bereichern, aber für einige bestimmte Aufgabenbereiche – zum Beispiel auch für den Dienst des Evangelisten – sind erstens eine klare göttliche Berufung und zweitens eine spezielle Begabung durch den Heiligen Geist ganz unumgängliche Voraussetzungen.

Bei manchen Reichgottesarbeitern hat man gelegentlich den Eindruck: Dem fehlt eine klare Berufung für den Dienst, den er gerade tut. Dies ist jetzt aber kein Vorwurf. Ich will damit nur sagen, dass einige am falschen Platz eingesetzt sind. Wenn die göttliche Berufung und dann auch noch die Ausrüstung von oben fehlen, wird es nie zu einem wirklich vollmächtigen Dienst im Reich Gottes kommen. Das ist auch der Grund dafür, dass man zum Beispiel bei manchen Pastoren den Eindruck hat, sie sollten lieber eine ganz andere Aufgabe übernehmen.

Nicht jeder Christ ist zum Pastor oder zum Missionar, zum Bibellehrer oder zum Evangelisten berufen, aber alle Christen sind gleichwertig vor Gott und jeder Christ hat einen ganz wichtigen, von Gott zuvor bereiteten Platz in der Mitarbeit. Es ist so ungeheuer wichtig, dass jeder Christ einmal für sich herausfindet, zu welcher speziellen Aufgabe Gott ihn bestimmt hat.

Ich bin fest davon überzeugt, dass viele Christen weit unter ihren Möglichkeiten leben. Sie ahnen gar nicht, was alles durch sie geschehen könnte, wenn sie sich an der richtigen Stelle ganz Jesus zur Verfügung stellen würden.

Mein Weg in die evangelistische Arbeit

Wenn es nach meinem Vater gegangen wäre, wäre ich ja Bauer geworden, aber wir waren drei Söhne und hatten nur einen Bauernhof. So kam es dann, dass Hermann, unser älterer Bruder, wie es in unserer Gegend Brauch war, den Hof übernahm und mein jüngerer Bruder Gerhard und ich eine ganz andere Richtung einschlugen.

Ich verließ schon mit fünfzehn Jahren das Elternhaus und wohnte dann dreieinhalb Jahre bei meinem Lehrmeister, um erst einmal meinen Traumberuf »Automechaniker«[4] zu erlernen. Gerhard, mein jüngerer Bruder, lernte später Bauschlosser.

Damals konnte ich nicht ahnen, welch ein abenteuerlicher Lebensweg noch vor mir lag.

- Mit 16 Jahren erfüllte sich mein erster großer Traum vom eigenen kleinen Motorrad.
- Mit 18 Jahren konnte ich endlich den »großen Führerschein« machen und durfte dann öfter mit der schweren Maschine meines Arbeitskollegen unterwegs sein.
- Mit 19 Jahren erfüllte sich einer meiner größten Jugendträume, als ich endlich mit meiner eigenen 400er Horex über die Straßen brausen konnte. Es war eins der schnellsten Motorräder in unserer Gegend. Richtig abenteuerlich wurde es dann, als ich meine Maschine noch mit einem rassigen Steib-Seitenwagen ergänzen konnte.
- Mit 20 Jahren kam für mich die gewaltige Begegnung mit Jesus, die mein Leben – mein Denken, Reden und Tun – in jeder Hinsicht total veränderte. Alles, was danach geschah, hätte ich mir vorher nie vorstellen können. Von mir aus hätte ich den Weg wohl auch nie gewählt.
- Mit 21 Jahren hielt ich bereits meine ersten Predigten und war dann bald als Laienprediger in vielen norddeutschen Gemeinden im Einsatz.
- Mit 23 Jahren heiratete ich. Margrit war erst 19 Jahre alt. Nach zehn Monaten waren wir bereits glückliche Eltern. Über all diese Stationen berichte ich sehr ausführlich in meinem ersten Buch.
- Mit 24 Jahren (1960) erlebte ich die Gründung des Missionswerks DIE BRUDERHAND, in dem ich später jahrzehntelang meinen Dienst tun sollte.
- Mit 25 Jahren begann dann – inzwischen hatten wir bereits zwei Kinder – der vollzeitliche evangelistische Dienst, der mich bald in viele Länder auf dem Globus führte.

In diesem Buch möchte ich erzählen von meinen Ängsten und Hoffnungen, von Niederlagen und Siegen, von Tränen und Lachen, von Trauer und Glück. Ich will meine Leser mit hineinnehmen in das atemberaubende Abenteuer eines weltweiten Dienstes.

Es kam ganz anders

Eigentlich hatte ich meinen erlernten Beruf geliebt. Ich erinnere mich gut an eine Phase kurz nach meiner Gesellenprüfung, in der ich mir ernsthaft Gedanken über meine weitere Lebensplanung machte. Damals dachte ich, ich sollte jetzt erst einmal Erfahrungen in meinem Beruf sammeln, dann etwas in der Welt herumkommen und danach meine Meisterprüfung machen und nach einigen weiteren Jahren mit einem eigenen Betrieb beginnen. Bei diesen Gedanken war ich ziemlich sicher, dass mein Vater mir beim Start tatkräftig helfen würde. Auf alle Fälle wollte ich mich einmal selbstständig machen und eine Menge Geld verdienen.

Die Zwischenzeit war viel zu kurz, um viele praktische Erfahrungen in meinem erlernten Beruf machen zu können, weil ich schon bald in eine kaufmännische Tätigkeit und auch in andere Aufgaben wechselte. Ich habe keine Meisterprüfung gemacht und bin anfangs auch nicht viel in der Welt herumgekommen, denn nach meiner Bekehrung zog es mich mit einer unwiderstehlichen Macht in eine ganz andere Richtung.

Eigentlich hätte ich mich damals erst einmal länger in der Gemeinde bewähren und dann eine gute theologische Ausbildung machen sollen, aber ich kannte mich in dem Metier ja gar nicht aus. Mir wurden manche guten Bücher geschenkt und geliehen oder empfohlen. Ich habe auch außerordentlich viel gelesen, aber mir hat nie einer etwas über den Wert einer guten theologischen Ausbildung erzählt. Stattdessen wurde ich bald mit Einladungen zu Predigtdiensten überhäuft, so dass ich gar keine Zeit mehr hatte, noch einmal die Schulbank zu drücken.

Über die rasante Entwicklung erzähle ich auch ausführlich in meinem Buch: »Lebt er noch? – Schlagt ihn tot!«

Als ich dann erst einmal in den vollzeitlichen Dienst gekommen war, konnte ich mich vor Einladungen kaum noch retten, weil sich ganz schnell und an vielen Orten die Türen für den Verkündigungsdienst öffneten. Weil ich so schlecht Nein sagen konnte, hatte ich schon bald einen übervollen Terminkalender. Das ist auch in den weiteren Jahren so geblieben. Manche Gemeinden habe ich damals leider enttäuscht, weil ich sie mit meiner »Warteliste« hinhielt und dann schließlich doch nicht in der Lage war, alle Terminwünsche zu erfüllen. Ich hatte immer zwei- oder dreimal so viele Terminwünsche von allen möglichen Gemeinden wie Freiräume in meinem Kalender. Das hatte aber den Vorteil für mich, dass ich mir die Einsatzorte – nach viel Gebet – immer selbst aussuchen konnte.

Du machst zu viel

Die ernsten Mahnungen klingen mir heute noch in den Ohren. »Du machst zu viel. Wenn du so weitermachst, bist du in zehn Jahren auf dem Friedhof.« Natürlich meinten sie es gut mit mir. Einige dachten, sie müssten unter vier Augen mit mir reden, mich ernstlich ermahnen und mich an meine Frau und die Kinder, an meine Gesundheit und an die Notwendigkeit der Stille erinnern und mir ganz dringend eine langsamere Gangart empfehlen.

Keine Sorge: Wir hatten trotzdem eine der schönsten Ehen. Unsere vier Kinder waren besser umbetet und versorgt als manche anderen. Wie viel Schönes haben wir doch gerade damals als Familie erlebt!

Wie dankbar bin ich für die echten Freunde, die nicht nur beeindruckende Vorbilder für mich waren, sondern mich außerdem mit guter Literatur bekannt machten. Einige dieser meist älteren Vorbilder und Ratgeber haben mir damals unschätzbare Hilfestellung gegeben. Manchmal saß ich einfach da und hörte aufmerksam zu, wenn sie aus ihrem Leben erzählten.

Das Buch »Ratschläge für Prediger«[5] und vor allem Biografien von gesegneten Männern und Frauen haben mir geholfen, große Entscheidungen zu treffen, die ich später nicht bereuen musste. Am liebsten war ich sowieso mit Leuten zusammen, die Gott viel zutrauten.

Das Gute ist oft der Feind des Besten

Ich habe zum Glück schnell begriffen, dass das Gute sehr oft der Feind des Besten ist und dass wir ständig in Gefahr sind, uns so sehr mit guten Dingen zu beschäftigen, dass für das Beste gar keine Zeit mehr übrig bleibt.

Gott hat es so gut mit mir gemeint und mir gleich vom Start an so mitreißende Vorbilder in den Weg gestellt. Andererseits habe ich auch sehr schnell erkannt, dass es ganz wichtig ist, gewisse ungute Kontakte aufzugeben. Manche eifrigen Christen haben mich damals so beeindruckt, dass ich ständig bemüht war, von ihnen zu lernen und es ebenso gut zu machen. Deswegen habe ich von Anfang an allergrößten Wert auf eine feste Stille Zeit gelegt. In einem Buch von Spurgeon hatte ich gelesen, dass gleich nach dem Heiligen Geist genügend Sauerstoff das Wichtigste für einen Prediger sein soll. Darum habe ich auf genügend frische Luft, aber auch auf gesundes Essen und viel Bewegung immer großen Wert gelegt. Am wichtigsten aber schienen mir die stillen Phasen; sie hatten in all den Jahren ihren ganz besonders gehüteten Platz. »Hingabe« war seit meiner Bekehrung eines meiner Lieblingsworte. Das Letztere hatte ich hauptsächlich bei Siegfried Lange[6] gelernt.

Die beste Zeiteinteilung

In einem wertvollen Handbuch über richtige Zeiteinteilung hatte ich mal Folgendes gelesen: »Seien Sie niemals stolz darauf, dass Sie 70 oder 80 Stunden pro Woche arbeiten. Stolz dürfen Sie sein, wenn Sie eines Tages in 40 Stunden so viel erreichen wie heute in 70.«

Den Satz habe ich nie mehr vergessen. In all den Jahren habe ich, besonders in Stoßzeiten, oft darüber nachgedacht. Andererseits bin ich wieder und wieder sehr erfolgreichen Leuten begegnet, die freiwillig und sogar sehr gern nicht nur vierzig, sondern sechzig oder noch mehr Stunden pro Woche im Einsatz waren und dabei glücklicher zu sein schienen als manche andere.

Es ist ja ein ganz großer Unterschied, ob jemand von einem Unternehmen ausgenutzt und überfordert und dabei förmlich aufgefressen wird, oder ob jemand sich freiwillig, freudig und gern seiner Berufung entsprechend für eine gute Sache einsetzt.

Und genau das war ja bei mir der Fall.

Das hält doch kein Mensch aus

Wenn etwas richtig unerträglich und einfach viel zu viel ist, dann hört man manchmal diesen Ausspruch: »Das hält doch kein Mensch aus! Jetzt ist aber genug!«

Natürlich kann das auch in der »Reichgottesarbeit« geschehen. Und ich bin einigen begegnet, die sich tatsächlich selbst kaputt gemacht haben. Aber die andere Gefahr ist sicher viel größer, dass jemand sich mit scheinbar vernünftigen Argumenten an der Arbeit vorbeimogelt und darum nie in den Stand hineinkommt, den Gott ihm zugedacht hatte.

Paulus sagt: »Aber durch Gottes Gnade bin ich, was ich bin. Und seine Gnade an mir ist nicht vergeblich gewesen, sondern ich habe viel mehr gearbeitet als sie alle; nicht aber ich, sondern Gottes Gnade, die mit mir ist« (1. Korinther 15,10).

»Mehr gearbeitet!« – War das richtig? War das falsch?

Ich denke doch, dass Paulus sich bei seinen Plänen und in seinem Vorgehen von Gott leiten ließ. Und er sagt: »... ich habe viel mehr gearbeitet.« Aber er betont dann ausdrücklich: »... nicht aber ich, sondern Gottes Gnade, die mit mir ist.«

Diese besondere Gnade durften wir in den 60er-Jahren in so starkem Maße erleben. Es war einfach ein unfassbares Geschenk,

- dass sich so schnell derart viele »Türen« in verschiedenen Ländern dauerhaft öffneten und mir so viele Gemeinden ihr Vertrauen schenkten;
- dass Margrit mich – trotz der kleinen Kinder – wohl oft mit Tränen, aber immer wieder ohne Murren ziehen ließ, ja mich sogar bei meinen Terminplanungen unterstützte;
- dass auch die Kinder so gut mitmachten und mich im Dienst sogar beflügelten;
- dass wir die vielen, zum Teil langen Trennungszeiten alle heil überstanden haben;
- dass auf den vielen Reisen per Auto, Bahn, Bus, Schiff und Flugzeug – trotz einiger Unfälle – nie etwas wirklich Schlimmes passiert ist;
- dass Gott uns mit allem Nötigen versorgt hat;
- dass ich in all den Jahren kaum einmal ernstlich krank war.

In der Bibel heißt es: »Lobe den HERRN, meine Seele, und vergiss nicht, was er dir Gutes getan hat« (Psalm 103,2).

Und in Psalm 115,1 steht: »Nicht uns, HERR, nicht uns, sondern deinem Namen gib Ehre um deiner Gnade und Treue willen!«

Das wollte ich unbedingt, und das will ich auch heute noch viel besser lernen: »Ihm allein die Ehre!«

Wenn man heute meine Aufzeichnungen von früher ansieht, könnte man meinen, ich hätte mich fast totgearbeitet. Aber ich war nie lebendiger als in jenen Jahren. Ich hatte nie den Eindruck, zu viel getan zu haben. Es ging mir nie besser als gerade dann, wenn eine Evangelisation so richtig auf Hochtouren lief.

In der Beschränkung liegt der Meister

Manche Kritiker haben mich als zu einfachen oder einseitigen Verkündiger bezeichnet, weil ich bei meinen evangelistischen Einsätzen fast »nur evangelisiere« und nicht viel mehr über die vielen anderen wichtigen Aussagen und Themen der Bibel rede.

Wie oft habe ich von Gläubigen, die schon sehr lange in einer Gemeinde waren, die Fragen zu hören bekommen: »Wann sprechen Sie mal über *Die große Trübsal* und wann über das sogenannte *Tausendjährige Reich* und über die *Ökumene* und über bestimmte *Gemeinderegeln* und über die *Geistesgaben*?«

Solche Leute muss ich fast immer enttäuschen. Weil ich weiß, dass die Meinungen von einer Gemeinde zur andern unter Umständen weit auseinander gehen, und weil ich vielen Gemeinden dienen will, beschränke ich mich bei der evangelistischen Verkündigung bewusst auf die Grundwahrheiten. Ein Evangelist kann sich das leisten. Er sollte es sogar. (Etwas anderes ist es, wenn ein Evangelist immer nur in einer bestimmten Kirche oder immer nur in einem bestimmten Gemeindeverband wirkt.)

Ich komme nicht als Bibellehrer, sondern als Evangelist, und bin in der Regel auch nicht zu einer Lehrwoche eingeladen, sondern zu einer Evangelisation. Natürlich gibt es gelegentlich auch ganz spezielle Themen, die sind dann aber mit der Gemeindeleitung abgesprochen.

Goethe sagte einmal: »In der Beschränkung liegt der Meister!« Das ist wirklich ein wahres Wort. Das sollten sich gerade Evangelisten merken: Ein Hansdampf in allen Gassen wird auf keinem Gebiet ein Meister.

Ein Evangelist predigt nicht in erster Linie für die, die fast alles wissen und ständig auf Neues aus sind, sondern für die, die Gottes Heilsplan noch gar nicht kennen, aber für Jesus gewonnen werden sollen. Er muss den Mut haben zu Wiederholungen, er muss immer wieder über Sünde und Gnade, über Verlorenheit und Errettung, über Bekehrung und Wiedergeburt, über Hölle und Himmel, über Tod und Leben reden und die Unbekehrten ganz konkret zur Entscheidung aufrufen.

Der Evangelist darf kein Sklave der öffentlichen Meinung sein. Sie ist fast immer gegen Gott gerichtet. Die öffentliche Meinung ist zwar der Maßstab für Millionen, aber niemals der des Evangelisten. Er darf auch nicht jedem neuen Trend anhängen.

- Erweckung kommt nicht durch neue Methoden, sondern dann, wenn wir das alte Wort Gottes wieder ernst nehmen.
- Erweckung kommt nicht, wenn wir mit Trommellärm durch die Straßen ziehen, sondern dann ist Erweckung, wenn Gottes Volk weinend nach Golgatha geht.

Es gibt viele Gemeindeglieder, die froh sind über eine einfache, aber bibeltreue Verkündigung. Sie wissen: Wenn ich einen Gast zu dieser Evangelisation einlade, und der Eingeladene kommt wirklich mit, dann bekommt er bestimmt eine verständliche evangelistische Predigt zu hören.

Jemand sagte mir ganz am Anfang meines Dienstes: »Eine evangelistische Predigt muss so einfach sein, dass ein Zwölfjähriger sie versteht. Der Besucher muss beim Zuhören erkennen, dass er verloren ist und Jesus braucht. Eine solche Predigt ist geeignet, auch einem Professor den Weg zum Heil zu zeigen.«

Und genau darum geht es ja. Das ist das eigentliche Anliegen der Evangelisation.

Evangelisten auf dem Abstellgleis

Manchmal hatte ich tatsächlich den Eindruck, dass einige, die einen guten Start im evangelistischen Dienst hatten, nach einiger Zeit kaum noch Einladungen zu Evangelisationen bekamen, weil ihnen der Mut zu dieser Einfachheit und Einseitigkeit fehlte.

Andere haben nach kurzer Zeit aufgegeben, weil ihnen die Opfer einfach zu groß wurden. Natürlich gibt es auch noch andere sehr bedauerliche Gründe für einen Ausstieg.

Anerkennung oder Ablehnung

Wer kennt das nicht? Auf fast allen Gebieten kann man sehr schöne, aber auch sehr schmerzhafte Erfahrungen mit den Urteilen anderer machen.

- Besonders schön ist es in der evangelistischen Arbeit, wenn man spürt, dass ein Christ aufrichtig für einen Dienst dankt und für den weiteren Weg Gottes Segen wünscht und sogar noch verspricht, auch in Zukunft dafür zu beten. Wobei ein offenes Wort über Schwachstellen und gut gemeinte Verbesserungsvorschläge natürlich immer auf offene Ohren stoßen.
- Besonders bedrückend ist es aber, wenn man miterleben muss, dass »Christen«, die selbst nicht einmal mitarbeiten, auch andere noch von der Arbeit abhalten. Noch schlimmer, wenn leitende Persönlichkeiten nur herumkritisieren oder sogar vor einer Evangelisation warnen und damit Gläubige verunsichern und Unbekehrte von einem Besuch und möglicherweise sogar von ihrer Errettung abhalten.

Die fromme Feuerwehr

Ich erinnere mich an einen »Bremser«, der kaum eine Gelegenheit ausließ, um vor unseren Evangelisationen zu warnen. Sogar bei Predigerkonferenzen erhob er wiederholt seine mahnende Stimme. Ich weiß nicht, woher er seine Informationen hatte, jedenfalls hatten sie mit der Wirklichkeit nichts zu tun. Aber er hat mit seinen völlig unbegründeten Warnungen viele verunsichert und letztlich Menschen vom Reich Gottes ferngehalten.

Jemand hat diese geistlose Art einmal so beschrieben:

Die fromme Feuerwehr

In einem christlichen Verein
ist oft das Feuer schwach und klein.
Ein Gottesmann vom Herrn gesandt,
der steckt im Nu die Schar in Brand.
Dann kommt die fromme Feuerwehr
und löscht, wo's gar nicht nötig wär'.

Der Geist von oben kräftig weht,
und viele seh'n, worum es geht –
sie steh'n dem Knechte Gottes bei,
dass er nicht ohne Hilfe sei.
Schnell kommt die fromme Feuerwehr
und löscht, obwohl's nicht nötig wär'.

Wo nimmt denn diese Feuerwehr
zum Löschen den Befehl nur her?
Der Herr der Ernte kommandiert,
hat im Befehl sich nicht geirrt.
Gibt endlich Gott ein Feuermeer
ist deplatziert die Feuerwehr.

Ein wertvoll' Ding die Feuerwehr!
Dies einzusehn, ist gar nicht schwer.
Doch sollt es brennen irgendwo,
in der Gemeinde, lichterloh –
dort wo der Brand so nötig wär',
brauchst's wahrlich keine Feuerwehr.

Wie gut hört sich doch der weise Rat eines Pastors an:

Man sollte über *alles* reden können.
Man sollte über alles *immer* reden können.
Man sollte über alles immer *offen* reden können.

Und das sollte man tun, lange bevor eine Evangelisation beginnt. Offenheit und Vertrauen sind einfach Grundvoraussetzungen für eine gesegnete Evangelisation.

Ich erinnere mich gut an die Vorbereitungen zu einem Einsatz, bei dem zehn verschiedene Gemeinden vertreten waren. Im Leitungskreis gab es einige Unsicherheiten. Wie gut, dass die nicht nur hinter meinem Rücken besprochen wurden. Ein Pastor kam mit einer langen Liste mit kritischen Fragen in die Vorbereitungsrunde. Zuerst kam ich mir vor wie in einem Verhör, doch wie schon öfter, konnten wir auch diesmal die Punkte schnell abhaken und vertrauensvoll mit den eigentlichen Vorbereitungen zur Großevangelisation beginnen. Über die gewaltigen Auswirkungen jenes Einsatzes spricht man heute noch.

Sehr oft kommt die Anregung zu einem vorausgehenden, klärenden Gespräch aber auch von meiner Seite. Denn nur wenn alle Unsicherheiten ausgeräumt sind, kann man gut zusammenarbeiten und darf viel eher mit dem Segen Gottes rechnen. Im Großen und Ganzen staune ich darüber, wie viele derart unterschiedliche Gemeinden uns in den vergangenen Jahren ihr Vertrauen geschenkt haben.

Bei richtig schlimmen Störmanövern hatte ich allerdings manchmal den Eindruck, dass die Angriffe gar nicht so sehr von Menschen, sondern direkt vom Teufel kamen. Er kann sogar Gläubige als seine Werkzeuge benützen.

Wir sind meist der Meinung, dass die Widerstände nur von bestimmten Menschen ausgehen – in Wirklichkeit kommen sie in vielen Fällen vom Teufel selbst, von dem kommandierenden General des feindlichen Heeres, der alle Mittel der Kampfführung kennt, vom unmittelbaren Sturmangriff bis zu geschickt getarnten Irreführungen unter frommem Gewand.

Der Apostel Paulus spricht in seinem Brief an die Gemeinde in Ephesus über die geistliche Waffenrüstung, die ein Christ anziehen sollte, um in den Auseinandersetzungen mit dem Feind siegreich zu bleiben. Dort heißt es:

»Seid stark in dem Herrn und in der Macht seiner Stärke. Zieht an die Waffenrüstung Gottes, damit ihr bestehen könnt gegen die listigen Anschläge des Teufels. Denn wir haben nicht mit Fleisch und Blut zu kämpfen, sondern mit Mächtigen und Gewaltigen, nämlich mit den Herren der Welt, die in dieser Finsternis herrschen, mit den bösen Geistern unter dem Himmel. Deshalb ergreift die Waffenrüstung Gottes, damit ihr an dem bösen Tag Widerstand leisten und alles überwinden und das Feld behalten könnt. So steht nun fest, umgürtet an euren Lenden mit Wahrheit und angetan mit dem Panzer der Gerechtigkeit und an den Beinen gestiefelt, bereit einzutreten für das Evangelium des Friedens. Vor allen Dingen aber ergreift den Schild des Glaubens, mit dem ihr auslöschen könnt alle feurigen Pfeile des Bösen, und nehmt den Helm des Heils und das Schwert des Geistes, welches ist das Wort Gottes. Betet allezeit mit Bitten und Flehen im Geist und wacht dazu mit aller Beharrlichkeit im Gebet für alle Heiligen und für mich, dass mir das Wort gegeben werde, wenn ich meinen Mund auftue, freimütig das Geheimnis des Evangeliums zu verkündigen ...« (Epheser 6,10–19).

Kürzlich las ich in der »besonderen Ecke« einer christlichen Zeitschrift folgendes:

»Hat sich jemand bekehrt?«
»Hat sich jemand beschwert?«
»Wenn beide Fragen mit Nein beantwortet werden,
war die Predigt wohl nicht viel wert.«

Meine großen Vorbilder

Worte lehren, aber Vorbilder reißen mit!

Dwight L. Moody

Einige Historiker meinen, Moody sei – gleich nach dem Apostel Paulus – der größte Gottesmann aller Zeiten gewesen. Doch wer war dieser Moody? Einer seiner engsten Mitarbeiter sagte später über ihn: »Moody war auf zwei Gebieten etwas Besonderes, er war auf zwei Gebieten ein Mann ganz ungewöhnlicher Hingabe:

- Wenn Moody betete, hatte man den Eindruck, dass alles Arbeiten nichts nützt – wenn nur alle so beten würden wie er.
- Wenn Moody arbeitete, hatte man den Eindruck, dass alles Beten nichts nützt – wenn nur alle so arbeiten würden wie er.«

Das Zeugnis hat mich nicht nur tief beeindruckt, sondern ganz gewaltig herausgefordert. Beim Lesen der vielen Biografien ist mir kaum ein Prediger begegnet, der seine Jahre besser genutzt hat als er. John Pollock schrieb eine Biografie mit dem Titel »Dwight L. Moody – Vater der modernen Evangelisation« und erwähnt auf den hinteren Seiten auch die letzten Stunden Moodys: »Er hasste es, bettlägerig zu sein, und zählte ungeduldig die Tage, bis er an seine Arbeit zurückkehren konnte. Gleichzeitig beschäftigte sich Moody auffallend viel mit der Ewigkeit und erzählte seinen Besuchern: ›Eines Tages werdet ihr in den Zeitungen lesen, dass Moody tot ist. Glaubt kein Wort davon! Denn dann werde ich lebendiger sein als jetzt.‹«

Kurz vor Weihnachten schrieb er – im Bett liegend – auf einen Zettel: »Seinen Stern sehen, das ist gut; aber sein Antlitz sehen, das ist weit besser!« In dieser Gewissheit starb Moody am 22. Dezember 1899 mit 62 Jahren. Er hinterließ eine tiefe Segensspur, die auch mich – sogar hundert Jahre später – immer noch beschäftigt.

Oswald Chambers

Als ich mich mit der Biografie von Oswald Chambers beschäftigte und dann las, dass dieser ungewöhnliche Gottesmann nur 43 Jahre alt wurde, war ich zuerst richtig erschrocken. Hatte er etwas falsch gemacht? War es seine eigene Schuld? Doch schon im nächsten Augenblick erkannte ich, dass nicht die Länge eines Lebens, sondern der Inhalt von Bedeutung ist.

Es gibt Bücher mit tausend Seiten, aber manche davon sind es nicht wert, dass man zehn Seiten daraus liest. Manche Leute sind hundert Jahre alt geworden und haben nie etwas Vernünftiges zustande gebracht. Es geht um den Inhalt!

Oswald Chambers' Werk »Mein Äußerstes für sein Höchstes« zählt zu den weltweit am meisten gelesenen christlichen Schriften. Es wurde 1923 zum ersten Mal herausgegeben. Das Buch wurde ohne Unterbrechung bis heute immer wieder gedruckt und hat sich mit einer Millionenauflage zu einem Bestseller der religiösen Literatur entwickelt. Es hat auch meinen Werdegang stark beeinflusst.

John Hyde

Ebenso erging es mir bei der Beschäftigung mit der Lebensgeschichte von John Hyde. Schon als Kind war er mehr krank als gesund, und so wurde er nur 47 Jahre alt. Er wurde bekannt als der »betende Hyde«. Kaum einer hat je so ein hingegebenes Gebetsleben geführt wie er, kaum einer hat so viel für Indien getan wie John Hyde.

Brannte nicht unser Herz

Nach der denkwürdigen Begegnung mit dem Auferstandenen sagten die Emmaus-Jünger: »Brannte nicht unser Herz in uns, als er mit uns redete auf dem Wege und uns die Schrift öffnete?« (Lukas 24,32).

»Brannte nicht unser Herz?« – So ging es mir fast jedes Mal, wenn ich mich in eine der älteren Biografien vergrub. So wollte ich auch leben. Doch dann las ich in einer Schrift von Frau Dr. Gertrud Wasserzug Folgendes: »Er macht aus dir ganz gewiss keinen Luther und keinen Calvin und keinen Moody und keinen John Hyde. Er hat seinen Spezialgedanken mit dir – er braucht dich für eine besondere Aufgabe. Es soll nicht unser Lebensziel sein, so zu sein, wie der andere ist, sondern das zu sein, was der Herr will.«

Das größte Vorbild

Von Jesus lesen wir, dass er sich manchmal richtig losreißen musste, um auch die anderen Orte, die er in seinem Terminplan hatte, besuchen zu können. Manchmal kam er wegen der vielen Arbeit nicht einmal zum Essen. Es gab sogar Phasen, in denen die Tage nicht ausreichten, so dass er die Nachtstunden zum Beten brauchte.

Jesus war, wie fast alle, die Gott besonders gebraucht, ein Frühaufsteher. Aber er war bei all dem Druck und der vielen

Arbeit die Ruhe selbst. Oder kann jemand sich vorstellen, wie Jesus völlig außer Atem, schweißtriefend zu einem Schwerkranken geeilt kommt und seufzt: »O weh, das habe ich gerade noch geschafft!« Nein! Er war ganz anders. Er war nicht gestresst wie viele unserer Zeitgenossen. Jesus konnte sagen: »Den Frieden lasse ich euch, meinen Frieden gebe ich euch. Nicht gebe ich euch, wie die Welt gibt. Euer Herz erschrecke nicht und fürchte sich nicht« (Johannes 14,27).

Ich bin fest davon überzeugt:

- Jesus war nie an einem Ort, an dem der Vater ihn nicht haben wollte.
- Jesus hat ganz gewiss keinen einzigen Ort ausgelassen, der ihm vom Vater aufs Herz gelegt worden war.

Mein Terminplan (1964)

Die törichte Rede

In 2. Korinther 11,23 spricht Paulus über seinen mühsamen Dienst, aber er erwähnt auch, dass es eigentlich töricht ist, so über seine eigene Arbeit zu reden: »Sie sind Diener Christi – ich rede töricht: ich bin's weit mehr! Ich habe mehr gearbeitet, ich bin öfter gefangen gewesen, ich habe mehr Schläge erlitten, ich bin oft in Todesnöten gewesen.«

Was hatte ich im Vergleich zu Paulus doch für ein angenehmes Leben. Wirklich! Denn damals, zur Zeit der Apostel, gab es ja den ganzen Komfort, den wir heute genießen, noch nicht. Es gab kein Flugzeug, keine Eisenbahn, kein Auto, nicht einmal ein Fahrrad, kein Telefon, keinen Computer, keine Zentralheizung. Es gab auch keine Religionsfreiheit. Welch ein Unterschied!

Doch jetzt rede ich auch einmal töricht: Wen es interessiert – aber wirklich nur der! – darf gern einmal einige meiner Aufzeichnungen aus einem einzigen Jahr anschauen.

Das ist mir ganz wichtig: Wen es interessiert! – Wer sich für die Zahlen und Daten nicht interessiert, sollte diesen Absatz unbedingt sofort überspringen und einfach beim darauf folgenden Teil weiterlesen.

Ein übervolles Jahr

1964 war in jeder Hinsicht, auf allen Gebieten, ein gutes, erfülltes Jahr.
Es war ein Jahr …

- mit einem gefüllten Terminkalender,
- mit vielen gefüllten Sälen und Zelten,
- mit vielen Betern und Mitarbeitern,
- mit großen Erwartungen,
- mit vielen Bekehrungen,
- mit vielen schönen Erlebnissen, auch in der Ehe und Familie.

Hier nun ein paar Aufzeichnungen aus meinem Terminkalender:

Mein Jahresplan 1964		Unterwegs:	Zu Hause:
1.–3.1.	– zu Hause		3 Tage
4.1.	– Evangelisations-Vorbereitung	1 Tag	
5.–6.1.	– zu Hause		2 Tage
7.–19.1.	– Evangelisation in Grenchen	13 Tage	
20.1.	– zu Hause		1 Tag
21.1.	– Nacharbeit	1 Tag	
22.–27.1.	– zu Hause		6 Tage
28.1.–9.2.	– Evangelisation in Thun	13 Tage	
10.–11.2.	– zu Hause		2 Tage
12.2.	– Nacharbeit	1 Tag	
13.–16.2.	– zu Hause		4 Tage
17.2–1.3.	– Evangelisation in Meiringen	14 Tage	
2.–6.2.	– Prediger-Konferenz	5 Tage	
7.–9.3.	– zu Hausc		3 Tage

Mein Jahresplan 1964		Unterwegs:	Zu Hause:
10.–22.3.	– Evangelisation in Glarus	13 Tage	
23.–25.3.	– zu Hause		3 Tage
26.3.	– Nacharbeit	1 Tag	
27.–30.3.	– Urlaub		4 Tage
31.3.–12.4.	– Evangelisation in Bern	13 Tage	
13.4.	– zu Hause		1 Tag
14.4.	– Nacharbeit	1 Tag	
15.4.–18.4.	– zu Hause		4 Tage
19.4.	– Nacharbeit	1 Tag	
20.4.	– zu Hause		1 Tag
21.4.–4.5.	– Evangelisation in St. Gallen	14 Tage	
5.5.–16.5.	– zu Hause, z. T. Urlaub		12 Tage
17.–18.5.	– Konferenz	1 Tag	
19.5.	– zu Hause		2 Tage
20.–31.5.	– Evangelisation in Burgdorf	12 Tage	
1.6.	– zu Hause		1 Tag
2.6.	– Nacharbeit	1 Tag	
3.–8.6.	– zu Hause		6 Tage
9.–21.6.	– Evangelisation in Zollikofen	13 Tage	
22.–24.6.	– zu Hause		3 Tage
25.6.	– Nacharbeit	1 Tag	
26.6.	– zu Hause		1 Tag
27.6.–12.7.	– Evangelisation in Interlaken	16 Tage	
13.–16.7.	– zu Hause		4 Tage
17.7.	– Nacharbeit	1 Tag	
18.7.	– zu Hause		1 Tag
19.7.–2.8.	– Evangelisation in Langnau	15 Tage	
3.–5.8.	– zu Hause		3 Tage
6.8.	– Nacharbeit	1 Tag	
7.–19.8.	– zu Hause		13 Tage
20.–24.8.	– Vorträge in Steinhorst	5 Tage	
25.–30.8.	– Sitzungen und Baustelle	6 Tage	
31.8.	– zu Hause		1 Tag

Mein Jahresplan 1964		Unterwegs:	Zu Hause:
1.–16.9.	– Evangelisation in Zofingen	16 Tage	
17.9.	– zu Hause		1 Tag
18.9.	– Nacharbeit	1 Tag	
19.9.	– zu Hause		1 Tag
20.9.	– Konferenz	1 Tag	
21.9.	– Nacharbeit	1 Tag	
22.9.–4.10.	– Evangelisation in Grindelwald	13 Tage	
5.10.	– zu Hause		1 Tag
6.10.	– Nacharbeit	1 Tag	
7.–9.10.	– zu Hause		3 Tage
10.10.	– Vortrag in Bern	1 Tag	
11.–12.10.	– zu Hause		2 Tage
13.–25.10.	– Evangelisation in Rüti	13 Tage	
26.–30.10.	– Prediger-Konferenz	5 Tage	
31.10.–1.11.	– zu Hause		2 Tage
2.–15.11.	– Evangelisation in Zürich	14 Tage	
16.11.	– zu Hause		1 Tag
17.11.	– Nacharbeit	1 Tag	
18.11.	– zu Hause		1 Tag
19.–22.11.	– Nacharbeit	4 Tage	
23.–24.11.	– zu Hause		2 Tage
25.–27.11.	– Nacharbeit	3 Tage	
28.11.	– zu Hause		1 Tag
29.11.	– Nacharbeit	1 Tag	
30.11.	– zu Hause		1 Tag
1.–13.12.	– Evangelisation in Spiez	13 Tage	
14.–15.12.	– zu Hause		2 Tage
16.12.	– Nacharbeit	1 Tag	
17.–25.12.	– Urlaub		9 Tage
26.–29.12.	– Vorträge in Rieste und Wietze	4 Tage	
30.–31.12.	– zu Hause		2 Tage
		256 Tage	**110 Tage**

1964 wohnten wir als ganze Familie in der Schweiz, und in dem Jahr habe ich auch fast nur in der Schweiz gepredigt.

In einem Jahr, also in 366 Tagen, war ich 256 Tage unterwegs im Dienst und 110 Tage zu Hause oder mit dem Auto auf der Straße. Es war ein übervolles Jahr, aber trotz all der Opfer eine wunderbare Zeit.

Predigersonntag und Sabbatjahr

Nach einiger Zeit im vollzeitlichen Dienst traf ich – mitten in einer Evangelisation – erstmals einen Prediger, der mir etwas von seinem »Predigersonntag«[7] erzählte. Zuerst wusste ich nicht, was er meinte. Heute weiß ich, dass das eine allgemein übliche Regel ist. Sie ist auch gut. Aber davon hatte ich bis dahin noch gar nichts gehört. Weil ich ein »Seiteneinsteiger« war, kannte ich mich mit manchen Gepflogenheiten der »Vollzeitlichen« noch nicht so gut aus.

Ewas später lernte ich einen Prediger kennen, der nach zehn Dienstjahren eine längere Pause machen wollte und darum ein sogenanntes Sabbatjahr[8] plante. Für manche mag das ja auch richtig sein. Wenn jemand ziemlich verbraucht ist und in seinem Sabbatjahr mal richtig zur Ruhe kommt und so viele neue Ideen und Kräfte sammelt, dass der Dienst hinterher viel wirkungsvoller wird und Gott noch mehr durch seine Arbeit geehrt wird, hat sich das Ganze sicherlich gelohnt. Für mich war das allerdings damals gar nicht vorstellbar. In einer so langen Pause nach nur zehn Dienstjahren wäre ich wahrscheinlich immer mit einem schlechten Gewissen herumgelaufen. Vielleicht hätte ich ständig an den Satz von Paulus gedacht: »Denn dass ich das Evangelium predige, dessen darf ich mich nicht rühmen; denn ich muss es tun. Und wehe mir, wenn ich das Evangelium nicht predigte!« (1. Korinther 9,16).

Die stressgeplagte Generation

Damals kam auch das Wort »Stress« auf. Man hörte es immer öfter. Bald erschienen auch christliche Bücher zu dem Thema. Sogar manche Prediger klagten über Stress in ihrer »schönen« Arbeit. Auch viele junge Leute, ja sogar Kinder, stöhnten mehr und mehr über Stress. Einige schienen sich allerdings richtiggehend wichtig zu machen mit ihrer Überforderung.

Natürlich habe auch ich eine Menge zu dem Thema gelesen und viel darüber nachgedacht. Schon bald kam ich zu der Überzeugung, dass Stress hauptsächlich und in den allermeisten Fällen aus einer falschen Einstellung zu den Umständen entsteht. Nicht die Menge der Aufgaben, nicht die ungelösten Probleme machen uns krank, sondern der falsche Umgang mit all dem, was auf uns einstürmt.

Paulus hatte mehr zu tun als ich, er hatte auch mehr Probleme mit den Umständen und Verhältnissen und ging doch siegreich durchs Leben.

»Aber in dem allen überwinden wir weit durch den, der uns geliebt hat«, schreibt er an die Christen in Rom (Römer 8,37). An einer anderen Stelle in der Bibel heißt es: »Denn mit meinem Gott kann ich über Mauern springen« (vgl. 2. Samuel 22,30).

So wollte ich auch gern leben und dem Herrn mit Freuden dienen.

Lohnt sich denn der Aufwand?

256 Tage unterwegs, mehr als zwei Drittel des Jahres getrennt von Frau und Kindern. – Es war wohl das härteste Jahr. Oder doch nicht? Denn ganz ähnlich war es ja auch in den Folgejahren. Dazu kam, dass ich in all den Evangelisationen selten einmal vor Mitternacht ins Bett kam.

Ich will nun wirklich keinen anderen Evangelisten dazu drängen, es auch so zu machen. Aber ich schreibe hier ja meine Biografie, und die kann ich doch nachträglich nicht ändern.

Mit diesen Einblicken wollte ich nur einmal zeigen, wie es damals bei uns war.

Manche Prediger, besonders die der jüngeren Jahrgänge, mögen denken, dass das kein Mensch aushalten kann. Jeden Augenblick muss doch der Zusammenbruch kommen. Doch das stimmt nicht. Ich glaube, dass – außer von der Gnade Gottes – ganz viel davon abhängt, mit welch einer inneren Einstellung ich an eine Sache herangehe. Dazu kam in meinem Fall natürlich, dass ich eine besondere Frau hatte, die sich voll und ganz hinter meinen Dienst stellte, und dass ich kaum einmal besondere gesundheitliche Probleme hatte.

Nicht alle hatten während ihres Dienstes eine so stabile Gesundheit. Ich denke, das war auch ein besonderes Geschenk. Es war ja nicht in erster Linie mein Verdienst, dass es mir in all den Jahren so gut ging. Oh, wie oft habe ich Jesus auch dafür gedankt. Bis auf ein paar kleine Wehwehchen hatte ich kaum mal gesundheitliche Sorgen.[9]

Und was hat es nun wirklich gebracht?

Ich sehe es heute so: Die Schweiz erlebte in den 60er-Jahren und danach einen ganz neuen, gewaltigen Aufbruch in Sachen Evangelisation. Viele, ja, besonders viele junge Menschen, kamen zur Bekehrung. Viele erlebten eine Berufung, ließen sich für den Dienst zurüsten und stehen heute irgendwo im geistlichen Dienst – zum Teil in leitenden Stellungen. Dieser Aufbruch zog sich auch weiter durch die 70er-Jahre, bis er schließlich von anderen Formen abgelöst wurde.

Von Anfang an habe ich meinen Dienst für Jesus vor allem aus Dankbarkeit, aber auch mit großer Freude getan. Und genau das ist entscheidend wichtig. Das ist die allerbeste vorbeugende und heilende Medizin. Die Bibel sagt doch in Psalm 100: »Dienet dem Herrn mit Freuden.«

Und das große Wunder: Unsere Ehe und unsere Familie haben unter all den großen Opfern nicht gelitten. Im Gegenteil: Bei seelsorgerlichen Gesprächen bin ich ja vielen Nöten begegnet – manchmal habe ich bei solchen Gesprächen mitgeweint –, aber ich hatte gerade dabei oft den Eindruck, unsere Ehe sei eine der schönsten im ganzen Land. Auch deshalb habe ich in meinen Evangelisationen so oft über das Thema Ehe gepredigt. Margrit sah das auch so; obwohl sie in den Jahren wohl die größten Opfer brachte.

Folgende Erlebnisse gehören seit meiner Bekehrung zu meinen schönsten Entdeckungen:

1. Es geht mir persönlich nie besser als dann, wenn ich ganz nahe bei Jesus bin.
2. Es geht uns in unserer Ehe nie besser als dann, wenn wir beide uns eins sind und beide ganz nahe bei Jesus sind.
3. Es geht uns im Dienst nie besser als dann, wenn wir als Mitarbeiter uns eins sind und alle ganz nahe bei Jesus sind.

Stimmt das wirklich? Ja! Ich bin fest davon überzeugt. Jeder kann es ausprobieren. Alle sind dazu eingeladen.

Für Jesus unterwegs (1965)

Zurück in die Heimat

1963 waren wir mit unseren drei Kindern in die Schweiz umgezogen. Genau zwei Jahre später machten wir uns mit vier Kindern wieder auf den Weg, aber in die umgekehrte Richtung. Viele Schweizer Freunde wollten uns zum Bleiben bewegen, aber wir sahen das damals anders.

Ich hatte nicht den Eindruck, dass meine Berufung zum Evangelisten sich ausschließlich auf die Schweiz bezog. Auch Deutschland und viele andere Länder lagen uns so brennend auf dem Herzen. Über meine erste richtige Evangelisation in Deutschland berichte ich in meinem ersten Buch ab Seite 210. Es war ein großartiges Erlebnis, zwei Wochen lang, in meiner Stadt – in der Stadt, in der ich jahrelang gearbeitet hatte – in der Friedenskirche das Evangelium zu verkündigen.

Damals warteten auch in unserem Missionswerk in Norddeutschland viele Aufgaben auf uns, und eine schöne Mitarbeiterwohnung stand extra für uns zur Verfügung. Unsere Älteste würde bald eingeschult werden. Der Termin erschien also im Blick auf die Zukunft in mehrfacher Hinsicht geeignet für einen Wechsel.

Nun waren wir wieder »zu Hause«. Wir hatten eine schöne Wohnung auf dem BRUDERHAND-Gelände, wir hatten einen eigenen Garten und waren wieder ein Teil unserer kleinen Hausgemeinde in Oppershausen. Fast gleichzeitig hatten sich zwei weitere gläubige Familien in unserem Dorf niedergelassen, so dass alle Kinder gute, gleichaltrige Spielkameraden hatten. Alles schien perfekt.

In Wirklichkeit begann mit dem Umzug aber keine leichtere Phase. In mancher Hinsicht wurde es sogar noch wesentlich anstrengender.

Während der beiden Jahre in der Schweiz hatte ich – weil ich so mit Einladungen überhäuft worden war – meinen Terminkalender auf Jahre hin ziemlich gefüllt. Die meisten Zusagen hatte ich damals Schweizer Gemeinden gegeben. Gleichzeitig schob ich noch einen dicken Wunschkatalog vor mir her.

Nun wohnten wir wieder in Norddeutschland. Von unserem heimischen Gartentor bis zur Schweizer Grenze hatte ich genau 700 Kilometer zu fahren. Diese weite Strecke fuhr ich nun viele Male im Jahr – und das jahrelang. Dazu kamen die vielen Kilometer innerhalb der Schweiz. Bald kannte ich mich dort besser aus als manche echte Eidgenossen. Es gab kaum noch eine Autobahnausfahrt, die ich nicht schon benutzt hatte, und kaum ein Hinweisschild, das mich nicht an irgendeinen zurückliegenden Einsatz erinnerte.

Die Nächte auf der Autobahn

Wie qualvoll Heimweh sein kann, hatte ich zum ersten Mal während eines wochenlangen Aufenthalts in Dänemark erlebt.[10] Ab 1966 wurde es zu einem Dauerleiden.

Weil ich neben meinen Kleidern und Schuhen auch mein Material für den Dienst, meine Schreibmaschine und manche Büroutensilien und außerdem noch Tausende Verteilschriften und das Material für die Seelsorge mitnehmen musste, machte ich meine Fahrten fast ausschließlich mit dem Auto. Diese Art zu reisen hat natürlich auch viele Vorteile. Weil ich meist allein im Auto saß, konnte ich auf den langen Strecken oft stundenlang laut singen oder beten und sehr motivierende Vorträge von Kassetten hören. Bei den vielen Nachtfahrten war das fast überlebenswichtig.

Obwohl Margrit und ich uns in der Regel jeden Tag einen Brief schrieben, erschienen mir die zwei Wochen oft wie eine Ewigkeit. Besonders am letzten Wochenende gingen meine Gedanken ständig nach Hause, und ich konnte den Augenblick der Abreise oft fast nicht abwarten. Manchmal packte ich meine Sachen schon am Sonntagnachmittag ins Auto und verabschiedete mich bereits vor der letzten Versammlung von meinen Gastgebern. Wenn ich dann – gegen oder nach Mitternacht – mit dem letzten Seelsorgegespräch fertig war und alles für die Nacharbeit geregelt hatte, sprang ich glücklich in mein Auto, um wieder einmal eine meiner schönsten Reisen, die Heimreise, anzutreten. Für den Rückweg aus der Schweiz brauchte ich damals nachts mindestens sieben oder acht Stunden. Welch eine Freude war das jedes Mal, wenn ich dann am Montagmorgen Margrit in die Arme schließen konnte. Keine Mahlzeit kann schöner sein als ein gemeinsames Frühstück nach so langer Trennungszeit. Ganz ähnlich erlebte ich es jedes Mal mit der ganzen Familie, wenn ich tagsüber heimreiste und am Montagabend wieder zu Hause war.

Natürlich sind Nachtfahrten nach zwei anstrengenden Wochen nicht ungefährlich. Wie leicht kann man bei großer Müdigkeit während der langen Fahrt am Steuer einschlafen. Bald hatte ich herausgefunden, dass ich genügend Äpfel für die lange Reise brauchte. Die habe ich dann über Stunden hin »langsam im Munde zergehen lassen«. Obwohl ich sonst kein Freund von Kaugummi bin – für eine gute Nachtfahrt ist so ein Ding fast unschlagbar in seiner Wirkung.

Ich habe mich aber nie übernommen. Manches Mal bin ich kurz auf einen Parkplatz gefahren, um ein kleines Nickerchen zu machen. Kaum hatte ich den Motor abgestellt, fielen meine Augen zu. Aber nach zehn bis fünfzehn Minuten erwachte ich und konnte richtig erfrischt und mit einem Lied meine Reise fortsetzen. Auch solche Erfahrungen haben sich tief eingeprägt.

Wenn's bei Tempo 130 kracht

Unvergesslich sind mir jene Schreckenssekunden, als mir bei ca. 130 km/h vorne links ein Reifen platzte. Vorne links. Das ist natürlich die empfindlichste Stelle.

Kurz vorher hatte ich von einer Telefonzelle aus Margrit angerufen und ihr glücklich berichtet: »Ich bin schon an der Raststätte bei Kassel. Wenn alles klappt, bin ich in zwei Stunden zu Hause! ...«

Es war noch früh am Morgen. Die Autobahn gehörte fast mir allein. Dann brauste ich weiter und hörte in einer Radio-Morgenandacht von einem Männerquartett das wunderschöne Lied:

> Wir gehen singend unsern Weg, und wir sind fröhlich,
> denn Gottes Gnade hat uns volles Heil gebracht.
> Wir gehen singend unsern Weg, und wir sind glücklich,
> von Schuld und Sünde hat uns Jesus frei gemacht.

Ich ging zwar nicht, sondern ich fuhr, aber sonst passte alles. Ich war glücklich. Ich freute mich über das Heil, über die Vergebung, über das Wiedersehen.

Plötzlich knallte und polterte es ganz furchtbar, und mein Auto raste nach links in Richtung Grünstreifen. Und dann? Gas weg, etwas bremsen, gegenlenken, beten – dabei tanzte mein Auto von einer Straßenseite zur andern. Schließlich hatte ich es zum Stehen gebracht, mitten im Gebüsch auf dem Mittelstreifen.

Als ich dann ausgestiegen war und mir das linke Vorderrad

anguckte, sah ich nur noch einen völlig zerfetzten Reifen auf einer verbeulten Felge. Es waren unbeschreiblich schreckliche Augenblicke.

Kurz darauf stand ein Polizeifahrzeug mit eingeschaltetem Blaulicht hinter mir. Ich sah das Staunen und Entsetzen in den Gesichtern der Männer. Sie waren mir behilflich beim Reifenwechsel und wünschten mir nach getaner Arbeit »Gute Fahrt!«.

Ich fuhr dann auch weiter, aber etwas langsamer als vorher. Die beiden Stunden verbrachte ich betend und dankend mit vielen Überlegungen, die ich vorher noch nie so angestellt hatte.

Ach, was mir da alles durch den Kopf ging. Plötzlich musste ich denken: Wenn ich jetzt da gegen den Brückenpfeiler gerast wäre oder die Böschung hinunter, wenn ich jetzt tot wäre – was wäre dann?

Bald würde Margrit durch die Polizei erfahren haben: »Ihr Mann ist auf der Autobahn tödlich verunglückt.«

Oh, wie schnell kann doch ein kerngesunder Mensch mit einem vollen Terminkalender am Ende seiner irdischen Reise sein. Ja, mit diesen und vielen ähnlichen Gedanken setzte ich meine Reise fort. Und während ich Jesus für die Bewahrung dankte, hatte ich den Wunsch, ihm für den Rest meines Lebens noch viel treuer zu dienen. Damals – es war Herbst 1966 – war ich erst dreißig Jahre alt.

Kein Wiedersehen war so schön wie das an jenem Morgen. Nie davor und nie danach haben wir zusammen so glücklich und dankbar unser Wiedersehen gefeiert.

Jeder Atemzug ist ein Geschenk

Im Jakobusbrief, Kapitel 4, Vers 13–14, heißt es: »Und nun ihr, die ihr sagt: Heute oder morgen wollen wir in die oder die Stadt gehen und wollen ein Jahr dort zubringen und Handel treiben und Gewinn machen –, und wisst nicht, was morgen sein wird. Was ist euer Leben? Ein Rauch seid ihr, der eine kleine Zeit bleibt und dann verschwindet.«

Damals erinnerten wir uns an einen Evangelisten, den wir beide persönlich gekannt hatten, bei dem wir sogar einmal übernachtet hatten, der auf der Heimreise in der Nacht auf einen stehenden Lkw gefahren und dabei zu Tode gekommen war. Von anderen und ähnlichen Fällen hatten wir gehört oder gelesen.

Ich erinnerte mich an dem Morgen auch an die Nachtfahrt bei Neuschnee, bei der wir ins Schleudern gekommen und dann einige Zeit rückwärts gefahren waren. Wie viel Bewahrung hatte ich in den wenigen Jahren meines evangelistischen Dienstes doch schon erlebt!

Was ist euer Leben? – Es ist gut, wenn wir mitten im Leben immer mal wieder mit dem Tod konfrontiert werden. Eigentlich sollten wir jeden Tag so leben, als wäre es der letzte. Denn: »Bereit sein zum Sterben ist die größte Kunst des Lebens.«[11]

Das Missionswerk DIE BRUDERHAND

Heute würden wir unserem Missionswerk, das wir schon 1960 gründeten, vielleicht einen etwas anderen Namen geben, aber das Anliegen, das uns damals bei der Namenswahl leitete, hat sich in all den Jahren nicht verändert. Wir wollen – vor allem in unseren Evangelisationen, aber auch mit der Schriftenmission und dem Freizeitzentrum – nicht nur *einer* Kirche oder Freikirche helfen, sondern über viele Grenzen hinweg brüderliche Handreichung tun.

DIE BRUDERHAND ist keine Kirche, auch keine Freikirche. DIE BRUDERHAND gründet auch keine eigenen, also keine BRUDERHAND-Gemeinden[12]. DIE BRUDERHAND ist ein überkonfessionelles Missionswerk. Unser Anliegen war und ist es, bestehenden Gemeinden bei ihrer vielfältigen Arbeit zu helfen, besonders in der Evangelisation.[13]

Das hat uns nicht immer nur Verständnis und Wohlwollen eingebracht. Die Gemeinden sind ja so verschieden, und jede von ihnen ist von der Richtigkeit ihrer Bibelauslegung und Gemeindepraxis überzeugt. Dabei werden, besonders bei allerlei

Gemeinderegeln, oft sehr unterschiedliche Maßstäbe angelegt. Wie kann es da sein, dass ein Missionswerk bereit ist, mal hier und mal dort mitzuhelfen?

Natürlich lassen wir uns nicht vor jeden Wagen spannen. Tatsächlich hatten wir auch schon den Eindruck, dass man uns manchmal in erster Linie »benutzen« wollte, eine festgefahrene Karre wieder flottzukriegen. Das ist mühsam und unbefriedigend für beide Seiten.

Am liebsten helfen wir in Gemeinden mit, in denen man fest davon überzeugt ist, dass es ohne Bekehrung und ohne Wiedergeburt keine Rettung gibt und in denen viele das brennende Anliegen haben, Verlorene für Jesus zu gewinnen, und wo viele Gemeindeglieder – besonders die Leiter der Gemeinde – tatkräftig mitbeten und mitarbeiten.

In Gastfamilien erlebt

Auf den Hund gekommen[14]

Es gibt auch lustige tierische Geschichten, die einem Evangelisten das Leben schwer machen können. Davon könnte ich eine ganze Menge erzählen: Geschichten von Schlangen, Flöhen, Kröten, Fliegen, Mücken, Kakerlaken, Mäusen, Ratten, Ameisen, Katzen und Hunden. Alle diese Viecher sind mir auf meinen Reisen nicht nur einmal begegnet.

Nur eine dieser unvergesslichen Geschichten möchte ich erzählen.

Dass ausgerechnet mir das passieren musste! – Eigentlich mag ich doch Hunde. Obwohl wir selbst damals keinen Hund hatten, sollte ein Tier doch irgendwie merken, dass ich ihm und seinem Herrchen nichts Böses antun will.

Ich war wieder einmal bei einem Prediger zu Gast. Er war sicher so um die siebzig, bereits Witwer, aber noch sehr aktiv im Gemeindedienst. Zu seinem gepflegten Haushalt gehörten auch zwei ältere Damen, die sich liebevoll um sein Wohl sorgten, und ein Hund, ein wachsamer Spitz. Gleich nach meiner

Ankunft wurde ich in die Hausordnung eingeführt. Dabei ging es auch besonders um mein Verhalten in der Nähe des Hundes. Es war eigentlich nur ein Hündchen, aber – wie sich bald herausstellte – ein gefährliches Hündchen, die absolute Nummer eins im Haus.

Beim Essen durfte ich meine Füße, wie es üblich ist, unter dem Tisch haben, aber ich durfte sie auf keinen Fall bewegen, sonst würde der Spitz sofort zuschnappen. Einmal hatte ich wohl nicht aufgepasst. O weh! Wäre der Hausherr nicht blitzschnell eingeschritten, wäre ich an dem Abend wohl im Rollstuhl ins Gemeindezentrum gekommen.

Im Haus herrschten Ordnung, Pünktlichkeit und eine Reihe von Regeln, die ich in dieser Weise noch nicht erlebt hatte. Nach dem Mittagessen gab es immer ein festes Ritual, das sich etwa zehn Minuten lang fast nur um den Spitz drehte.

Eine der Damen öffnete die Terrassentür. Dann schoss das Tier wie eine Rakete nach draußen. Danach gingen alle auf die Terrasse. Ich war auch immer dazu eingeladen. Der Hund war dann ganz außer sich und rannte mit wilden Sprüngen um uns herum und wartete auf seinen großen Moment. Oh, war das aufregend, wenn der Prediger den Tennisball weit in den Garten warf und der Hund kläffend hinterherraste. Manchmal überschlug er sich fast bei seinen wilden Sprüngen. Doch schließlich lag die eingefangene Beute wieder vor den Füßen des strahlenden Predigers. Eine der Damen beugte sich dann runter, hob den Tennisball auf und legte ihn erneut dem Prediger in die Hand. Dann wiederholte sich das Ganze – ich denke, so fünf oder sechs oder sieben Mal –, und das jeden Mittag. Manchmal kreischten die beiden Damen vor Begeisterung, wenn der Prediger den Hund täuschte und den Ball in eine andere Richtung warf. Auch am elften Tag lachte ich anstandshalber noch mit und wagte natürlich nicht, diese Vorstellung vorzeitig zu verlassen. Das Ganze gehörte einfach mit zur Hausordnung, zum Tagesplan.

Danach kam die obligatorische Mittagsruhe, in der sich nun wirklich nichts bewegen durfte. Zum Glück hatten die braven Schwestern mich schon am ersten Tag mit all den wichtigen

Regeln vertraut gemacht, und ich bemühte mich zwei Wochen lang, mich genauestens daran zu halten.

Wenn ich abends spät vom Dienst heimkam, durfte ich zum Beispiel die Toilettenspülung keinesfalls mehr benutzen. Es hätte ja den Seniorpastor in seiner wohlverdienten Nachtruhe stören können.

Wie gesagt: Ich mag Hunde, aber jener tapfere Wächter hat mich damals fast zur Verzweiflung getrieben. Unvergesslich ist der Nachmittag, an dem meine Gastgeber in die Stadt gefahren waren und ich mit dem Spitz allein im Haus war. Es soll Hunde geben, die einen Dieb ins Haus hineinlassen, ihn aber nicht wieder rauslassen. So gefangen kam ich mir an dem Nachmittag vor. Ich war nämlich in meinem Zimmer, um Post zu erledigen und mich auf den Abend vorzubereiten. Schließlich musste ich auch mal irgendwo hin. Um das Badezimmer zu erreichen, musste ich aber durchs Wohnzimmer. Dort saß jedoch der wachsame Spitz. Er hockte sogar auf dem Sofa direkt neben meiner Zimmertür. Als ich die Tür einen kleinen Spalt öffnete, sprang er hoch und stand mit den Vorderfüßen auf der Sofalehne und erschreckte mich, die Zähne fletschend, in Augenhöhe mit einem ohrenbetäubenden Gebell. Fast hätte ich ihm das Maul eingeklemmt, als ich blitzschnell die Tür zuriss.

Nach einer halben Stunde machte ich einen weiteren Versuch, danach noch einige. Doch alles Zureden nützte nichts. Ich konnte ihn einfach nicht besänftigen. Er wurde immer wütender. Schließlich schien es, als würde er überhaupt nicht mehr aufhören zu toben. Es war unheimlich.

Aber wie sollte es nun weitergehen? Wie lange würden meine Leute noch wegbleiben? Ich musste wirklich dringend mal raus. Zum Glück hatte ich mein Zimmer nicht in der oberen Etage. In meiner Not bin ich schließlich aus dem Fenster gestiegen, um auf diese Weise mein Problem zu lösen. O Spitz, ich werde dich nie vergessen.

Ich musste schmunzeln, als ich Jahre danach hörte, dass der älter werdende Prediger sich mit einer Bitte an einen jüngeren Kollegen gewandt hatte. Er wollte nach seinem Tod sein Hündchen gern in guten Händen wissen. Doch der Kollege, der schon öfter Gast in dem Haus gewesen war, lehnte die Bitte ab und gab ihm zur Antwort: »Sei mir nicht böse. Aber ich kann dir den Wunsch nicht erfüllen. Als Prediger hätte ich nicht so gern einen bissigen Hund im Haus. Ich habe darüber gebetet und sogar eine passende Bibelstelle gefunden, die mir etwas geholfen hat bei meiner Entscheidung. In Offenbarung 22,15 steht doch: ›Die Hunde sind draußen.‹«

Ich hoffe, dass mich niemand falsch versteht. Natürlich weiß ich, dass gerade Hunde eine unverzichtbare Hilfe sein können für Menschen mit verschiedenen Behinderungen. Man denke nur an Blindenhunde, Suchhunde, Jagdhunde usw. Wie oft denke ich auch an unsern »Prinz« zurück, der mir auf unserem Bauernhof so ein wertvoller Freund war.[15]

Wo der Spitz seinen Lebensabend verbracht hat, weiß ich leider nicht.

Meine schlimmste Mahlzeit

Bevor ich mich wieder ernsteren Themen zuwende, will ich noch eine besondere Tischgeschichte aus dem schönen Alpenland erzählen.

Mitten in einer fast dreiwöchigen Zelt-Evangelisation hatten wir einen freien Tag. Die Zeltdiakone machten einen Ausflug in die Berge, und ich konnte mich zurückziehen und mich auf die zweite Halbzeit vorbereiten. Es war ein kühler Junitag. Gegen Abend kamen unsere Bergsteiger richtig durchgefroren von ihrer Tour zurück. Vielleicht waren sie hauptsächlich wegen der kühlen Witterung auf die Idee gekommen, sich für das Abendessen eine (Käse-)Fondue-Mahlzeit zu wünschen.

Ich war mit von der Partie und richtig gespannt auf das mir völlig unbekannte Gericht. Das Wort Fondue hatte ich tatsächlich noch nie zuvor gehört, und ich konnte mir überhaupt nichts darunter vorstellen.

Schließlich stellten sich die Gäste ein. Auch die Töchter des Hauses waren dabei und sorgten für eine fröhliche Stimmung. Als ich eintrat, sah ich den Gastgeber in der offenen Küche. Er rührte mit einem Holzlöffel in einer großen Schüssel herum. Weil er gar nicht damit aufhörte und das ganze Haus bereits mit einem so starken, ungewohnten Geruch erfüllt war, dachte ich, da sei etwas am Anbrennen. Mir verging der Appetit.

Wir waren zu einem festlichen Abendessen eingeladen, aber ich sah nur trockene Brotwürfel auf dem Tisch. Sonst nichts. Doch dann kam noch ein großer Krug mit Tee. Nach dem Tischgebet kam dann die große dampfende Schüssel auf ein mit Spiritus beheiztes Rechaud (eine Art Stövchen) mitten auf den Tisch. Der Gastgeber fing sofort wieder an zu rühren und erfüllte jetzt auch das Esszimmer mit dem beißenden Geruch. Mir wurde fast übel. Nachdem ich einige Zeit zugesehen hatte, wie die andern fast gleichzeitig die Brotwürfel mit einer langen Gabel in die dickflüssige Masse tauchten, dann lange darin herumrührten und den Bissen dann unter ständigem Drehen zum Mund balancierten und dabei des Lobes voll waren, dachte ich, es müsste irgendeine Art von Pudding sein. Jedenfalls hatte ich mich auf etwas Süßes eingestellt.

Wahrscheinlich merkte keiner etwas von meiner Ahnungslosigkeit. Als ich es schließlich wagte und das erste eingetauchte Stück Brot in den Mund führte, wurde mir wirklich übel. Auf schnellstem Weg verließ ich die fröhliche Runde. Das Weitere will ich nicht näher beschreiben. Der seltsame Geruch und der noch schlimmere Geschmack hatten mich einfach umgehauen. An dem Abend ging ich früh zu Bett und fragte mich immer wieder, wie auch nur einer der Gäste diese klebrige Masse mögen konnte.

Inzwischen sind viele Jahre vergangen. Auf der Beliebtheitsskala meiner Abendmenüs steht heute Käse-Fondue ganz vorn, und ich kann es gar nicht verstehen, wieso ich damals solche Probleme damit haben konnte. Heute fange ich schon bei der Einladung mit dem Genießen an und freue mich, wenn schließlich der Fondueduft meine Geruchsnerven erreicht.

Wie schön, dass man heute in jedem ordentlichen Käseladen – auch in Deutschland – den guten Schweizer Käse kaufen kann.

Teil 3: Die vielen offenen Türen (ab 1957)

Mein größtes Glaubenswagnis

1957, also vor fünfzig Jahren, hielt ich meine erste Predigt, jenen Vortrag, den ich zum Teil von Werner Heukelbach abgeschrieben und dann auswendig gelernt hatte. 1958 war ich bereits viel zu Diensten unterwegs. In den ersten Jahren geschah dieser Dienst ja nur neben meinem damaligen Beruf, nach Feierabend und an den Wochenenden.

Dann kam der Absprung, das große Glaubenswagnis in den vollzeitlichen Dienst. Niemand konnte damals ahnen, dass sich in sehr kurzer Zeit so viele Türen öffnen würden, dass ich immer an zwei bis drei Stellen gleichzeitig hätte evangelisieren können. Tatsächlich ist das bis heute so geblieben. Nie musste ich einer Gemeinde meine Dienste anbieten, weil ich immer viel mehr Anfragen als Möglichkeiten hatte. So konnte ich auch immer wieder andern – besonders jüngeren – Evangelisten einen Dienst vermitteln.

Mein unstillbarer Lesehunger

Vielleicht sollte ich einmal erwähnen, dass ich tatsächlich die meisten wichtigen Impulse für mein geistliches Leben nicht durch gute Vorträge, sondern durch gute Bücher bekam.

Mein wertvollstes Buch war und ist natürlich bis heute die Bibel. Sie hat mit Abstand den wichtigsten Platz auf der Prioritätenskala. Sicher, es hat auch schon Tage gegeben, an denen ich aus irgendwelchen Gründen nicht zum Bibellesen kam. Solche Tage gehören in der Regel aber nicht zu den besten.

Kurz nach meiner Bekehrung las ich manchmal bis zu zehn Kapitel am Tag. Das Wort »Testament« hat mich damals so beeindruckt, und die Tatsache, dass ich als Erbe eingesetzt war, machte mich richtig neugierig. Bei dem Wort geht es ja um eine »Willenserklärung«, um eine »göttliche Rechtsverfügung«, um den »Bund Gottes mit seinem Volk«.

Ich wollte so schnell wie möglich herausfinden, was Gott mir alles mitzuteilen hatte. Und ich war immer wieder erstaunt über die vielen großartigen Verheißungen, aber auch über den Ernst des Wortes Gottes. Nach einem knappen Jahr war meine erste Bibel äußerlich bereits ziemlich ramponiert und innen ganz bunt und mit vielen eigenen Randbemerkungen versehen. Ich hatte die größte Entdeckungsreise meines Lebens begonnen – die übrigens immer noch anhält.

Meine Lieblingsbücher

Neben der Bibel haben viele andere Bücher mich total gefesselt. Manchmal las ich halbe Nächte durch. Oh, was habe ich für Bücher verschlungen, um mir wenigstens etwas von dem anzueignen, was andere sonst in ihrem jahrelangen theologischen Studium lernen.

Vor meiner Bekehrung war ich ein richtiger Lesemuffel gewesen. Als Teenager hatte ich mich mal einige Zeit in die Wildwestromane mit Billy Jenkins und Tom Prox verliebt. Aber das war schon lange her. Es kam eine Zeit, in der ich nicht einmal in die Tageszeitung hineinsah. Dafür fehlte mir einfach die Zeit. Die Blasmusik, der Motorsportclub, die Fotografie, der Tanzboden, das Kino und die Freundin erforderten meine ganze Zeit und Aufmerksamkeit – bis zu dem denkwürdigen Sonntag, an dem sich alles, aber auch alles schlagartig änderte.

Lesen wurde zu einer meiner liebsten Beschäftigungen. Schon bald gehörten Biografien – neben manchen Büchern über Gebet und über Erweckungsbewegungen – zu meiner bevorzugten Literatur. Und das ist während meiner ganzen Jesusnachfolge so geblieben.

Nun weiß ich natürlich, dass man viele gute Bücher zu den wichtigsten Themen, ja sogar die Bibel, Gottes Wort, eifrig lesen kann, ohne die dringendsten Anliegen zu verstehen und im Alltag umzusetzen. Ein Missionar, der mitten aus der damaligen Erweckung in Indonesien für einige Wochen nach Europa gekommen war, sagte beim Abschied auf dem Flughafen: »Der größte Fehler der Europäer ist der, dass sie so viel wissen und so wenig tun!«

»Die eiserne Fessel« von Werner Heukelbach

Das erste war eigentlich gar kein richtiges Buch. Das Heft hatte nur wenige Seiten und beschäftigte sich mit einem jungen Mann, dem Gott die Augen über seinen sündigen, verlorenen Zustand öffnete. Ein Staubsaugervertreter hatte es bei einem Hausbesuch meiner Mutter geschenkt. Ganz »zufällig« war das Heft in meine Hände gekommen. Und das im richtigen Augenblick. Eigentlich wollte ich an dem Sonntag eine weite Fahrt mit dem Motorrad machen, doch weil es ununterbrochen den ganzen Tag lang in Strömen regnete, fing ich gelangweilt an, in der Broschüre zu lesen.

Sicher war es eine ganz besondere Führung Gottes, denn während ich noch las, wurde mir plötzlich klar, dass ich ein großer Sünder war und darum nie und nimmer vor Gott bestehen konnte. Über diese kleine Schrift kam ich auf sonderbare Weise noch am selben Tag zu einer weiteren Broschüre des Radio-Evangelisten Werner Heukelbach.

»Das harrt Ihrer« von W. Heukelbach

Über meine Erlebnisse mit dieser Schrift berichte ich sehr ausführlich im ersten Teil meiner Erinnerungen. »Das harrt Ihrer« war gleich nach der Bibel mit Abstand das wichtigste Buch in meinem Leben.

Beim Lesen wurde ich so von meiner Verlorenheit überzeugt, aber gleichzeitig auch so mit der Liebe Gottes und seinem Erlösungswerk konfrontiert, dass ich noch während des Lesens auf die Knie ging und mich gründlich bekehrte.

»Vom Gottesleugner zum Evangelisten« von W. Heukelbach

Sofort nach meiner Bekehrung ließ ich mir alles kommen, was an Broschüren und Literatur von Werner Heukelbach zu haben war. Sicher war ich einige Zeit einer der Hauptabnehmer des Missionswerkes.

Beim Lesen dieser dritten christlichen Schrift überfiel mich zum ersten Mal eine ganz große Sehnsucht, und ich formulierte sie zum ersten Mal in einem aufrichtigen Gebet, das ich in den Monaten danach hunderte Male wiederholte: »Herr, mach mich wie Werner Heukelbach!«

Bald erkannte ich allerdings, dass Gott sich in diesem Punkt nicht wiederholt. Er macht aus uns keinen Paulus, keinen Luther und auch keinen Heukelbach. Er hat für alle, die ihn lieben, einen guten, zuvor bereiteten Weg. Aber auf diesem neuen Lebensweg können treffliche Vorbilder ein ganz gewaltiger Ansporn sein.

Wenn ich heute, nach Jahrzehnten, zurückdenke, staune ich immer noch darüber, welche fast unglaublichen Auswirkungen ein gutes Buch haben kann. Das ist auch ein Grund dafür, dass ich mich von Anfang an so stark in der Schriftenmission engagiert habe. Jede christliche Schrift ist ein kleiner Missionar. Wir sollten uns viel mehr dafür einsetzen, dass dieser – von vielen Christen so gering geschätzte – Missionsbereich noch weit mehr unterstützt und gefördert wird.

Viele wissen nicht, dass Werner Heukelbach, der größte Schriftenverbreiter Deutschlands, selbst durch eine christliche Schrift zu Jesus fand.

Der große Missionar und Gründer der China-Inland-Mission, Hudson Taylor, kam durch ein Traktat zur Bekehrung.

Oh, wie viele weitere Beispiele ließen sich hier nennen. Immer wieder begegnen mir Menschen, die mir einmal die Hand drücken und sich bedanken wollen, weil sie durch meine Broschüre »Religion oder Evangelium« oder durch einen Bibelkurs oder eine andere Verteilschrift aus unserem Missionswerk zu Jesus finden durften.

»Wer betet, siegt« von W. Heukelbach
Es war sicher eine ganz besonders gute Führung, dass mir schon wenige Tage nach meiner Bekehrung gerade dieses Buch in die Hände kam. Es gehörte lange zu meinem wertvollsten Lesestoff. Darum habe ich es nicht nur einmal gelesen. Durch dieses Buch bekam meine Jesusnachfolge von Beginn an eine ganz besondere Prägung und Ausgewogenheit. Ich begriff von Anfang an, dass mein ganzes Bemühen im Dienst für Jesus nur einen Wert haben kann, wenn es von ebenso viel Gebet begleitet wird. Die beiden Seiten »Arbeit und Gebet« kamen mir oft vor wie die beiden Flügel eines Vogels. Wenn nämlich einer der Flügel erlahmt, wird der Höhenflug schnell zu Ende sein. Das ist ja der Grund dafür, dass bei so vielen gut gemeinten Bemühungen oft so wenig herauskommt. Manche haben sich fast totgearbeitet und trotzdem nichts Wesentliches im Reich Gottes bewegt. Corrie ten Boom sagte einmal: »Das Gebet sollte unser Steuerrad und nicht unser Ersatzrad sein.«

»John Hyde, der Beter« vom Verlag Bibelschule Beatenberg
Das Buch schlug bei mir ein wie eine Bombe. Die Erschütterung wirkt heute noch nach. Auf Hunderten von Reisen durch viele Länder hat das Buch mich begleitet und mich wie nur wenige andere Werke angefeuert zu einem »Gebetsleben«, das diesen Namen auch verdient. Wie oft habe ich beim Lesen dieses Buches, aber auch bei ähnlichen Werken gedacht: Solche Bücher sollten eigentlich zur Pflichtlektüre für alle Bibelschüler und Missionsanwärter erklärt werden! Was könnte in der Reichgottesarbeit geschehen, wenn die großen Beter der Vergangenheit mehr wirkliche Nachahmer hätten.

»Der kniende Christ«, Verfasser unbekannt
Auch dieses Buch gehört seit Jahrzehnten zu meinen ständigen Reisebegleitern. Die umwerfenden Berichte haben mich tat-

sächlich manchmal fast erschlagen, aber gleichzeitig ganz gewaltig ermutigt und herausgefordert, mich angefeuert und mich in meinem Glauben gestärkt.

Einen der denkwürdigsten Sätze in diesem Buch habe ich besonders auffallend markiert:

»Wenn wir im Himmel etwas bedauern werden, dann am meisten, dass wir so wenig Zeit in wirklicher Fürbitte verbrachten, solange wir auf Erden waren.«

»Das Gebetsleben der Gläubigen«, von D. H. Dolman
Vielleicht war ich ein halbes Jahr bekehrt, als eine ältere Christin mir dieses Buch schenkte. Sie meinte, Gott hätte es ihr aufs Herz gelegt. Zwischendurch hatte ich auch eine ganze Menge anderer Bücher gelesen, aber dieses Buch war für mich wieder ein ganz besonderer Meilenstein.

Wie gut, dass Gott damals nicht nur gute Bücher in meine Hände legte, sondern mir außerdem – gerade in der ersten Zeit – immer wieder intensive Begegnungen mit wirklichen Betern schenkte.

»Menschen, die ich nie vergesse«, so heißt eine Kapitelüberschrift in diesem Buch. Zu dem Thema ließen sich natürlich einige dicke Bücher schreiben. Aus Platzgründen kann ich in diesem Buch ja nur einige von den unvergesslichen Begegnungen erwähnen. Doch das will ich gerade an dieser Stelle sagen: Die wichtigsten Menschen waren für mich die, mit denen ich viel Zeit im Gebet verbringen konnte. Ach, wenn es doch viel mehr davon gäbe! Wie ganz anders wären die Ergebnisse vieler Evangelisationen und unserer gesamten Arbeit, wenn sich mehr Christen diesem unscheinbaren Dienst hingeben würden. Es will uns einfach nicht in den Kopf, dass wir mit der unscheinbarsten Tätigkeit die größten Resultate erzielen können. Und doch ist es so.

»Glühende Retterliebe« von Oswald J. Smith
Wer diesen revolutionären Bestseller nicht gelesen hat, der hat wirklich etwas vom Besten verpasst. Er gehört auch zu meinen

ständigen Begleitern. Ganze Seiten aus dem Buch kann ich fast auswendig. Trotzdem lese ich es immer wieder. Obwohl ich an vielen Stellen schon weiß, was in den nächsten Sätzen steht, geht mir der Inhalt immer wieder so nahe, dass ich das Buch kaum einmal ohne Tränen gelesen habe. »Glühende Retterliebe« – warum haben wir nicht viel mehr davon? Warum sind unsere Herzen oft so kalt?

Inzwischen hat es viele neue Auflagen des Buches gegeben, aber ich selbst lese immer noch in meinem alten, zerfledderten Exemplar, das sich, trotz Klebestreifen und Gummiband, gerade wieder in seine Einzelteile zerlegt. Ich habe das Buch so lieb gewonnen. Von all meinen Lieblingsbüchern habe ich wohl kein Buch so oft in die Hand genommen wie dieses. Viele Anmerkungen erinnern mich an ganz besondere Ereignisse und Höhepunkte in meinem Glaubensleben.

Wer es noch gar nicht kennt, sollte alles dransetzen, dieses Buch irgendwie aufzutreiben.

Gott hat es in ganz besonderer Weise dazu benutzt, mir die Augen zu öffnen für das Elend der vielen Unerretteten. Ebenso erkannte ich schon bald nach der Bekehrung – hauptsächlich durch dieses Buch – unsere große Verantwortung für die Weltmission. Darum haben wir uns auch in all den Jahrzehnten so intensiv für dieses große Anliegen eingesetzt und vielen jungen Menschen geholfen, ihre Berufung zu erkennen, sich zurüsten zu lassen und dann auch zu gehen. Mehr dazu im Teil 9: »Ein Herz für die Weltmission«.

Gern möchte ich auch aus diesem Buch einige wesentliche Sätze weitergeben. Sie beschäftigen sich mit einem ganz besonderen Phänomen:

Erinnerst du dich noch an die Speisung der 5000 durch den Herrn Jesus Christus? Weißt du noch, wie er befahl, dass sie sich alle gruppenweise auf dem grünen Rasen lagerten, immer eine Reihe hinter der andern? Kannst du dich noch erinnern, wie er dann die Brote und Fische nahm, dafür dankte, sie brach und seinen Jüngern weitergab? Und weißt du es noch, wie seine Jünger dann an dem einen Ende der vorders-

ten Reihe anfingen, weiter an dieser Reihe entlanggingen und jedem ein Stück reichten? Weißt du auch noch, wie sie dann kehrtmachten und wieder an demselben Ende der gleichen vordersten Reihe anfingen und jeden fragten, ob er auch gern zum zweiten Mal nehmen möchte? Weißt du es noch?

Nein! – Und tausendmal nein! – Hätten sie so gehandelt, dann wären die in den hintersten Reihen wohl aufgesprungen und hätten aufs Heftigste protestiert. Sie hätten wohl gerufen: »Hallo, hier! Kommt doch mal nach hinten! Helft uns doch! Wir haben noch gar nichts gehabt! Wir sterben! Wir verderben! Das ist nicht recht! Wo bleibt die Gerechtigkeit? Warum sollen die da vorn gleich zwei Mahlzeiten auf einmal serviert bekommen, bevor wir auch nur den ersten Krümel erwischt haben?« Und damit hätten sie auch vollkommen Recht. Manche reden vom »Zweiten Segen«. Ihnen ist noch nicht einmal der erste Segen zuteil geworden. Wir reden vom zweiten Kommen Christi – sie haben noch nicht einmal etwas von seinem ersten Kommen gehört. Das ist einfach nicht recht! – Warum sollten Menschen das Evangelium immer wieder hören, ehe es nicht alle zum ersten Mal gehört haben?

Ihr alle wisst es ganz genauso gut wie ich, dass kein einziger von den 5000 Mann, bei denen die Frauen und Kinder noch nicht mitgezählt waren, sich zum zweiten Mal bedienen konnte, ehe allen die erste Hilfe zuteil geworden war.

Es ist mir noch nie zu Ohren gekommen, dass ein Pfarrer Schwierigkeiten mit den »hintersten Reihen« gehabt hätte. Alle Nörgeleien kommen immer aus den »vorderen Reihen«. Die da vorne sind überfüttert, und bei ihnen stellen sich geistige Verdauungsstörungen ein. Sie wollen ihm vorschreiben, wie viel er ihnen zu essen geben soll, wann die Mahlzeit zu beginnen hat und wann sie aufhören soll, wie lange es ihnen beliebt, gefüttert zu werden, welche Art Nahrung ihnen am besten behagt usw. – und wehe, wenn er sich nicht nach ihnen richtet.

Wenn der Prediger vernünftig wäre, dann ließe er die »vor-

dersten Reihen« eine Weile sitzen, damit sie zum ersten Mal in ihrem Leben lernen, was eigentlich Hunger ist, und er würde sich den »hintersten Reihen« zuwenden, und wenn er dann wieder nach vorn zurückkehrte, dann würde sein Dienst gern angenommen, und zwar ohne Murren und ohne Kritik.

Liebe Freunde, ich war in den »hintersten Reihen«. Ich habe die unzähligen Millionen jener »hintersten Reihen« gesehen, die nach dem Brot des Lebens schmachten. Ist das denn recht? Sollten wir uns wirklich nur auf die »vordersten Reihen« beschränken? Müssen nicht vielmehr die »vorderen Reihen« dazu angehalten werden, das, was sie empfangen haben, mit den »hintersten Reihen« zu teilen und auf diese Weise die anderen mit dem Evangelium zu erreichen, die sonst unversorgt bleiben müssten?

Bei den hier erwähnten »hintersten Reihen« sollten wir aber nicht nur an ferne Länder denken, denn auch unsere Dörfer und Städte sind voll von Menschen, die das Evangelium nie richtig gehört haben und darum auch nie eine Gelegenheit hatten, sich für das Leben zu entscheiden.

Es macht auch mich immer wieder unbeschreiblich traurig, dass in den meisten Gemeinden so unverantwortlich viel investiert wird, um die ›vordersten Reihen‹ zufrieden zu stellen, und dass weithin so wenig getan wird, um Gemeindeglieder von der dringenden Notwendigkeit der Evangelisation zu überzeugen und ganze Gemeinden für diesen so wichtigen Dienst zu mobilisieren. Und dass es sogar Gemeinden gibt, die nie einen Missionar ausgesandt haben, für den sie jetzt geben und beten. Glühende Retterliebe – was brauchen wir dringender?

»Keine Erweckung ohne Buße« von Oswald J. Smith

Aus diesem Juwel, einem weiteren ständigen Reisebegleiter, möchte ich auch ein paar Sätze zitieren, um damit zu zeigen, warum ich das Buch auch nach Jahrzehnten noch zu meinen wertvollsten zähle.

Es gibt nichts, das die Erfahrung der Gläubigen so vertieft, sie auch so schnell in ihrem Glauben erbaut, als wenn sie miterleben, wie Menschen zur Bekehrung kommen. Versammlungen unter der Wirkung des Heiligen Geistes, wo die Kraft Gottes mächtig wirkt und Sünder zur Buße und zur Erlösung geführt werden, werden den Gläubigen mehr helfen als jahrelanges Lehren ohne diese Erfahrung.

Derjenige hilft ganz gewiss den Gläubigen am meisten, der am eifrigsten nach der Schrift für die Bekehrung von Sündern arbeitet.

Wie viel Schein gibt es überall. Lasst uns unser geistliches Leben prüfen und uns fragen, was es hervorbringt; denn nichts anderes als ein geistliches Erwachen der Gemeinde, das sich in einem Aufwachen der Unerretteten auswirkt, kann je das Herz unseres Gottes befriedigen.

Wir lesen in der Apostelgeschichte und in den Lebensgeschichten unserer geistlichen Väter, dass sie stundenlang im persönlichen Gebet blieben und dass sich viele bekehrten. Die Frage steht vor uns: Können wir die gleichen Wirkungen haben, ohne ihrem Beispiel zu folgen? Wenn wir es können, so lasst uns der Welt beweisen, dass wir einen besseren Weg gefunden haben; aber wenn wir das nicht können, so lasst uns in Gottes Namen anfangen, denen nachzufolgen, die durch Glauben und Geduld die Verheißung ererbten. Sie weinten und beteten und rangen vor dem Herrn, damit Sünder gerettet würden. Alle wirklichen Gottesmenschen sind Gebetsmenschen gewesen.

»Es begab sich aber zu der Zeit, dass er ging auf einen Berg, zu beten; und er blieb die Nacht über im Gebet zu Gott« (Lukas 6,12).

So wird uns von dem Sohn Gottes berichtet. Und wenn er das Gebet nötig hatte, wie viel mehr wir! Bedenken wir: »die ganze Nacht im Gebet«. Wie oft könnte man das von uns sagen? Da lag die Quelle der Kraft bei ihm! Da liegt die Ursache unserer Schwachheit!

Solche Texte kann man kaum lesen, ohne zutiefst berührt zu werden.

»Der Mensch, den Gott gebraucht« von Oswald J. Smith

Ich war schon einige Jahre im vollzeitlichen Dienst, als dieses Buch in meine Hände gelangte. Es gehört auch zu den Büchern, bei denen man fast nicht aufhören kann, wenn man erst einmal mit Lesen begonnen hat. Am meisten hat mich die Stelle berührt, an der Oswald Smith von einer Erfahrung während seiner Bibelschulzeit erzählt.

Zu seinem wichtigsten Arbeitsmaterial gehörte ein großer Globus. Während seine Studienkollegen mancherlei interessanten Freizeitbeschäftigungen nachgingen, stand er oft stundenlang allein vor dem Globus, legte seinen Finger abwechselnd auf das eine oder andere Land, von dem er wusste, dass es dort noch keinen einzigen Christen gab, und betete um »Arbeiter für die Ernte«. Und während andere am Abend Liebesbriefe an ihre Freundinnen schrieben und sich auf andere Weise beschäftigten, ging er oft stundenlang in seinem Zimmer auf und ab, um sich Gedanken über die vielen Millionen Unerretteten zu machen, um dann wieder zu beten: »O Gott, gebrauche mich! O Gott, gebrauche mich!«

Kein Wunder, dass Oswald Smith später einer der gesegnetsten Gottesmänner des vergangenen Jahrhunderts wurde.

»Lebenserinnerungen« von Charles G. Finney

Wie dankbar bin ich für meinen ersten längeren Schweiz-Aufenthalt, bei dem ich, noch nicht als Evangelist, sondern als Zeltdiakon, meine ersten ganz großen Erfahrungen in Sachen Zelt-Evangelisation machen konnte. Im ersten Teil meiner Erinnerungen berichte ich etwas ausführlicher darüber.

Hier möchte ich nur eine besondere Erfahrung mit einem besonderen Buch schildern. Es hat auch mit »Erinnerungen« zu tun. »Lebenserinnerungen« heißt der Titel des Buches. Es ist die Autobiografie des amerikanischen Evangelisten Charles G. Finney (1792–1875). In dem Buch »Glühende Retterliebe« wird über Finney Folgendes berichtet:

»Die meisten Evangelisten nehmen sich einen guten Sänger mit in ihre Versammlungen. Finney nahm sich einen Beter mit, ihr wisst es ja, den Vater Nash, und während Finney predigte, widmete Nash sich ausschließlich dem Gebet. Da vergrub dieser mächtige Gebetsstreiter sein Gesicht in seine Hände und schrie zu Gott in der Angst und Not seiner Seele, damit Gott Finney zur Errettung verlorener Männer und Frauen benutzen möge. Finney selbst wusste, was es hieß, im Gebet zu flehen und wie in Geburtswehen zu ringen.«

Dort im Zelt entdeckte ich auf dem Büchertisch – genau zum richtigen Zeitpunkt – die »Lebenserinnerungen«, die mich dann einige Zeit in Atem hielten.

Sollte ich wirklich einmal ein richtiger Evangelist werden, so wollte ich – das stand seitdem fest – ein ebenso treuer Beter sein und ebenso kompromisslos predigen wie dieser Evangelist aus Amerika.

Das Buch habe ich später noch einige Male gelesen, und jedes Mal hatte es eine ähnliche Wirkung auf mich.

»Prediger und Gebet« von E. M. Bounds

Es ist schon eigenartig – und ich bin so froh darüber –, dass ich in den ersten Dienstjahren immer wieder auf Bücher stieß, die das Gebet zum Thema hatten. Alles, was ich in diesen guten Büchern las, schien das zu bestätigen, was die Seiten der Bibel füllt.

In der Bibel lesen wir, dass Jesus viel betete, dass er früh am Morgen betete, dass er manchmal nachts, ja die ganze Nacht betete.

In dem Buch von E. M. Bounds habe ich einen Abschnitt schon vor vielen Jahren besonders auffallend markiert. Dort heißt es:

»Die Menschen, die in dieser Welt am meisten für Gott getan haben, waren früh auf den Knien. Wer die frühen Morgenstunden mit ihren Gelegenheiten mit anderen Dingen vertrödelt und Gott nicht sucht, dem

wird es schwerlich gelingen, ihn den Rest des Tages über noch zu suchen. Wenn Gott in unseren Gedanken und Bemühungen am Morgen nicht den ersten Platz einnimmt, wird er den Rest des Tages über den letzten Platz einnehmen.«

Dass das so ist, habe ich in den vielen Jahren nicht nur einmal schmerzlich erfahren. Schon Martin Luther sagte:

»Wer nicht am Morgen betet, ist arm den ganzen Tag!«

Meine Lieblingsbücher?

Mit der Formulierung wollte ich einfach nur sagen, dass ich einige Bücher habe, die mir mehr bedeuten als viele andere. Es ist tatsächlich möglich, dass ein Buch mit nur hundert Seiten einen viel größeren Wert hat als ein vielgerühmter 500-seitiger Bestseller, der eine Zeitlang in aller Munde ist.

Im Laufe der Jahre habe ich natürlich noch viele weitere wertvolle Bücher gelesen, die ebenfalls eine prägende Wirkung auf mich gehabt haben. Einen ganz großen Wert hatten für mich beispielsweise auch die Bücher:

- »Ratschläge für Prediger« von Charles H. Spurgeon
- »Betet ohne Unterlass« von Charles H. Spurgeon
- »Vom Beten« von Ole Hallesby
- »Wirksames Beten« von O. S. von Bibra
- »Kraft durch Gebet« von E. M. Bounds
- »Die Macht des Gebets« von R. A. Torrey
- »Für den Thron bestimmt« von Paul E. Billheimer
- »Durchbruch zur Herrlichkeit« von Paul E. Billheimer
- »Vom Segen des Kreuzes« von Paul E. Billheimer
- »Berufen zum Überwinden« von Paul E. Billheimer
- »Zur Klärung der Fronten« von Friedrich Heitmüller
- und mehrere Bücher von Prof. Dr. Werner Gitt

Einige meiner besten Bücher werden mich auch in Zukunft auf meinen Reisen begleiten. Andere stehen – mit guten Erinnerungen umgeben – in meinem Bücherregal. Wieder andere habe ich inzwischen kistenweise verschenkt. Studenten, Bibelschulen, Leihbüchereien sind in der Regel dankbare Abnehmer.

Warum erwähne ich das hier alles? Weil die Erinnerungen an bestimmte Begegnungen und an eine bestimmte Art von Büchern und der Einblick in Gottes Vorgehensweise bei der Zubereitung seiner Leute mich immer wieder so dankbar machen. »Worte lehren, aber Vorbilder reißen mit!«

Das größte Vorbild ist natürlich Jesus. »*Lernt von mir!*«[16], sagte er zu seinen Jüngern. Das heißt doch: »*Schaut mich an! Macht es so wie ich!*«

Eindrückliche Erlebnisse

Fasten und Beten

Auch auf dieses Thema stieß ich durch ein Buch, das ich schon kurz nach meiner Bekehrung in die Hände bekommen hatte.

Nun muss ich bekennen, dass ich zum Fasten nie so den ganz großen Zugang gefunden habe, obwohl sich die Bibel doch recht häufig damit beschäftigt. Ich habe sogar den Eindruck, dass gerade die Großen im Reich Gottes – ob in der Bibel oder in der Kirchengeschichte – sehr vertraut damit waren. Paulus, der größte Missionar aller Zeiten, diente dem Herrn sogar »in viel Fasten« (2. Korinther 11,27). Fasten ist natürlich nicht dasselbe wie Hungern. Fasten ist ein freiwilliger Verzicht auf etwas, das normalerweise gut und durchaus erlaubt ist; ein freiwilliger Verzicht, um mehr Zeit fürs Gebet zu haben, um sich ohne Ablenkung eine Zeitlang noch besser einem wichtigen Ziel widmen zu können.

In meinen Evangelisationen habe ich nur selten mehrere Tage gefastet. Meist hatten meine Gastgeber auch überhaupt kein Verständnis dafür. Aber einen einzelnen Fastentag oder eine Fastengebetsstunde habe ich oft angeregt und dann auch mit einigen Gemeindegliedern praktiziert. Nicht selten haben wir damit ganz ungewöhnlich gute Erfahrungen gemacht.

1965 hatte ich meine erste richtige zweiwöchige Evangelisation in Deutschland erlebt. Damit war für mich ein großer Traum in Erfüllung gegangen, ein jahrelanger Gebetswunsch wurde mir erfüllt. Ab 1966 öffneten sich dann plötzlich viele Türen in Deutschland. Doch ich konnte – wegen der vielen gern eingegangenen Verpflichtungen in der Schweiz – in jenem Jahr nur drei größere Einsätze in Deutschland durchführen.

Eines meiner schönsten Erlebnisse jener Zeit hatte ich damals wohl in Süddeutschland in einem 15-tägigen Einsatz. Eines Abends kam nach der Abendversammlung ein Gemeindeglied mit Tränen in den Augen zu mir und erzählte mir von seinem großen Kummer.

Ich glaube, er war einer der Treuesten in der Gemeinde. Wo praktische Hilfe nötig war, war er tatkräftig dabei. Er war auch ein eifriger Beter und hatte bereits viele konkrete Gebetserhörungen erlebt. Nur in seiner eigenen Familie hatte er gar keinen Erfolg. Im Gegenteil: Alle waren gegen ihn. Je mehr er betete, umso größer wurde der Widerstand. Es sah so aus, als wären alle seine Gebete und alle seine Bemühungen völlig umsonst.

Damals wurde ich in meiner Meinung bestärkt, dass eine Frau unter Umständen schlimmere Waffen gegen ihren Mann einsetzen kann als umgekehrt. Sie ist die Königin im Haus. Sie entscheidet, wann das Essen fertig ist. Sie sorgt in der Regel auch für die Wäsche und Kleider und hat damit große Möglichkeiten, ihren Mann in Schwierigkeiten zu bringen. Sie verbringt auch die meiste Zeit mit den Kindern und hat die größeren Möglichkeiten, deren Meinungen und Verhalten zu beeinflussen. In diesem Fall hat die Ehefrau jedenfalls alle ihre Waffen geschickt und brutal eingesetzt.

Er hatte ein kräftezehrendes Tagwerk, aber er verdiente gut und erfüllte seiner Familie fast jeden Wunsch. Seine Frau hatte ihre Aufgaben zu Hause und sorgte für den Haushalt, den Garten und vor allem für ihre Kinder.

Wo lag nun das Problem? Warum saß er an diesem Abend weinend und ganz verzweifelt vor mir im Seelsorgeraum?

Er liebte seine Frau. Er liebte seine Kinder. Er wollte sie so gern alle für Jesus gewinnen. Aber sie waren nicht einmal bereit, auch nur eine einzige Predigt anzuhören. Sein Zuhause wurde immer mehr zur Qual. Sie beschimpften ihn als Sektierer. Seine Frau wusste natürlich, an welchem Wochentag er abends die Gemeinde besuchen wollte, doch gerade an solchen Abenden war das Abendessen oft nicht rechtzeitig fertig. Manchmal konnte er das gewünschte Kleidungsstück nicht finden. Wenn er einmal etwas unzufrieden reagierte, konnte sie ihn in Gegenwart der Kinder richtig fertigmachen. Die Kinder kritisierten – durch sie aufgehetzt – sogar mit und beschimpften ihren Vater. Oft wurde ihm vorgehalten, er sei doch Christ, darum sollte er sich auch zu Hause wie ein Christ aufführen. Was er auch tat oder auch nicht tat – in den Augen der anderen war fast alles falsch.

Bei solchen Gesprächen ringt man nach Worten. Schon oft hatte ich in der Seelsorge den Eindruck, dass ein erfolgreiches Seelsorgegespräch unter Umständen schwerer sein kann als eine erfolgreiche Predigt. Wie gut, dass wir für beides Gott um Hilfe bitten können.

Damals hatten wir jeden Vormittag eine Teamsitzung im Mitarbeiterkreis. Für mich sind solche Treffen vor allem eine gute Gelegenheit für eine zusätzliche gemeinsame Gebetszeit. Einige Male konnte auch der Hilfe suchende Mann an unserer Runde teilnehmen. In einer solchen Sitzung machte ich den Vorschlag, wir könnten am Samstag einmal auf das Mittagessen verzichten und uns stattdessen über Mittag zu einer Fasten- und Gebetsstunde im Gemeindezentrum treffen. Aus vielen Erfahrungen wusste ich, dass solche Stunden eine gewaltige Auswirkung haben können.

Solche Treffen gebe ich in der Regel am Vorabend auch öffentlich bekannt. Ich kann mich nicht daran erinnern, dass sich an irgendeinem Ort mal jemand daran gestoßen hätte.

Den Frauen und vor allem den Müttern sage ich dann gern: »Für morgen haben wir etwas ganz Besonderes geplant. Es wird euch gefallen. Ihr müsst morgen keine Kartoffeln schälen, keine Salate anrichten, nicht kochen, nicht braten, nicht servieren, nicht essen, nicht abräumen, nicht abwaschen – das alles fällt morgen aus. Stattdessen treffen wir uns über Mittag eine gute Stunde hier im Gemeindezentrum, um für Menschen zu beten, die wir besonders lieb haben. Und die Kinder? Die sollen natürlich nicht hungern. Mein Vorschlag: Ihr sagt euren Kindern: ›Heute könnt ihr euch einmal selbst versorgen. Auf dem Tisch stehen ein Krug mit Milch, daneben ein Behälter mit Haferflocken und eine Schale mit Bananen, Orangen und verschiedenen Obstsorten. Esst, was ihr wollt und so viel ihr wollt. Wir sind in anderthalb Stunden wieder zu Hause.‹ Ihr müsst euch keine Sorgen machen. Die Kinder werden sogar sehr zufrieden sein. Wahrscheinlich werden sie noch fragen: ›Mama, wann machen wir das wieder?‹«

Nach fast fünfzig Jahren Erfahrung in der Evangelisation kann ich sagen, dass solche vorher nicht geplanten Treffen in der Regel zu den am besten besuchten Gebetsstunden gehören.

Natürlich kann man auch einen ganzen Tag lang fasten oder sogar einige Tage, eine Woche oder noch länger und dabei auf feste Nahrung verzichten, um mehr Zeit für die Stille und vor allem fürs Gebet zu haben. Und das einfach aus Liebe zu Menschen, die man so gern mit Jesus bekannt machen möchte.

Das hatte ich in dem erwähnten Seelsorgegespräch auch meinem Gegenüber erklärt und ihn herzlich zu der Fasten- und Gebetsstunde eingeladen. Er war dabei, und mit ihm kamen auch viele andere aus der Gemeinde. Nach einem passenden Bibelwort und ein paar Liedern nahmen wir uns erst einmal richtig Zeit zum Danken. Dann kam die Zeit der Fürbitte, in der wir vor allem viele Namen von unbekehrten Angehörigen betend vor den Herrn brachten. Wahrscheinlich war noch nie so viel für die vorhin erwähnte Frau gebetet worden. Die Bibel sagt doch, dass Gott Menschenherzen lenken kann wie Wasserbäche. Ich weiß zwar nicht, wie er das fertigbringt; aber er kann es tun. Er kann plötzlich eine Neugierde in einem Herzen wecken oder irgendetwas anderes tun, so dass sich ein Mensch auf den Weg macht. Warum sollte er nicht auch das Herz dieser Frau lenken können?

Den dann folgenden Abend werde ich nie mehr vergessen. Ich predigte und lud zur Entscheidung für Jesus ein. Viele folgten an dem Abend dem Ruf und kamen in den Seelsorgeraum. Unter ihnen auch die am Tag zuvor noch so ablehnende Frau. Ich hatte gar nicht mitbekommen, dass sie unter den Zuhörern gewesen war. Und sie kam nicht allein. Auch ihre heranwachsenden Kinder saßen nach der Predigt total überführt vor mir im Gesprächsraum. Alle erlebten an dem Abend ihre Bekehrung und Wiedergeburt und wurden völlig neue Menschen. An den Folgeabenden sah ich sie immer wieder unter den Zuhörern im Saal.

Und als ich ein halbes Jahr später als Konferenzredner jenes Gemeindebundes nach dem Vortrag von der Bühne kam, stand plötzlich die ganze Familie vor mir, um mir noch einmal für meinen Dienst in der denkwürdigen Evangelisation zu danken. Beim Verabschieden sagte mir der Vater: »Ich hätte nie geahnt, dass Gott auf Fasten und Gebet hin heute noch solche Wunder tut.«

Bruder, bist du echt?

Welche Freude, als ich zum ersten Mal eine offizielle Einladung zum Besuch der »Schweizer Evangelisten-Konferenz« erhielt. Dort trafen sich einmal im Jahr für einige Tage eine größere Anzahl Gemeindemitarbeiter und Evangelisten, um sich fast ausschließlich mit dem Thema Evangelisation zu beschäftigen. Manche der Teilnehmer, sogar einige Redner, waren mir von anderen Begegnungen her schon bekannt. Dort lernte ich aber auch viele andere Leute kennen, die ein Herz für Evangelisation hatten. Jede Begegnung, jeder Austausch, aber vor allem die lehrreichen, auf Evangelisation ausgerichteten Vorträge waren für mich eine riesige Bereicherung. Später wurde ich selbst mehrere Male zu Vorträgen eingeladen. Jedes Mal ging es um das große Thema Gebet.

Manche Kontakte und Eindrücke haben sich mir unauslöschlich eingeprägt, besonders die Konferenz, zu der Pastor

Heinrich Kemner[17] als Hauptredner gekommen war. Selten habe ich mich so auf eine Konferenz gefreut. Das erste Thema, bei dem es um göttliche Vollmacht ging, schien mir das wichtigste der ganzen Konferenz zu sein. Ich war so gespannt. Vollmacht – was braucht ein Evangelist dringender?

Dann trat Pastor Kemner ans Rednerpult, schaute einige Zeit ohne Worte in die Zuhörermenge und begann dann ungefähr so mit seiner ersten Rede: »*Brüder, macht euch nichts vor!*« Pause. – »*Macht euch nichts vor!*« Noch längere Pause. – Ich stutzte: Was soll das? Was will er damit sagen? Oder weiß er gar nicht so richtig, was er sagen will? Dann kam der dritte Satz – ganz persönlich, und der hatte es in sich: »*Du hast nur so viel Vollmacht, wie du Echtheit besitzt vor dem Herrn!*« Danach sah er in die eine Saalhälfte und fragte mit einem unbeschreiblichen Ernst: »*Bruder, bist du echt?*« Dann sah er in die Richtung, wo ich Platz genommen hatte. Es kam mir vor, als hätte er allein mich im Auge. Und wieder kam die eindringliche Frage: »Bruder, bist du echt?«

Wenn die Konferenz nach diesem ungewöhnlichen Start schon aufgehört hätte, wäre es für mich trotzdem eine der wertvollsten Konferenzen meines Lebens gewesen.

Zu der Zeit war ich schon einige Jahre im Verkündigungsdienst. Die Zahl der Einladungen nahm ständig zu, auch die Besucherzahlen und die Zahl derer, die in die Seelsorge kamen. Es lief richtig gut. Auch in unserer Ehe, in der Familie und im Missionswerk gab es kaum Probleme. Und dann diese Frage: »Bist du echt?«

Vielleicht war ich auch gar nicht gemeint? Vielleicht galt die Frage einem anderen im Saal?

Das besondere Erlebnis behielt ich lange für mich. Heute schreibe ich darüber und bezeuge, dass ich Gott unendlich dankbar bin für die Stunde der Selbstprüfung und der völligen Hingabe an ihn.

Ich denke, dass es gut ist, wenn Gott und andere und sogar wir selbst uns und alles, was wir so tun, von Zeit zu Zeit ehrlich in Frage stellen. Habe ich mich wirklich für das Beste und nicht nur für das Gute entschieden? Tue ich das, was ich gerade tue, wirklich aus Liebe zu Jesus? *»Bruder, bist du echt?«*

Es gibt ein Zuspät!

Der nächste Dienst führte mich ins Ruhrgebiet. Neben vielen schönen Begegnungen und Erlebnissen mit Menschen, die sich für Jesus entschieden, machte ich dort auch eine der erschütterndsten Erfahrungen meiner ganzen Dienstzeit.

Zu der Gemeinde gehörte auch eine Frau, die ein weites Herz für Verlorene hatte, die in keiner Gebetsstunde fehlte und im Einladen von Gästen eine der Eifrigsten war.

An einem Abend – ich war gerade mit der Seelsorge fertig und wollte mich von den Mitarbeitern verabschieden – rief diese treue Beterin von zu Hause aus an und flehte uns weinend um Hilfe an.

Wir fuhren sofort zu ihr und fanden eine total verstörte, verzweifelte, um Fassung ringende Person. Was war geschehen?

Es war ihr auch in diesem Jahr wieder gelungen, eine gute Bekannte für den Besuch unserer Evangelisation zu gewinnen. Diese gute Bekannte hatte auch in früheren Evangelisationen schon einige Predigten gehört. Jedes Mal wurde sie vom Wort Gottes getroffen, war aber nicht bereit, sich zu bekehren und Jesus als ihren Erretter anzunehmen. »Das kann man immer noch«, war ihre Ausrede, »das muss doch nicht unbedingt heute Abend sein.« Sie kam immer nur einmal mit, dann musste man sie in Ruhe lassen. Das Wort Bekehrung mochte sie gar nicht.

An diesem Abend waren die beiden wieder mit der Straßenbahn auf dem Heimweg. Ein geistliches Gespräch war kaum möglich, weil die Dame meinte, sie hätte jetzt erst mal genug gehört. Sicher würde sie zu einer späteren Evangelisation wieder mal mitkommen.

Dann hatten sie ihre Haltestelle erreicht, die Tür der Straßenbahn öffnete sich, und die unbekehrte Dame trat als Erste auf die Straße. Doch im selben Augenblick kam ein Auto, riss sie zu Boden und verletzte sie schwer. Sie blieb regungslos liegen. Der herbeigerufene Arzt konnte dann nur noch den Tod feststellen.

Ja, und nun saßen wir bei unserer Glaubensschwester und rangen nach Worten. Wir suchten nach passenden Bibelstellen und lasen sie ihr vor, dann beteten wir wieder mit ihr, aber sie hörte kaum richtig zu, sie bekam richtige Weinkrämpfe und blieb lange untröstlich. Sie machte sich die schlimmsten Vorwürfe und meinte einfach, sie hätte jetzt die Schuld daran, dass ein Mensch unbekehrt in die Ewigkeit gegangen sei.

»Ich hätte viel mehr beten müssen, ich hätte es ihr besser erklären müssen, ich hätte viel lieber zu ihr sein sollen, aber jetzt ist es zu spät, jetzt ist sie verloren! Kann Gott mir das überhaupt vergeben?«

Es hat lange gedauert, bis sie alles richtig einordnen konnte, bis sie verstand, dass Gott keinen Menschen zur Bekehrung zwingt, wie sehr wir auch für ihn beten mögen.

Am nächsten Abend saß sie wieder mit uns im Gebetsraum und weinte um Verlorene und betete für andere, die sie auch eingeladen hatte. Und bevor die Evangelisation zum Abschluss kam, hatte sich eine Person bekehrt, die sie auch schon einige Jahre auf ihrer Gebetsliste hatte.

Wohl dem Pastor, der solche Beter in seiner Gemeinde hat.

Geistliche Kettenreaktionen

Mit großen Erwartungen reiste ich kurz darauf zum nächsten Einsatz in Norddeutschland. Dreizehn Tage standen auf dem Programm. Dort erlebte ich wieder einmal ein besonderes Phänomen, über das ich gern etwas berichten möchte.

Ein junger Mann, knapp zwanzig, war von anderen Jugendlichen eingeladen worden. Zum ersten Mal im Leben hörte er das Evangelium so, dass er seine ganze Lebensweise in Frage stellen musste. Nach einer unruhigen Nacht saß er am nächsten Abend wieder unter den Zuhörern. Im anschließenden seelsorgerlichen Gespräch traf er eine ganz klare Entscheidung für Jesus.

Während des Gesprächs hatte ich mich auch nach seiner Familie erkundigt und erfahren, dass er Einzelkind war, dass seine Eltern nicht bekehrt waren und dass sein Vater seine Entscheidung bestimmt nicht gutheißen würde. Ich wies ihn auf die große Verantwortung hin, die er jetzt seinen Eltern gegenüber hatte, und bat ihn, ab sofort regelmäßig für sie zu beten und zu versuchen, sie für den Besuch einer unserer Versammlungen zu gewinnen. Er war allerdings der Meinung, dass sein Vater, ein weit und breit bekannter und sehr erfolgreicher Baumeister, niemals eine solche Versammlung besuchen würde. Ich betete dann noch für seine Eltern und verabschiedete mich von ihm.

Am nächsten Abend entdeckte ich meinen neuen Freund in einer der vorderen Reihen. Neben ihm saß eine Frau mittleren Alters, in der ich gleich seine Mutter vermutete.

Es ergab sich an dem Abend einfach so, dass ich gleich nach der Predigt auf die Frau zusteuern konnte, sie freundlich begrüßen und fragen konnte, ob sie die Mutter des jungen Mannes sei. Schnell leerte sich der vordere Teil des Saales, und wir standen allein zwischen den Stühlen. Ich erzählte ihr dann, was ihr Sohn am Vorabend erlebt hatte. Obwohl er ihr noch nichts davon erzählt hatte, hatte sie irgendwie eine Veränderung bei ihm bemerkt.

Als ich sie einlud, doch jetzt in den Seelsorgeraum mitzukommen, war sie sofort dazu bereit. Nachdem ich ihr den Heilsweg genau erklärt hatte und wir zusammen gebetet und für die Errettung gedankt hatten, machte ich ihr einen Vorschlag, indem ich ihr ungefähr Folgendes erklärte: »Gott liebt Ihren Sohn, und er hat ihn gestern Abend errettet. Gott liebt Sie, und er hat Sie heute Abend errettet. Gott liebt auch Ihren Mann und möchte ihn gern erretten. Wie wäre es, wenn wir beide jetzt zusammen noch für Ihren Mann beten würden? Wie schön wäre es, wenn er sich auch für Jesus entscheiden würde.«

Doch da erklärte mir die Frau sofort, dass wir nicht für ihren Mann zu beten bräuchten: »Sie kennen meinen Mann nicht. Er wird ganz bestimmt nicht mitkommen und nie und nimmer so etwas machen!«

Das war das erste Mal für mich, dass eine bekehrte Frau das Gebet für ihren unbekehrten Ehepartner ablehnte. Ich konnte sie dann aber doch überreden. Nachdem ich für ihren Mann gebetet hatte, sah ich, dass sie weinte. Auf mein Zureden hin sprach auch sie noch ein kurzes Gebet für ihn. Dann verabschiedeten wir uns.

In den beiden Wochen durften wir viele klare Entscheidungen erleben, aber auf den Baumeister, für den wir inzwischen so viel gebetet hatten, warteten wir auch am letzten Abend umsonst.

Damals wusste ich noch nicht, dass der erfolgreiche Geschäftsmann schon einige Zeit große gesundheitliche Probleme hatte. Trotz einiger großer Operationen war sein Leiden immer schlimmer geworden. Doch all die Schwierigkeiten hatten sein Herz nur noch mehr verhärtet.

Dann vergingen die Monate, und die Gemeinde plante einen besonderen Erntedank-Festgottesdienst, bei dem neben der üblichen Dankbarkeit besonderes Augenmerk auf die geistliche Ernte des Jahres gelegt werden sollte. Ich sollte der Festredner sein.

Der Gottesdienst mit den herrlichen Zeugnissen hatte dann auch einen besonderen Tiefgang. Für mich war es ein fröhliches Wiedersehen mit vielen, denen ich damals in der Seelsorge begegnet war. Unter den Zuhörern saßen auch der oben erwähnte junge Mann und seine Mutter.

Eigentlich wollte ich nach dem Gottesdienst gleich wieder aufbrechen, aber es kam wieder einmal ganz anders. Im Gespräch mit der Frau erfuhr ich Folgendes:

In den ersten Monaten nach ihrer Bekehrung hatte ihr Mann ihr das Leben wirklich zur Qual gemacht. Seine Ablehnung und seine Spötteleien – auch in Gegenwart anderer – waren manchmal fast unerträglich. Immer wieder hatte er auch versucht, seinen Sohn umzustimmen.

Doch nun lag er auf dem Sterbebett und wusste, dass er höchstens noch ein paar Tage zu leben hatte. Bei der letzten

Operation hatten die Ärzte seinen Bauch sofort wieder geschlossen, weil sie sahen, dass sie ihm ganz offensichtlich nicht mehr helfen konnten.

Dann erzählte mir die Frau: »Anfangs durfte ich zu Hause kein einziges Wort über Gott oder die Bibel oder die Gemeinde erwähnen. Ich durfte nicht einmal am Tisch beten. Alles, was damit zu tun hatte, hat er ganz brutal abgelehnt. Doch jetzt weiß er, dass er nach dieser Operation nicht mehr lange leben wird. In letzter Zeit konnte ich ihm einige Male etwas aus dem Losungsbuch vorlesen. Gestern durfte ich zum ersten Mal auch ein kleines Gebet sprechen. Ich wünsche so sehr, dass er sich vor seinem Sterben noch bekehrt.«

Und dann bat sie mich flehentlich: »Kommen Sie doch bitte mit uns nach Hause. Sprechen Sie doch mit meinem Mann. Vielleicht bekehrt er sich heute.«

Den Wunsch konnte ich natürlich nicht abschlagen, zumal ich in den letzten Monaten auch öfter für ihn gebetet hatte.

Kurz darauf saß ich dann am Bett des Schwerkranken und erklärte ihm die Schritte zu einem wirklich erfüllten Leben.

Bis dahin hatte ich kaum einmal direkt mit einem Sterbenden zu tun gehabt. Darum hat mich die Begegnung wohl auch so ungewöhnlich tief berührt. So einem elenden Menschen hatte ich noch nie in die Augen gesehen. Sein Gesicht bestand nur noch aus Haut und Knochen. Obwohl er sehr schwach war, merkte ich, dass er jedes Wort, das ich ihm sagte, begierig aufnahm. Mit allergrößter Kraftanstrengung sagte er mir sogar ein Buß- und Übergabegebet nach und dankte dann mit ein paar Worten dem Herrn Jesus Christus für die Vergebung seiner vielen Sünden.

Als ich schließlich das Sterbezimmer verließ, wusste ich, dass gerade etwas ganz Großes passiert war: Ein verlorener Sohn war zurückgekehrt. Schon am nächsten Tag durfte er heimgehen als erlöstes Gotteskind.

Warum habe ich diese schöne Geschichte wohl so ausführlich erzählt? Es ist nur ein Beispiel von vielen, das mir zeigt, dass nach einer klaren Entscheidung für Jesus oft umgehend eine richtige Kettenreaktion in einer Familie einsetzt. Einer muss einmal den ersten Schritt tun, danach kommt es oft sehr schnell zu weiteren Bekehrungen. Es kommt eigentlich selten vor, dass nach einer echten Bekehrung nicht auch andere aus der Familie denselben Schritt tun.

Zuerst hatte sich der Sohn bekehrt, dann die Mutter, dann der Vater. Damit will ich aber nicht sagen, dass es immer genau so und immer genau so schnell passiert, wenn erst einmal einer den ersten Schritt getan hat.

Manchmal vergehen Jahre oder sogar Jahrzehnte, bis wieder jemand sein Herz öffnet, aber nie dürfen wir uns damit abfinden, dass noch Unerrettete in unseren Reihen sind.

Hauptsache, bekehrt?

»Du Narr!« – So nennt Gott einen Menschen, der nicht bereit ist, über sein Sterben nachzudenken. Wenn dann für jemanden »plötzlich und unerwartet« – wie es in Todesanzeigen oft heißt – das irdische Leben beendet ist, kann das für die Ewigkeit schreckliche Folgen haben.

Nun gibt es aber auch viele, die hier nicht eingereiht werden möchten. Sie wissen, dass sie sterben müssen, und sie möchten sich irgendwann auch mal näher damit beschäftigen und nicht unvorbereitet in die Ewigkeit gehen. Doch das muss nach ihrer Meinung ja nicht unbedingt heute sein.

Das Traurige an dieser Einstellung ist, dass solche Leute bei dem Gedanken an eine mögliche Lebensänderung nur an die Ewigkeit denken und überhaupt nicht daran, dass Gott einen wunderbaren Plan für ihr Erdenleben hat und sie gern hier schon als seine Werkzeuge gebrauchen möchte.

Denken wir noch einmal an die drei, die ich in der gerade beschriebenen Geschichte erwähnt habe:

Der junge Mann war kaum zwanzig, als er sich für ein Leben mit Jesus entschied. Nun ist er gerettet für die ganze Ewigkeit. Er ist seit seiner Bekehrung ein Erbe Gottes, ein Miterbe Jesu Christi. Aber das ist ja nicht alles. Vielleicht lebt er nach seiner Bekehrung noch vierzig, fünfzig, sechzig Jahre oder sogar noch länger. Was kann Gott durch seine Gebete, durch sein Zeugnis, durch sein Vorbild, durch seine Mitarbeit in der Gemeinde und durch seine Missionsgaben alles in Bewegung bringen?!

Die Mutter war fast fünfzig, als sie die größte Entscheidung ihres Lebens traf. Auch sie wurde nicht nur ein Kind Gottes, sondern mit ihrer Bekehrung und Wiedergeburt auch eine Erbin Gottes für alle Ewigkeit. Vielleicht lebt sie auch noch mindestens zwanzig Jahre. Solche Christen können unter Umständen noch eine ganze Menge fürs Reich Gottes tun. Das ist wunderbar.

Doch das muss man auch einmal ganz nüchtern und ehrlich beim Namen nennen – dass solche Christen mindestens die Hälfte ihres von Gott anvertrauten Lebens in der Sünde verbracht haben. Warum haben sie nur so lange gewartet? Vielleicht hätten andere durch sie große Segnungen erleben können. Vielleicht hätten sich sogar einige durch ihr Zeugnis zu Jesus gewandt. Stattdessen waren die ganzen fünfzig Jahre verlorene Jahre. Was haben sie in den fünfzig Jahren doch alles verpasst!

Ich verstehe den Liederdichter, der sagt: »O dass ich dich so spät erkannte. – Es tut mir leid, ich bin betrübt, dass ich so spät geliebt.«

Der Vater war sechzig, als er auf dem Sterbebett um Vergebung seiner Sünden flehte. Auch er wurde gerettet und durfte kurz danach als Kind Gottes und auch als Erbe Gottes in die Ewigkeit eingehen.

Das ist sicher: Gott hat ihm alles vergeben. Er wurde, als er Jesus als Retter annahm, so rein, als hätte er nie eine Sünde getan. Dafür hat Jesus ja sein Leben gegeben. Dafür floss auf Golgatha sein Blut. Errettung kann man ja nicht mit guten Werken verdienen, Errettung ist ein freies, unverdientes Geschenk.

Als ich damals, nach der schönen Erfahrung am Sterbebett, meine Heimreise antrat, war ich einerseits unbeschreiblich glücklich darüber, dass ich einem Todkranken noch im letzten Augenblick den Weg zum Himmel zeigen konnte.

Andererseits hat mich das Wissen um ein paar andere und

ganz traurige Tatsachen richtig bedrückt: Der soeben bekehrte Geschäftsmann hat in seinem ganzen Leben wohl nie für einen Verlorenen gebetet oder ihm von Jesus erzählt. Er war kein Vorbild im Glauben, er war nie in einer Gebetsstunde und nie Mitarbeiter in einer Gemeinde, er hat wahrscheinlich nie etwas für die weltweite Missionsarbeit getan. Sein ganzes Leben hat er in der Gottesferne zugebracht. Er wird einmal mit leeren Händen vor Jesus stehen, denn alles, was er gesammelt hat, erweist sich dort als »Holz, Heu und Stroh«[18].

Daran sollten wir immer denken: Wenn Jesus einen Menschen in seine Nachfolge ruft, geht es jedes Mal nicht nur um diesen einen Menschen, sondern auch um andere, die durch diesen einen Menschen Jesus kennenlernen sollen. Wer seine Bekehrung aufschiebt oder ganz ablehnt, geht nicht nur verloren, sondern er schlägt Gott ins Gesicht und torpediert seine guten Pläne. Das ist doppelte Schuld!

Der gefährliche Aufschub

Es gibt ja Menschen, die meinen oder hoffen darauf, dass sie kurz vor ihrem Tod immer noch mit Gott ins Reine kommen können. Das geschieht aber nur sehr, sehr selten. Selbst Seelsorger, die in Krankenhäusern oder Altenheimen arbeiten, sagen, dass sie nur ganz selten eine Bekehrung auf dem Sterbebett erleben.

Es ist erschüttend mitzuerleben, wie gelangweilt ältere Leute manchmal in einer Evangelisation sitzen und die ernstesten Predigten an sich vorbeirauschen lassen, ohne zu merken, dass sie eigentlich nichts nötiger haben als gerade diese Predigt.

Es ist sogar lebensgefährlich, wenn jemand auf eine erkannte Wahrheit nicht rechtzeitig eingeht und eine wichtige Entscheidung vor sich herschiebt. Irgendwann ist der Zug abgefahren. Das Gewissen reagiert nicht mehr; es ist wie mit einem Brenneisen gehärtet. Ich glaube, bei vielen älteren Menschen ist das Gewissen mit einer geistigen Hornhaut überzogen. Sie können die ernsteste Predigt hören, aber das Wort Gottes erreicht sie nicht mehr.

Ein Achtzigjähriger geht wütend davon

Mein nächster Einsatz führte mich wieder in den Süden und bescherte mir ganz neue, unvergessliche Erlebnisse. Das eindrücklichste war sicher das Zusammentreffen von drei Generationen in der Seelsorge, und das am selben Abend.

Der ältere Herr war schon über achtzig, die aus ärmlichen Verhältnissen kommende Frau etwas über fünfzig und der Junge gerade mal vierzehn Jahre alt. Alle drei hatten dieselbe Predigt gehört. Alle drei kamen in die Seelsorge, um – wie ich meinte – sich zu bekehren.

Doch was war an dem Abend das Besondere, dass ich mich heute, nach so vielen Jahren, noch an die Einzelheiten erinnere?

Als ich den 14-Jährigen fragte, ob er seinen verlorenen Zustand erkannt hätte, ob es ihm wirklich ernst sei und er mit mir um Vergebung seiner Sünden beten und Jesus als seinen Retter und Herrn annehmen möchte, fing er an zu weinen. Er war so ehrlich. Das Wort Gottes hatte ihn von seiner Schuld überführt, und er sehnte sich nach Vergebung. Überglücklich verließ er nachher den Seelsorgeraum und wurde in der Vorhalle von seinen ebenso glücklichen Eltern in die Arme geschlossen.

Als ich der Frau fast dieselben Fragen stellte, sah sie mich zuerst etwas ungläubig an und sagte: »Ja, schon, doch so schlecht, wie Sie vielleicht denken, bin ich gar nicht.« Zuerst war ich erschrocken über ihre Antwort. Wie anders war doch die Reaktion des 14-Jährigen gewesen. Nachdem ich der Frau dann einige Bibelstellen erklärt hatte, kam sie allerdings ebenfalls zu einer tiefen Sündenerkenntnis und hatte den Wunsch, sich von ganzem Herzen zu bekehren. Hätten ihre Freunde ihr nicht Mut zur Seelsorge gemacht, wäre sie an dem Abend wahrscheinlich noch gar nicht zu mir gekommen. Doch als wir schließlich zusammen beteten, war es wirklich ihre ganz persönliche, ehrliche Entscheidung. Dankbar wurde auch sie nachher von ihren Freunden in die Arme genommen.

Als ich dem älteren Mann fast dieselben Fragen stellte, wurde er ziemlich ungehalten, ja richtig ärgerlich. Sofort kam die Frage: »Haben die was gesagt?« Ich fragte zurück: »Wie meinen Sie das?« Und ich erklärte ihm: »Mir hat keiner etwas über Sie gesagt. Ich habe doch nur gefragt, ob Sie das erkannt haben, dass alle Menschen Sünder sind, dass auch Sie ein verlorener Mensch sind und Vergebung brauchen, und ob Sie wünschen, dass Jesus Ihnen alles vergibt und Sie errettet.« Ich glaube, er hat überhaupt nicht mehr richtig zugehört, denn er war der Meinung, seine Tochter und sein Schwiegersohn hätten mich vorher über ihn aufgeklärt. Er stand auf und verließ, ohne sich zu verabschieden, richtig verärgert den Raum. Wir sind uns danach nie mehr begegnet.

Noch am selben Abend erfuhr ich, dass seine Leute ihn einfach überredet hatten, zu mir in den Seelsorgeraum zu gehen. Sie hatten ihn sogar dorthin begleitet und ihn dann mir überlassen. Er selbst war in keiner Weise bereit, sein Leben einmal ehrlich vor Gott zu überprüfen.

Natürlich hatten seine Tochter und der Schwiegersohn es gut gemeint, sie beteten ja schon so lange um seine Errettung. Doch leider kann niemand von uns einen anderen zur Bekehrung bringen oder zwingen, wenn derjenige nicht selbst dazu bereit ist; auch wenn wir uns noch so sehr wünschen, der uns liebe Mensch würde diesen so wichtigen Schritt tun.

An dem Abend habe ich noch lange wach gelegen. Drei Menschen hatten dieselben Lieder und dieselbe Predigt gehört. Doch wie unterschiedlich waren die Reaktionen.

Umgang mit Anfechtungen

Wunderbare Frauen

Bei dem Thema »Frauen« fällt mir wirklich sehr viel Schönes ein. Es war sicher einer der schönsten Augenblicke in der

Schöpfungsgeschichte, als Gott aus einer Rippe die erste Frau geformt hatte und sie anschließend Adam vorstellte. Ich versuche, mich in die Lage Adams zu versetzen, der beim Anblick dieses Geschenkes fast in Ohnmacht fiel. Wie lange mag er das Geschenk angesehen und bestaunt haben. Verheiratete Männer sprechen manchmal von ihrer besseren Hälfte. So ähnlich muss Adam wohl damals empfunden haben.

In 1. Mose 2,18 heißt es: »Und Gott der HERR sprach: Es ist nicht gut, dass der Mensch allein sei; ich will ihm eine Gehilfin machen, die um ihn sei.« Wörtlich: Ich will ihm eine Hilfe schaffen als sein Gegenüber (das heißt: die zu ihm passt).

Ich weiß, dass man auch im Ledigenstand ein sehr erfülltes Leben führen kann, doch wem das Glück einer guten Ehe vergönnt ist, der hat, wie die Bibel es sagt, »etwas Gutes gefunden« (Sprüche 18,22).

Ich denke jetzt aber nicht nur an die Ehe, sondern auch an die vielen anderen Ebenen, auf denen Frauen unser Leben bereichern. Wie arm wäre doch diese Welt, wenn es keine Frauen gäbe.

Wie oft denke ich an meine liebe Mutter zurück. Sie war für mich lange der liebste Mensch auf der Welt. Ihr habe ich unendlich viel zu verdanken.

Oft staune ich über Mütter, die eine große Familie zu versorgen haben und trotzdem zu den Eifrigsten in der Gemeinde zählen.

Ich denke auch an meine vielen Gastgeberfamilien. Ich bin gerade als Evangelist so dankbar, dass es derart viele fürsorgliche Frauen gibt, die so liebevoll für das Wohl ihrer Familien und dazu auch noch für ihre Gäste sorgen.

Und was wäre unsere Gemeinde-, unsere Missions- und Evangelisationsarbeit ohne den wirklich großartigen Beitrag der vielen Frauen?

Die Erschaffung der Frau war Gottes Idee, eine unbeschreiblich gute Idee. Die Ewigkeit wird einmal offenbaren, wie viele großartige Bewegungen durch Frauen ausgelöst wurden und wie viel Unheil durch ihr mutiges Einschreiten von der Welt ferngehalten wurde.

Die andere Seite meiner Beobachtungen und Erfahrungen möchte ich aber auch nicht verschweigen. Durch die ganze Bibel, ja durch die ganze Menschheitsgeschichte ergießt sich – bis heute – eine Flut von List und Verführung. Viele der klügsten und schönsten Frauen haben sich dazu hinreißen lassen und eine Spur der Verwüstung hinterlassen.

Wie oft haben gerade Frauen im Hintergrund die Fäden gezogen und die guten Pläne Gottes vereitelt. Schon auf den ersten Seiten der Bibel begann diese bedauernswerte Entwicklung, und sie hat sich mit brutaler Macht fortgesetzt bis in unsere Tage. Ja, heute feiert sie ihre größten Triumphe. Dabei ziehen die beteiligten Frauen allerdings nicht nur viele andere in den Abgrund, sondern gleichzeitig auch sich selbst.

Damit will ich die gefallenen Männer aber nicht als die bedauernswerten Opfer hinstellen. Wenn es um die Schuldfrage vor Gott geht, ist jeder Mensch – ob Mann oder Frau – für sein eigenes Fehlverhalten selbst verantwortlich.

Warum erwähne ich dieses traurige Thema überhaupt? Weil es mich gerade als Evangelist immer wieder beschäftigt und mir schon manche schlaflose Stunde bereitet hat.

Wie schön wäre es, wenn es in der Gemeinde Jesu alle diese schlimmen Entwicklungen, die mit dem Sündenfall ihren Anfang nahmen, überhaupt nicht mehr gäbe. Doch ich habe manchmal den Eindruck, dass der Teufel gerade die Gemeinde in besonderer Weise zur Zielscheibe seiner »listigen Anschläge« (Epheser 6,11) gemacht hat.

Wie sonst ließe sich erklären, dass so viele Ehen von Gläubigen – trotz der ernst gemeinten Treueschwüre bei der Hochzeit – zerrüttet sind und sogar zerbrechen. Dabei macht der Teufel auch nicht Halt vor den Häusern von Missionaren, Pastoren und Evangelisten.

Es ist gut, wenn wir uns immer wieder daran erinnern, dass wir noch nicht am Ziel sind. Vielleicht liegen die größten Versuchungen sogar noch vor uns.

Als der große Prediger Spurgeon auf dem Sterbebett lag,

wurde er von einigen seiner engsten Freunde gefragt: »Wie ist einem Gottesmann, den Gott in einem so langen Leben in einer so überragenden Weise gebraucht hat, auf dem Sterbebett zumute?« Alle erwarteten ein Leuchten in seinen Augen. Stattdessen sagte Spurgeon mit großem Ernst: »Jetzt kann ich es euch sagen: Ich habe in meinem langen Leben immer mit einer heimlichen Angst gelebt [Spurgeon und Angst? Wie passt das zusammen?], mit der Angst davor, es könnte etwas passieren und Gott könnte mich nicht mehr gebrauchen und mich auf die Seite stellen. Denn ich habe manche im Reich Gottes scheitern sehen. Jetzt bin ich dankbar, dass der Herr mich in all den Jahren bewahrt hat.« Und dann kam das berühmte Bekenntnis dieses großen Mannes, der sich nicht in seinen Erfolgen sonnte: *»Meine ganze Theologie besteht nur noch aus einem Satz: ›Jesus starb für mich!‹«*

Ich habe lange überlegt, ob ich überhaupt darüber schreiben sollte, doch auch diese Erfahrungen gehören ja mit zu meiner Biografie, und ein offenes Wort darüber kann vielleicht einigen Seelsorgern helfen.

Gerade Evangelisten haben ja viel mit Seelsorge zu tun. Weil sie in ihrem oft schweren Dienst anderen Menschen – auch dem andern Geschlecht – besonders nahe kommen, sind sie vielleicht auch am meisten gefährdet.

Manche Zeitgenossen meinen, ein kleiner Seitensprung könnte ein etwas müde gewordenes Eheleben sogar beleben. Das ist aber ein großer Irrtum. Dafür gibt es genug Beweise. Ein Seitensprung ist immer eine Katastrophe. In den meisten Fällen finden die an dieser Stelle Gescheiterten nie mehr zu einem wirklich glücklichen und vertrauensvollen Eheleben zurück.

Jetzt kann ich natürlich keine Namen nennen, obwohl es mir fast das Herz bricht, wenn ich an einige frühere Freunde und Mitstreiter denke, die Gott jahrelang in einem gesegneten Dienst gebrauchte und die eines Tages scheiterten und danach irgendwo auf einem Abstellgleis rangierten.

Ich bin weit davon entfernt, sie zu verurteilen oder zu sagen, dass mir das nie hätte passieren können. Lesen wir doch in der

Bibel: »Darum, wer meint, er stehe, mag zusehen, dass er nicht falle« (1. Korinther 10,12). Oder an einer anderen Stelle: »... so führt euer Leben, solange ihr hier in der Fremde weilt, in Gottesfurcht« (1. Petrus 1,17). In Philipper 2,12 heißt es sogar: »... schaffet, dass ihr selig werdet, mit Furcht und Zittern.«

Wie dankbar können wir sein, dass selbst in einer solchen Situation immer noch Gottes Gnade für uns gilt, dass es möglich ist, Buße zu tun, Vergebung zu erleben und mit Jesus einen neuen Anfang zu machen. Aber wie lange dauert es oft, bis die tiefen Wunden, die durch solche Vertrauensbrüche gerissen wurden, verheilen. Wie viel segensreicher hätten die Lebenswege verlaufen können, wenn diese Menschen Gott gehorsam geblieben wären.

Natürlich habe ich viel über das große Thema nachgedacht und mich gefragt, wie man sich vor so einer schrecklichen Katastrophe schützen kann. Und dabei habe ich einige ganz interessante Entdeckungen gemacht.

Die meisten, die gefallen sind, hatten zu Hause ein Problem, oder sie haben sich selbst überschätzt und sind auf dem Kampffeld ohne Deckung »eine Meile zu weit« gegangen.

Margrit und mir war es in unserer Beziehung von Anfang an ein brennendes Anliegen – und wir haben intensiv daran gearbeitet –, selbst eine wirklich glückliche Ehe zu haben. Für einen Evangelisten ist das sicher der beste Schutz. Wie oft habe ich andern erzählt, dass ich nirgends lieber bin als zu Hause, dass es für mich keine schönere Reise gibt als die Heimreise. Jeder sollte es wissen. Der Teufel auch.

Es ist nicht so einfach, einen Mann zu verführen, der davon überzeugt ist, bereits die beste Frau zu haben.

Gemeinsam sind wir stark

Ein Seelsorger muss verschwiegen sein. Er darf das, was ihm unter vier Augen anvertraut wird, nicht einmal mit seiner Frau besprechen. Darum hatten wir von Anfang an die feste Abmachung, dass meine Frau mich nach einem Seelsorgedienst nie nach einer Person oder nach irgendwelchen Einzelheiten eines vertraulichen Gesprächs fragen würde.

Das hat eigentlich auch immer geklappt.

Aber eine Ausnahme sollte es geben! Das war ein fester Bestandteil unserer Abmachung, und ich bin froh, dass der Herr mich schon als Zeltdiakon zu dieser wichtigen Erkenntnis geführt hatte: Wenn die eigene Ehe ins Schussfeld kommt, muss sofort die richtige Gegenmaßnahme ergriffen werden.

In großer Dankbarkeit darf ich bezeugen, dass der Herr in seiner Gnade mich heil durchgebracht hat. Das heißt aber nicht, dass ich nie in Gefahr gewesen wäre.

Seitdem ich als Evangelist wirke, bin ich der Meinung, dass ich einerseits einen der schönsten, aber andererseits auch einen der gefährlichsten Berufe im christlichen Lager ausübe.

Von meinen heißesten »Fronterfahrungen« möchte ich nur zwei schildern.

Das erste schlimme Beispiel

Es war mitten in einer Evangelisation. Eine junge Frau hatte in der Seelsorge ihr Herz ausgeschüttet, dabei auch schlimme Sünden bekannt, aber danach mit vielen Tränen um Vergebung gebetet. Nachdem wir dann für die Vergebung gedankt hatten und ich ihr einige gute Ratschläge gegeben hatte, wollte ich das Gespräch beenden und mich verabschieden.

Sie sah das anders. Sie fing an, mir ziemlich offen von ihren Zukunftsträumen zu erzählen und mich um meinen persönlichen Rat zu bitten. Ein Leben an der Seite eines Evangelisten konnte sie sich auch gut vorstellen. Mir war schon etwas unwohl, und ich überlegte bei mir, ob ich in diesem Fall nicht Margrit um ihren Rat fragen sollte. – Schließlich verabschiedeten wir uns.

Am nächsten Abend wurde mir durch einen Mitarbeiter ein persönlicher Brief von einer Frau übergeben. Den las ich am späten Abend, als ich mit dem letzten Seelsorgegespräch fertig war. Ich war erschüttert. Der Brief stammte von der jungen Frau, die mir am Abend vorher von ihren seltsamen Träumen erzählt hatte.

Sie hatte ein Gebetsanliegen und folgende Idee: Gott könnte doch meine Frau einfach zu sich nehmen. Bei ihm hätte sie es ja viel, viel schöner als hier.

Danach könnte dann sie, diese junge Frau, meine Ehefrau werden. Sie würde bestimmt die liebste Mutter für meine Kinder und eine ganz liebe Frau für mich und vor allem eine ganz großartige Mitarbeiterin in meiner evangelistischen Arbeit sein. Sie schrieb dann noch etwas über ihre vielen Begabungen und fragte, ob wir uns nicht noch einmal treffen könnten.

Am späten Abend habe ich bei meinen Gastgebern nur noch einen Zettel mit einer kleinen Notiz abgegeben, um anschließend außerplanmäßig noch zu meiner Familie zu fahren. Weit nach Mitternacht saß ich schließlich bei Margrit am Bett, um ihr diesen eigenartigen Brief vorzulesen. In diesem Fall wäre die Hütung des Seelsorge-Geheimnisses bestimmt höchst gefährlich gewesen.

Am Morgen beantworteten wir zusammen den Brief. Ich glaube, es war die härteste Antwort, die ich je einem Menschen gegeben habe. Ich erwähnte auch, dass ich alles mit Margrit besprochen hätte. Die zweite Hälfte des Briefes schrieb Margrit und erklärte ihr, dass sie gern mit mir verheiratet sei und auch gern noch bei mir und den Kindern bleiben würde. Gleichzeitig bat Margrit die – für sie fremde – Frau, mich gefälligst nicht mehr mit ihren teuflischen Plänen zu belästigen.

Als ich schließlich unsern gemeinsamen Brief in den Briefkasten geworfen hatte und mich nach viel Gebet und gründlicher Vorbereitung wieder auf die Reise zu meinen Gastgebern machte, hatte ich das Gefühl, genau richtig reagiert zu haben. Die Frau hat mich nicht mehr belästigt. Wir sind uns auch nie wieder begegnet.

Vielleicht möchte jetzt jemand sagen: Die junge Frau war doch nicht normal. Wer so plump vorgeht, wird sicher keinen gläubigen Mann zu Fall bringen.

Tatsächlich habe ich auch über ein Jahr lang nichts mehr von der Frau gehört. Doch dann kam die erschütternde Nachricht. Bei einem Predigertreffen erzählte mir ein Kollege – der natürlich nichts von unserem fürchterlichen Erlebnis mit der Frau wusste –, dass ein verheirateter Prediger aus der Stadt soundso seinen Dienst aufgeben musste, weil er im Ehebruch mit einer jungen Frau ertappt worden war. Als ich dann den Namen der Frau hörte, merkte ich, dass es sich um genau die Frau handelte, mit der ich damals das Seelsorgegespräch gehabt hatte. Wie furchtbar!

In mir stiegen viele Fragen auf. Hätte ich damals doch noch mehr unternehmen und wenigstens die Gemeindeleitung im vertraulichen Gespräch über jene gefährliche Frau informieren sollen? Nach unserem deutlichen Brief waren wir damals der Meinung, jetzt sei die Frau für immer kuriert. Da hatten wir uns aber leider geirrt.

Die schockierende Geschichte hat uns noch lange beschäftigt. Wie konnte es nur dazu kommen? An welcher Stelle hat der Prediger damals versagt? Er war doch verheiratet, er hatte Kinder und hatte den Ruf, ein guter Seelsorger zu sein.

Man kann zwar selbst über »die Waffenrüstung Gottes« (Epheser 6,11) predigen, aber es versäumen, sie anzuziehen, um »an dem bösen Tag« (Vers 13) widerstehen zu können.

Die Gräberreihe auf dem »Friedhof der Gestrandeten« wird von Jahr zu Jahr länger. Dort liegen die, die mit der Sünde gespielt haben und dabei selbst zum Spielball geworden sind. Besonders erschütternd sind die traurigen Schicksale mancher Hoffnungsträger, die mitten aus einem erfolgreichen Dienst von der Kampffläche weggefegt wurden.

Oft bin ich traurig über den lockeren Umgang in manchen Jugendgruppen und über das seichte Christentum, das sich manche Gemeindeglieder und sogar einige Mitarbeiter leisten. Und ich staune noch mehr über manche Gemeinden, die diesen ungeistlichen Trend sogar noch unterstützen.

Das zweite schlimme Beispiel

Es passierte im selben Jahr. Eine lange Evangelisation ging in die letzte Phase. Auch diesmal hatte ich jeden Tag einen lieben Brief von zu Hause bekommen und auch jeden Tag selbst einen geschrieben. Ich freute mich bereits auf die Heimreise und war mit meinen Gedanken schon oft zu Hause. Dann kam das Erlebnis, über das ich hier ganz offen schreiben will.

Ich war glücklich über die vielen Siege, die der Herr uns geschenkt hatte, aber ich war auch müde nach der letzten Runde in der Seelsorge.

Gerade wollte ich den Saal durchqueren und mich zu meinen Gastgebern auf den Weg machen – da wurde ich aufgehalten von einer liebenswürdigen jungen Frau, die ich von unseren Gebetsstunden her kannte. Aus der Gebetsrunde wusste ich bereits, dass ihr Mann noch nicht bekehrt war. Und genau über diese Not wollte sie unbedingt noch mit mir sprechen. Wir gingen also zurück in den Seelsorgeraum, wo sie mit vielen Tränen über ihren Kummer sprach. Es war alles so notvoll, dass auch mir die Tränen kamen. Ich konnte ihr viele gute Ratschläge geben, aber auch manches ernste Wort sagen. Dann beteten wir zusammen. Ähnlich hatte ich es ja schon hunderte Male erlebt – mal im Gespräch mit einem Mann, mal mit einer Frau, mal mit einem Ehepaar oder einem Jugendlichen.

Doch an diesem Abend passierte etwas, das mich heute noch erschaudern lässt. Wir waren bereits am Ausgang, und ich wollte mich gerade verabschieden, als die hübsche Frau mir den Weg versperrte, ganz nahe an mich herantrat, mich flehentlich ansah und hauchte: »O Bruder Pahls, wenn mein Mann so lieb wäre wie Sie.« – Dabei kam sie immer näher. Es war unheimlich. Sie war wirklich eine sehr sympathische Frau. Und wie schmeichelhaft, ein solches Kompliment zu bekommen.

Im selben Augenblick dachte ich an Jesus, an meine Frau, an meine Familie, an meinen Dienst, und ich betete leise.

Und im nächsten Moment kam der entscheidende Befreiungsschlag: Mit beiden Händen schob ich die Frau von mir und sagte mit scharfen Worten: »Haben Sie denn alles vergessen, was wir gerade besprochen haben? Sie haben doch erkannt, dass auch Sie vieles falsch gemacht haben. Sie wollten doch so vieles ändern und Ihrem Mann eine liebe Ehefrau sein. Tun Sie das! Es ist möglich, dass Ihr Mann noch viel lieber wird.«

Sie erschrak dermaßen, als wäre sie aus einem bösen Traum erwacht, und entschuldigte sich für den Ausrutscher. Dann verabschiedeten wir uns ganz normal.

O weh!

- Wäre zu diesem Zeitpunkt die Liebe in unserer Ehe gerade am Gefrierpunkt gewesen ...
- Hätte ich nicht eine Frau und viele Freunde gehabt, die täglich für mich beteten ...
- Wäre ich selbst in jener Zeit nicht ein Mann des Gebets gewesen ...

Ich will nicht weiter darüber nachdenken.

Und die Männer?

Jetzt könnte ich noch viele weitere Seiten füllen und von den unsagbar traurigen Geschichten erzählen, die ich aus dem Leben gescheiterter Männer mitbekommen habe – Männer, von denen ich es nie gedacht hätte. Wie im natürlichen Leben, so ist es auch auf der geistlichen Lebensreise: Je höher man steigt, umso tiefer kann man fallen!

Grundsätze für die Seelsorge

Meine Hauptanliegen bei der Schilderung der beiden Erlebnisse sind folgende:

1. Ich möchte auf die großen Gefahren auf diesem Gebiet hinweisen und jeden Leser zu einer radikalen Hingabe an Jesus aufrufen. Joseph rief in der Stunde seiner größten Versuchung, als er von Potifars Frau bedrängt wurde: »Wie sollte ich denn nun ein solch großes Übel tun und gegen Gott sündigen?« (1. Mose 39,9).

2. Ich möchte meine Leser dazu einladen, noch viel öfter und ganz gezielt für unsere Seelsorger zu beten. Paulus schrieb an die Christen in Ephesus: »Betet für alle Heiligen und für mich, dass mir das Wort gegeben werde, wenn ich meinen Mund auftue, freimütig das Geheimnis des Evangeliums zu verkündigen ...« (Epheser 6,18–19). Wenn *er* das Gebet nötig hatte, wie viel mehr dann wir.

Denn das weiß ich, und ich möchte es hier noch einmal sagen, dass der Beruf eines Predigers und besonders der des Evangelisten einerseits zu den schönsten, andererseits aber auch zu den gefährlichsten gehört.

Vielleicht möchte jemand fragen: »Die Christen haben doch alle die Bibel, und sie wissen eigentlich genau, was Gottes Wille ist. Sollte man, um den großen Gefahren auszuweichen, nicht lieber mit den seelsorgerlichen Gesprächen aufhören?« Nein! Und nochmals: Nein! Denn nichts brauchen wir dringender als eine klare Verkündigung und eine vollmächtige Seelsorge.

Doch nun zu meinen persönlichen Grundsätzen:
Schon am Anfang meines evangelistischen Dienstes habe ich für mich einige ganz wichtige Weichenstellungen vorgenommen (Achtung! Hier geht es um Seelsorge während einer Evangelisation):

- Normalerweise spreche ich nach einem Seelsorgegespräch mit keinem anderen über den Inhalt des Gespräches – auch nicht mit meiner Frau.
- Es gibt Fälle, in denen ich eine kompetentere Person zu Rate ziehe und diese vielleicht sogar an dem Gespräch oder an einem Folgegespräch beteilige.
- Es gibt auch Gespräche, bei denen ich bald merke, dass ich sie so schnell wie möglich beenden sollte. Es gibt »Dauerkunden«, die grundsätzlich jeden Gastredner belagern, um ihr Anliegen zum hundertsten Mal auszubreiten.

- Dass ein Seelsorgekontakt auch gefährlich werden kann, habe ich bereits erwähnt. In solchen Fällen muss sofort etwas Einschneidendes unternommen werden, um die prekäre Situation zu beenden.
- Seelsorgerliche Gespräche mit dem andern Geschlecht sollte man im Auto grundsätzlich meiden.
- Wenn irgend möglich sollte das Treffen in einem Raum der Gemeinde stattfinden und nicht in einer Privatwohnung. Anders ist es, wenn es sich um einen Krankenbesuch handelt.
- Bei Evangelisationen sollte sich immer auch ein anderer Mitarbeiter in unmittelbarer Nähe des Seelsorgeraums aufhalten.
- Der Seelsorger sollte möglichst nie als Letzter aus dem Gemeindehaus gehen.
- Wenn ein Fahrdienst nötig ist, sollte der grundsätzlich von einer anderen Person – nie vom Evangelisten selbst! – übernommen werden.

Evangelisation ist kein Spaziergang. Wir sind im Krieg. Wir sind dabei, dem Teufel seine Beute zu entreißen. Das lässt er in der Regel nicht kampflos geschehen. Täuschen wir uns nicht: Wir haben einen unheimlichen Feind.

Wie viele Helden sind bereits auf dem geistlichen Schlachtfeld gefallen. Darum ermahnt Paulus, der selbst bereits einige wertvolle Mitarbeiter verloren hatte, seinen treuen Timotheus: »Hab Acht auf dich selbst« (1. Timotheus 4,16).

Aber meine Augen sind nicht ängstlich auf den Feind gerichtet, sondern auf Jesus, den besten Seelsorger und Ratgeber. Wir haben den stärksten Verbündeten. Mit *ihm* sind wir immer in der Übermacht.

Wenn ich an die vielen Menschen denke, deren Leben sich nach einem seelsorgerlichen Gespräch durch die Gnade Gottes total verändert hat, und wenn ich die vielen Briefe von dankbaren Menschen lese, die nach der Seelsorge fröhlich und befreit ihrer Wege ziehen konnten, dann weiß ich, dass sich der Kampf gelohnt hat.

Die drei größten Gefahren

Wie froh bin ich, dass ich ziemlich am Anfang meiner evangelistischen Laufbahn einen aufrüttelnden Vortrag zu einem ungeheuer wichtigen Thema hören konnte.

Ich glaube, dass der Konferenzredner nicht übertrieb, als er vor einigen Tausend Predigern und Evangelisten über seine Erfahrungen sprach. Er warnte und erklärte, welche Gefahren die größten für diese besondere Berufsgruppe seien:

- der maßlose Wunsch nach Geld und Sicherheit;
- die übertriebene Sucht nach Anerkennung;
- der leichtfertige Umgang mit dem anderen Geschlecht.

Ein anderer Konferenzredner schlug damals in dieselbe Kerbe, als er gerade die Evangelisten zu einem geheiligten Lebenswandel aufrief und einige Male fragend in die Menge hineinrief:

> *»Wisst ihr nicht, dass ein geheiligtes Leben eine mächtige Waffe ist in Gottes Hand?«*

Solche Eindrücke vergisst man nie mehr! Evangelisten sind ja auch nur Menschen. Auch ein Evangelist kann am Geld hängen, er kann eingebildet und stolz sein und schmutzige Gedanken haben. Wie gut, dass es eine vergebende Gnade gibt, die es auch einem Reichgottesarbeiter erlaubt, wieder ganz neu zu beginnen.

Ehestreit und Versöhnung

Es war im Sommer 1967, als uns am frühen Morgen – direkt vor meiner Abreise zu einer großen Evangelisation – etwas Schlimmes passierte. Die Gründe weiß ich heute nicht mehr; jedenfalls hatten wir nach dem Frühstück eine Meinungsverschiedenheit, und es fielen auf beiden Seiten sehr verletzende Worte. Das hatte es in der Weise in unserer Ehe noch nie gegeben. Vielleicht waren wir gerade darum beide so erschrocken und tief verletzt. Margrit verließ das Zimmer; und danach fand ich sie nicht mehr.

Am Abend sollte ich mit einer 18-tägigen Evangelisation beginnen. Dort warteten einige Gemeinden auf eine große geistliche Ernte und hatten auch mir gegenüber eine recht hohe Erwartung. Nun saß ich da wie am Boden zerstört und hatte den Eindruck, ich sei der größte Versager. Am liebsten hätte ich alles rückgängig gemacht.

Beim Blick auf die Uhr merkte ich, dass ich unbedingt losfahren sollte. Ich musste an dem Morgen sogar noch einen Umweg machen, um einen jungen Mann abzuholen, der mich zu dem Einsatz begleiten sollte. Vor uns lagen immerhin fast 800 Kilometer Fahrstrecke.

Meine Sachen waren bereits im Auto verstaut, und eigentlich hätte ich starten können, aber wie sollte ich in diesem Zustand am Abend vor die Leute treten? Das Schlimme war, dass ich Margrit nirgends finden konnte. War sie zum Einkaufen gefahren? War sie im Garten oder im Keller oder bei der Nachbarin? Ich fragte nebenan und telefonierte herum, aber keiner konnte mir helfen. Ganz verzweifelt bin ich schließlich eingestiegen und losgefahren. Es wurde die schlimmste Autofahrt meines Lebens.

Wir waren doch immer ein gutes Team gewesen. Wir waren uns eins. Nie war ich unversöhnt aus dem Haus gegangen. Doch an diesem Morgen war alles anders. Ach, was der Teufel mir während der Fahrt alles ins Ohr flüsterte. Schließlich war ich ziemlich sicher, dass die Evangelisation auf keinen Fall gelingen würde. Wie gern hätte ich ständig laut gebetet, doch neben mir saß der junge Mann, der ganz große Stücke von mir hielt und natürlich nichts von meinem Elend ahnte.

Es wurde immer unerträglicher. Ich machte mir Vorwürfe. Wie hatte ich nur in diesem Zustand losfahren können? Ich hatte Margrit einfach sitzen lassen und damit ja alles noch schlimmer gemacht. Über 300 Kilometer fuhr ich in diesem fast unerträglichen Zustand.

Dann endlich kam mir die befreiende Idee. Wir könnten

doch miteinander telefonieren und uns am Telefon versöhnen. Doch sofort kamen wieder andere Gedanken. Vielleicht würde Margrit gar nicht zu Hause sein. Sie könnte im Garten sein und das Klingeln gar nicht hören. Der Teufel wollte mich vor einem ganz großen Sieg richtig fertigmachen.

Damals gab es noch keine Handys, aber es gab Raststätten und an jeder Autobahntankstelle ein Telefonhäuschen.

Endlich stand ich vor dem schwarzen Apparat. Mit zitternden Händen wählte ich Margrits Nummer und wartete. Es war wie eine Ewigkeit. Als sie dann den Hörer abgenommen und sich mit ihrem Namen gemeldet hatte, konnte ich fast nicht sprechen. Ich fing an zu weinen. Dann merkte ich, dass sie am anderen Ende auch weinte. Ich entschuldigte mich aufrichtig und sagte, dass ich die meiste Schuld hätte. Doch sie unterbrach mich, um sich bei mir zu entschuldigen. Dabei sagte sie weinend, dass sie die meiste Schuld hätte. Das wiederholte sich dann einige Male. Jeder war davon überzeugt, der Hauptschuldige zu sein. Den ganzen Morgen hatte sie sich in der Nähe des Telefons aufgehalten, gebetet und gehofft, ich würde mich melden.

Wir haben uns dann so richtig von Herzen vergeben, uns viele liebe Worte gesagt und dann laut am Telefon füreinander gebetet. Als ich danach wieder ans Steuer ging und unsere Reise fortsetzte, hatte ich den Eindruck, gerade einen ganz großen Sieg errungen zu haben, und war davon überzeugt, dass ein noch viel größerer Sieg auf uns wartete.

Die dann folgende Evangelisation vergesse ich nie. Wir durften Siege erleben, für die wir kaum zu glauben gewagt hatten.

In der ersten Gebetsstunde las ich aus Psalm 133: »Siehe, wie fein und lieblich ist's, wenn Brüder einträchtig beieinander wohnen! ... Denn dort verheißt der HERR den Segen und Leben bis in Ewigkeit.«

Welch eine Zusage! Wenn Brüder eins sind, wenn Ehepaare versöhnt sind, wenn Christen ihr Leben geordnet haben, dann soll Gottes Segen fließen, überströmender Segen.

Erlebnisse

Veronikas Geburtstag

Während einer weiteren Evangelisation wohnte ich in einem vorbildlich geführten Altersheim. Kurz vor meiner Anreise hatte eine junge Frau im selben Haus ihren Dienst als Köchin aufgenommen. Sie kochte ausgezeichnet.

Nach dem ersten Mittagessen ging ich kurz zur Küche, ließ die neue Köchin rufen und sagte ihr, dass ich begeistert sei von ihrer Kochkunst. Sie strahlte. Dann sagte ich ihr, dass ich am Abend auch etwas Gutes servieren würde und dass ich sie dazu herzlich einladen möchte.

Sie nahm die Einladung gern an und kam am Abend zum ersten Mal in ihrem Leben in eine Evangelisation. Ich konnte sie im Saal gut beobachten und merkte, dass sie aufmerksam zuhörte. Von Haus aus war sie katholisch, sie glaubte auch an Gott, aber was sie an diesem Abend über Sünde und Gnade, über Bekehrung und Wiedergeburt und über das neue Leben in Jesus hörte, war für sie total neu. Wie ich später erfuhr, hat sie an dem Abend noch lange wach gelegen.

Am nächsten Tag wiederholte ich meine bereits bewährte Taktik. Sofort nach dem Essen ging ich zu ihr, bedankte mich für das ausgezeichnete Essen und lud sie wieder zur Abendversammlung ein.

Sie kam. Doch nach der Versammlung bekam ich sie nicht mehr zu Gesicht. Sie hatte sich schon beim letzten Lied davongemacht. Was anschließend in ihrem Zimmer passierte, erfuhr ich auch erst zwei Tage später.

Dann kam mein dritter Tag. Ich wagte es zum dritten Mal und ging nach dem Essen direkt zur Küche, sagte ein paar anerkennende Worte und erklärte ihr, dass sie den abendlichen wichtigen Vortrag auf keinen Fall verpassen dürfte. Sie gab mir wieder eine Zusage.

Nach dem Vortrag stand ich am Saalausgang und reichte den Heimgehenden die Hand zum Abschied. Die Gemeindeleitung hatte es so gewünscht. Endlich stand Veronika[19] vor mir. Sie sah sehr bedrückt aus und konnte mich fast nicht ansehen. Das hinderte mich aber nicht, ganz vorsichtig zwei wichtige Fragen zu stellen:

»Veronika, glauben Sie das, was ich heute gepredigt habe?« Sie bejahte. »Möchten Sie das auch erleben?« Sie nickte mit dem Kopf und fing an zu weinen. Nach meiner Einladung gingen wir zusammen zum Seelsorgeraum. Dort erklärte ich ihr sehr gründlich den Heilsweg und freute mich während der ganzen Zeit über ihre Zustimmung. Nach dem Übergabegebet machte ich noch einige wichtige Erklärungen. Dann dankte sie allein laut dem Herrn Jesus für ihre Errettung. Nachdem ich auch noch für sie gebetet und ihr einiges zum Lesen gegeben hatte, verabschiedeten wir uns. Veronikas Gesicht hatte sich total verändert.

Und wieder passierte anschließend etwas Ungewöhnliches in ihrem Zimmer, wovon ich aber erst am nächsten Tag erfuhr.

Vor dem Mittagessen sagte mir der Hausvater des Altersheimes, dass sie direkt danach gern noch etwas zusammen sein wollten, um mit allen Senioren einen großen Geburtstag zu feiern. Ich sollte unbedingt auch dabei sein und wenn möglich ein passendes Bibelwort lesen und für das Geburtstagskind beten.

Der Hausvater und auch seine Frau hatten eine ganz besondere Begabung für ihre Arbeit. Obwohl ich beim Essen nur von alten Menschen umgeben war, fühlte ich mich richtig wohl wie in einer großen Familie. Was mich an diesem Mittag erwartete, übertraf allerdings all mein Vorstellungsvermögen. Nachdem die Tische abgeräumt waren, kam sofort das Kaffeegedeck auf den Tisch, und dann wurde eine wunderschöne Geburtstagstorte aufgetragen. Alles schien mir etwas geheimnisvoll. Ich wusste immer noch nicht, wer nun eigentlich Geburtstag hatte. Ich wunderte mich auch darüber, dass unsere Köchin das erste Mal mit am großen Tisch Platz nahm und zwischen dem Hausvater und seiner Frau, direkt vor der Geburtstagstorte, saß. Dann begann der Hausvater seine kleine Tischrede und sagte: »Veronika, unsere Köchin, hat sich heute Nacht für Jesus entschieden und ist jetzt ›wiedergeboren zu einer lebendigen Hoffnung‹ (1. Petrus 1,3). Sie hat den größten Geburtstag ihres Lebens erfahren. Den wollen wir heute mit ihr zusammen feiern!«

Als ich dann aus Lukas 15 die Geschichte vom Verlorenen Sohn las, der zum Vater heimgekehrt war, konnte ich wie nie zuvor dazu einladen und sagen: »... lasst uns essen und fröhlich sein!« (Lukas 15,23).

Dann erzählte uns der Hausvater eine spannende Geschichte: Einen Tag vorher hatten einige Hausgäste sich bei ihm beschwert, weil Veronika am späten Abend lange laut in ihrem Zimmer geweint hatte. Sie meinten, Veronika müsste ganz schrecklich unter Heimweh leiden oder Liebeskummer oder eine andere große Not haben. Sie hatten das Weinen mitbekommen, weil die Zimmer mit einer Tür verbunden und darum etwas hellhörig waren.

An diesem Morgen nun waren die Hausgäste wieder zum Hausvater gekommen mit der Bitte um eine andere Zimmerzuteilung für die neue Köchin. Was war das neue Problem? Veronika war am Abend sehr spät nach Hause gekommen und hatte noch eine ganze Zeit laut in ihrem Zimmer gesungen und den alten Leutchen den Schlaf geraubt.

Doch nun saßen alle versöhnt an der großen Kaffeetafel und feierten fröhlich mit Veronika, der »neuen« neuen Köchin. Bestimmt war es für alle ein unvergesslicher Tag.

Brüder unter Brüdern

Es war im Oktober 1967, als ich zum ersten Mal an der großen Versammlung der »Deutschen Evangelistenkonferenz« teilnahm. Damals saßen dort nur Männer, aber viele Männer, denen ich schon lange gern einmal begegnet wäre. Dort trafen sich die »großen« Evangelisten und die Bücherschreiber und die bekannten Seelsorger, deren Namen ich größtenteils nur aus ihren Veröffentlichungen kannte.

Mir war sofort klar, dass das »mein Platz« war, darum bin ich der Konferenz auch nie mehr untreu geworden. Oh, wie viel verdanke ich Brüdern wie Wilhelm Brauer, Gerhard Bergmann,

Leo Janz, Anton Schulte, Fritz Hoffmann, Uwe Holmer, aber auch August Liese, Friedhold Vogel, Theo Lehmann, Wilfried Reuter und vielen, vielen anderen.

Das Besondere an der Konferenz war auch, dass neben den vielen deutschen Teilnehmern immer wieder Gäste aus dem Ostblock – aus der ehemaligen DDR, aus Polen, Tschechien usw. – begrüßt werden konnten. Durch diese Kontakte kam es später auch für mich zu verschiedenen Dienstreisen in Richtung Osten.

Fischen verboten

Schon nach meiner ersten richtigen Evangelisation im Herbst 1962 hatte ich den Eindruck, dass ich jedem Bekehrten direkt nach der Evangelisation einen persönlichen Brief schreiben sollte. Diesen guten Brauch habe ich beibehalten bis heute. Dabei geht es mir darum, die Neubekehrten gleich nach ihrer größten Lebenserfahrung noch einmal an die wichtigen erlebten Tatsachen zu erinnern.

Bei einer echten Bekehrung und einer wirklichen Wiedergeburt schenkt Gott dem Neubekehrten eine große innere Gewissheit. Er weiß jetzt: Ich bin bekehrt. Ich bin gerettet. Meine Sünden sind mir vergeben. Gott will nie mehr daran denken. Ich bin jetzt wiedergeboren. Ich bin ein Kind Gottes, ein Erbe Gottes, ein Miterbe Jesu Christi. Das alles habe ich von Gott empfangen, und niemand kann es mir nehmen.

Nach einer Evangelisation in der Ostschweiz hatte ich wieder einmal allen Neubekehrten meinen »Mutmacher« geschickt. Dabei hatte ich allen Briefempfängern zusätzlich noch eine schöne Karte beigelegt. Auf der Karte sah man einen See, an dem ein großes Schild aufgestellt war mit der Aufschrift: »Fischen verboten!«

Am unteren Rand der Karte stand dann noch das wunderbare Bibelwort:

»Er wird sich unser wieder erbarmen, unsere Schuld unter

die Füße treten und alle unsere Sünden in die Tiefen des Meeres werfen« (Micha 7,19).

Damit wollte ich allen Neubekehrten Mut machen. In der Seelsorge hatte ich ihnen erklärt, dass Gott die Sünden, die er vergeben hat, nie mehr hervorholt. Er will nie mehr daran denken. Darum gilt auch für uns: »Fischen verboten!« Ich wusste damals nicht, dass einer meiner Briefempfänger ein leidenschaftlicher Angler war. Es ging mir ja auch gar nicht darum, ihm das Fischen im Bodensee zu verbieten. Aber ich wollte es ihm mit allem Nachdruck einprägen, dass er sich jetzt nicht mehr mit seiner sündigen Vergangenheit beschäftigen sollte. Gott hatte ihm ja alles vergeben und auch ihm versprochen, nie mehr daran zu denken.

Mein neuer Freund hatte das Bild aber völlig falsch verstanden; doch weil er es ernst meinte mit seinem Glauben, rief er sofort beim Prediger an und erkundigte sich aufrichtig, ob er als Neubekehrter nun nicht mehr angeln dürfte. Das Missverständnis konnte natürlich schnell aufgeklärt werden.

Sag doch Georges

In einer Evangelisation am Bodensee entdeckte ich an einem Abend unter den Zuhörern einen besonders aufmerksamen Herrn. Er fiel mir einfach auf. Er war irgendwie anders. Dass die ebenso aufmerksame junge Dame neben ihm – eine Lehrerin aus dem Thurgau – seine Tochter war, erfuhr ich erst am nächsten Morgen. Da läutete nämlich das Telefon bei meinen Gastgebern, und ich wurde an den Apparat gerufen und von dem Unbekannten zum Mittagessen eingeladen. Er war Prediger, hatte schon viel über mich gehört und hätte mich gern einmal zu einer Evangelisation eingeladen. Doch vor einem Dienst in seiner Gemeinde wollte er mich unbedingt erst einmal selbst hören und danach in einem persönlichen Gespräch noch einiges klären. Dabei ging es ihm besonders um eine Reihe von Lehrfragen.

Über Mittag saß ich dann bei einem mir völlig fremden Ehepaar und genoss mit ihnen das feine Mittagessen.

Er kam aus einem Gemeindeverband, in dem ich bis dahin noch nie evangelisiert hatte. Wir kamen uns schnell näher und merkten, dass wir dieselbe Wellenlänge hatten.

Noch während des Essens reichte mir der fünfzehn Jahre ältere Prediger seine Hand über den Tisch und sagte mit einem gewinnenden Lächeln: »Sag doch Georges! Wir sind ja Brüder.« Das gefiel mir, und ich antwortete: »Sehr gern! Und ich bin Wilhelm.« Dann reichte mir seine Frau die Hand und sagte: »Und ich bin die Hanna.«

Solche Vertrauensbeweise tun so gut. Niemand von uns konnte damals ahnen, welche gemeinsamen Dienste sich später aus diesen ersten Kontakten entwickeln sollten. Doch vorher bekam ich noch eine Liste mit über zwanzig wichtigen Fragen mit auf den Weg. Meine schriftlichen Antworten schienen ihm wichtig zu sein für einige Begegnungen mit seinen Kollegen. Schon aus meiner nächsten Evangelisation schickte ich ihm meine ausführlichen Erklärungen zu den verschiedenen Themen. Kurz darauf lag seine schriftliche Einladung auf meinem Schreibtisch.

Fußbodenplätze, Fensterbankplätze, Stehplätze

Nach der ersten Begegnung mit Georges und Hanna Blaser und dem folgenden Briefwechsel kam es also sofort zu einer Einladung, die ich auch sehr gern annahm. Mein Terminplaner für 1968 war zwar eigentlich schon voll, so dass es beim ersten Mal nur für einen Kurzeinsatz reichte.[20] Doch der hatte es in sich.

Jemand sagte mir, dass der Saal wohl noch nie so viele Besucher beherbergt hatte. Sie saßen auf den Fensterbänken und auf dem Fußboden, manche Teenager saßen zu zweit auf einem Stuhl oder bei anderen auf dem Schoß oder standen in den Gängen, und alle hörten aufmerksam zu. Trotz der Kürze des Einsatzes kamen zwanzig Menschen zur Bekehrung.

Unvergesslich ist mir der Nachmittag, an dem ein Junge an meine Tür klopfte und auf mein »Herein!« hin schüchtern in mein Zimmer trat. Auch er hatte die Predigt gehört und saß nun vor mir mit dem Wunsch, sich zu bekehren. Wie immer habe ich auch in diesem Fall ganz ausführlich den Heilsweg erklärt. Dann gingen wir zusammen auf die Knie, und Peter erlebte eine klare Bekehrung.

Aus einem bestimmten Grund ist mir die Begegnung so lebhaft in Erinnerung geblieben. Während ich nämlich mit meinem Abendvortrag beschäftigt war und gerade wieder eine Gebetszeit einlegen wollte, klopfte es wieder an meiner Tür. Auf mein »Herein!« trat erneut Peter zu mir ins Zimmer. Diesmal hatte er ein Geschenk für mich. In der Zwischenzeit hatte er mit großem Fleiß aus einer Menge von Zündhölzern liebevoll ein kleines Kunstwerk für mich gebastelt. Peter hatte auf einem Stück Karton – in der Größe eines A4-Blattes – aus den vielen Zündhölzern und Klebstoff ein schönes Kreuz angefertigt und darunter geschrieben:

»Ich bin entschieden zu folgen Jesus,
nie mehr zurück, nie mehr zurück!«

Mit strahlenden Augen überreichte er mir schnell sein Geschenk und verschwand ebenso schnell wieder aus meinem Zimmer.

Später, als Peter längst verheiratet und Familienvater und Leiter des über die Landesgrenzen hinaus bekannten Bundes evangelikaler Schweizer Jungscharen (BESJ) war, wurde ich von ihm als Redner zu einer Mitarbeiterkonferenz dieser Organisation eingeladen. Das waren bewegende Augenblicke, als ich von meinem damaligen Gästezimmer-Erlebnis erzählte und dann das Andenken von damals aus der Aktentasche zog. Ich habe es nämlich aufbewahrt und heute – nach 39 Jahren – immer noch zu Hause in meinem Büro.

Bei diesem Peter handelt es sich übrigens um den Sohn von Georges und Hanna Blaser, mit denen mich seit jener Blitzevangelisation eine tiefe Freundschaft verbindet.

Der DDR-Flüchtling

Eine der nächsten Evangelisationen führte mich wieder nach Deutschland. Weil eins der Seelsorge-Erlebnisse in jenem Einsatz wirklich ganz ungewöhnlich und einmalig war, möchte ich es hier erwähnen.

Vor mir stand ein junger Mann und sagte in einem für mich ungewohnten Dialekt: »So etwas habe ich noch nie gehört. Ich war in meinem ganzen Leben noch nie in einer Kirche. Wirklich. Ich habe noch nie eine Kirche von innen gesehen. Meine Eltern waren nämlich dagegen, darum haben wir uns nie mit Gott und solchen Sachen beschäftigt.«

Ich sagte ihm: »Das kann ich fast nicht glauben. Sie haben noch nie eine Kirche von innen gesehen? So etwas gibt es doch nicht! – In Deutschland?«

Dann erzählte er mir seine abenteuerliche Geschichte. Er war erst fünfzehn Stunden im Westen. Seine Eltern waren Kommunisten. Er selbst hatte eine extrem atheistische Erziehung hinter sich. Doch eines Tages hatte er alles satt und fasste den Entschluss, aus der DDR zu fliehen. Genau an diesem Morgen hatte er seinen Entschluss in die Tat umgesetzt. Bei Dunkelheit war er in aller Frühe unbemerkt durch die Elbe geschwommen, hatte dann irgendwo seine Kleider getrocknet und sich anschließend ein Stück weit in westlicher Richtung durchgeschlagen. Am Abend hatte er in der Fußgängerzone einer Jugendgruppe beim Singen zugehört und von jemandem einen Einladungszettel für unsere Evangelisation in die Hand gedrückt bekommen. Daraufhin war er hier erschienen.

Für ihn war alles neu: die Bibel, die Predigt, die Lieder, all die Erklärungen über Sünde und Rettung und über die Ewigkeit. Doch die eine Predigt hatte gereicht, ihn total von seiner Verlorenheit zu überführen. Er traf noch am selben Abend eine ganz klare Entscheidung für Jesus.

Solche wirklich einmaligen Begegnungen vergisst man nie mehr. Man muss sich das einmal vorstellen:

- Er wurde zum ersten Mal eingeladen.
- Er hörte zum ersten Mal das Evangelium.
- Nach der ersten Predigt kam er in die Seelsorge.
- Nach dieser ersten Predigt bekehrte er sich. Er traf eine ganz bewusste Entscheidung für Jesus.

Anschließend kümmerten sich einige Jugendliche liebevoll um ihn. Ich weiß nicht genau, wie sein Weg dann weitergegangen ist, jedenfalls hatten wir später noch einige schöne Begegnungen, und jedes Mal war ich glücklich über das große miterlebte Wunder.

Wie traurig sind dagegen die vielen anderen Fälle, in denen Menschen schon von Kindesbeinen an das Evangelium hören, aber sich trotzdem nie zu einer echten Entscheidung für Jesus durchringen können.

Der Kanada-Auswanderer

In derselben Evangelisation machte ich eine genau gegenteilige Erfahrung. In der Gebetsstunde erlebte ich, wie eine Frau um die Errettung ihres Sohnes betete. Sie musste schließlich das Gebet abbrechen, weil sie von lautem Schluchzen überwältigt wurde. Nach der Gebetszeit wollte ich sie trösten und ermutigen, aber es gelang mir kaum. Dann erzählte sie mir kurz die herzzerreißende Geschichte:

(Übrigens: Ihr Sohn war genau so alt wie der erwähnte DDR-Flüchtling.)

Sie war schon sehr lange Witwe. Sie hatte ihren einzigen Sohn christlich erzogen, viel für ihn gebetet und manches unternommen, ihn für Jesus zu gewinnen. Ihr Junge war in der Kinderstunde, in Kinderfreizeiten, in der Jungschar und in der Jugendgruppe gewesen. Er hatte auch viele Predigten in den Gottesdiensten ihrer Gemeinde gehört. Doch sein Herz blieb verschlossen.

Nun war er volljährig und wollte raus in die weite Welt und endlich sein Leben genießen. Der ganze Papierkram war bereits erledigt, das Ticket besorgt, die Koffer gepackt. Ihn trennten nur einige Stunden vom Abflug nach Kanada. »Mein Sohn will nach Kanada auswandern, morgen schon, aber er ist immer noch nicht bekehrt. Er hat mir versprochen, heute Abend in die Evangelisation zu kommen. Beten Sie doch mit mir, dass er sich bekehrt, bevor er auswandert!«

Später sah ich während des Vortrags neben der Frau einen großen jungen Mann sitzen. Das musste er sein. Die Mutter saß meist mit geschlossenen Augen da. Wahrscheinlich betete sie still für ihren Sohn. Doch ich merkte auch, dass er gar nicht richtig zuhörte. Er blätterte ständig im Liederbuch und drehte an seiner Uhr und schaute im Saal herum. Nach dem Schlussgebet entdeckte ich, dass er inzwischen sogar den Saal verlassen hatte.

Was soll man dazu sagen? Mir fehlen die Worte. Doch das habe ich inzwischen lernen müssen: Wir können keinen Menschen – und wenn wir ihn noch so sehr lieben – zur Bekehrung zwingen. Und Gott tut es auch nicht. Trotzdem habe ich der Mutter Mut gemacht, weiter für ihren »Verlorenen Sohn« zu beten. Gott hat schon viele Auswanderer in Kanada erreicht.

Wie kann Gott das zulassen?

Diese quälende Frage ist so alt wie die Menschheit und wurde in allen Jahrhunderten nicht nur von Ungläubigen gestellt. Im Alten Testament lesen wir von einem tiefgläubigen Mann, der bei all seinen Beobachtungen fast irre wurde. »Wie kann Gott das alles zulassen?« Oft sind es gerade besonders aufrichtige und hingegebene Gläubige, die sich mit dieser Frage fast zermürben.

Ich hatte schon öfter in einer kleinen Versammlung in der Nähe von Hamburg gepredigt und dabei jedes Mal bei einer älteren Witwe logiert. Sie hatte schon als junges Mädchen eine bewusste Entscheidung für Jesus getroffen und in ihrem langen Leben viel fürs Reich Gottes getan. Ihren Mann und den einzigen Sohn – den Hoferben – hatte sie im Krieg an der Ostfront verloren. Bald darauf musste sie mit ihrer erwachsenen Tochter den großen Bauernhof und damit ihre Heimat in Ostpreußen für immer verlassen und in den Westen flüchten. Das alles lag, als ich sie kennenlernte, schon Jahrzehnte zurück. Aber ich spürte jedes Mal ihren tiefen Schmerz, wenn sie, die inzwischen über Achtzigjährige, von früher erzählte.

Doch oft spürte ich auch ihre große Dankbarkeit, wenn sie mir von ihrem neuen Zuhause erzählte und mich durch den kleinen Garten führte und von ihren Erdbeeren und anderen Früchten schwärmte. Manches war wieder so wie damals auf dem Bauernhof in Ostpreußen. Beim Obstpflücken half ihr ein Junge aus der Nachbarschaft. All die anderen Früchte, Beeren usw. erntete sie noch selbst und verarbeitete dann alles auf ihrem Einmachtisch. Unvergesslich, wie sie mich einmal in den Keller bat und mir mit strahlenden Augen ihre Regale mit den vielen vollen Gläsern zeigte. Bei ihrer fleißigen Erntearbeit dachte sie aber nicht nur an ihren eigenen Bedarf, sondern war immer darauf bedacht, möglichst viele andere mit Rhabarber und frischen Beeren, mit Salat, Obst oder Eingemachtem zu beschenken. Ihre verschiedenen Marmeladensorten sind mir noch gut in Erinnerung.

Nun hatte ich erneut einen Dienst in der kleinen Gemeinde und war gern bereit, wieder bei der alten Dame zu übernachten. Doch diesmal war alles anders. Die sonst so fröhliche alte Dame empfing mich mit einem tieftraurigen Gesicht. Wir hatten uns kaum richtig begrüßt, da öffnete sie die Kellertür, ging die Stufen hinunter und bat mich, ihr zu folgen. Unten angekommen, brach sie in lautes Weinen aus. Sie war untröstlich, zeigte auf die leeren Regale und fragte immer wieder ganz verzweifelt: »Wie konnte Gott das zulassen? Er weiß doch, wie mühsam ich das alles geerntet und eingemacht hatte. Und jetzt ist alles weg! Alles ist weg! Alles! – Während ich in der Kur war, haben Diebe den ganzen Keller leer geräumt. Wie konnte Gott das nur zulassen?«

Da stand sie nun vor ihren leeren Regalen und weinte vor sich hin. Auch mir kamen die Tränen. Ich betete still und suchte nach Worten. Dann setzten wir uns zusammen ins Wohnzimmer, und ich zeigte ihr ein paar hilfreiche Bibelstellen aus dem Alten und Neuen Testament.

Am meisten half ihr der Text von Psalm 73: »Ein Psalm Asafs. Gott ist dennoch Israels Trost für alle, die reinen Herzens sind. Ich aber wäre fast gestrauchelt mit meinen Füßen; mein Tritt wäre beinahe geglitten. Denn ich ereiferte mich über die Ruhmredigen, als ich sah, dass es den Gottlosen so gut ging.

Denn für sie gibt es keine Qualen, gesund und feist ist ihr Leib. Sie sind nicht in Mühsal wie sonst die Leute und werden nicht wie andere Menschen geplagt. Darum prangen sie in Hoffart und hüllen sich in Frevel. Sie brüsten sich wie ein fetter Wanst, sie tun, was ihnen einfällt. Sie achten alles für nichts und reden böse, sie reden und lästern hoch her. Was sie reden, das soll vom Himmel herab geredet sein; was sie sagen, das soll gelten auf Erden. Darum fällt ihnen der Pöbel zu und läuft ihnen zu in Haufen wie Wasser. Sie sprechen: Wie sollte Gott es wissen? Wie sollte der Höchste etwas merken? Siehe, das sind die Gottlosen; die sind glücklich in der Welt und werden reich.

Soll es denn umsonst sein, dass ich mein Herz rein hielt und meine Hände in Unschuld wasche? Ich bin doch täglich geplagt, und meine Züchtigung ist alle Morgen da. Hätte ich gedacht: Ich will reden wie sie, siehe, dann hätte ich das Geschlecht deiner Kinder verleugnet. So sann ich nach, ob ich's begreifen könnte, aber es war mir zu schwer, bis ich ging in das Heiligtum Gottes und merkte auf ihr Ende. Ja, du stellst sie auf schlüpfrigen Grund und stürzest sie zu Boden. Wie werden sie so plötzlich zunichte! Sie gehen unter und nehmen ein Ende mit Schrecken. Wie ein Traum verschmäht wird, wenn man erwacht, so verschmähst du, Herr, ihr Bild, wenn du dich erhebst. Als es mir wehe tat im Herzen und mich stach in meinen Nieren, da war ich ein Narr und wusste nichts, ich war wie ein Tier vor dir.

Dennoch bleibe ich stets an dir; denn du hältst mich bei meiner rechten Hand, du leitest mich nach deinem Rat und nimmst mich am Ende mit Ehren an. Wenn ich nur dich habe, so frage ich nichts nach Himmel und Erde. Wenn mir gleich Leib und

Seele verschmachtet, so bist du doch, Gott, allezeit meines Herzens Trost und mein Teil.

Denn siehe, die von dir weichen, werden umkommen; du bringst um alle, die dir die Treue brechen. Aber das ist meine Freude, dass ich mich zu Gott halte und meine Zuversicht setze auf Gott, den HERRN, dass ich verkündige all dein Tun.«

Plötzlich konnte sie es fassen: Alles, was ich aus Liebe getan habe, hat Gott gesehen. Alles, was diese Diebe getan haben, hat Gott auch gesehen. Ja, alles, was hier auf Erden geschieht, hat einmal ein Nachspiel in der Ewigkeit. Gott ist nicht so vergesslich, dass auch nur ein Einziger seinem Urteil entgeht. Während wir uns Gedanken machten über all die Opfer und Liebeswerke in ihrem langen Leben und über das schamlose Vorgehen der gemeinen Räuber, fing sie mit einem Mal wieder an zu weinen. Und dann sagte sie mit tiefem Ernst: »Eigentlich sind die Diebe zu bedauern. Sie können ja nichts wirklich mitnehmen. Einmal werden sie mit leeren Händen vor dem Richter stehen. Und dann? – Wir sollten jetzt für sie beten, dass Gott ihnen die Augen öffnet und sie sich bekehren, damit sie nicht mit ihrer unvergebenen Schuld in die Ewigkeit gehen und dann verloren sind.«

Vielleicht war es das erste Mal, dass jemand um die Errettung dieser Einbrecher betete. Und sicher hat sie es danach noch viele Male getan.

»Wie kann Gott das zulassen?« Für die meisten Fälle werden wir die Antwort auf diese schwierige Frage wohl erst in der Ewigkeit finden. Und dann werden wir staunen über die Gerechtigkeit Gottes und über seine weisen Urteile.

Autounfall in der Schweiz

»Wie kann Gott das zulassen?« Diese Frage hat auch mich schon manches Mal gequält, zum Beispiel während meiner Zelt-Evangelisation in Fräschels in der Schweiz. Ich war immer der Meinung, ein besonders aufmerksamer und sicherer Autofahrer zu sein, und dann das: Von Aarberg kommend fuhr ich am Nachmittag am Ende einer längeren Schlange im mäßigen Tempo in Richtung Fräschels. Es war am Sonntag, den 19. Mai 1968. Die Pracht der Frühlingsblumen auf beiden Seiten der kurvenreichen Straße war einfach bezaubernd. Das muss die Autofahrerin an der Spitze der Schlange wohl auch so empfunden haben. Plötzlich überfiel sie der Wunsch, ganz schnell am Straßenrand einen Strauß zu pflücken. Ich bin sicher, dass sie nicht in den Rückspiegel gesehen hatte, als sie kurz hinter einer Kurve ganz plötzlich und kräftig auf die Bremse trat. Natürlich rechnete keiner der nachfolgenden Autofahrer damit. Es ging auch alles so blitzschnell. Innerhalb von Sekunden waren mehrere Autos aufeinandergefahren. Weil ich der Letzte in der Kolonne war, hatte ich natürlich den größten Schaden: Meine Autoversicherung zahlte später für den Schaden, den ich meinem Vordermann zugefügt hatte, doch für meine eigene Reparatur musste ich natürlich selbst aufkommen.

Weil ich damals – hauptsächlich aus finanziellen Gründen – meine Autoreparaturen noch selbst ausführte, hatte ich nachher zu Hause eine ganze Woche mit meinem demolierten Wagen zu tun. Den leckgeschlagenen Kühler hatten wir vorher in der Schweiz notdürftig repariert.

Sicher hätte Gott die Massenkarambolage verhindern können, aber aus irgendeinem Grund tat er das nicht. »Wie konnte Gott das zulassen?« Die Frage kann ich nicht beantworten, aber ich habe aus der traurigen Geschichte eine ganze Menge für meine spätere Fahrpraxis gelernt.

Die Kontrolleure

Nach einem wochenlangen Einsatz in Dänemark, bei dem ich richtig krank war vor Heimweh[21], ging es fast nahtlos weiter mit drei aufeinander folgenden Evangelisationen in der Schweiz. Dreieinhalb Wochen war ich in schnellem Wechsel in drei Schweizer Gemeinden im Einsatz.

Weil unsere Kinder in der ersten Aprilhälfte Schulferien hatten, konnte ich die ganze Familie nachholen und zwei Wochen lang bei mir haben. Eine Schweizer Familie hatte uns während einer zweiwöchigen Evangelisation ihr Ferienhäuschen am Rhein kostenlos zur Verfügung gestellt und uns damit eine unbeschreibliche Freude gemacht. Die schönsten gemeinsamen Erlebnisse waren damals unsere abenteuerlichen Bootsfahrten auf dem Rhein.

Die erste der drei aufeinander folgenden Evangelisationen war eigentlich gar nicht geplant, doch ist mir gerade der kurze Einsatz besonders lebhaft in Erinnerung geblieben.

An einem Abend entdeckte ich während meiner Predigt zwei etwas »auffällige« Männer. Ich merkte einfach, dass es sich bei den beiden Besuchern nicht um Unbekehrte oder Gäste aus anderen Gemeinden, aber auch nicht um gewöhnliche Gemeindeglieder handelte. Ihre Anwesenheit hat mich eine Zeitlang richtig irritiert.

Erst später erfuhr ich, dass es sich bei den beiden Herren um Peter Zürcher und Erich Mauerhofer, also um den Vorstand eines landesweiten Gemeindebundes, handelte. Sie waren extra angereist, um meine Verkündigung anhand der Bibel auf ihre Richtigkeit zu prüfen. Ich nehme an, dass ich damals die Prüfung bestanden habe, denn in den Jahren danach erhielt ich wiederholt Einladungen aus der Vereinigung.

Die Nacht der Todesängste

»Hauptsache gesund!«, hört man manche Leute sagen. Die allerdings damit offenbaren, dass sie sehr ungesund sind in ihrem Urteilsvermögen. Einige gehen in ihrer Unwissenheit sogar noch weiter und sagen: »Gesundheit ist das größte Gut.« Wenn das wahr wäre, müssten alle Gesunden sehr glücklich und alle Kranken todunglücklich sein. Manchmal ist es aber gerade umgekehrt.

Wie vielen Körperbehinderten habe ich in die Augen gesehen und dabei über ihre Zufriedenheit gestaunt. Bei einer anderen Gelegenheit höre ich einen Kerngesunden wütend fluchen, nur weil jemand ihm den Parkplatz vor der Nase weggeschnappt hat.

Zufriedenheit hat eigentlich sehr wenig mit dem Gesundheitszustand eines Menschen zu tun und ebenso wenig mit dem Besitz großer Geldmengen.

»Gesundheit ist ein großes Gut!«

So gefällt mir der Satz. So habe ich es immer empfunden und Gott unzählige Male dafür gedankt. Seit vielen Jahren gab es kaum einen Morgen, an dem ich es nicht mit großer Dankbarkeit in meiner Stillen Zeit getan habe.

Ich erwähnte es schon, dass ich in all den Dienstjahren kaum mal ernstlich krank war. Oh, wie dankbar bin ich Gott für dieses große Geschenk. Wenn ich manchmal sehe, was einige Gleichaltrige so an Tabletten, Tropfen, Salben, Bestrahlungen, Kuraufenthalten usw. brauchen, wenn ich höre, wie viel Zeit sie in ihrem Leben schon für Arztbesuche und Krankenhausaufenthalte aufgewendet haben, werde ich unbeschreiblich dankbar für Gottes besondere Wohltaten auch auf diesem Gebiet.

Wohl habe ich immer wieder mit Kranken zu tun gehabt, mir oft ihre Krankheitsgeschichten angehört und nicht selten mit ihnen zusammen geweint und für manch einen Leidenden gebetet, aber ich selbst wusste kaum, wie einem Kranken wirklich zumute ist.

Dann kam die unvergessliche Nacht, mitten in einer Zelt-Evangelisation, weit weg von zu Hause.

Mitten in der Nacht wurde ich wach und verspürte Schmerzen im Leib. Nach einem kurzen Gebet ließen die Schmerzen nach, aber sie kamen gleich wieder, doch etwas stärker als beim ersten Mal. Ich betete wieder, und die Schmerzen ließen nach. Doch nach kurzer Zeit waren sie wieder da, aber noch heftiger als die Male zuvor. Das ging dann so weiter, vielleicht eine Stunde lang. Ich geriet in Panik, versuchte in den immer kürzer werdenden einigermaßen schmerzfreien Zwischenzeiten meine Sachen zu packen. Die Schmerzen wurden unerträglich, mal mehr in der Nierengegend, dann im Unterleib, dann überall. Ich betete auf meinen Knien, bis ich es auch nicht mehr aushalten konnte, dann betete ich im Bett, bis ich es da nicht mehr aushalten konnte. Das ging viele Male so hin und her. Dabei schrie ich förmlich zu Gott. Wieder war ich auf meinen Knien, dann wieder im Bett, dann ging ich – mich vor Schmerzen krümmend – im Zimmer hin und her. Die Schmerzen wurden so schlimm, dass ich nicht einmal mehr richtig beten konnte.

Weil ich nicht die geringsten Erfahrungen mit solchen Symptomen hatte, dachte ich, in meinem Bauch wäre etwas geplatzt. Ja, irgendwann meinte ich tatsächlich, meine letzten Sekunden wären gekommen und ich würde jeden Augenblick sterben.

In Gedanken an Margrit und an die Kinder raffte ich mich wieder auf, und mit letzter Kraft schleppte ich mich über den Flur bis zur übernächsten Tür und weckte meine Gastgeber. Ich weiß nicht, was sie gedacht haben, als sie mich mitten in der Nacht so wimmernd vor sich sahen.

Wenige Minuten später trat der Notarzt in mein Zimmer. In kürzester Zeit hatte er die richtige Diagnose gestellt. Es war eine Nierenkolik. Er verpasste mir eine Spritze, ließ mir noch einige Tabletten da und »befahl« mir, jetzt sofort einen Liter Mineralwasser zu trinken und in den nächsten Stunden weitere Liter. Nach einiger Zeit konnte ich sogar etwas einschlafen.

Am nächsten Tag hörte ich eine Frau, die einige Kinder zur Welt gebracht hatte, im Rückblick sagen, dass für sie die Schmerzen bei ihrer Nierenkolik schlimmer gewesen waren als alle Geburtsschmerzen zusammen. Das kann ich natürlich nicht beurteilen.

Wie froh war ich, dass der Nierenstein, der mich in der Nacht so geplagt hatte, mich schon am nächsten Vormittag verließ und dass ich am Abend wieder in alter Frische auf der Bühne stehen konnte. Meine Todesängste waren unbegründet gewesen, denn an einem Nierenstein stirbt man ja normalerweise nicht.

Die vielen offenen Türen

Anfangs evangelisierte ich überwiegend in der Schweiz, dann mehr und mehr auch in Deutschland, doch schon bald kamen die Einladungen auch aus anderen Ländern. 1970 kam erstmals auch Frankreich dazu. Aus der Schulzeit wusste ich ein wenig über das Elsass, diesen besonderen Landstrich westlich des Rheins, aber ich hätte nie für möglich gehalten, dass dort damals noch so viele Menschen lebten, die lieber Deutsch als Französisch sprachen. Es gab sogar viele Gemeinden, in denen deutsch gepredigt, gebetet und gesungen wurde. Nachdem ich meinen ersten Einsatz in Brumath durchgeführt hatte, folgten viele weitere Einladungen aus dem ganzen Elsass.

Ein Erlebnis ganz besonderer Art ist mir aus der Zeit lebhaft in Erinnerung geblieben.

Gott redet auch durch Träume

Eine Evangelisation hatte gerade begonnen. Da kam eine Frau aufgeregt in die Seelsorge und erzählte mir tief betroffen folgendes Erlebnis:

Sie betrieben als Familie eine kleine Landwirtschaft. Eine ihrer Wiesen lag direkt am Rhein und wurde von Zeit zu Zeit vom Rheinhochwasser überflutet. Das war eigentlich nichts Ungewöhnliches; etwas Besonderes war aber ihr Erlebnis mitten in der Nacht. Sie hatte nämlich einen ganz schrecklichen Traum, aus dem sie schweißgebadet erwachte. Im Traum befand sie sich bei der Heuernte auf der Wiese am Rhein. Plötzlich kam das Hochwasser. Es kam so schnell, dass sie nicht rechtzeitig fliehen konnte. Schon bald stand sie bis zum Hals im Wasser. Das Schlimmste für sie war, dass sie nicht schwimmen konnte. In dieser hoffnungslosen Lage schrie sie in furchtbarer Angst aus Leibeskräften um Hilfe. Genau in dem Augenblick erwachte sie in ihrem Bett.

Der Traum hatte sie so furchtbar aufgewühlt, dass sie nicht mehr einschlafen konnte. Den ganzen Vormittag kam sie nicht von dem Traum los. In dieser Situation kam die Einladung zur Evangelisation, und sie war sofort bereit, am Abend in die Versammlung zu gehen.

Nun saß sie vor mir im Seelsorgeraum. Sie war fest davon überzeugt, dass der schreckliche Traum ein Reden Gottes zu ihr war. Ich hatte in der Predigt viel über Zeit und Ewigkeit gesagt und einige Male sehr ernsthaft gefragt: »Bist du bereit, Gott zu begegnen?«

Ich glaube, so gut vorbereitet ist in den Tagen sonst keiner in die Evangelisation gekommen. Sie traf noch am selben Abend eine ganz klare Entscheidung für Jesus.

Offener Himmel über Hamburg

Bei einer der Deutschen Evangelistenkonferenzen hatte ich miterlebt, wie ein erfahrener Evangelist von seinen Erlebnissen in Österreich erzählte. Damals fragte ein junger Evangelist: »Wie ist das eigentlich, wenn man in Österreich evangelisiert? Da, wo ich bis jetzt gepredigt habe, waren fast alle Menschen evangelisch, aber in Österreich sind doch die meisten katholisch. Auf was muss man da achten? Muss man sich da irgendwie umstellen?«

Darüber hatte ich auch schon öfter nachgedacht. Aber die Antwort des Predigers war dann so einfach und so Mut machend – auch für mich. Er sagte nämlich: »Es gibt deutsche Sünder und es gibt österreichische Sünder, es gibt alte Sünder und es gibt junge Sünder, es gibt weibliche Sünder und es gibt männliche Sünder, es gibt katholische und evangelische und atheistische Sünder, aber es gibt keinen Menschen, der nicht Sünder ist. Sie brauchen alle dieselbe Botschaft und dieselbe Einladung, damit sie sich bekehren und gerettet werden.«

Daran musste ich denken, als ich das erste Mal fast zwei Wochen lang in Hamburg evangelisierte. Irgendwie war das Publikum anders. Im Gegensatz zum Elsass war das eine ganz andere Welt. Aber ich musste mir immer wieder selbst zureden: »Wilhelm, pass auf! Du musst jetzt nicht umstellen. Lass dich nicht verbiegen. Sei mutig! Predige das Evangelium, das ganze Evangelium.« Das habe ich dann auch getan in dem Wissen: Es gibt auch in Hamburg viele Sünder, reiche Sünder, arme Sünder, geschminkte Sünder, ungeschminkte Sünder, ja viele sehr unterschiedliche Menschen, die alle Jesus sehr nötig haben.

Als ich die Großstadt nach fast zwei Wochen verließ, konnten manche Gemeindeglieder von herrlichen Gebetserhörungen erzählen, und die Zahl der wirklich Gläubigen hatte sich in erfreulicher Weise vermehrt.

Die erste Predigt mit Dolmetscher

Durch die verschiedenen Empfehlungen von Georges Blaser gingen damals auch einige Türen in der französischsprachigen Schweiz auf. Die meisten meiner Zuhörer in den dortigen Gemeinden verstanden zwar Deutsch, aber einige Male war doch eine Übersetzung nötig. Das war für mich etwas völlig Neues.

Wer mich näher kennt, weiß, dass es von mir fast keine ausgeschriebenen Predigten gibt. Genau danach wird ein Redner aber immer gefragt, wenn sein Vortrag in eine andere Sprache übersetzt werden soll.

Natürlich bereite ich mich sehr gründlich auf meine Vorträge vor. Bevor ich vor die Versammlung trete, habe ich in der Regel viele Stunden über das, was ich sagen will, nachgedacht und darüber gebetet. Aber ich mache mir normalerweise nur kurze Stichpunkte und notiere mir die Bibelstellen, damit ich einen guten Leitfaden für den Vortrag habe. Selten habe ich mehr als ein A5-Blatt in meiner Bibel liegen, das ist allerdings auf beiden Seiten von Hand beschrieben. Selbst wenn ich eine bereits gehaltene Predigt an einem anderen Ort wiederhole, handelt es sich meist mehr oder weniger um eine Stegreifpredigt. Meist fließen in solchen Fällen auch viele neue Gedanken mit hinein.

Für manche Übersetzer wird diese Art der Zusammenarbeit mit mir im Vorfeld eines Auftritts fast zum Alptraum. Sie möchten vorher den vollständigen Text haben und in aller

Ruhe darüber nachdenken und bereits vorher überlegen, wie sie die einzelnen Gedanken am besten in der anderen Sprache wiedergeben können. Doch mit den gewünschten Vorlagen kann ich leider nicht dienen.

Obwohl ich während meiner ganzen Dienstzeit viele Stunden an der Schreibmaschine zugebracht habe und heute noch mehr am Computer, habe ich doch nie eine Predigt mit der Schreibmaschine oder mit dem Computer aufgeschrieben.

Im Laufe der Jahre habe ich aber auch in der Zusammenarbeit mit Übersetzern eine Menge Erfahrungen gesammelt. Wo immer ich heute mit einem Übersetzer zusammenarbeite, versuche ich, vorher einige Regeln für beide Seiten festzulegen:

- Der Prediger sollte – und das fällt mir überhaupt nicht schwer – möglichst kurze Sätze sagen. Komplizierte Gedankengänge sollte er unbedingt vermeiden. Wünschenswert ist, dass er, soweit das möglich ist, sogar abgeschlossene Sätze sagt.
- Der Übersetzer sollte seine eigene Meinung vollständig ausklammern und jeden Satz des Redners so wortgetreu wie möglich in die andere Sprache übersetzen.

Leider gelingt das einigen gar nicht. In Dänemark erlebte ich einmal, dass meine Zuhörer an manchen Stellen laut lachten, wo ich überhaupt nichts zum Lachen gesagt hatte. Das hat mich ziemlich irritiert. Später sagte mir ein Prediger, der gut Deutsch konnte und auch in der Versammlung gewesen war, dass der Übersetzer an machen Stellen lustige Bemerkungen hinzugefügt hatte. Damit hat sich ein Übersetzer völlig disqualifiziert. Man sollte ihn schleunigst aus dem Verkehr ziehen.

Noch größer kann das Problem in der Seelsorge werden. Der Übersetzer darf nie eine Frage von sich aus beantworten. Er muss dafür sorgen, dass der Hilfesuchende nur kurze Sätze macht. Notfalls muss er ihn unterbrechen und das Gesagte erst einmal übersetzen, damit der Prediger die Frage versteht und möglichst gut beantworten kann.

Es freut mich natürlich, dass ich von verschiedenen Übersetzern hören durfte, dass sie meine Predigten sogar gern übersetzen, obwohl sie vorher keinen schriftlichen Ausdruck zur Verfügung haben. Dabei werden immer wieder die kurzen, unkomplizierten Sätze besonders hervorgehoben.

Das Wichtigste für beide – für den Prediger und für seinen Übersetzer – ist, dass die Zuhörer die Botschaft verstehen und zur Bekehrung kommen.

Meine wichtigsten Werkzeuge

Mit allerlei Werkzeugen zu hantieren war schon in jungen Jahren meine große Leidenschaft. Als ich dann endlich meinen Traumberuf »Automechaniker« erlernen durfte, hatte ich jeden Tag damit zu tun. Noch heute würde ich mich eigentlich viel lieber in meiner kleinen Werkstatt oder in unserem Garten oder auf einer Baustelle betätigen, als am Schreibtisch zu sitzen. Eigentlich bin ich immer noch durch und durch ein Handwerker und beileibe kein Intellektueller.

Durch meine Berufung zum evangelistischen Dienst haben sich meine Betätigungsfelder aber zwangsläufig radikal verändert, und damit auch meine meistgebrauchten Werkzeuge.

An der ersten Stelle steht heute meine Bibel, die ich übrigens über alles liebe. Dann kommen die vielen Werkzeuge, die man so bei der Vorbereitung zu einem Predigtdienst braucht.

Meine wichtigsten Werkzeuge für die Predigtvorbereitung sind immer noch – wie vor fünfzig Jahren – meine Bibel, meine Ringbuchblätter im A5-Format, mein Druckbleistift und ein guter Radiergummi. Dass ich meine Predigtnotizen grundsätzlich mit dem Bleistift mache, ist für einen richtigen, ausgebildeten Prediger fast unvorstellbar.

Einen ganz wichtigen Platz nehmen natürlich auch der Terminkalender und das Telefon ein. Und für die Erledigung der vielen Post seit Jahren mein Laptop. Und für möglichst schnelle und wichtige Informationen – gerade für die vielen Freunde und Beter, die ja größtenteils weit weg wohnen, aber gern auf dem Laufenden sein möchten – meine Homepage. Welch ein

Segen kann doch die Technik sein, wenn man sie richtig einsetzt; was für einen verheerenden Einfluss kann sie dagegen haben, wenn man falsch damit umgeht.

Tatsächlich habe ich in den fast fünfzig Dienstjahren keinen einzigen Evangelisten kennengelernt, der seine Arbeit ganz ohne Auto hingekriegt hat. Für mich war das Auto in all den Jahren sogar ein sehr wichtiges Werkzeug; kein Götze, wie bei manchen, aber ein ganz wichtiges Arbeitsinstrument.

Als solches dient mir mein Auto nicht nur dazu, mich selbst zu meinen unterschiedlichen Arbeitsorten zu befördern, sondern ich transportiere damit auch fast immer große Mengen von Schriften und sonstigem Arbeitsmaterial.

Wie weltlich darf ein Evangelist sein?

Ich muss sagen, dass ich immer noch gern Auto fahre, präziser: dass ich am liebsten kleine, aber schnelle Autos fahre.

Wie das so mit Werkzeugen ist: Von Zeit zu Zeit müssen sie ersetzt werden. Und genau das ist bei einem Auto – besonders wenn man so viel fährt wie die Evangelisten – öfter mal der Fall.

Dabei ist die richtige Entscheidung oft gar nicht so einfach. Soll es ein gebrauchtes oder ein neues Auto sein, ein kleines oder ein etwas größeres, ein Benziner oder ein Diesel? Und welche Farbe soll es haben?

Was passt am besten zu einem Evangelisten?

Jemand hatte mich mal mit großem Sendungsbewusstsein dahin gebracht, zu glauben, dass ein leuchtend rotes Auto viel eher von anderen Autofahrern erkannt wird und darum auch viel sicherer ist. So kaufte ich zum ersten Mal ein Auto, einen Opel, in dieser knalligen Ferrari-Farbe und dachte nicht daran, dass irgendjemand sich daran stoßen könnte.

Dann machte ich mich auf die Reise. Die Adresse meiner Gastgeber kannte ich von einem früheren Dienst. Als ich auf den Hof gefahren kam, entdeckten meine älteren Gastgeber mich bereits und kamen mir zum Auto entgegen. Dabei fiel mir auf, dass der Blick der Frau viel mehr auf das Auto gerichtet war als auf mich. Bevor wir uns vernünftig begrüßen konnten, fragte sie: »Haben Sie ein anderes Auto?« Ich bejahte. »Ja, ist das Ihr Auto?« Ich bejahte wieder. »Wirklich?« Ich fragte: »Ja, gefällt es Ihnen nicht?« Dann sagte sie seufzend: »Ich verstehe ja nichts von Autos, aber das verstehe ich auch nicht: So eine ›weltliche‹ Farbe? – Für einen Prediger?« Sicher, ich habe dann schon etwas über ihre Kritik nachgedacht und überlegt, welche Farbe vielleicht etwas ›geistlicher‹ wirken könnte. Aber wir wandten uns dann doch schnell anderen Themen zu.

Noch viel stärker war der Schock, als ich das erste Mal mit einigen Männern am Rheinfall bei Neuhausen stand, begeistert das wilde Schauspiel beobachtete und fotografierte und mit allerlei Bemerkungen meine Freude und mein Staunen zum Ausdruck brachte. Wiederholt gebrauchte ich Worte wie: Großartig!, Wunderbar!, Überwältigend! u. ä., und sagte: »Hier könnte ich noch eine ganze Stunde stehen und zusehen.«

Zu unserer Besuchergruppe gehörte auch ein älterer Mann, den ich eigentlich sehr schätzte. Der ärgerte sich inzwischen über mein »ungeistliches« Benehmen und sagte schließlich, zu mir gewandt: »Ich glaube, wir sollten jetzt gehen. Das ist doch alles so vergänglich, so weltlich.« Wir gingen dann auch. Wie ein begossener Pudel kroch ich nach hinten ins Auto und überlegte, ob ich jetzt vielleicht Buße tun müsste, weil ich mich so begeistert über diese weltliche Schönheit geäußert hatte. Nun, das ist auch schon lange her.

Heute weiß ich und bin ganz sicher: Christen sollten die menschlichsten Menschen sein! Christen sollten die natürlichsten Menschen sein! Gott will keine übergestülpte, überdrehte Heiligkeit, sondern eine vom Heiligen Geist durchdrungene Natürlichkeit. Gott will frohe Menschen. Und ganz sicher freut er sich immer mit, wenn wir uns an seiner wunderbaren Schöpfung erfreuen.

Auf den Spuren Jesu und seiner Apostel

Zweimal hatte ich bereits in der Gemeinde von Georges Blaser evangelisiert, als mich zum dritten Mal sein Ruf erreichte, diesmal aber zu einem neuntägigen Einsatz an seinem neuen Wirkungsort am Zürichsee. Wir erlebten zum dritten Mal wunderbare gemeinsame Tage. Der Besuch ist mir aber auch darum so lebhaft in Erinnerung geblieben, weil ich damals mit einer ganz neuen Idee konfrontiert wurde.

Wie wäre es mit einer gemeinsamen Bibelfreizeit? Georges Blaser träumte von einer ganz besonderen Freizeit, von einer Bibelfreizeit auf hoher See. Wir könnten mit dem Zug bis Venedig fahren und dort, im Hafen von Venedig, auf einem Schiff mit der eigentlichen Freizeit beginnen. Er war sicher, dass sich viele dazu anmelden würden. Er erzählte mir von fernen Ländern, von Städten und ihren Häfen. Ich merkte bald, dass er und Hanna sich schon recht intensiv damit beschäftigt hatten. Obwohl sie manche der Reiseziele noch nie gesehen hatten, schwärmten sie von Venedig, Dubrovnik und Korfu, von Delphi, Korinth und Athen. In Gedanken führten sie mich nach Ephesus und zu einigen griechischen Inseln und schließlich bis nach Haifa und zu den eindrücklichsten Orten in Israel. Vor allem nachts würde das Schiff große Strecken zurücklegen, tagsüber würden wir viele interessante Orte besuchen und fast jeden Tag zweimal die Möglichkeit haben, auf dem Schiff das Wort Gottes zu verkündigen.

Welch ein Angebot! Natürlich sollte Margrit auch mit dabei sein. Und das alles sollte für uns beide sogar völlig kostenlos sein. Es gab nur eine Bedingung: Ich sollte auf dem Schiff predigen!

Weil meine Stärke viel mehr in der Evangelisation liegt, hatte ich den Eindruck, dass ich – wenn überhaupt – eine solche Reise in meinen Urlaub legen sollte. Auf gar keinen Fall wollte ich eine geplante Evangelisation streichen. Nachdem Margrit und ich alle Für und Wider durchgesprochen hatten, gaben wir unsere Zusage. Bald hatten wir auch ein junges Ehepaar gefunden, das bereit war, zwei Wochen seines Urlaubs für uns zu opfern, indem es in dieser Zeit auf unsere Kinder aufpasste.

Schon im selben Jahr machten wir uns mit vielen anderen Teilnehmern auf eine unserer schönsten gemeinsamen Reisen. Wie glücklich war ich, als ich auf dem Schiff schon bald erfuhr, dass manche Christen ihre unbekehrten Angehörigen zu der Reise überredet hatten. Plötzlich war mir klar, dass in dieser sogenannten Bibelfreizeit auch handfeste Evangelisation ihren Platz hatte. Während zweier Wochen bildeten Georges Blaser und ich ein harmonisches Team in der Leitung und Verkündigung und durften uns mit vielen anderen am Ende der Reise über dreizehn klare Bekehrungen freuen.

Damals ahnten wir noch nicht, dass aus diesem gemeinsamen Unternehmen fast so etwas wie eine ständige Einrichtung werden sollte. Im Ganzen haben wir im Laufe der Jahre zehn gemeinsame Reisen gemacht und dabei viele der interessantesten Orte der Geschichte angesteuert. Hauptsächlich haben wir uns aber auf Israel, Ägypten, die Türkei und Griechenland konzentriert. In seiner Kurzbiografie[22] gibt Georges Blaser ein ergreifendes Zeugnis von seinem Erleben in der Seelsorge auf der »MS Viktoria«.

»Gott hat viel tausend Weisen, zu retten aus dem Tod!« So heißt es in einem der schönen Lieder von Paul Gerhardt. Ja, Gott hat viele Möglichkeiten. Doch nicht die Kirche, nicht die Kapelle, nicht das Zelt oder das Schiff sind seine Mittel, sondern allein sein rettendes Wort.

Der Weltkongress in Amsterdam

Im Laufe meiner fast fünfzigjährigen Evangelisten-Ära habe ich nicht nur selbst Tausende von Vorträgen gehalten, sondern auch viele für mich äußerst wertvolle Vorträge gehört. Einige Konferenzen und Kongresse, bei denen ich nicht selbst zu den Rednern gehörte oder gar der Hauptredner war, sondern tagelang einfach nur dasitzen und auftanken konnte, nehmen einen ebenso wichtigen Platz in meiner Geschichte ein, wie die vielen guten Bücher, die mich geprägt haben und großen Einfluss auf meine geistliche Entwicklung hatten. Tatsächlich habe ich sowohl beim Lesen bestimmter Bücher, als auch beim Hören vollmächtiger Vorträge meine wichtigsten Lebensentscheidungen getroffen und meine größten Ermutigungen erlebt.

Dabei sind mir einige Großanlässe, wie etwa der Amsterdamer »Weltkongress für Evangelisation« im Jahr 1971, besonders nachhaltig in Erinnerung geblieben. Es war ein unbeschreiblich wertvolles Erlebnis, gemeinsam mit Tausenden von hochmotivierten, lernbegierigen und überwiegend jungen Missionaren und Evangelisten sieben Tage lang zu Füßen der bekanntesten, begabtesten, erfahrensten und einflussreichsten christlichen Führer jener Tage sitzen zu dürfen und von ihrem reichen Erfahrungsschatz zu profitieren.

Reis, Reis, Reis

Die gemeinsamen Mahlzeiten sind mir unvergesslich. Ich hatte davon gehört und auch schon mal erlebt, dass die Amerikaner ein ganz besonderes Organisationstalent haben. Doch in Amsterdam kam ich tagelang nicht mehr aus dem Staunen heraus. Es schien keine einzige Panne zu geben. An alles hatten sie gedacht. Alles klappte: die Anreise, die Unterbringung, die Versorgung, die Technik, die Übersetzung in viele Sprachen, die Seminare, einfach alles.

Die Teilnehmer kamen nun wirklich aus aller Herren Länder, aus dem letzten Winkel irgendeiner kleinen unbekannten Insel, aus dem fernen Osten, aus Indien, aus Australien, aus Afrika, aus arabischen Ländern, aus Nord-, Mittel- und Süd-Amerika und natürlich auch aus vielen europäischen Ländern.

Jeden Tag wurden uns außer Frühstück zwei warme Mahlzeiten serviert. Bei der ersten gemeinsamen Mahlzeit gab es Reis und noch einiges dazu. Montagmittag gab es Reis und etwas anderes dazu. Nun war ich gespannt auf das Abendessen. Es gab Reis und wieder etwas anderes dazu. So ging es dann weiter, eine ganze Woche. Die Beilagen und Nachspeisen wechselten öfter, aber das Wichtigste war immer das große Reis-Angebot. Plötzlich begriff ich, was hier ablief. Alle kannten Reis, alle mochten Reis, alle aßen Reis, manche aßen fast nur Reis. Und das Wunderbare: Alle waren zufrieden.

Nicht nur die gewaltigen Vorträge im Plenum, sondern auch die Seminare und die unvergesslichen gemeinsamen Mahlzeiten haben in meinem Leben tiefe Spuren hinterlassen.

Der große Missionar und seine heißen Tränen

Kurz vor meiner Abreise nach Amsterdam hatte ich die Lebensgeschichte eines Missionars gelesen, der gerade zu der Zeit in einer ganz ungewöhnlichen und fast unglaublichen Weise von Gott gebraucht wurde. Wie gern wäre ich dem Mann einmal persönlich begegnet. Dabei ahnte ich nicht, dass das Zusammentreffen schon in Amsterdam auf mich wartete.

Ich traute meinen Augen nicht, als ich bei einer guten Mahlzeit mit Reis, Rindfleisch, Soße und Salat auf das Namensschild meines Gegenübers schaute und den seltenen Namen entdeckte, der mir von der gerade gelesenen Biografie her so gut in Erinnerung war. Als ich mich vorgestellt hatte, erfuhr ich, dass er auch schon viel von mir gehört hatte. Als ich mich dann – in einer gewissen Vorahnung – nach seinem Dienst erkundigte und er von seiner Arbeit erzählte, merkte ich, dass ich tatsächlich genau dem Missionar gegenübersaß, dessen Geschichte mich so ungewöhnlich beeindruckt hatte.

Wir kamen uns schnell näher. Bald unterhielten wir uns wie alte Freunde. Als die anderen den riesigen Speisesaal längst verlassen hatten, saßen wir beide immer noch an unserm Tisch und erzählten einander unsere Geschichte mit Jesus.

Ich predigte zu der Zeit hauptsächlich in der Schweiz und in Deutschland, er dagegen mehrheitlich in Italien und Frankreich. Ich hatte es mittlerweile schon oft mit großen Versammlungen zu tun, er dagegen meist mit kleinen Gruppen oder mit Einzelnen. Doch darum ging es in unserer Unterhaltung nicht. Es waren die besonderen Führungen und die gewaltigen Gebetserhörungen, die er in seinem Dienst erlebte, die mich schon beim Lesen und jetzt wieder beim Zuhören so sehr fesselten.

Später musste ich sagen, dass diese Tischbegegnung mit dem einmaligen Gottesmann für mich einer der besonderen Höhepunkte von Amsterdam war.

Bevor wir uns auf den Weg zum nächsten Vortrag machten, hatten wir beide den Wunsch, noch miteinander und füreinander zu beten. Da plötzlich, mitten im Gebet, mitten in der fast leeren Speisehalle, geschah etwas, das zu meinen eindrücklichsten Predigerbegegnungen zählt. Der Missionar ergriff meine Hand und fing an, bitterlich zu weinen. Dann sagte er mir, während die Tränen über seine Wangen liefen: »Ich habe so viele Wunder gesehen, ich habe so große Gebetserhörungen erlebt, aber mein größter ganz persönlicher Gebetswunsch blieb bis heute unerfüllt. In manch einer Predigt gehen meine Gedanken zu meinem ›Verlorenen Sohn‹. Wenn ich einen anderen in der Seelsorge zu Jesus führe, muss ich plötzlich an meinen eigenen Sohn denken, der immer noch ohne Jesus in der Sünde lebt. Das bricht mir dann fast das Herz.«

Ich spürte seinen unsagbaren Schmerz und weinte mit ihm. Wie noch nie zuvor ahnte ich etwas von der Not derer, die selbst einen gesegneten Dienst für Gott tun, während das eigene Kind oder sogar einige ihrer Kinder bewusst in der Sünde leben.

Als wir an dem Mittag auseinandergingen, versprach ich dem Missionar, auch in Zukunft öfter für seinen Sohn zu beten. Wir haben uns bei dem Kongress nicht mehr gesehen, auch später sind wir uns nie mehr begegnet, aber die besondere Gebetsstunde hat sich sicher bei uns beiden ganz tief eingeprägt und hatte schon bald darauf ganz gewaltige Nachwirkungen für uns.

Wieder einmal evangelisierte ich in der Schweiz. Diesmal in einer reformierten Kirche. Die zwölftägige Veranstaltungsreihe war von einer Freien evangelischen Gemeinde organisiert. Vom fünften Abend an kamen nach jeder Predigt Männer und Frauen und hauptsächlich junge Menschen in die Seelsorge, um sich zu bekehren. Die Kirche wurde zu einer richtigen Rettungsstation. Weil ich allen, die sich in meinen Versammlungen für Jesus entscheiden, einige Tage danach gern einen persönlichen Brief schreiben und noch etwas Schriftliches und eine Vortragskassette senden möchte, lasse ich mir nach der Seelsorge immer die Adresse von jedem geben.

In dieser Evangelisation hatte ich dann eins meiner interessantesten Erlebnisse mit den sogenannten Entscheidungskarten. Mir fiel auf, dass ein Mann beim Ausfüllen der Adresskarte gar nicht recht vorankam. Ja, ich rückte etwas näher heran und sah, dass fast noch nichts auf der Karte stand. Als ich ihn ermunterte, mir doch auch seine volle Adresse mitzugeben, schrieb er langsam weiter und sagte gleichzeitig: »Sie werden staunen, wenn Sie die Karte lesen.« Er hatte Recht. Oh, wie habe ich gestaunt, als ich den seltenen Namen auf der Karte las. Vor mir saß nämlich der »Verlorene Sohn«, der Sohn, für den wir in Amsterdam zusammen so heiß gefleht hatten. Da musste ich an die Bibelstelle denken: »Die mit Tränen säen, werden mit Freuden ernten« (Psalm 126,5).

Die große Sehnsucht

Mit einer großen Sehnsucht bin ich 1971 im Zug nach Amsterdam gefahren, mit einer noch viel größeren Sehnsucht habe ich die Kongresshalle wieder verlassen. Damals war ich 35 Jahre alt und schon über zehn Jahre im vollzeitlichen evangelistischen Dienst. Schon länger hatte ich den Eindruck, dass Gott meine Grenzen erweitern wollte. Darum betete ich auch viel um Weisheit für die nächsten Schritte. Nun saß ich da und hörte tagelang vom frühen Morgen bis in den späten Abend Vorträge, die mir wirklich unter die Haut und regelrecht durch Mark und Bein gingen.

Besonders von Billy Graham hörten wir damals immer wieder den Mut machenden Bibelvers: »Tu das Werk eines Predigers des Evangeliums!« (2. Timotheus 4,5). Es war eine gewaltige Motivation!

Wenn ich heute zurückdenke, fallen mir besonders drei wichtige Erlebnisse ein:

1. Wie nie zuvor wurde ich damals von der Liebe Gottes überwältigt. Dass diese unbeschreibliche Liebe, die ich ja selbst erlebt hatte, von der hier täglich so viel erzählt wurde, tatsächlich allen Menschen gilt, hat mich so ermutigt, für die Zukunft noch viel Größeres von *ihm* zu erwarten. Gott liebt wirklich alle Menschen. Seine Liebe ist größer als die größte Schuld! Er will nicht, dass die Menschen in ihrer Sünde sterben, sondern dass sie sich bekehren und leben.
2. Wie nie zuvor wuchs in jenen Tagen mein Glaube an Gottes Möglichkeiten, auch unseren Zeitgenossen die Augen für ihre Verlorenheit, aber auch für die Liebe Gottes zu öffnen, damit viele von ihnen gerettet werden. Ich hatte den Eindruck, ich sollte in Zukunft noch viel deutlicher über die Verlorenheit aller Menschen predigen, um ihnen dann zu zeigen, was Jesus am Kreuz für alle getan hat, und ich sollte generell viel Größeres von ihm erwarten.
3. Als ich dann meine Heimreise antrat, ahnte ich etwas von einer neuen Phase in meinem evangelistischen Dienst. Es ist wunderbar, wenn 300 oder 500 Personen eine evangelistische Predigt hören. Wir können nicht dankbar genug sein für jeden einzelnen Zuhörer. Aber wie viel besser wäre es, wenn 800 oder 1000 oder 2000 oder noch mehr dieselbe Predigt hören würden und auch die Zahl der Bekehrungen im selben Maß zunehmen würde.

Nun saß ich wieder im Zug und fuhr in die andere Richtung. Zu Hause erzählte ich Margrit viel von meinen Erlebnissen und von meinen Träumen und war fest davon überzeugt, dass Gott in den nächsten Jahren viel mehr Menschen retten wollte – auch durch meinen Dienst. Dabei war mir bewusst, dass bei jeder größeren Aktion auch größere Verantwortung und viel größere Aufgaben auf die Gemeinden zukommen würden. Ihnen wollte ich davon erzählen, dass Gott Größeres, viel Größeres durch uns tun möchte.

Ich hoffe sehr, dass mich jetzt niemand falsch versteht. Inzwischen sind ja viele Jahre vergangen, und ich darf zurückblicken auf etliche Großveranstaltungen in verschiedenen Ländern.

Doch nicht die großen Zuhörermengen sind es, die an erster Stelle mein Herz erfreuen und mein Leben reich machen, sondern es ist das, was hinterher in der Seelsorge geschieht. Ich sage die Wahrheit: Wenn ich zwischen zwei Möglichkeiten wählen müsste – entweder ab sofort nur noch riesige Versammlungen ohne den Ruf zur Entscheidung und ohne Seelsorge; oder nur noch kleine Versammlungen mit der Einladung zur Seelsorge, bei der Menschen zur Bekehrung kommen und für die Ewigkeit gerettet werden –, ich würde sofort die kleinen Versammlungen wählen.

Hier mal ein paar wunderbare Beispiele aus kleinen Versammlungen:

Siegfried Arndt

Es geschah mitten in einer Silvesterfreizeit im Freizeitheim des Missionswerks DIE BRUDERHAND. Jeden Tag stand ich einige Male vor derselben Gruppe von Christen, die sich zu der Freizeit angemeldet hatte. Weil die Abendversammlungen auch für andere Besucher aus dem Ort offen standen, konnte ich täglich einige neue Gesichter unter den Gästen entdecken.

Dann kam der besondere Abend, der Höhepunkt der ganzen Silvesterfreizeit: Siegfried Arndt hatte sich in unsere Freizeit »verirrt«. Wie er mir später selbst sagte, war er der schlimmste Sünder im ganzen Dorf – ein Schläger, ein Alkoholiker, ein Kettenraucher, ein von vielen gefürchteter brutaler Mann.

Was hatte diesen Mann in unsere Versammlung geführt? Ich glaube, dazu muss ich etwas über die Vorgeschichte erzählen:

Ruthhild, die älteste Tochter von Siegfried und Verena Lange, hatte einen besonders guten Draht zur Familie Arndt, die in derselben Straße wohnte. Sie hatte viel für die Familie gebetet und auch Siegfried Arndt manches von Jesus erzählt. Sie hatte ihn auch schon wiederholt auf unsere Zusammenkünfte hingewiesen.

Als ich ihn nun in unserer kleinen Versammlung entdeckte, war mir sofort bewusst, dass ich einiges im Programm umstellen sollte. Das wusste Siegfried natürlich nicht. Andere mögen sich darüber gewundert haben. Ich musste an das verirrte Schaf denken, für das der gute Hirte die 99 einfach mal allein ließ.

Am Schluss meiner Predigt sagte ich: »Jesus liebt jeden Menschen. Wirklich jeden. Er liebt auch dich. Er möchte dich heute retten. Komm doch heute zu Jesus. Sag doch Ja!« Da hob Siegfried seinen Kopf und rief laut: »Ja!« Alle waren erschrocken. Damit hatte wohl auch keiner gerechnet.

Ich entließ die Versammlung, ging zu Siegfried und lud ihn zu einem persönlichen Gespräch ein. Obwohl er nach der langen Rauchpause unbedingt erst eine Zigarette rauchen wollte, konnte ich ihn doch für ein sofortiges Seelsorgegespräch gewinnen.

Es wurde ein sehr langes Gespräch mit einem ehrlichen Bekenntnis. Als wir dann nebeneinander knieten und beteten, flossen sogar Tränen. Als wir uns schließlich – so gegen Mitternacht – verabschiedeten, überreichte Siegfried mir sein Feuerzeug und seine Zigaretten und versprach mir, noch am selben Abend alle alkoholischen Getränke aus seinem Haus zu entfernen. Später hat er öfter bei verschiedenen Gelegenheiten erzählt, dass er seit dieser Stunde nie mehr geraucht und auch nie mehr einen Tropfen Alkohol getrunken hat.

Siegfried wurde sofort eins der eifrigsten Gemeindeglieder, er besuchte die Gottesdienste, die Bibelrunde, die Gebetsversammlung und ging sogar in den Chor.

Schon kurz nach seiner spektakulären Bekehrung hörte Siegfried von der Arbeit des »Blauen Kreuzes«. Das Blaue Kreuz ist eine Gemeinschaft, deren Mitglieder sich zu Jesus Christus bekennen und sich schriftlich zu einer alkoholfreien Lebensweise verpflichtet haben. Es weiß sich der »Evangelischen Allianz« verbunden und arbeitet überkonfessionell mit Landeskirchen, Freikirchen und Gemeinschaften sowie mit Ärzten, Psychologen, Sozialarbeitern, Bewährungshelfern, Beratungsstellen und Fachkliniken, Verbänden und Behörden, die sich mit der Beratung Suchtkranker befassen. Das Angebot richtet sich in erster Linie an Alkoholkranke und ihre Angehörigen, aber auch an Personen, die unter anderen Abhängigkeitserkrankungen leiden.

Ich glaube, das war die Stunde seiner Berufung. Für Siegfried gab es kein Halten mehr. Bald darauf gab es auch in Celle eine Blaukreuzgruppe. Und es dauerte nicht lange, bis Siegfried die ersten Gäste mit in die Versammlung schleppte und die ersten Bekehrungen erleben durfte. Auch in seiner Familie gab es große Veränderungen.

Martin, unser Jüngster, hatte gute Kontakte zu Markus, dem Jüngsten der Familie Arndt. Sie waren richtig gute Freunde.

Als Familie hatten wir viele Jahre eine feste Sonntagmorgen-Regel: Pünktlich um Viertel vor acht saßen alle sechs am Frühstückstisch. Dann machten wir eine kleine Morgenandacht, bei der alle sechs – vom Jüngsten bis zum Ältesten – reihum beteten. Jeden Sonntag war das so. Das waren für mich – wenn ich zu Hause war – die schönsten Minuten der ganzen Woche. Zuerst betete Martin, dann Christa, dann Daniel, dann Karina, dann Margrit und zuletzt ich. Oh, wie oft hörte ich bei diesen Gelegenheiten unseren Martin beten: »Lieber Heiland, mach doch, dass Markus heute mal in die Kinderstunde kommt. Er hat es mir schon so oft versprochen!« Martins Gebete wurden erhört. Gott tat sogar noch mehr und schenkte eine richtige Bewegung in der Familie Arndt.

Wahrscheinlich ahnte Siegfried, dass er nicht mehr viel Zeit hatte und ist gerade darum mit so unnachahmlichem Eifer vielen Verlorenen nachgegangen. Er hat in wenigen Jahren sehr tiefe Segensspuren hinterlassen. Und das alles begann in einer ganz kleinen Versammlung.

Die junge Frau

Bei einer Evangelisation bekehrt sich ein junger Mann. Er fängt an, für seine Schwester zu beten. Die aber ist nicht am Evangelium interessiert. Doch er betet weiter und lädt sie gelegentlich wieder ein. Inzwischen vergehen drei Jahre. Dann kommt der große Abend: Die Schwester kommt das erste Mal mit in eine kleine Versammlung und wird so überführt, dass sie nach der Predigt mit ins Seelsorgezelt tritt und sich ganz klar für Jesus entscheidet.

Das Erlebnis eines Lehrers

Bei einer Evangelisation sitzt ein junger Lehrer neben mir im Gebetszelt und betet für eine bestimmte Frau: »Herr Jesus, öffne ihr doch das Herz. Gib doch, dass sie heute Abend den Mut hat und dass sie sich heute Abend bekehrt.« Nach dem Vortrag gehe ich zum Seelsorgezelt – und was geschieht? Diese junge Frau kommt auch ins Zelt, während Tränen über ihre Wangen laufen. Sie nimmt Platz und sagt: »Ich bin von einem Lehrer und seiner Frau eingeladen worden. Sie sind schon seit einiger Zeit Christen. Heute möchte ich mich ebenfalls für Jesus entscheiden.«

Was mein Leben reich macht

Wenn Menschen in die Seelsorge kommen, sich von Herzen bekehren und Jesus als ihren Erretter und Herrn in ihr Leben aufnehmen – das ist es, was mein Leben reich macht, das ist es, was mich glücklich macht. Wie wunderbar, dass Gott das immer und immer wieder schenkt. Doch manchmal denke ich so bei mir: Wenn schon Freude im Himmel ist über *einen* Sünder, der sich bekehrt – wie Jesus in Lukas 15,7 sagt –, was muss das dann erst für ein Jubel sein, wenn nicht nur einer, sondern viele zur Bekehrung kommen?!

Teil 4: Die Zeit der Großevangelisationen (ab 1971)

Herr, rette 70

Ich war erst einige Minuten am neuen Einsatzort, als Armin Reichenbach mir sagte: »Wir haben viel für dich und für diesen Einsatz gebetet. Und jetzt erwarten wir eine große Ernte.« Was kann ein Evangelist bei der Begrüßung Schöneres hören? »Eine große Ernte!« Das war auch mein brennender Wunsch. Doch dann fuhr er fort und sagte: »Von dir haben wir gelernt, auch im Gebet nicht um die Sache herumzureden, sondern ganz konkret zu beten. Schon längere Zeit betet die Gemeinde um 70 Bekehrungen.«

Ich muss schon sagen, dass ich richtig erschrak, denn die Gemeinde war nicht so riesig, und irgendwie schien mir das Verhältnis nicht zu stimmen. Obwohl ich mich ja selbst so sehr danach sehnte, hätte ich die Zahl doch lieber etwas niedriger angesetzt oder sie einfach dem Herrn überlassen. Ich fragte Armin dann, wie sie auf diese große Zahl gekommen seien, und erhielt eine interessante Antwort. Sie waren wieder einmal in einer ihrer vielen Gebetsversammlungen, als ein Mann in seinem Gebet ganz nüchtern ungefähr Folgendes betete: »O Herr, bitte rette doch ein Prozent aus unserer Gegend.« Ganz schnell hatte ein anderer gerechnet: Hier leben ungefähr 7000 Menschen, ein Prozent von 7000 sind 70 – und nannte sofort die Zahl in seinem Gebet: »Ja, Herr, bitte rette doch 70!«

Dieses Gebet wurde dann von vielen aufgegriffen, so dass in den Wochen vor der Evangelisation immer wieder die Zahl 70 in den Gebeten vorkam. Das Gebet hörte ich dann auch viele Male in unseren Gebetsstunden am Abend: »Herr, rette 70!«

Die Evangelisation dauerte dreizehn Tage. Abend für Abend kamen Menschen in die Seelsorge. Als dann der letzte Abend und auch das letzte Seelsorgegespräch zu Ende waren, kam ich müde, aber glücklich aus dem Seelsorgezelt ins Hauptzelt zurück, wo die eifrigsten Mitarbeiter noch zusammensaßen und auf mich warteten. Wie immer hatte ich mir auch diesmal von jedem, der sich bekehrt hatte, die Adresse geben lassen. Ganz vorsichtig fragte dann ein Mann: »Wie viele haben sich eigentlich im Ganzen bekehrt?« Es war der Mann, der die Geschichte mit der Zahl 70 ins Rollen gebracht hatte. Ich hatte an diesem Abend gar nicht mehr an die Zahl gedacht, aber ich zog die Adresskarten aus meiner Mappe und fing an, sie zu zählen. Es waren unbeschreiblich spannende Sekunden, als ich beim Umdrehen der letzten Karten schließlich zählte: ... 65, 66, 67, 68, 69, und dann mit der Zahl 70 die letzte Karte umdrehte. Tatsächlich, es waren genau 70! Die Freude war riesengroß, die Dankbarkeit noch viel größer. Auch für mich war es ein überwältigendes Erlebnis, das ich allerdings nur einmal so gemacht habe.

Damals hätte ich nicht zu träumen gewagt, dass einmal eine Zeit kommen würde, in der sich an einem einzigen Abend 70 oder 100 oder mehr Menschen bekehren würden.

Die trockenen Norddeutschen

Zum ersten Mal erlebte ich in dem Jahr auch eine Zelt-Evangelisation in Deutschland, die für mich alles bis dahin dort Erlebte sprengte. Das Geheimnis der großen Zuhörermenge war sicher auch damit zu erklären, dass sich viele Christen aus verschiedenen Gemeinden an dem Einsatz beteiligten.

Um den großen Unterschied zu beschreiben, den man mit den so verschiedenen Deutschen in der Seelsorge erleben kann, hat ein früherer Evangelist einmal gesagt: »Wenn ein Ostpreuße eine echte Bekehrung erlebt, fließen viele Tränen. Wenn ein Niedersachse eine echte Bekehrung erlebt, zeigt er kaum eine Gemütsbewegung nach außen. Wenn ein Rheinländer eine echte Bekehrung erlebt, fängt er sofort an zu singen und umarmt die andern.«

Das kann ich bestätigen. Obwohl durch die Kriegswirren in Deutschland alles ziemlich durcheinandergewürfelt wurde, kann man auch heute noch die riesigen Unterschiede in den Reaktionen beobachten. Welch ein Kontrast ist doch zwischen einem Niedersachsen und einem Bayern.

Von den Niedersachsen – dazu gehöre ich ja auch – sagt man gern, dass sie eher spröde, langweilig, trocken, zum Teil sogar unnahbar sind. Doch davon habe ich in der großen Zelt-Evangelisation in Hannover damals nichts gespürt. Das große Zelt, der starke Chor, die vielen Zuhörer und die gute Atmosphäre haben mich jeden Abend erneut ins Staunen versetzt. Es war ein richtiges Freudenfest. Das Beste geschah aber auch in diesem Einsatz nach den Vorträgen im Seelsorgezelt.

Aufbruch im Zürcher Oberland

Im Jahr 1968 kam es zum ersten Mal zu einem Einsatz in einer Freien evangelischen Gemeinde im Zürcher Oberland. Eigentlich war es eine ganz gewöhnliche Evangelisation, welcher schnell einige weitere folgen sollten. Erst später wurde mir bewusst, dass Karl Bührer, der einladende Prediger, mit den Aktionen die Tür zu einer ganz neuen Ära in meinem Wirken aufgestoßen hatte. Die bald darauf folgenden Einsätze im Kanton Graubünden und vor allem die Großevangelisationen im Zürcher Oberland und darüber hinaus haben ihren ganz besonderen Platz in der Schweizer Evangelisationsgeschichte.

Wo heute in Wetzikon das riesige Migros-Einkaufszentrum

steht, gab es 1971 noch den freien Chilbi-Platz, der natürlich außerordentlich gut geeignet war für einen großen Zelteinsatz.

Wie glücklich war ich, als ich in einem Vorgespräch mit Jakob Winzeler hörte, dass er seine Gemeinde und einige andere Gemeinden in der Region gern für einen gemeinsamen übergemeindlichen Einsatz gewinnen würde.

Das war genau das, worauf ich schon seit einiger Zeit gewartet hatte: eine Evangelisation, die nicht nur von einer Gemeinde oder von einigen Gemeinden aus demselben Verband durchgeführt werden würde, sondern von mehreren unterschiedlichen Gemeinden aus einer bestimmten Region. Damals waren die bestehenden Gemeinden noch recht klein, aber bei einer Zusammenarbeit würde man doch schon vom ersten Abend an einige hundert Besucher im Zelt haben.

Bald war die Entscheidung gefallen. Sitzungen, Verhandlungen, Verträge, Chorproben und viele Gebete füllten die nächsten Monate. Und dann war es so weit.

Damals dauerten meine Einsätze fast immer dreizehn Tage. So war es auch in Wetzikon. Jeden Abend war pünktlich um 20:00 Uhr die Begrüßung, aber bereits ab 19:00 Uhr trafen sich viele Gemeindeglieder zum gemeinsamen Gebet im Seelsorgezelt, und ab 19:45 Uhr begann im großen Zelt das Vorprogramm mit frischen Liedern der Jugendlichen.

Das ganz Besondere und vielleicht Einmalige bei diesem Einsatz war, dass Jakob Winzeler allergrößten Wert darauf legte, dass ich um 20:15 Uhr am Mikrofon stand. Das viele Drum und Dran mochte er gar nicht. Er wollte keine Unterhaltung, sondern eine Botschaft, die die Menschen überführt und zu Jesus zieht. Jeden Abend konnte ich eine ganze Stunde predigen und die Unbekehrten zur Seelsorge einladen. Und sie kamen in Scharen. Nie zuvor hatte ich so viele Bekehrungen bei einer einzigen Evangelisation erlebt.

Mit dem Einsatz in Wetzikon war für mich eine ganz neue Phase angebrochen, die sich dann über viele Jahre hinzog und mich in sehr viele weitere Orte der ganzen Schweiz führte.

Zum ersten Mal sprach man wieder von einer Großevangelisation. Sie war ja auch groß im Vergleich zu all den anderen in den vergangenen Jahren. Zum ersten Mal erlebte ich eine Evangelisation, in der die Besucherzahl bald weit über die Tausendergrenze hinausging.

Mit dem Motorrad ins Missions-Zelt

Einige Abende lagen schon hinter uns. Inzwischen füllte sich das Zelt mehr und mehr. Die Besucher kamen von nah und fern, zu Fuß, mit Fahrrädern, mit Autos, mit dem Bus oder mit der Eisenbahn.

Obwohl wir genügend Parkplätze hatten, gab es an einem Abend einen jungen Mann, der es vorzog, mit seinem Motorrad mitten in meiner Predigt durch den Mittelgang des Zeltes bis kurz vor die Bühne zu fahren. Das war sehr provokativ. Andererseits hat es mir fast gefallen. Solche Unterbrechungen haben auch ihr Gutes. Ich ließ mich nicht ablenken. Ich predigte weiter. Ich predigte lauter – immer in der Hoffnung, er würde den Motor dann bald einmal abstellen.

Während er Gas gab und mit seinem Feuerstuhl meine Predigt übertönte, kam ein anderer Besucher auf eine gute Idee. Er zog den Zündkerzenstecker von der Maschine ab, und sofort war Ruhe im Zelt. Ich war gespannt auf die Reaktion des jungen Störenfrieds. Gerade in diesem Augenblick war ich an der richtigen Stelle in meiner Predigt angelangt. Ich sprach über meine Vergangenheit, über meine Sehnsüchte, über meine Abenteuer, über meine aufrichtige Suche. Dann sprach ich über meine Eindrücke aus der Seelsorge: »Je lauter die Musik, je schreiender die Farben, je stärker die Drogen – desto leerer sind oft die Herzen. Hinter der schillernden Maske vieler Menschen verbirgt sich eine gähnende Leere, eine ungestillte Sehnsucht. Diese Sehnsucht kann nur Jesus stillen.«

Ich denke, dass in diesen aufregenden Minuten viele gebetet haben. Und Gott hat die Gebete erhört. Der junge Mann blieb ruhig. Er hörte sogar zu. Er hörte bis zum Ende der Predigt zu.

Wie immer ging ich auch an diesem Abend nach dem Vortrag ins Seelsorgezelt. Und während ich denen, die sich bekehren wollten, den Heilsweg erklärte, hatten draußen einige junge Leute eine lebhafte Diskussion mit unserem Motorradfahrer. Das Ergebnis hat nicht nur sie in Staunen versetzt. Ich konnte es fast nicht glauben, als sie plötzlich mit unserem Lärmmacher ins Seelsorgezelt kamen. Zuerst dachte ich, er wolle mit mir diskutieren, doch er hatte inzwischen ein ganz anderes Bedürfnis. Gott hatte ihn total überführt, obwohl er nur einen Ausschnitt aus der Predigt gehört hatte. Er wollte sich bekehren. Nach einem gründlichen Gespräch übergab auch er dem Herrn Jesus das Steuerruder seines Lebens. Solche Bekehrungen vergisst man nie mehr.

Als ich im Folgejahr wieder in Wetzikon evangelisierte, trafen wir uns erneut im Seelsorgezelt. Diesmal war er bereits Mitarbeiter, denn er begleitete seine Mutter, die sich nun ebenfalls bekehren wollte.

Nach den großartigen Erfahrungen hatten nämlich alle Verantwortlichen den Wunsch gehabt, möglichst bald eine Fortsetzung ins Auge zu fassen. Und so geschah es dann, dass nicht einmal ein Jahr verging bis zum zweiten Großeinsatz auf dem Chilbi-Platz in Wetzikon – mit einem größeren Zelt, mit mehr Zuhörern und viel mehr Bekehrungen. Zum ersten Mal erlebte ich, dass sich an einem einzigen Abend 25 Personen bekehrten.

Damals fing ich an, von einem 2000-Personen-Zelt zu träumen. Darauf musste ich aber noch einige Jahre warten.

In der Zeit nach Wetzikon gab es praktisch alles: Einsätze in Gemeindesälen, in Sporthallen, in Stadthallen, in Gemeindezelten und in gemieteten Zelten und bald auch im großen Zelt der Schweizerischen Zeltmission. Aber mein großer Traum ging erst in Erfüllung, als wir in einer besonderen Festversammlung in Burgdorf endlich das 2000-Personen-Zelt einweihen konnten.

Reithalle statt Kirche

Heute weiß ich nicht mehr, wer damals auf die Idee gekommen war. – Warum sollte man die große Halle, in der sonst Reiter mit ihren Pferden ihre Runden drehen, nicht auch für eine Evangelisation nützen können? Man wurde sich einig, und schon bald liefen die Vorbereitungen zum nächsten Großeinsatz in der Reithalle in Uster. Die Bedenken, die Gemeinden würden viel eher ein Zelt als eine Reithalle akzeptieren, erwiesen sich bald als unnötig. Die Sorge, der weiche Boden wäre ungünstig für die Stühle und der Geruch unzumutbar für die Besucher, erwies sich ebenfalls als unbegründet. Nach dem ersten Abend waren fast alle des Lobes voll. Man hatte den dicken, weichen Untergrund mit irgendeiner Flüssigkeit imprägniert und so gekonnt gewalzt, dass ein leicht federnder, aber fester Fußboden daraus geworden war.

Mit all den Planungen und Vorbereitungen hatte ich ja nichts zu tun, umso mehr habe ich mich am ersten Abend über das Ergebnis gefreut. Wir hatten mehr Platz als in den großen Zelten, wir hatten eine große Bühne und eine Empore, es gab genügend Nebenräume für Sitzungen, Gebetsgemeinschaft und Seelsorge und auch jede Menge Parkplätze in der Nähe der Halle.

Das Schönste und Wertvollste der ganzen dreizehn Tage waren natürlich wieder die vielen Bekehrungen nach den Vorträgen. Und welch eine Freude für mich, Abend für Abend auf dem Parkplatz oder im Gebetsraum oder in den Gängen Menschen zu begegnen, die sich ein Jahr oder zwei Jahre zuvor im Zelt in Wetzikon bekehrt hatten.

Ein Bonbon besonderer Art bekam ich noch nachgeliefert, als die Evangelisation längst zu Ende und ich schon einige Tage wieder zu Hause war. Da kam nämlich ein Brief von einer Schweizer Polizeidirektion mit einer Rechnung. Irgendwo in der Nähe von Uster sollte ich viel zu schnell gefahren sein. Dabei hatte man mich aber geblitzt und anschließend zu einer saftigen Geldbuße verdonnert. Natürlich erschrak ich, als ich das Schreiben las und dann die Rechnung anschaute. Doch in dem Briefumschlag lag noch etwas. Ein Unbekannter, der wohl bei der Behörde arbeitete, schrieb, dass er die Rechnung bereits für mich bezahlt hätte. Eine Kassenquittung hatte er als Beleg beigefügt. Seinen Namen habe ich aber nie erfahren. Weil ich den Namen und die Adresse des anonymen Spenders nicht kannte, konnte ich mich nicht einmal für seine gute Tat bedanken. Gott weiß, wie glücklich ich damals darüber war.

Der unerwartete Geldsegen

Wie in allen Evangelisationen hatten wir auch für den Einsatz in der Reithalle abgemacht, dass die Kollekte eines Abends für das Missionswerk DIE BRUDERHAND bestimmt sein sollte. Diese grundsätzliche Regelung zwischen dem Missionswerk und den einladenden Gemeinden existierte schon seit 1968. Es gibt für unsere Dienste normalerweise keine Dienstentschädigung, keine Fahrkostenentschädigung oder andere Vergütungen. Die Mitarbeiter der BRUDERHAND sind ja Angestellte und bekommen ihr Geld vom Missionswerk. Mit einer besonderen Kollekte, die an einem Abend für DIE BRUDERHAND gesammelt wird, ist immer alles erledigt. Diese Kollekte wird, ob der Betrag nun klein oder groß ist, an das Missionswerk überwiesen oder dem Evangelisten mitgegeben.

Oft habe ich Gemeinden auch dazu ermutigt, während einer Evangelisation einmal ein Missionsopfer zu sammeln, das dann einem bestimmten Projekt – zum Beispiel in einem Notstandsgebiet – zugutekommt.

So wollten wir es auch in der Reithalle machen: Die Kollekten von elf Abenden waren zur Deckung der riesigen Kosten der organisierenden Gemeinden gedacht, eine Kollekte für ein noch zu bestimmendes Projekt und eine für DIE BRUDERHAND.

Alle waren dafür, einen Vertreter einer Afrikamission einzuladen, um aus erster Hand Informationen über die schreckliche Hungersnot im Sudan zu erhalten. Direkt vor der Predigt wurde die Sammlung durchgeführt und der gesamte Betrag nachher gleich dem Missionsleiter für das besondere Projekt mitgegeben.

Aus dem Leitungskreis hatte ich dann erfahren, welche Summe für Afrika zusammengekommen war. Es waren einige tausend Franken. Doch schnell hatte ich den Betrag durch die Anzahl der Zuhörer geteilt, und dann war mir bewusst, dass der Obolus jedes Einzelnen nicht einmal für einen Besuch an einer Würstchenbude gereicht hätte.

Der nächste Abend war für eine Sammlung für DIE BRUDERHAND vorgesehen. Natürlich hatte auch ich eine Möglichkeit, etwas über unsere riesigen Bedürfnisse zu sagen. Gerade zu der Zeit ging das Missionswerk durch eine ganz schlimme Durststrecke, und ich hatte mir gut überlegt, wie ich den vielen Zuhörern unser Anliegen am besten vermitteln könnte.

In der vorausgehenden Nacht hatte ich schlecht geschlafen. Ständig gingen meine Gedanken nach Afrika. Was waren die Bedürfnisse der BRUDERHAND im Vergleich zu der himmelschreienden Not im Sudan. Auch durch den nächsten Tag hindurch begleiteten mich die Bilder der Toten und Halbtoten jener Hungerregion.

Dann kam der Abend. Gleich am Anfang wurde die Summe vom Vorabend öffentlich genannt und für die Missionsgabe für Afrika gedankt. Dann wurde gesagt, dass die heutige Sammlung für das Missionswerk DIE BRUDERHAND bestimmt sein sollte und dass ich vor der Sammlung noch ein paar Worte dazu sagen würde.

Nach einem Chorlied war ich an der Reihe. Doch dann passierte etwas, was ich noch nie zuvor erlebt hatte und das auch später nie mehr passiert ist.

Ich wollte gerade etwas über unsere Arbeit und über die finanziellen Bedürfnisse sagen, als ich – ohne es geplant zu haben und ohne Absprache mit den verantwortlichen Leuten – spontan umstellte und sagte, wir hätten im Missionswerk zwar ganz große Bedürfnisse, aber im Vergleich mit der unsagbaren Not in Afrika sei das lächerlich. Dann machte ich einen Vorschlag und bat alle Anwesenden, an diesem Abend noch einmal für Afrika zu spenden. Ich bat sie, den Betrag, den sie für DIE BRUDERHAND geben wollten – oder sogar noch mehr –, in die Becher zu tun. Ich würde dann die Verantwortlichen darum bitten, auch diese Abendkollekte an die Afrikamission weiterzuleiten.

Natürlich konnte ich nicht die Kollekte des folgenden Abends einfach für DIE BRUDERHAND bestimmen, denn die war ja für andere Bedürfnisse einkalkuliert. Darum sagte ich den Zuhörern Folgendes: »Wenn jemand trotzdem etwas für DIE BRUDERHAND geben möchte, kann man nachher zu Hause einen Betrag in einen Umschlag stecken, BRUDERHAND darauf schreiben und den Umschlag morgen Abend zusammen mit der Kollekte in den Becher legen. Nur das Geld, das morgen Abend in den Umschlägen steckt, ist dann für DIE BRUDERHAND bestimmt.«

Wenn ich zurückdenke, spüre ich heute fast dieselben Gefühle, die ich damals dort auf dem Podium hatte. Was ging mir da alles durch den Kopf: »Was denken die Leute? Wie werden sie jetzt reagieren? Was sagen die Gemeindeleiter? Was wird morgen sein?«

Nach dem gemeinsamen Lied und der Sammlung hielt ich meine Predigt und hatte dann noch bis nach Mitternacht im Seelsorgeraum zu tun.

Um es kurz zu machen: Leider habe ich mir damals die Zahlen nicht aufgeschrieben, aber ich erinnere mich, dass an dem Abend, der eigentlich für DIE BRUDERHAND eingeplant war, eine erstaunlich große Summe für Afrika eingelegt wurde. Und am Abend darauf steckte neben dem allgemeinen Kollektenbetrag viel mehr in den separaten Umschlägen mit der Aufschrift BRUDERHAND, als jemand zu hoffen gewagt hätte.

Damals bin ich zum allerersten Mal mit einer fünfstelligen Summe aus einer Evangelisation ins Missionswerk zurückgekehrt. Ich erinnere mich heute noch so gut an die Mitarbeiterstunde, in der ich die großen Scheine auf den Tisch legte. Die meisten hatten noch nie einen 1000-Franken-Schein gesehen. Die Freude und der Dank waren unbeschreiblich.

Für mich war das Erlebnis eine große Lehre und eine ganz gewaltige Glaubensstärkung. Gott wusste, dass ich genau diese Erfahrung nötig hatte, denn erst zwei Monate davor hatte ich, weil Siegfried Lange den Vorsitz abgegeben hatte, die Leitung und damit die Hauptverantwortung für das Missionswerk übernommen.[23] Nun, ich muss zugeben, dass ich auch nach dieser guten Erfahrung auf finanziellem Gebiet später noch manche schwere Stunde erlebt habe, wenn sich wieder ein Monatsende näherte oder fällige Rechnungen mir den Schlaf rauben wollten. Doch gerade in solchen Engpässen durften wir immer wieder Gottes wunderbare Durchhilfe erleben.

In der Bibel steht: »Denn mein ist das Silber, und mein ist das Gold, spricht der HERR Zebaoth« (Haggai 2,8). Wenn das so ist – und es ist ja so –, dann kann Gott es geben, wem er es geben will. Und wenn er uns alles Nötige gibt, wird er nicht ärmer. Im Gegenteil: Durch unsere Freude und durch unseren Dank wird er umso mehr geehrt.

Die Dreieck-Methode

Ganz nebenbei machte ich damals eine hochinteressante Entdeckung. Beim ersten Einsatz auf dem Chilbi-Platz hatte sich irgendjemand aus einer Familie bekehrt. Beim zweiten Einsatz – also ein Jahr später – fand wieder jemand aus derselben Familie zu Jesus. In der dritten Großevangelisation durften wir den Rest der Familie für Jesus gewinnen. Begünstigt wurde die Entwicklung dadurch, dass alle drei Einsätze zeitversetzt in derselben Region stattfanden.

Bald darauf machte ich in einer anderen Gegend genau dieselbe Beobachtung. Das führte dazu, dass ich mich bei meiner Langzeitplanung dafür einsetzte, da, wo es möglich war, meine Dreieck-Methode zu wiederholen. Am auffälligsten waren die Ergebnisse in den Einsätzen von Diessenhofen/Stammheim/Marthalen. Aber auch im Aargau, im Umfeld von Basel, in der Ostschweiz, in Graubünden und besonders in Bern, ja auch in Österreich und ganz auffallend bei uns in Norddeutschland konnten wir wunderbare Erfahrungen mit dieser Wiederholungsstrategie machen.

Ich denke an eine Zelt-Evangelisation, bei der sich am letzten Abend eine etwa fünfzigjährige Frau bekehrte. Sie fürchtete die Reaktionen ihres Mannes und erzählte mir einiges über seine ablehnende Haltung dem Evangelium gegenüber. Ein Jahr später kam genau diese Frau wieder ins Seelsorgezelt. Doch nicht allein. Sie begleitete ihren Mann, der sich nun ebenfalls bekehren wollte. Es kam noch schöner. Denn bei einem weiteren Einsatz in der Region kamen nach einem Vortrag diese Eheleute wieder ins Seelsorgezelt. Ich erkannte sie sofort und meinte, sie wollten mich nur kurz begrüßen. Das taten sie dann auch, aber bei der Gelegenheit stellten sie mir ihre beiden erwachsenen Kinder vor, die sich nun auch bekehren wollten.

Das erste Mal

Alles, was uns auf unserer Lebensreise begegnet, erleben wir ja einmal zum ersten Mal. 1973 gab es für mich besonders viele solcher Erst-Erfahrungen.

Zum ersten Mal ...
evangelisierte ich in einer Schweizer Landeskirche, und zwar bei einem außerordentlich missionarisch gesinnten Pfarrer.

Ich mag es ja gar nicht, wenn nach meinem Vortrag noch einmal jemand ans Mikrofon tritt und versucht, die »wichtigsten Punkte« meiner Predigt zu wiederholen. Das Dumme dabei ist nämlich, dass einem anderen Zuhörer wahrscheinlich einige andere Punkte viel wichtiger erschienen.

Ich empfinde es überhaupt als völlig unangebracht, wenn nach einer wichtigen Predigt noch alle möglichen Ansagen gemacht werden und das wirklich Wichtige damit in den Hintergrund gedrängt wird.

Nach der Predigt hätte ich gern ein passendes Lied, dann meine erneute Einladung zur Seelsorge und danach mein Schlussgebet. Dann gehe ich in der Regel sofort in den Seelsorgeraum – in der Hoffnung, dass viele andere sich für denselben Weg entscheiden.

Doch in dieser Kirche war alles anders. Den Pastor konnte ich nicht bremsen. Wenn ich »Amen« gesagt hatte, dann sauste er blitzschnell auf die Kanzel und begann mit einem feurigen Appell. Das hörte sich dann ungefähr so an: »Ihr habt es gehört. Ohne Bekehrung gibt es keine Errettung. Ihr habt es alle gehört. Aber was nützt das, wenn man es nur hört, aber nicht erlebt. Bitte kommt jetzt. Der Seelsorgeraum steht offen für jeden. Bitte, kommt heute zu Jesus! Bitte, kommt jetzt!«

Und dann kamen sie. Jeden Abend durften wir eine ganze Anzahl im Nebenraum empfangen und nach einem gründlichen Gespräch im Gebet zu Jesus führen.

Zum ersten Mal ...

predigte ich 1973 auch südlich der Alpen, und zwar in Locarno am Lago Maggiore. Es ist der tiefste See der Schweiz. Aber achtzig Prozent der Fläche entfallen auf Italien. Das Schlimme an diesem See ist, dass er hin und wieder über die Ufer tritt und sogar große Wohngebiete überflutet.

Auch in späteren Jahren war ich noch einige Male in dieser wunderschönen Stadt. Doch wenn heute meine Gedanken zurückgehen, erinnere ich mich nicht nur an die gesegneten Versammlungen, sondern besonders stark auch an die fast unvorstellbaren Überschwemmungen. Für die dort Wohnenden schienen sie aber fast zum normalen Alltag zu gehören. Einmal mussten wir nach dem dritten Vortragsabend aus dem Gemeindezentrum in eine höher gelegene Kirche umziehen, weil der ganze Stadtteil überflutet wurde. Das ging alles so schnell. Nach zwei Tagen mit ungewöhnlich starkem Regen hatten wir bereits achtzig Zentimeter Wasser im Saal. Gemeindeglieder erzählten mir, es sei nicht das erste Mal gewesen, dass sie den Gottesdienstraum räumen mussten.

Mein Zimmer lag zum Glück eine Etage höher, so dass ich jeden Tag trockenen Fußes – über einen provisorischen Steg – mein Logis erreichen konnte. Ich habe mich wirklich darüber gewundert, mit welcher Selbstverständlichkeit die vielen Stadtteilbewohner mit ihren Einkaufstaschen und anderen Sachen auf den höher gelegten Holzstegen über dem Wasser zu ihren Wohnungen stolzierten.

Zum ersten Mal ...
wurde ich 1973 auch in die lebendige Zigeunergemeinde vor Hamburgs Toren eingeladen. Das war ein Erlebnis! Die sogenannte »Hütte Geborgenheit« war zum Bersten voll. Als ich eintrat, kam mir »Schwester Gertrud« entgegen und begrüßte mich. Die vielen Musiker waren bereits voll in Aktion. Ich gehe mal davon aus, dass kaum einer von ihnen etwas von Noten verstand. Jedenfalls waren keine zu sehen. Zigeuner brauchen so etwas wohl auch nicht. Sie saßen auf der Bühne, strahlten mich an und musizierten mit einer Begeisterung, dass ich aus dem Staunen nicht mehr herauskam. Dann wurden aussagekräftige Heilslieder angestimmt, die auch weithin auswendig gesungen wurden.

Alles, was ich an dem Nachmittag erlebte, war für mich neu und einmalig zugleich. Erst später erhielt ich hochinteressante Informationen über die atemberaubende Geschichte dieser einmaligen Gemeinde.

In der »Hamburger Morgenpost« war am 10. Mai 2000 in einer Reportage von Axel Wölk zu lesen: »Gleich hinter dem Elbdeich liegt eine Welt für sich. Die Menschen fahren große Autos und leben in billigen Wohnungen. Ihre Sprache hat viel mit dem Gelehrtenindisch Sanskrit und nichts mit Hochdeutsch gemein. Die Namen ihrer Kinder erinnern an ›Tausend und eine Nacht‹ – nicht an die norddeutsche Tiefebene. Viele sind Christen geworden. Sie wurden von Gertrud Wehl missioniert. Seit fast einem halben Jahrhundert gehört die inzwischen 80-jährige Missionarin von der ›Hütte Geborgenheit‹ zum Leben der Sinti.«

1953 wurde Gertrud Wehl Mitarbeiterin der Mission für Südost-Europa. Sie betreute die in Norddeutschland lebenden Sinti-Familien. In den 60er-Jahren zog sie in der Zeit der Sommerferien gelegentlich mit den Angehörigen einer Sinti-Familie im Wohnwagen durch Deutschland, um zu missionieren. Sie erregte damit große Aufmerksamkeit. Heute wird Gertrud Wehl von vielen als »Mutter der Sinti« verehrt.

Doch wie kam es eigentlich zu dem geistlichen Aufbruch, bei dem aus vielen ablehnenden Sinti brennende Christen wurden?

Das Wunder geschah nach der großen Hamburger Sturmflut 1962, die 337 Menschen das Leben kostete. In einem Bericht von Peter Strauch in »Christsein heute« vom Mai 2006 fand ich sehr hilfreiche Angaben zu dem damaligen Geschehen. Da heißt es: »In solchen Situationen wird sie wieder wach, die alte Frage: ›Wie kann ein Gott, der seine Menschen liebt, so etwas zulassen?‹ Ist es nicht verständlich, dass da mancher ins Zweifeln kommt, vielleicht sogar irre wird an diesem Gott? Doch genau in dieser Katastrophe, als die Elbdeiche brechen, passiert noch etwas ganz anderes: Auf einem Platz in Hamburg-Wilhelmsburg leben Sinti. Seit den 50er-Jahren werden sie von Gertrud Wehl, einer Missionarin, besucht. Sie erzählt ihnen von der Liebe Gottes, lernt sogar ihre Sprache, aber die Arbeit ist schwer. Zwar erreicht sie einige Frauen und Kinder, aber sie öffnen sich nicht. An die Männer kommt sie gar nicht heran. Doch in dieser Sturmflut werden, wie durch ein Wunder, alle Sinti gerettet. Dabei liegt ihr Wohnplatz mitten im Katastrophengebiet. Dies ist ein so tiefer Einschnitt im Leben dieser Menschen, dass viele von ihnen zum Glauben an Jesus finden. Es ist die Geburtsstunde der sogenannten ›Zigeunergemeinde Geborgenheit‹. In den folgenden Jahren werden durch die Musik dieser von Jesus spielenden und singenden Sinti viele Menschen weit über Hamburg hinaus mit dem Evangelium erreicht. Ist das nicht merkwürdig? Ein und dieselbe Katastrophe mit so gegensätzlichen Auswirkungen: Die einen sagen: ›Ein Gott, der so etwas zulässt, hat es nicht anders verdient, als dass man ihn ablehnt‹, und wollen mit ihm nichts mehr zu tun haben. Andere finden gerade durch diesen in der Katastrophe sprechenden Gott nach Hause.«

Wie glücklich war ich an dem Sonntagnachmittag, dass ich zum ersten Mal nach einer Predigt zwei Sinti in der Seelsorge zu Jesus führen durfte.

Zum ersten Mal ...

besuchte ich 1973 den »Glaubens- und Erweckungstag« in Krelingen bei Walsrode. Das erste Mal war ich Pastor Kemner bei der Evangelistenkonferenz in Rämismühle begegnet, als er in die Versammlung hineinrief: »Bruder, bist du echt?« In den Jahren danach hatte ich manches von ihm mit großem Gewinn gelesen. Nun saß ich wieder unter seiner Kanzel – und zwar unter den Eichen auf dem damals schon berühmten Glaubenshof. Ich staunte darüber, dass es ihm gelang, Jahr für Jahr bis zu 5000 Gäste um sich zu scharen und immer wieder die begehrtesten Gastredner für die verschiedenen Treffen zu gewinnen.

Zum ersten Mal ...
wurde ich mitten in einem Zelteinsatz ganz stark mit dem Gründer der Zeltmission konfrontiert. Sein Werdegang und seine Arbeitsweise interessierten mich brennend, darum habe ich seine Biografie auch mit großer Bewunderung geradezu verschlungen.

Während einer Zelt-Evangelisation in Riehen bei Basel traf ich die Tochter von Jakob Vetter. Die Begegnung hatte für mich eine ganz große Bedeutung, denn die Geschichte ihres Vaters war ja untrennbar mit der Geschichte der Zeltmission verbunden. Bevor wir uns verabschiedeten, überreichte sie mir ein unbeschreiblich kostbares Geschenk. Sie vermachte mir nämlich das Neue Testament ihres verstorbenen Vaters.

Jakob Vetter war 1872 in Worms geboren und wurde nur 46 Jahre alt. Doch was Gott durch diesen so ungewöhnlich begnadeten Evangelisten in seinem kurzen Leben wirken konnte, hat schon manch einen Prediger beschämt und in großes Erstaunen versetzt. Er litt bereits an Lungentuberkulose, als er von Elias Schrenk in den Evangelistendienst berufen wurde.

Zunächst hatte er den Beruf eines Schneiders erlernt und sich als junger Mann bekehrt. Nachdem er fest davon überzeugt war, dass Gott ihn einmal im Predigtdienst gebrauchen wollte, entschloss er sich zum Besuch des Predigerseminars auf St. Chrischona bei Basel. Aber den noch größeren Einfluss auf seine geistliche Entwicklung hatten wahrscheinlich die Schriften und Predigten von Ludwig Hofacker, Carl Heinrich Rappard, Otto Stockmayer, Hudson Taylor, Samuel Zeller, Elias Schrenk, aber auch die erfolgreiche Zusammenarbeit mit Ernst Modersohn.

Seine Besuche in England mit den persönlichen Begegnungen mit Charles Haddon Spurgeon und William Booth, dem Gründer der Heilsarmee, hatten in ihm ein Feuer entfacht, das für viele Menschen zur großen Lebenswende führen sollte.

1902 gründete Jakob Vetter die »Deutsche Zeltmission«, einige Jahre später die »Schweizerische Zeltmission«. Gott gebrauchte ihn – trotz körperlicher Schwachheit – in einer ganz außerordentlichen Weise, bis er ihn 1918 mit 46 Jahren in die Ewigkeit abrief.

Zum ersten Mal ...
arbeitete ich 1973 in einem Team mit Zeltdiakonen. Meist waren es Bibelschüler, die auf diese Weise die Sommermonate für ihr Praktikum nutzten. Das war eine gute Lösung, denn nun gab es keinen ständigen Wechsel mehr. In einem großen Wohnwagen wohnten die Bibelschüler, in einem anderen die Bibelschülerinnen. Meist wuchsen wir schnell zu einem gut funktionierenden Team zusammen. Morgens traf ich mich mit ihnen zum Austausch und zum Gebet. Sie waren beschäftigt mit vielen praktischen Aufgaben, mit der Kinderarbeit (nachmittags fanden immer Extraveranstaltungen für Kinder statt), mit der Zeltwache, mit dem riesigen Büchertisch und in späteren Jahren mit dem Kopieren der vielen Kassetten.

Mit manchen dieser Zeltdiakone bin ich heute – nach über dreißig Jahren – noch in Verbindung. Mehrere von ihnen wirken seit Jahrzehnten irgendwo in der Welt im vollzeitlichen Dienst.

Es war für beide Seiten eine äußerst wertvolle Zeit.

Die Schweizerische Zeltmission

Im Sommer 1973 – nachdem ich bereits elf Jahre im evangelistischen Dienst war – evangelisierte ich zum ersten Mal in der Ostschweiz im 1000-Plätze-Zelt der Schweizerischen Zeltmission. 1000 Plätze? Das war nur zu erreichen, wenn man die schmalen Klappstühle aufstellte und wirklich jeden Winkel des Zeltes ausnutzte. Bei späteren Einsätzen musste manchmal ein zweites Zelt, zweimal sogar noch ein drittes Zelt angebaut werden.

Was damals für alle Beteiligten wie eine große, aber doch ganz normale Evangelisation aussah, war für mich die Tür zu einer völlig neuen Plattform für mein Wirken in der Schweiz.

Zuerst gab es einzelne Gespräche mit Komiteemitgliedern, dann mit dem ganzen Komitee der Schweizerischen Zeltmission. Sie hatten mich jahrelang beobachtet und wollten mich nun als »ihren« Evangelisten gewinnen. Es gab interessante Überlegungen: Jemand wollte mich sogar zu einem erneuten Umzug in die Schweiz bewegen. Eine sehr schöne Wohnung in einer beliebten Wohngegend wollte er uns besorgen. Im Winter und in den kühleren Monaten sollte ich hin und her in den Gemeinden – auch mal im Ausland – evangelisieren, aber im Auftrag der Schweizerischen Zeltmission, und vom Mai bis September im großen Zelt. Mein Hauptverhandlungspartner war damals Prediger Adrian Studer aus Bern. (Später kam einmal das ganze Komitee zu uns nach Wienhausen, um das Missionswerk und den Vorstand der BRUDERHAND persönlich kennenzulernen.)

Ich muss schon sagen, dass ich in jenen Monaten durch große innere Kämpfe ging. Aber das war gut so. In diesem Prozess wurden die Weichen gestellt für meinen ganzen weiteren Dienstweg.

Auf meiner langen Wunsch- und Warteliste standen damals nicht nur viele Gemeindeadressen aus der Schweiz, sondern auch aus Österreich und Frankreich und vermehrt auch aus Deutschland.

Schließlich einigten wir uns so:

- Ich bleibe weiterhin Missionsleiter und auch Mitarbeiter im Missionswerk DIE BRUDERHAND.
- Ich evangelisiere weiterhin in verschiedenen Ländern und mache alle meine Terminabsprachen mit den Gemeinden selbst.

- Ich bekomme meinen Lohn auch in Zukunft vom Missionswerk DIE BRUDERHAND. Aber bei jedem Einsatz im Zelt wird am zweitletzten Abend ein Missionsopfer für DIE BRUDERHAND zusammengelegt.
- Ich bin bereit, in den Monaten Mai bis September überwiegend im Zelt der Schweizerischen Zeltmission zu arbeiten – und das zehn Jahre lang, also bis September 1983. Daran habe ich mich auch gehalten: In der Regel hatte ich dann pro Jahr fünf Einsätze in der Schweizerischen Zeltmission. Einmal waren es nur drei, einmal vier, meist aber fünf, zweimal sogar sechs.

In den ersten Jahren bei der Schweizerischen Zeltmission bewegte mich immer wieder mein Traum von einem Zelt mit mindestens 2000 Plätzen. In manchen Sitzungen trug ich dem Komitee meinen Wunsch vor. Dann endlich kam der Tag, an dem ich von der Leitung zu einem wichtigen Treffen in Deutschland eingeladen wurde. Direkt vor Ort, in der Zeltfabrik in Heilbronn, wollten sie sich von Fachleuten beraten lassen.

Bald darauf kam das Komitee zu einem positiven Beschluss, und der Bau der großen Zelthalle wurde in Auftrag gegeben. Die Entscheidung hat mich sehr glücklich gemacht. Und als die Zelthalle dann tatsächlich kam, konnte ich mich kaum davon trennen, so dass ich – gegen unsere frühere Abmachung – sogar noch ein Jahr dazulegte.

Internationaler Kongress für Weltevangelisation

Das muss man sich einmal vorstellen: Zehn Tage lang sitzen 2300 Personen aus 150 Nationen zusammen, um über ein einziges Thema zu reden, über »Evangelisation«.

Es war gar nicht so einfach, eine Einladung für den Kongress zu bekommen, weil für alle Länder nur begrenzte Kontingente vorgesehen waren. Doch ich war dabei, und ich bin heute noch sehr dankbar dafür. Der Kongress kam für mich genau zum richtigen Zeitpunkt, nämlich mitten in meinem Einstiegsjahr bei der Schweizerischen Zeltmission.

Er hat meine Sicht für Evangelisation noch einmal verändert, er hat mein Gebetsleben auf eine andere Ebene gestellt und meine Liebe zu den Verlorenen ganz gewaltig vertieft.

Der Kongress stand unter dem Generalthema:

»Alle Welt soll Sein Wort hören.«

Zum Abschluss der weltweiten Konferenz am Genfer See wurde die *»Lausanner Verpflichtung zur Weltevangelisation«* verabschiedet. Im Mittelpunkt stand die – in der Einleitung der Lausanner Verpflichtung zitierte – »unvollendete Aufgabe der Evangelisation«, die die Teilnehmer herausforderte.

In den 15 folgenden Thesen ...

1. zum Plan Gottes
2. zur Autorität der Bibel
3. zur Einzigartigkeit und Universalität Jesu Christi
4. zum Wesen der Evangelisation
5. zur sozialen Verantwortung der Christen
6. zur Gemeinde und Evangelisation
7. zur Zusammenarbeit in der Evangelisation
8. zur gemeindeevangelistischen Partnerschaft
9. zur Dringlichkeit der evangelistischen Aufgabe
10. zu Evangelisation und Kultur
11. zur Ausbildung und Gemeindeleitung
12. zur geistlichen Auseinandersetzung
13. zu Freiheit und Verfolgung
14. zur Kraft des Heiligen Geistes
15. zur Wiederkunft Christi

verpflichteten sich die Teilnehmer zu einem gemeinsamen Engagement in der Evangelisation des Globus. Dieser Verpflichtung sind in der Zwischenzeit Tausende von Christen aus vielen

Ländern dieser Welt gefolgt, indem sie sich bewusst hinter diese »Lausanner Verpflichtung« stellten.

Im Rückblick auf den Kongress schrieb Horst Marquardt: »Der Kongress in Lausanne war das bedeutendste Ereignis meines Dienstes als Verkündiger des Evangeliums. Was ich in Lausanne hörte und erlebte, hat von da ab mein Leben entscheidend beeinflusst! Lausanne hat Glauben, Denken und Tun der Christen in aller Welt beeinflusst wie kein anderes Ereignis unserer Zeit!«

Dasselbe könnte ich auch von mir sagen. Zwei Erlebnisse haben sich mir besonders stark eingeprägt:

Das erste: Vielleicht war ich der aufmerksamste und neugierigste Zuhörer. In den zehn Tagen hing ich förmlich an den Lippen der vollmächtigen Verkündiger. Sie kamen von allen Erdteilen und erzählten uns von erwecklichen Aufbrüchen in ihren Heimatländern. Was habe ich über die Berichte vom Wirken Gottes in der weiten Welt gestaunt.

Plötzlich – gegen Ende des Kongresses – wurde mir etwas mit erschreckender Deutlichkeit bewusst. Bis dahin hatte ich das gar nicht bemerkt. Alle diese großen Redner kamen von irgendwoher, keiner kam aus Europa. All die großen geistlichen Bewegungen und Gemeindegründungen gab es irgendwo, aber nicht in Europa. Diese Entdeckung hat mich dann fast krank gemacht. Seitdem weiß ich ganz sicher:

Wir leben in einem heidnischen Europa mit einer christlichen Vergangenheit und christlichen Restbeständen.

Andererseits hat die bedrückende Erkenntnis mich aber zu einer gründlichen Selbstprüfung, in eine tiefe Buße und zu einer noch größeren Hingabe an Jesus geführt.

Das zweite: Bei vielen Teilnehmern hat der Kongress wahrscheinlich ganz ähnliche Eindrücke hinterlassen. Ich erinnere mich an manche späteren Begegnungen, besonders bei den Evangelistenkonferenzen in der Schweiz und in Deutschland, bei denen die Impulse von Lausanne gewaltig nachwirkten. Bei vielen Gelegenheiten konnte man damals in der Schweiz den Satz hören: »Der ganzen Schweiz das ganze Evangelium durch die ganze Gemeinde.«

Ich glaube, kein anderer hat diesen so inhaltsschweren Satz so oft gesagt und geschrieben wie Jakob Zopfi. In einem Interview spricht er von der Zeit der dynamischen Zeltarbeit. Dabei erwähnt er auch meine Einsätze und denkt dabei an die ganze Zeit meines Wirkens in der Schweiz von 1963 bis 1983, wenn er sagt: »Auch Wilhelm Pahls evangelisierte in Zusammenarbeit mit vielen Gemeinden zwei Jahrzehnte wirkungsvoll im Zelt. Irgendwie hat sich das später verlagert. Wenn wir heute eher schlaffe Segel haben, dann auch, weil diese Arbeiten ausgelaufen sind.« Dann fügt er hinzu: »Die Devise ›Der ganzen Schweiz das ganze Evangelium durch die ganze Gemeinde‹ – wir hielten sie wie ein Banner hoch. Wer sagt das heute noch?«

In einem Lied heißt es: »Das wird ein Staunen geben, ein Köpfeverdrehn, wenn wir nach diesem Leben vor Jesus stehn.«

Ja, dort werden wir staunen, wenn alles, aber auch alles noch einmal ans Licht kommt und der Herr der Gemeinde die Treue seiner Knechte und Mägde belohnt. Und das Wunderbare: Dort werden dann auch die geehrt, die ihre Arbeit mehr im Verborgenen getan haben und hier vielleicht nie erwähnt wurden.

»Was könnte Gott aus deinem Leben machen ...«

1975 hatte ich zum ersten Mal die Möglichkeit, mit einem hochmotivierten Studententeam vom Predigerseminar St. Chrischona eine Evangelisation in einer großen Kirche am Zürichsee durchzuführen. Mit ihren Liedern und Lebensberichten und mancherlei anderen Aktionen während der gesamten Woche bekam unser gemeinsamer Einsatz eine ganz besondere Note. Was mich persönlich damals so tief bewegt hat und bis heute eine wirkliche Segensspur zurückgelassen hat, war ein unvergessliches Lied, in dem immer wieder die Frage gestellt wurde: »Was könnte Gott aus deinem Leben machen, wenn du ihn nur Herr sein ließest, ganz und gar?« Ich hörte es damals das erste Mal. Es ging mir wirklich unter die Haut und hat mich seitdem in meinem Dienst begleitet. Oh, wie oft hat es mich zur Selbstprüfung eingeladen, mich aber auch ganz gewaltig motiviert. Sicher werden wir in der Ewigkeit einmal staunend feststellen, dass Gott eigentlich – hätten wir ihn nur Herr sein lassen ganz und gar – noch viel Größeres mit uns vorhatte.

In diesem Zusammenhang muss ich manchmal auch an die Bibelstelle denken, in der es heißt: »Ihr habt nichts, weil ihr nicht bittet« (Jakobus 4,2). Das muss man sich einmal vorstellen: Gott hatte manches für uns geplant, das aber nie in Existenz treten konnte, weil wir es uns nicht im Gebet abgeholt haben.

Österreich ruft

Im selben Jahr erreichte mich auch zum ersten Mal ein Evangelisationswunsch aus Österreich, dem aber in den folgenden Jahren viele weitere Einladungen folgten.

Das war wirklich eine andere Welt. Bis dahin hatten die meisten meiner Zuhörer eher einen evangelischen Hintergrund, plötzlich musste ich mich damit auseinandersetzen, dass 95 oder noch mehr Prozent meiner Zuhörer eine katholische Erziehung hinter sich hatten. Wie gut, dass ich mich wieder an die interessante Begegnung bei der Deutschen Evangelistenkonferenz erinnern konnte[24], mit einem bekannten Evangelisten, der schon viel in Österreich evangelisiert hatte. Auf die Frage eines jungen Evangelisten, ob man sich bei einer überwiegend katholischen Zuhörerschaft sehr umstellen müsse, hatte er geantwortet, dass alle Menschen dieselbe Botschaft brauchen, weil sie – unabhängig von Nationalität, Geschlecht oder Religionszugehörigkeit – in einem Punkt alle gleich sind: »... es gibt keinen Menschen, der nicht Sünder ist. Sie brauchen alle dieselbe Botschaft und dieselbe Einladung, damit sie sich bekehren und gerettet werden.«

Obwohl ich mich damals daranmachte, mich einmal richtig

intensiv mit der Lehre und den Praktiken der katholischen Kirche zu beschäftigen, um den Hintergrund meiner Zuhörer besser zu verstehen, habe ich den Inhalt meiner Verkündigung trotzdem nicht umgestellt.

Bald durfte ich auch in Österreich volle und übervolle Säle erleben und zur Freude der Gemeinden an fast allen Einsatzorten auch viele Bekehrungen.

An einen zweiwöchigen Einsatz in einer überfüllten Stadthalle erinnere ich mich besonders lebhaft zurück. Dort hatte ich auch zum ersten Mal viele hochinteressante Begegnungen mit Nonnen und Priestern. Wie gut, dass ich mich vorher so ausgiebig in mancherlei Literatur hineingelesen hatte.

Jugendtreffen in Rämismühle

Das große Jugendtreffen in Rämismühle hatte bereits eine lange Tradition. Dort traf ich auch zum ersten Mal Robert Rahm, der später einmal an einer ganz wichtigen Weichenstellung in meinem Leben beteiligt sein sollte.[25] Die jungen Leute kamen aber nicht, weil ich dort predigte. Ich denke, viele von ihnen hatten mich noch nie gesehen. Aber sie kamen in Scharen aus der ganzen Schweiz. Um die zu erwartende Menge unterbringen zu können, hatte man einige große Zelte zusammengebaut.

Es war im Herbst 1975. Ich hatte die Möglichkeit – das hatten wir so vereinbart –, drei lange Predigten zu halten:

1. »Jesus bietet dir mehr!«
2. »Jesus rüstet aus!«
3. »Jesus beauftragt!«

Wie glücklich waren wir – besonders im Leitungskreis –, dass auch ein Jugendtreffen eine gute Möglichkeit bietet, Menschen zur Bekehrung zu rufen und manche von ihnen zu Jesus zu führen. Und genau das hat der Herr uns damals erleben lassen.

Drei Jahre später durfte ich erneut als Hauptredner am Jugendtreffen mitwirken. Bei dem zweiten Rämismühle-Jugendtreffen ging es besonders um das große Thema Liebe. Viele Rückmeldungen zeigten uns später, dass wir uns richtig entschieden hatten.

Das waren noch Zeiten. Damals wurden Redner sogar darum gebeten, in Großveranstaltungen ganz offen und knallhart über die Themen »Freundschaft, Liebe, Sexualität und Ehe« zu sprechen. Und es wurde erwartet, dass man vorehelichen und außerehelichen Sex Sünde nennt.

Großeinsatz in Thun

Nach längerer Unterbrechung ging es im Herbst 1976 wieder einmal mit großen Erwartungen an den Thuner See. Weil mein Traumzelt, das für mindestens 2000 Personen Platz bieten sollte, damals noch nicht existierte, und die Gemeinden ähnlich große Erwartungen für ihre Gegend hatten, wurde eine Zelthalle ausgeliehen, die sogar über 2000 Plätze bot.

An viele Einzelheiten erinnere ich mich heute noch lebhaft zurück. Das Schöne war, dass sich das große Zelt bald bis in den letzten Winkel füllte, und das noch Schönere, dass sich schon vom zweiten Abend an Einzelne und dann jeden Abend mehr Besucher für Jesus entschieden.

Ich glaube, es war das erste Mal, dass wir schon bald Abend für Abend 2000 und sogar noch mehr Zuhörer im Zelt hatten. Das war für die damalige Zeit etwas absolut Ungewöhnliches.

Damals fing ich an, noch viel öfter und intensiver darum zu beten, der Herr möge auch den Männern vom Komitee der Zeltmission den Wunsch und den Mut zu einem 2000-Personen-Zelt ins Herz geben.

Zürich – im übervollen Kongresshaus

Wenn ich mich recht erinnere, waren es sieben Gemeindeleiter aus Zürich und Umgebung, die mich zu einem wichtigen Austausch eingeladen hatten. Es ging um die Frage, ob ich bereit wäre – zusammen mit Hildor Janz –, eine Evangelisation im Kongresshaus in Zürich durchzuführen. Wir wurden uns bald einig. Auch Hildor Janz hatte ein volles Ja. Sogar den Wunsch nach einem guten Dirigenten konnten wir bald darauf erfüllen. Mit dem Kanadier George Baier, dem Musiklehrer der Bibelschule Brake, konnten wir die Lücke füllen.

Nach einer gründlichen Vorarbeit und einem Motivationsabend in der Bethel-Kapelle starteten wir am 20. April 1979 unseren denkwürdigen Einsatz.

Wie glücklich waren wir, dass die Bibelschule Walzenhausen für die Zeit unseres Einsatzes ihre sämtlichen Aktivitäten nach Zürich verlegen konnte. Die Bibelschüler haben uns einen unbeschreiblich wertvollen Dienst erwiesen.

Heinz Strupler, den Leiter der Bibelschule, hatte ich schon in den Anfängen seiner revolutionären Bibelschulgeschichte in Pfäffikon kennengelernt. Seitdem hatte es immer wieder Kontakte zwischen uns gegeben. Wiederholt war ich später zu Vorträgen an der Bibelschule Walzenhausen eingeladen. In Zürich kam es zu einer einmaligen Zusammenarbeit zwischen den örtlichen Gemeinden und der Schule, und zwar mit der Lehrerschaft und allen Schülern. Beim Einladen, bei den Straßeneinsätzen, bei der Technik, bei der Platzanweisung, im Fahrdienst, aber auch in der Seelsorge und bei der Versorgung mit Notsitzen war uns die Truppe von Walzenhausen eine große Hilfe. Gegen Ende der Evangelisation hatten sie wirklich jeden möglichen Winkel des Hauses mit Notsitzen ausgestattet. Für manche Besucher blieb allerdings trotzdem nur ein Stehplatz. Wenn sie richtig gezählt haben, hatten wir schließlich gegen 3000 – manche meinten sogar weit über 3000 – Zuhörer im Kongresshaus, das normalerweise als Haus mit 1700 Plätzen angegeben wird.

Damals habe ich mich öfter dankbar an den Amsterdamer »Weltkongress für Evangelisation« im Jahr 1971 erinnert. Mit welcher Sehnsucht war ich damals hochmotiviert im Zug nach Hause gefahren! Dazwischen lagen nun bereits einige Jahre. Wie viele Gebete hatte Gott inzwischen erhört, wie viele Wünsche erfüllt! Der Einsatz im Kongresshaus wurde für mich zu einem ganz besonderen Meilenstein.

Irgendwie hatten wir eine gewisse Mauer durchstoßen. Überall wuchsen die Zuhörermengen. In Luzern mussten wir drei Zelte zusammenbauen, um allen Besuchern einen Platz bieten zu können. Ganz ähnlich hatten wir es in Langnau erlebt.

Dort kamen wir an einem Abend in große Schwierigkeiten, weil eine Bombendrohung bei der Polizei eingegangen war. Trotzdem kamen immer mehr Besucher. Es war eine spannende Zeit. Bei meinem zweiten Zelteinsatz in Langenthal wurde ein Zelt mit 2500 Plätzen aufgestellt. Die Zeit der Großevangelisationen war wirklich angebrochen. Und überall bekehrten sich viele Leute.

Predigt, Gesang und Musik

Aus der Bibel wissen wir, und die Praxis bestätigt es, dass die Verkündigung des Evangeliums grundsätzlich auch ohne Lieder und ohne Musik auskommen kann. Das Umgekehrte ist aber nicht möglich.

In der Bibel lesen wir: »So kommt der Glaube aus der Predigt, das Predigen aber durch das Wort Christi« (Römer 10,17).

Wir wissen aber auch, und die Praxis bestätigt es ebenso, dass Gesang und Musik zu allen Zeiten als große Bereicherung empfunden wurden. Gerade in der Evangelisation hat beides einen hohen Stellenwert. In der Bibel werden wir sogar dazu aufgerufen, Gott mit unsern Liedern und mit Musik zu ehren.

Nun weiß ich aber – nicht nur aus eigener Erfahrung –, dass die Zusammenarbeit mit Sängern und Musikern durchaus nicht immer eine Bereicherung für die Evangelisation ist.

Ein Solist oder Musiker, der kein Beter und Bibelleser ist, der kein brennendes Herz für Verlorene hat, ist als Mitarbeiter in einer Evangelisation, aber auch in einem Gottesdienst, völlig ungeeignet. Wenn ein Sänger oder Musiker in erster Linie daran interessiert ist, möglichst viele CDs zu verkaufen, sollte man sich schnellstens von ihm trennen. Auf keinen Fall darf man solche Künstler in ein Evangelisationsteam integrieren.

Von manchen Evangelisten der Vergangenheit wissen wir, dass sie sogar ihre eigenen Solisten und Chorleiter und Musiker mitbrachten. Das hing meist damit zusammen, dass sie wiederholt schlechte Erfahrungen mit anderen gemacht hatten und sich in Zukunft dagegen absichern wollten.

Mit Hildor Janz als Sänger

Es war sicher ein ganz besonderer Glücksfall – besser gesagt: eine gnädige Fügung Gottes –, dass ich gerade damals mit dem bekannten Evangeliumssänger Hildor Janz in engeren Kontakt kam.

Als langjähriger Gesangssolist und Mitbegründer des Janz-Teams war er mit seiner wohlklingenden Tenorstimme bei unzähligen Großevangelisationen vielen Menschen zum Segen geworden. Im Team von Leo Janz hatte er von 1954 bis 1976 hauptsächlich im deutschsprachigen Europa tiefe Spuren hinterlassen. Ich glaube, es gab damals kaum eine christliche Familie, in der es nicht Schallplatten oder Kassetten mit den ergreifenden Liedern der Janz-Brüder gab.

Vor unserer Zusammenarbeit hatte es noch ein längeres Gespräch mit Leo Janz, dem Leiter des Missionswerks, gegeben. Weil es beim Janz-Team einige Veränderungen gegeben hatte, konnte ich – ohne dabei ein schlechtes Gewissen haben zu müssen – Hildor Janz für die Mitarbeit in meinen Evangelisationen gewinnen.

Am 16. Januar 1978 hatten wir unseren ersten intensiven Kontakt in einem Restaurant in Basel. Dann folgten fünf Jahre, die ich im Rückblick oft als die besten in meiner ganzen evangelistischen Arbeit bezeichnet habe. Danach trennten sich unsere Wege, weil Hildor mit 61 Jahren aus dem aktiven Solistendienst aussteigen und für die letzte Lebensphase noch andere Pläne verwirklichen wollte.

Am 28. November 1983 hatten wir unser letztes Treffen, und zwar wieder in einem Restaurant. Auch Olga, seine liebe Frau, und Margrit waren damals dabei. Der Abschied ist uns allen sehr schwer gefallen.

Am 31. März 2007 ist Hildor Janz im Alter von 85 Jahren in seiner Heimat in Kanada verstorben. Als mir einer seiner Söhne am Telefon die Nachricht weitergab, gingen meine Gedanken noch einmal zurück in jene Segenszeit, und ich empfand eine unbeschreibliche Dankbarkeit.

Was war nun das Besondere an diesem Mann? Es war einfach gut, in seiner Nähe zu sein. Seine dankbare, fröhliche, unbeschwerte Art hat mir so wohlgetan. Ich wüsste von keinem Mann, mit dem ich lieber zusammen gebetet habe. Und gerade im Gebet haben wir beide gemeinsam viel Zeit verbracht. Hildor Janz war nicht nur ein Sänger, der sich auch gut in jeden Chor einfügen konnte und den die meisten Besucher sehr gern hörten, er war auch ein einfühlsamer Seelsorger, der bereit war, Abend für Abend unglaublich viel Zeit dafür zu opfern. Meist kam Hildor nachts noch später in sein Logis als ich. Auch tagsüber hatte er manche zusätzlichen Termine für diesen besonderen Dienst. Seine Mitarbeit hat mich ganz enorm entlastet.

Dabei war es ihm nie wichtig, wie oft er nun im Programm vorkam und wie viele Schallplatten oder Kassetten hinterher verkauft wurden; er wollte mir helfen – sonst nichts. Und genau darin lag seine Größe.

Die Zeit mit Georg Hormann

Ganz ähnlich ging es mir später mit dem Sänger Georg Hormann. Wenn ich an seine Mitarbeit in der Stadthalle in Korbach denke oder an die vielen anderen unvergesslichen Einsätze im großen Zelt der Schweizerischen Zeltmission und in Kirchen und Sporthallen in den Jahren 83 bis Ende 87, darf ich schon sagen: Manchmal konnte ich mich richtig in die Lage von Dwight L. Moody hineinversetzen, der mit seinem Sänger Sankey die Herzen der Zuhörer eroberte und sogar zu sagen pflegte, dass in seinen Evangelisationen ebenso viele Menschen in den Himmel hineingesungen wie hineingepredigt wurden.

Leider kam die gute Zusammenarbeit mit Georg Hormann aus gesundheitlichen Gründen im November 1987 ungeplant vorzeitig zum Abschluss, was mich und viele andere damals sehr traurig gemacht hat.

Doch die Erinnerungen an Hildor Janz und Georg Hormann machen mich immer wieder froh, ebenso die Erinnerungen an manche Chöre, Chorleiter und Musiker. In der Evangelisation gelten einfach andere Gesetze. Wer da erfolgreich mitarbeiten will, braucht vor allem ein brennendes Herz für Verlorene.

Was ist Erweckung?

Mit dem Thema Erweckung hatte ich mich seit meiner Bekehrung immer wieder intensiv beschäftigt. Viele Bücher hatte ich darüber gelesen, jeden Tag darum gebetet und mich immer danach gesehnt.

Nun sollte ich darüber predigen und eine ganze Konferenz mitreißen, obwohl ich das, was ich darunter verstand, selbst nie erlebt hatte.

Die Absolventen der Bibelschule Walzenhausen hatten mich als Gastredner für ihre Absolvierungskonferenz gewählt. Unter dem Generalthema »Erweckung« hatte ich vier wichtige Vorträge zu halten. Wahrscheinlich haben die Themen mich selbst damals am stärksten berührt. Die ganze Zeit der Vorbereitung, meine langen Gebetszeiten und die Konferenz als solche haben mir selbst wohl am meisten geholfen.

Das Beste bei jener Konferenz war aber wieder einmal das, was nach den Vorträgen hinter den Kulissen passierte. Unvergesslich bleiben mir die Erlebnisse mit zwei Ehepaaren, die sich bekehrten, obwohl ich eigentlich gar nicht evangelisiert hatte. Natürlich hatte ich auch dort am Ende eines jeden Vortrags gesagt, dass – für den Fall, dass ein Unbekehrter im Saal sein sollte – jetzt die Gelegenheit zu Seelsorge und zur Bekehrung wäre.

Gerade hatte ich den Seelsorgeraum erreicht, als zwei Ehepaare sich dort einfanden. Dem einen Ehepaar hatte jemand die ganze Kassettenserie von der Kongresshaus-Evangelisation geliehen. Nachdem die beiden alle Vorträge gehört hatten, bekamen sie die Einladung zur Absolvierungskonferenz. Sie sagten sofort zu, weil sie dem Redner gern einmal persönlich begegnen wollten. Und sie trafen eine ganz klare Entscheidung für Jesus.

Das zweite Ehepaar hatte von einer anderen Stelle auch einige Kassetten aus dem Kongresshaus bekommen und zu Hause gehört. Sie konnten die Zeit fast nicht abwarten, bis nach dem Vortrag die Einladung zur Seelsorge kam, um dort zusammen den Schritt zu Jesus zu tun.

Beiden Ehepaaren bin ich in den Jahren danach viele Male wieder begegnet. Sie waren nicht nur gewöhnliche Gottesdienstbesucher geworden, sondern echte Jünger Jesu und Mitarbeiter in ihren jeweiligen Gemeinden.

Meine ersten Begegnungen mit Aussiedlern

Ich hatte schon manches über diese Neubürger gehört, doch Genaueres wusste ich nicht. Ich war ihnen eigentlich nie so richtig hautnah begegnet. 1979 ging für mich eine neue Tür auf, die sich bald darauf als Eingang zu ungeahnten Möglichkeiten erweisen sollte.

Diese Aussiedler, seit dem 1. Januar 1993 »Spätaussiedler« genannt, sind keine Ausländer, sondern Deutsche im Sinne des Grundgesetzes. Nach dem Bundesvertriebenengesetz haben diese Aussiedler einen Anspruch auf Einbürgerung.

Es handelt sich überwiegend um Nachkommen der deutschen Siedler, die durch Anwerbung im 18. Jahrhundert nach Russland gezogen waren (u. a. »Wolgadeutsche«). Viele von ihnen wurden 1940/45 durch die Kommunisten zwangsumgesiedelt, hauptsächlich nach Kasachstan.

In der ersten Zeit kamen einige, dann immer mehr, seit 1988 kamen jährlich über 200 000 Menschen deutscher Volkszugehörigkeit zurück nach Deutschland, vornehmlich aus Russland, Kasachstan und Kirgisien.

Meine ersten Erfahrungen mit solchen Aussiedlern konnte ich 1979 sammeln. Damals war ich schon 18 Jahre im vollzeitlichen evangelistischen Dienst. Ich hatte so viele sehr unterschiedliche Gemeinden in verschiedenen Ländern kennengelernt und meinte, ich hätte einen ziemlich vollständigen Überblick. Doch ich hatte mich gründlich geirrt. Mit diesem ersten Einsatz unter Aussiedlern begann für mich eine ganz neue Entdeckungsreise auf dem riesigen Gemeindeparkett. Fast alles, was ich an dem Abend erlebte, war für mich sehr ungewohnt.

Die Gebetsstunde vor der ersten Versammlung war auffallend gut besucht. Viele beteten mit Tränen für ihre unbekehrten Angehörigen und Bekannten. Obwohl in dem Raum viele Stühle standen, konnte ich keinen Teilnehmer auf einem Stuhl sitzend entdecken. Sie standen alle – während der ganzen Gebetszeit.

Als ich dann – vielleicht zehn Minuten vor dem eigentlichen Versammlungsbeginn – den großen Saal betrat, war die Gemeinde schon tüchtig am Singen. Ordner waren eifrig damit beschäftigt, weiteren Besuchern einen Platz zuzuweisen. Pünktlich wurde die Versammlung begrüßt. Nahtlos fügten sich dann weitere Elemente aneinander: ein Gebet, zwei Chorlieder, Ansagen, ein Solo, ein Musikstück und ein weiteres Gemeindelied. Man hatte mir vorher gesagt, ich sollte offen über Sünde und Gnade predigen und die Menschen zur Bekehrung aufrufen. Nur dazu hatten sie mich eingeladen.

Ich trat dann ans Rednerpult und sagte nach ein paar Dankesworten: »Ich möchte meinen Dienst in dieser Gemeinde gern mit einem Gebet beginnen. Ihr könnt dabei sitzen bleiben.« Weil wir in der Gebetsversammlung schon so lange gestanden hatten und auch beim Eingangsgebet zum Aufstehen aufgefordert worden waren, dachte ich, das sei jetzt so in Ordnung. So stand ich dann mit der besten Absicht am Rednerpult und betete. Als ich mein Gebet beendet und »Amen« gesagt hatte und dann meine Augen öffnete, sah ich, dass sehr viele der Besucher aufgestanden waren, obwohl ich doch ausdrücklich gesagt hatte: »Ihr könnt sitzen bleiben.« Damals wusste ich noch nicht, dass es für die meisten Aussiedler fast undenkbar ist, beim Gebet sitzen zu bleiben.

Dann begann ich meine erste Predigt. Selten zuvor hatte ich so aufmerksame Zuhörer gehabt. Als ich nach diesem ersten Dienst in einer sogenannten Aussiedler-Gemeinde aus dem Seelsorgeraum in den Saal zurückkehrte, warteten die leitenden Brüder dort noch auf mich. Weil ich ihre Regeln nicht kannte, hatte ich sie in ziemliche Verlegenheit gebracht. Nachdem sie mich entsprechend aufgeklärt hatten, baten sie mich dringend darum, an den folgenden Abenden die Gemeinde beim Gebet immer aufstehen zu lassen. Daran habe ich mich in allen Aussiedler-Gemeinden bis heute gehalten.

Damals konnte ich nicht ahnen, dass sich in den folgenden Jahren überall in Deutschland die Türen zu Aussiedler-Gemeinden öffnen würden, dass es ausgerechnet über diese Kontakte zu vielen Einladungen aus Russland, Kirgisien, Kasachstan und Kanada kommen würde. Und dass es eines Tages über diese Schiene zu Evangelisationen mit 4000 und mehr Zuhörern kommen sollte.

Die verschiedenen Formen

Evangelisten müssen sehr flexibel sein – nicht wenn es um die Grundwahrheiten der Bibel geht, wohl aber bei den äußeren Formen. Ich denke da an eine Gemeinde, in der man mit großem Eifer für die Errettung verlorener Menschen arbeitete, in der deshalb auch viel gebetet und eifrig evangelisiert wurde. Mir fiel sofort auf, dass man bei jedem Lied aufstand und mit großer Inbrunst die alten Heilslieder sang. Es wurde zwar nie zum Aufstehen aufgefordert, aber wenn ein Lied angesagt wurde, erhob sich sofort die ganze Versammlung und sang dann gemeinsam das vorgeschlagene Lied. Manchmal wurden einige Lieder nacheinander gesungen, aber immer grundsätzlich im Stehen. Wenn dann die Ansage kam: »Wir wollen uns neigen zum Gebet«, setzten sich alle, falteten die Hände und neigten ihre Köpfe während des ganzen Gebets. Natürlich habe ich es genau so gemacht wie alle Besucher in dem Gemeindehaus.

Damals habe ich so bei mir gedacht: »Wenn ich vorhin beim Singen nicht aufgestanden wäre, wäre ich ziemlich negativ aufgefallen. Wenn ich dagegen beim Beten aufgestanden wäre, hätten meine Platznachbarn vielleicht gedacht, ich sei bestimmt kein wirklich demütiger Christ.«

Bei jedem Lied standen sie, bei jedem Gebet saßen sie mit gebeugten Häuptern in den Reihen. Ich glaube, sie haben beides im »Gehorsam« und mit ehrlichen Herzen getan. So haben sie es schon bei Oma und Opa gesehen, so kannten sie es von ihren Eltern, so haben sie es selbst immer getan, und so machen sie es heute noch. Und weil es von Herzen kommt, hat Gott seine Freude daran. Und wenn ich bei ihnen bin, mache ich es auch so.

Ein anderes Beispiel: Wenn ich als verheirateter Evangelist einmal ohne Ehering ans Rednerpult gehe, kann mir das Verdächtigungen und sogar einen Tadel einbringen. Ich finde das auch in Ordnung. Der Ring ist schließlich ein äußeres Zeichen dafür, dass ich bereits vergeben bin, dass ich eine Ehefrau habe, dass ich ihr lebenslange Treue versprochen habe. Den Ring kann ich drehen, solange ich will – er hört nie auf; so soll es auch mit meiner Treue sein. Ein wunderbares äußeres Symbol.

Doch als ich in Sibirien evangelisierte und – nur weil ich vorher nicht informiert war – meinen Ehering mitgenommen hatte und auch am Finger trug, wurde ich von der Gemeindeleitung scharf getadelt. Warum? Weil ich in ihren Augen ein schlechtes Vorbild war. Als Mann Gottes sollte ich keinen Schmuck tragen. Hätte ich ihre Meinung nur von Anfang an gekannt, wie gern hätte ich mich auf sie eingestellt.

Doch wie sehr ich mich in all den Jahren auch bemüht habe, immer wieder gab es Situationen, in denen ich trotz aller Lernbereitschaft den einen oder anderen »Fehler« gemacht habe.

»Es recht zu machen jedermann, ist eine Kunst, die niemand kann.« Das schafft auch kein Evangelist.

Das Missionarische Jahr 1980

Ich weiß nicht genau, welche Erfahrungen andere Evangelisten damit gemacht haben: Auf Anregung der Synode der EKD wurde das »Missionarische Jahr 1980« ausgerufen, welches das Verhältnis von Landeskirche und Evangelikalen durch Zusammenarbeit entschärfen sollte.

Von einigen bekannten Evangelisten weiß ich, dass sie ausgerechnet 1980 große Mühe hatten, Termine für Evangelisationen zu bekommen. Eine Zusammenarbeit ist vielerorts einfach gar nicht möglich. In vielen Fällen ist sie auch gar nicht wünschenswert.

Es war nicht mein Verdienst, sondern es war ein besonderes Geschenk des Himmels, dass das Jahr 1980 für mich zu einem ganz besonders gesegneten Jahr wurde.

Es wurde das Jahr mit der bis dahin größten Veranstaltung meiner Geschichte, das Jahr, in dem wir endlich das lang ersehnte große Zelt einweihen konnten, das Jahr, in dem wir bei jedem Einsatz ein volles Zelt hatten, ein Jahr, in dem es den Gemeinden in Lörrach und Worms wirklich gelang, dem Begriff »Missionarisches Jahr 1980« alle Ehre zu machen.

»Osterfest 80« in Bern

In keiner anderen Stadt der Welt habe ich so viel evangelisiert wie in Bern, der Bundeshauptstadt der Schweiz. 1963 hatte ich dort die erste Evangelisation. Dann folgten weitere zweiwöchige Einsätze – im Ganzen waren es zehn, und zwar in drei verschiedenen Gemeinden. Jedes Mal war ich nur von der einen oder anderen bestimmten Gemeinde eingeladen. Dann setzten sich die Gemeindeleiter zusammen und berieten eine neue Strategie. Nachdem sie mich um meine Meinung gebeten hatten, wurden sie sich bald einig, die riesige Festhalle auf dem Gelände der BEA-expo Bern zu mieten.

Nun ist es nichts Spezielles, wenn sich bei einem besonderen Kongress oder bei einem sportlichen Großereignis viele Tausende versammeln, aber bei einer Evangelisation ist das wirklich nicht selbstverständlich. Im Vorfeld wollte mir manchmal bange werden, aber gerade in solchen Phasen wurde ich ganz besonders ins Gebet getrieben. Ich denke, vielen anderen ging es damals ganz ähnlich.

Und dann kam der 25. März 1980. Es war eine unbeschreibliche Anspannung. Oh, wie dankbar war ich für Hildor Janz, für den großen Chor, für den ausgezeichneten Chorleiter und für den guten Pianisten, für die Einheit im Leitungsteam und ganz besonders für die vielen hochmotivierten Mitarbeiter auf allen Ebenen. Wie glücklich waren wir, dass schon am ersten Abend über 2000 Besucher in die große Halle strömten. Etwas betroffen haben einige reagiert, weil am ersten Abend – bei immerhin über 2000 Zuhörern – nur eine Person in die Seelsorge kam. Ich konnte mich gut damit abfinden. Es gab nämlich einige, die von Anfang an mit großen Zahlen operierten und bereits von 500 Bekehrungen sprachen. Die Ernüchterung hat uns alle dann umso mehr ins Gebet getrieben.

Bald spürte jeder, dass Gott große Pläne mit dieser Evangelisation hatte. Es war einfach großartig zu sehen, wie sich alles entwickelte. Die Gläubigen strömten in die Gebetsversammlungen, und viele übertrafen sich förmlich bei ihren Einladeaktionen. Einmal kam jemand mit einem großen Telefonbuch in die Gebetsstunde, löste Hunderte von Blättern heraus und verteilte sie an die vielen Teilnehmer. Zuerst verstand natürlich keiner, was er damit bezwecken wollte. Doch dann wurden wir aufgeklärt, als er sagte: »Alle Telefonnummern auf den Blättern sind Nummern aus Bern. Wenn jeder von euch alle Nummern von einem Blatt wählt und herzlich zu den Veranstaltungen in der Festhalle einlädt, werden wir am Abend sicher manche zusätzlichen Besucher haben.« So etwas hatte ich noch nie erlebt, und ich war gespannt auf die Reaktion.

Am Abend kamen einige in die Seelsorge, um sich zu bekehren. Eine Frau sagte mir: »Ich war noch nie in einer solchen Veranstaltung, aber heute rief eine unbekannte Person bei mir an und sagte, ich müsste unbedingt kommen. Sie konnte so überzeugend reden. Aber Sie haben mich auch überzeugt, und jetzt möchte ich das tun und mich bekehren.« Das war einmalig in meiner Geschichte und lässt sich so wohl auch nicht wiederholen.

Die Dankbarkeit und Freude waren natürlich riesengroß, als wir gegen Ende der Evangelisation jeden Abend über 5000 Besucher in der Festhalle hatten und bereits 394 Entscheidungskarten zählen konnten. Ich war überwältigt vom Wirken Gottes. So etwas hatte ich ja noch nie erlebt. Doch zwei Abende lagen noch vor uns und die sollten wirklich alles bis dahin Erlebte weit übertreffen. Am Ostersonntag kamen zum ersten Mal über 100, nämlich 125, zur Bekehrung. Dass sich das am Ostermontag wiederholen würde, hätte wohl kaum einer zu glauben gewagt. Doch genau das tat Gott. Wieder zählte ich genau 125 Entscheidungskarten. Bei unserem Mitarbeitertreffen am nächsten Tag lagen 644 Karten auf dem Tisch, und eine Riesenfreude erfüllte uns alle.

Manche Adressen kamen aus dem Thuner Raum, manche aus den Tälern des Berner Oberlands, einige sogar aus dem Aargau usw. Wen wundert's, dass bereits am Tag nach dem Großeinsatz die Frage aufkam, ob wir nicht an eine Wiederholung der Arbeit denken sollten.

Keiner von uns konnte damals ahnen, dass Gott für den nächsten Einsatz in Bern noch viel Größeres plante.

Endlich, endlich ein neues Zelt

Zum ersten Mal konnte ich am 11. Mai 1980 in Burgdorf – auf dem riesigen Festplatz Schützenmatte – auf der Bühne der neuen Zelthalle stehen. Die große Bühne mit den abgestuften Sitzreihen war genau nach meinen Plänen als Sonderanfertigung konstruiert worden. Hinter der Bühne, an der Rückwand des Zeltes, gab es eine versenkbare Großleinwand, die schnell nach oben gezogen werden konnte, wenn ich sie für meine Illustrationen mit dem Tageslichtprojektor nötig hatte. Auch die vielen anderen Einrichtungen, die Beleuchtung, die Schalensitze, die Wohnwagen und die Nebenzelte waren auf dem neuesten Stand.

Welche Freude, welche Dankbarkeit und freudige Erwartung erfüllte die Herzen der vielen Gäste, als Hans Bösch, der Präsident der Schweizerischen Zeltmission, seine unvergessliche Ansprache zur Einweihung hielt. Einen besseren Text hätte er nicht wählen können.

»Mache den Raum deines Zeltes weit und breite aus die Decken deiner Wohnstatt; spare nicht! Spann deine Seile lang und stecke deine Pflöcke fest!« (Jesaja 54,2).

Als ich dann ans Mikrofon trat, wusste ich: »Heute hat sich für mich ein großer Traum erfüllt.« Mein Herz war voller Dank.

Der Zeltmission war es gelungen, den begabten Geschäftsmann Robert Hottiger für den Posten des Missionsleiters zu gewinnen. Sicher ist es auch seinem Geschick und seiner großen Liebe zur Zeltmission zu verdanken, dass die Arbeit über Jahre hin so großartig von Gott gebraucht werden konnte. Mit großem Eifer hat er sich auch dafür eingesetzt, dass eine – für damalige Verhältnisse – sehr gute Beschallungsanlage zum Einsatz kam und eine Kassettenkopierstation, die es uns schon damals ermöglichte, sofort nach dem Vortrag die bespielten Kassetten in einer beschrifteten Hülle am Büchertisch anzubieten. Endlich hatten wir auch genügend Platz für die vier bis acht Übersetzerkabinen, in denen jeden Abend von den Mitarbeitern der MEOS[26] für die ausländischen Mitbürger simultan übersetzt wurde.

Mit dem 11. Mai hatte eine neue Ära in der Geschichte der Schweizerischen Zeltmission begonnen. Welch ein Erlebnis, dass bei diesem ersten Einsatz in dem Zelt, von dem ich so lange geträumt hatte, 180 Personen ins Seelsorgezelt kamen, um die größte Entscheidung ihres Lebens zu treffen.

Ganz ähnlich ging es dann weiter bei den Einsätzen in Lenzburg, Wetzikon, Murten, Reitnau und Muttenz. Obwohl bei einem Einsatz während einer Nacht fast alle Plakatwände zerstört oder gestohlen wurden, kamen die Menschen in Scharen, und viele bekehrten sich zum Herrn.

Am Ende des ersten Sommers im neuen Zelt waren alle sicher, dass die Entscheidung, ein größeres Zelt zu kaufen, richtig gewesen war. Es war ein großartiges Zeltjahr. Zu allen sechs Einsätzen kamen so viele Besucher, dass wir mit dem früheren Platzangebot echte Probleme gehabt hätten. So wurde das Jahr für viele Schweizer Gemeinden wirklich zu einem erfolgreichen »Missionarischen Jahr 1980«.

Ehe ohne Trauschein

Wieder einmal waren viele in die Seelsorge gekommen, um sich für Jesus zu entscheiden. Als ich die beiden Adresskarten eines jungen Paares entgegennahm, bemerkte ich, dass sie beide dieselbe Adresse angegeben hatten. Mit guten Ratschlägen verabschiedete ich mich von allen, nur diese beiden hielt ich noch einige Minuten zurück. Dann sagte ich ihnen freundlich: »Ich habe gerade gesehen, dass Sie dieselbe Adresse haben.« Dann fragte ich: »Wohnen Sie bereits zusammen?« Sie bejahten. Ich fuhr fort: »Heute ist das fast normal. Aber die Bibel nennt es Sünde. Wenn ich nicht bekehrt wäre, würde ich das vielleicht auch so machen. Aber jetzt sind Sie bekehrt. Jesus hat Ihnen heute alle Sünden vergeben. Auch das. Sie sind so rein, als hätten Sie nie eine Sünde getan. Was meinen Sie, wie soll es jetzt weitergehen?«

Ich war gespannt auf ihre Reaktion und überaus erstaunt über die Antwort. Er sagte sofort: »Darüber habe ich auch schon nachgedacht.« War das nicht interessant? Das war für mich ein Beweis dafür, dass der Geist Gottes mächtig in ihnen wirkte.

Dann sagte ich ihnen:

»Im Moment sehe ich zwei Möglichkeiten: Entweder Sie bringen Ihre Freundin jetzt nach Hause, verabschieden sich lieb und gehen dann zum Übernachten in Ihr Elternhaus. Oder Sie machen es umgekehrt: Sie bleiben in der Wohnung, und die Freundin zieht sofort aus.

Dann sehe ich noch eine weitere Möglichkeit. Wenn Sie sich lieb haben und ganz fest davon überzeugt sind, dass Sie zusammengehören, und fest entschlossen sind, gemeinsam durchs Leben zu gehen, dann nehmen Sie sich morgen früh eine Stunde frei, gehen mit den nötigen Schriftstücken zum Standesamt und machen die Sache fest. Sie unterschreiben und lassen sich den schnellstmöglichen Termin für die standesamtliche Trauung geben.«

Danach verabschiedeten wir uns.

Als ich am nächsten Abend aus dem Gebetszelt ins große Zelt kam, erwarteten die beiden mich am Eingang. Nach der freudigen Begrüßung fragte er mich, ob ich meinen Terminkalender bei mir hätte. Sie waren tatsächlich beim Standesamt gewesen, hatten dort alles Nötige geregelt und bereits einen Termin für die standesamtliche Trauung bekommen. Dann fragten Sie mich, ob ich bereit wäre, sie dann zu trauen.

Oh, wie habe ich mich gefreut. Das habe ich ihnen auch sehr deutlich zu verstehen gegeben. Dann habe ich ihnen erklärt, dass eine Trauung normalerweise in die Gemeinde gehört, und bat sie, sich sofort mit dem Pastor in Verbindung zu setzen. Er würde sich bestimmt sehr freuen und sofort Ja sagen. Sie verstanden das und waren einverstanden.

Ein Jahr später kam ich wieder in die Gegend. Als ich am ersten Abend ins Zelt trat, entdeckte ich die beiden am Büchertisch. Sie waren bereits Mitarbeiter in der Gemeinde. Bei der freudigen Begrüßung erzählten sie mir von ihrer Hochzeit und verrieten mir ein schönes Geheimnis. Man sah es ihr auch bereits an, dass sich inzwischen Nachwuchs angemeldet hatte.

Wie schade, dass nicht alle nach ihrer Bekehrung so schnell und so gründlich aufräumen. Doch solche Beispiele zeigen mir auch, wie wichtig es ist, dass ein Prediger des Evangeliums unbedingt – natürlich in Liebe – die ganze Wahrheit sagt.

Die total überfüllte Stadthalle in Lörrach

Die Vorbereitungen hatten schon im Februar begonnen. Wir hatten ein erstes Treffen mit dem Leitungs- und Mitarbeiterkreis und am selben Abend einen Motivationsgottesdienst in der Allianz. Ich muss schon sagen, dass mir damals etwas bange wurde. Mir war klar, dass mich in Lörrach kaum jemand kannte. Genau das ist aber eine große Hilfe, wenn die Gemeinden so richtig mitarbeiten sollen.

Acht Monate später starteten wir mit der gemeinsamen Arbeit in der Stadthalle von Lörrach. Auch in Lörrach ging alles ganz menschlich zu, trotzdem hatte ich jeden Tag den Eindruck, dass ständig Wunder Gottes geschahen. Am dritten Abend war die Halle mit ihren 800 Plätzen bis auf den letzten Platz gefüllt, aber es kamen immer mehr Besucher. Bald waren auch der Vorraum und die Garderobe und der ganze Eingangsbereich gefüllt.

Wie gut, dass einige technisch begabte Männer mehrere Fernsehgeräte aufstellten, so dass man auch außerhalb des Saales das Geschehen auf der Bühne mitverfolgen konnte. Es kamen aber immer mehr Besucher. Dann kamen einige zu einer Lösung, die ich in der Weise nie vorher, aber auch nie nachher so erlebt habe. Mit Fernsehgeräten, die bereits eingeschaltet waren, empfingen sie die Busse. Bevor jemand ausstieg, machte man den Insassen klar, dass sie in der Halle keinen Platz mehr finden würden, dass sie aber hier im Bus bleiben und über das Fernsehgerät alles hören und sehen könnten. Schnell wurden die Fernsehgeräte in die Busse getragen und so aufgestellt, dass tatsächlich jeder auf seinem Platz sitzen bleiben und trotzdem die ganze Versammlung miterleben konnte. Einige Male kam es sogar vor, dass jemand am Ende der Versammlung den Bus verließ, um zu mir in den Seelsorgeraum zu kommen.

Wenn die Ordner richtig gezählt haben, sollen an den letzten Abenden doppelt so viele Leute da gewesen sein, wie normalerweise in die Halle passen. Doch was sind all diese Zahlen wert? Es geht ja um viel mehr. Es geht darum, dass Verlorene gerettet werden. Dem Herrn sei Dank dafür, dass wir genau das in großem Maße erleben durften. Vier Gemeinden hatten an dem gemeinsamen Einsatz teilgenommen, und alle vier wurden reich beschenkt.

Die Lutherstadt Worms

Gegen Ende des Jahres konnten wir auf eine bis dahin nie erlebte Ernte zurücksehen. Zu den unvergesslichen Einsätzen gehörte auch der elftägige Dienst am Rhein. Wie dankbar bin ich Otto und Lydia Goy, die mir damals ihr Vertrauen schenkten und mich in die Lutherstadt riefen.

Worms liegt in der Rheinebene zwischen Mainz und Ludwigshafen auf der westlichen Rheinseite. Bekannt ist Worms nicht nur als Lutherstadt, sondern auch als Nibelungenstadt und für seinen Dom, der neben dem Dom von Mainz und dem Dom von Speyer einer der drei romanischen Kaiserdome ist. Aufgrund seiner Lage im Rheingraben zwischen Pfälzer Wald und Donnersberg im Westen und dem Odenwald im Osten ist Worms einer der wärmsten und trockensten Orte Deutschlands.

In dieser geschichtsträchtigen Stadt[27] schenkte Gott uns zum Jahresende einen bewegenden Abschluss des Missionarischen Jahres.

Für Worms hatten wir elf Tage eingeplant mit insgesamt fünfzehn Vorträgen. Das Echo übertraf alle Erwartungen. Der erweiterte große Saal der Stadtmission mit über 600 Plätzen reichte nicht aus; im unteren Gemeindesaal mussten zusätzliche Stühle gestellt werden. Gott wirkte reichlich Frucht und schenkte so viel Vertrauen, von dem auch einige umliegende Gemeinden derart berührt wurden, dass schon während der Evangelisation der Wunsch nach einer Fortsetzung entstand.

Eine weitere Evangelisation kam auch vier Jahre später zustande, aber nicht mit einer einzelnen Gemeinde, sondern mit denen, die zur Evangelischen Allianz gehörten – und zwar nicht in einem Gemeindesaal, sondern in der großen Eissporthalle. Das war übrigens das dritte, aber nicht das letzte Mal, dass ich auch in Deutschland eine so breite Zusammenarbeit mehrerer evangelikaler Gemeinden einer Stadt erleben konnte.

Sechs Jahre später gab es in Worms eine weitere Neuauflage, eine zwölftägige Allianz-Evangelisation im Festhaus von

Worms. Bei dieser dritten Evangelisation hatte sich noch eine weitere Freikirche mit eingeklinkt.

Die wunderbaren 80er-Jahre

Das Missionarische Jahr 1980 nahm in meiner Geschichte tatsächlich einen ganz besonderen Platz ein. Ich bekam nämlich so viele Einladungen aus allen möglichen Gemeinden und aus so verschiedenen Ländern, dass ich immer nur staunen und Gott dafür danken konnte. Für einen Evangelisten gibt es kein größeres menschliches Kapital als das Vertrauen der christlichen Gemeinden.

1980 traf ich auch zum ersten Mal mit Peter Wiens aus Paraguay zusammen, der mir dann die Türen zu vielen Diensten in Süd-Amerika öffnete.

In die 80er-Jahre fiel auch der zweite Amsterdamer Kongress mit 4000 Teilnehmern aus 130 Ländern. Das Schönste daran war, dass Margrit mich in diesen zehn Tagen begleiten konnte.

In den Achtzigerjahren hatte ich meine ersten abenteuerlichen Besuche in Russland und Kirgisien, ebenso meine Dienstreisen nach Süd-Afrika, Namibia und Kenia und die beiden Serien von Großevangelisationen in Süd-Amerika. Auf diese Einsätze in den verschiedensten Kontinenten will ich in Teil 7 näher eingehen und hier aus Platzgründen nur noch ein paar wenige Beispiele herausgreifen.

Bern – der längste Einsatz meines Lebens

Wer hätte das gedacht, dass es schon zwei Jahre nach der Großevangelisation, die unter dem Namen »Osterfest 80« in Bern stattgefunden hatte, einen weiteren Großanlass am selben Ort geben würde.

Ich hatte sogar ein zusammengewürfeltes Team aus unserer Heimatgemeinde und dem Missionswerk DIE BRUDERHAND mitgenommen, außerdem half uns eine Abordnung von der Bibelschule Walzenhausen. Die Teams von auswärts sollten uns vor allem beim Einladen und in den Gebetszeiten helfen. Auch Margrit konnte mich während der ganzen Zeit begleiten.

Unser Einsatz begann am 28. Mai 1982 und sollte insgesamt zweieinhalb Wochen dauern. In vielen Tageszeitungen, im Lokalradio und sogar im Fernsehen wurde aus der Festhalle berichtet. Auch in der Plakatwerbung wurden alle möglichen Register gezogen. Wo man ging und stand, wurde man auf das »Pfingstfest 82« hingewiesen.

Die ganze Organisation war so perfekt, dass ich heute noch darüber staune. Die Ordnung auf dem großen Parkplatz, die Arbeit am riesigen Büchertisch und im Kassettendienst, das ganze Geschehen in der Festhalle und auf und hinter der Bühne und die harmonische Zusammenarbeit im Leitungsteam haben mich jeden Tag neu ins Staunen versetzt. Am meisten habe ich mich über die vielen Beter gefreut, die sich jeden Abend schon eine Stunde vor dem eigentlichen Versammlungsbeginn im Saal hinter der Bühne einfanden.

Auch diesmal nahm der Besuch schnell zu. Schließlich füllte sich die Festhalle bis auf den letzten Platz, so dass von den Ordnern über 6000 Besucher gezählt wurden. Man muss bedenken, dass es sich nicht um einen Großanlass handelte, der einen Tag oder ein Wochenende dauerte, sondern um eine Arbeit, die sich über Wochen hinzog.

Wir hatten sogar noch einen Geheimplan, den ich aber erst kurz vor dem eigentlich geplanten Abschluss lüften durfte. Nur ein ganz kleiner Kreis von Eingeweihten wusste, dass wir die Halle vorsichtshalber für eine weitere Woche reserviert hatten. Das war möglich, weil gerade in der Woche nach unserem zweieinhalbwöchigen Einsatz keine Messe stattfand.

Im Leitungskreis hatten wir einen Abend festgelegt, an dem die Entscheidung für oder gegen eine Verlängerung fallen sollte. Nachdem die Mehrheit mit Ja gestimmt hatte, bekam ich grünes Licht für die öffentliche Bekanntmachung. Und dann kamen die unvergesslichen Augenblicke, als ich vor der Menge stand und fragte: »Was würdet ihr dazu sagen, wenn wir die ganze Evangelisation noch um eine weitere Woche verlängern würden?« Augenblicklich ging ein richtiger Begeisterungssturm durch die Reihen, und ich merkte, dass unsere Idee die volle Unterstützung der Anwesenden hatte. Dann drehte ich mich um und schaute den großen Chor an – der nun schon so lange jeden Abend auf der Bühne gesessen hatte und nichts von unseren geheimen Plänen wusste – und sagte: »Ich bin bereit, noch eine weitere Woche hierzubleiben, aber ohne Chor sieht die Bühne doch recht leer aus. Ich würde mich hier oben auch ziemlich allein fühlen.« Dann sagte ich Folgendes: »Ich bitte alle, die bereit wären, eine weitere Woche im Chor mitzusingen, jetzt einmal aufzustehen.« Augenblicklich hatten sich alle von ihren Plätzen erhoben. Dann fragte ich den Chorleiter: »Und wie denkst du darüber?« Und er antwortete laut mit strahlenden Augen: »Ich bin dabei!« Auch der Pianist war einverstanden.

Was dann geschah, hätte ich nie zu träumen gewagt. Blitzschnell wurden die riesigen Plakate an den vielen Plakatwänden mit einem gelben Steifen überklebt, auf dem in großen Buchstaben zu lesen war: *»Verlängert bis 20. Juni!«* Die Wirkung war dann so, dass viele noch einmal ganz neu durchstarteten. Es gab einen gewaltigen Schub in den Gebetsstunden, und manche, die noch gar nicht richtig zum Einladen gekommen waren, wurden plötzlich wach. Etwas, das mir besonders auffiel, war, dass viele, die sich in den ersten Wochen bekehrt hatten, ihre Angehörigen mitbrachten und wunderbare Kettenreaktionen in ihren Familien erleben durften. Als ich am Ende der Evangelisation die vielen Entscheidungskarten vor mir hatte, entdeckte ich, dass sich in der angehängten Woche noch einmal genauso viele Menschen bekehrt hatten wie in der ursprünglich geplanten Einsatzzeit. Es waren weit über 1000.

Paraguay – der entfernteste Einsatz meines Lebens

Bereits drei Wochen nach dem Großeinsatz in Bern machten wir – Hildor Janz, unser ältester Sohn Daniel[28] und ich – uns auf die Reise nach Süd-Amerika. Waren es in Bern dreieinhalb Wochen ohne Unterbrechung, so warteten jetzt sogar fünfeinhalb Wochen auf uns. Doch darüber mehr im Teil 7: »Mit Volldampf durch die Kontinente.«

Zürich – der größte Einsatz meines Lebens

Vier Jahre zuvor hatten wir im total überfüllten Kongresshaus unsere Evangelisation in Zürich durchgeführt. Sollten wir es wagen, mit derselben Gemeindezusammensetzung eine Großevangelisation im Hallenstadion ins Auge zu fassen? Es war keine leichte Entscheidung. Es wurde viel gebetet und beraten und verhandelt, und schließlich stand es fest: Wir wollten es wagen, trotz der hohen Kosten und all der anderen Risiken – im Vertrauen auf Gottes Hilfe.

Mit den umfangreichen Vorbereitungen vor Ort habe ich in der Regel ja nicht so viel zu tun, umso mehr habe ich oft gestaunt, wenn wieder mal so ein Großeinsatz in die erste Runde ging. Um der Evangelisation einen unverwechselbaren Namen zu geben, entschieden sich die Verantwortlichen für den Namen »Christustage Zürich«. Unter diesem Namen ist dieser unvergessliche Einsatz auch in die Geschichte eingegangen.

Am 15. April 1983 trafen wir uns noch einmal zur »Generalprobe«. Dann starteten wir richtig durch, zu einem Mammut-Einsatz, der von vielen wirklich das Letzte forderte. Wie glücklich war ich über den hochmotivierten Chor – es war der größte in meiner Geschichte – unter der Leitung von Ueli Haldemann, und über die Mitwirkung von Hildor Janz und über die guten Pianisten. Wie sehr haben mich damals der Einsatz und das Vertrauen der Komiteemitglieder beeindruckt, aber auch die Organisation und der ganze Ablauf in der Seelsorge. Wir haben viel Zeit im Gebet verbracht. Manchmal wurde auch nach den Versammlungen noch bis tief in die Nacht hinein gebetet. Wie gern würde ich jetzt einige Personen erwähnen, deren Einsatz mich damals besonders beeindruckt hat, doch dann würde ich vielleicht andere vergessen, deren Erwähnung ebenso wichtig gewesen wäre. Gott kennt sie alle.

Es gab keine Zusatzprogramme, es wurden keine Stargäste eingeflogen, es gab keine ohrenbetäubende Musik, keine englischen Lieder, es wurde – außer einer Großleinwand – überhaupt nichts eingeplant, das zusätzliche Kosten verursacht hätte. Es gab nichts Besonderes. Unser Angebot bestand aus den guten, aussagekräftigen Liedern vom Chor und einer herausfordernden Predigt mit der Einladung zur Seelsorge.

Dass dann alles so gut gelang, war bestimmt nicht mein Verdienst. Aber ich durfte mit dabei sein, und das hat mich unbeschreiblich dankbar gemacht. Es war pure Gnade, ein riesiges Geschenk des Himmels. Es war eine besondere Segenszeit für uns alle und für die Stadt.

Ich staune heute noch, wenn ich an die Menschenströme denke. Sie kamen in Scharen in die Gebetsstunden und ins Stadion und in die Seelsorge. Am ersten Abend bekehrte sich – wie so oft – noch gar keiner, doch am zweiten Abend waren es schon fünf, dann acht, dann mehr und immer mehr. Am 14. Abend waren es über hundert. Ebenso stiegen auch die Besucherzahlen. Mit etwas über 2000 Zuhörern hatten wir begonnen, inzwischen waren es schon über 6000 Besucher pro Abend.

Die Verlängerung

Siebzehn Abende hatten wir ursprünglich geplant. Doch während des Einsatzes wurde mit der Hallenverwaltung verhandelt und eine Verlängerung von zwei Tagen erreicht. Was in der letzten Phase noch in Bewegung kam, hat uns alle in großes Staunen versetzt. Der Besuch stieg schon zum Wochenende auf über 7000 Besucher.

Für eine landesweite Konferenz, die in der Regel auch nur einen Tag dauert, ist das sicher nichts Besonderes, aber für eine ganz normale Evangelisation, die sich über Wochen – in diesem Fall zweieinhalb Wochen – hinzieht, sind solche Besucherzahlen schon etwas Außergewöhnliches. Und gerade darum sind wir ja so dankbar.

Viele kamen am Wochenende oder zur Verlängerung zum ersten Mal. Und viele kamen nach der Predigt zur Entscheidung für Jesus. Am zweitletzten Abend waren es 130, am letzten sogar 160. Das war die höchste Zahl an Bekehrungen an einem Abend in meiner ganzen bisherigen Geschichte.

Wer mich kennt, der weiß, dass ich – wenn ich solche Zahlen nenne – nur die meine, die sich erstmalig zu Jesus Christus bekehren. Am letzten Abend kamen beispielsweise weit über 200 zur Seelsorge. Doch alle, die schon bekehrt waren, wurden von Seelsorgehelfern in persönlichen Gesprächen unter vier Augen betreut. Meist geht es da um Menschen, die bereits bekehrt sind, die aber irgendein Problem haben und darum das seelsorgerliche Gespräch suchen. Nur die, die sich erstmalig für Jesus entscheiden wollen, kommen zu mir in »meinen« Seelsorgeraum. Für diese Gruppe nehme ich mir dann viel Zeit. Ich spreche offen über Sünde und Gnade, ich sage ihnen viel über Jesus und erkläre die Bekehrung und Wiedergeburt. Ich zeige ihnen, was der Mensch tun muss und was Gott tut. Alle, die es verstanden haben und sich bekehren wollen, sprechen mir dann gemeinsam ein sehr klares Übergabegebet nach. Dabei fließen sehr oft Tränen. Danach dankt jeder einzeln laut vor allen andern für seine Errettung. Nach der Weitergabe wichtiger Literatur[29] und dem Austausch der Adressen verabschiede ich mich – natürlich mit einer herzlichen Einladung zum nächsten Abend.

Als wir uns damals im Hallenstadion verabschiedeten, war es bereits 1:30 Uhr. Das war aber auch die absolute Ausnahme. Meist gehen wir vor Mitternacht aus dem Saal. Das bedeutet aber, dass ich selbst während einer Evangelisation kaum einmal vor Mitternacht ins Bett komme.

Das alles liegt jetzt ja schon viele Jahre zurück, doch in den Jahren danach bin ich immer wieder Menschen begegnet, die damals die größte Entscheidung ihres Lebens getroffen haben.

Neben all den Opfern an Zeit und Kraft haben die »Christustage Zürich« natürlich auch immense finanzielle Kosten verursacht. Oft bin ich froh, dass ich mich wenigstens darum nicht kümmern muss. Doch wenn ich dann höre – wie damals in

Zürich –, dass trotz der großen zusätzlichen »Missionsopfer«, die an einigen Abenden für bestimmte Missionsgesellschaften gesammelt wurden, am Ende alle Rechnungen bezahlt werden konnten, dann macht das auch mich zusätzlich sehr dankbar.

Wenn heute, nach so vielen Jahren, in meiner Nähe der Name Zürich fällt, gehen meine Gedanken immer noch, und zwar sofort, ins Hallenstadion, und ich freue mich, dass es Gott gefallen hat, uns damals diese einmalige Erfahrung zu schenken.

Jugendtreffen in Koblenz

Nach dem verlängerten Einsatz in Zürich hatte ich nur noch fünf freie Tage. Sie reichten gerade, um einen kleinen Besuch zu Hause zu machen und im Missionswerk das Allernötigste zu erledigen, dann ging es weiter mit einer zwölftägigen Zelt-Evangelisation in St. Gallen. Wie haben wir uns damals über die genau 200 Bekehrungen gefreut. Die Achtzigerjahre waren einfach eine ganz besondere Zeit, und unser Zelt war eine ganz spezielle Plattform, die Gott ganz besonders gebrauchte.

Von St. Gallen ging es ohne Unterbrechung schon am nächsten Tag weiter zu einem Jugendtreffen, zu dem ich als Hauptredner eingeladen war.

»Einladung zum Leben«,
so hieß das Motto des Jugendtreffens, das zwei Tage dauerte und ca. 4000 junge Leute aus ganz Deutschland nach Koblenz zog.

Koblenz gehört zu den ältesten Städten Deutschlands. Im Jahr 1992 feierte sie ihr 2000-jähriges Bestehen. Koblenz liegt dort, wo die Mosel in den Rhein mündet, am sogenannten »Deutschen Eck«. Seit 1962 ist Koblenz eine Großstadt mit mehr als 100 000 Einwohnern.

Schon im Vorfeld hatte ich viel für das Treffen gebetet und mir viele Gedanken darüber gemacht. Ich dachte bei mir: Wo so viele junge Menschen zusammenkommen, sind bestimmt auch viele Unbekehrte unter den Zuhörern. Es ist zwar ein Jugendtreffen und nicht in erster Linie eine Evangelisation, aber wenn sie mich als Hauptredner eingeladen haben, rechnen sie sicher damit, dass ich die besondere Gelegenheit auch zum Evangelisieren nütze.

Ich glaube, einigen war ich dann doch zu weit gegangen, als ich in meinem Hauptvortrag am Abend fast nur über Bekehrung und Wiedergeburt und über die unbedingte Notwendigkeit einer persönlichen Entscheidung sprach und dann in einem glühenden Appell zur Bekehrung einlud. Andere meinten, das sei genau das Richtige im richtigen Augenblick gewesen. Ich hatte einfach das getan, was mir Jesus – wie ich meinte – für die Tage aufs Herz gelegt hatte.

Als wir dann erlebten, wie nach der Predigt neunzig junge Leute kamen – ich meine jetzt nicht die, die schon Christen waren und in einem Seelsorgegespräch etwas ordnen wollten, sondern die, die zu mir ins Seelsorgezelt kamen, um sich zu bekehren –, da war das Staunen auf allen Seiten groß. Eigentlich hatte niemand mit einer solchen Reaktion gerechnet. So gab es dann einen sehr langen Abend und eine sehr kurze Nacht für alle, die sich aufmerksam meine gründlichen Erklärungen anhörten, dann das Übergabegebet nachsprachen und einzeln nacheinander Jesus für ihre Errettung dankten. Ich glaube, in der Nacht war nicht nur Freude, sondern großer Jubel im Himmel. Aber auch bei uns.

Etwas Probleme gab es wohl mit den Fahrdiensten und mit den Unterkünften. Aber ich bereue nichts. Wenn es um die Errettung eines Verlorenen geht, muss jede andere Notwendigkeit auf die Warteliste. Die Ambulanz hat immer Vorfahrt.

Besuch an Mamas Sterbebett

Gerade hatte ich wochenlang so vielen Menschen zu neuem Leben verhelfen dürfen, doch kaum war ich zu Hause angekommen, da wurde ich an Mamas Krankenbett gerufen und dort ganz handfest mit dem Tod konfrontiert. Ich war froh, dass ich sie noch einige Male sehen konnte, bevor sie von ihrem Heiland heimgerufen wurde.

Anderthalb Jahre nach meiner Bekehrung hatte sie schon mal so eine Art Entscheidung getroffen, aber einen wirklichen Durchbruch zur Gewissheit hatte sie damals noch nicht erlebt. Doch dann, zehn Jahre später, während einer Zelt-Evangelisation in Wienhausen, war sie mit vielen anderen zu mir ins Seelsorgezelt gekommen. Ich sehe sie noch vor mir. Weinend sah sie mich an und sagte ungefähr Folgendes: »Wilhelm, ich weiß nicht, was du jetzt von mir denkst. Ich gehöre doch dem Heiland. Aber manchmal, wenn ich so eine ernste Predigt höre, werde ich ganz unsicher. Bin ich wirklich richtig bekehrt? Bin ich wirklich wiedergeboren? Ich möchte das jetzt noch mal richtig festmachen.«

Ich war glücklich über dieses besondere Erlebnis. Einst hatte sie mir das Leben geschenkt; jetzt durfte ich ihr Geburtshelfer sein. Nachdem ich allen, die ins Seelsorgezelt gekommen waren, gründlich den Heilsweg erklärt hatte, kamen zuerst das übliche Übergabegebet und dann das persönliche Dankgebet jedes Einzelnen. Als ich danach Mama anschaute, musste ich keine Fragen mehr stellen. Sie hatte auch keine mehr. In ihrem Herzen war eine große Gewissheit.

Gern denke ich an manche meiner Besuche in ihrem letzten Lebensjahr zurück. Sie war krank, ihre Stimme war schwach, aber sie strahlte jedes Mal, wenn ich nach einer Dienstreise einen kleinen Besuch bei ihr machte. Bevor wir uns verabschiedeten, hatten wir immer noch eine kleine Gebetsgemeinschaft. Und dann hörte ich wieder den dankbaren Satz aus ihrem Mund: »Lieber Heiland, ich danke dir, dass du mich angenommen hast, dass ich dein Eigentum bin.«

Als ich sie kurz vor ihrem Tod noch mal besuchte und ihr dann laut, aber ganz langsam den 23. Psalm vorlas, versuchte sie mit letzter Kraft, die Sätze, die sie ja alle auswendig konnte, nachzusprechen: »Der Herr ist mein Hirte, mir wird nichts mangeln ... und ob ich schon wanderte im finsteren Tal, fürchte ich kein Unglück, denn du bist bei mir, dein Stecken und Stab trösten mich ... und ich werde bleiben im Hause des Herrn immerdar« (Psalm 23,1.4.6).

So haben wir damals Abschied genommen, in der großen Gewissheit: »Erlöste Menschen sehen sich nie das letzte Mal!«

Am 30. Mai 1983 starb sie, und schon zwei Tage später wurde sie an Papas Seite auf dem Friedhof in Wienhausen begraben. Weil der Evangelist Friedhold Vogel bereit war, mich an den beiden ersten Tagen im Zelt in Chur zu vertreten, konnte ich die Beerdigung noch miterleben.

Dann ging es wieder in den Süden in mein geliebtes Zelt der Schweizerischen Zeltmission, in dem ich während jenes Sommers fünf Einsätze durchführen konnte.

Zelt ohne Strom, ohne Wasser, ohne Genehmigung

Eigentlich war es ja zum Weinen, aber der Ort, in dem wir evangelisieren wollten, hieß Lachen. Der Name des Ortes war aber nicht der Hauptgrund dafür, dass wir uns die »Freude am Herrn« nicht nehmen lassen wollten.

Die Gemeinde Lachen mit ihren fast 7000 Einwohnern liegt am oberen Ende des Zürichsees, dem sogenannten Obersee, und gehört zum Kanton Schwyz. Im Hintergrund sieht man auf die markanten Gipfel der Wägitaler Voralpen. Lachen lädt nicht nur zum Baden im Zürichsee oder zu einer eindrücklichen Schifffahrt ein, sondern ist auch beliebter Ausgangspunkt für leichte Wanderungen bis zu ausgedehnten Berg- und Skitouren und anspruchsvollen Kletterpartien.

Doch in einem Ort, in dem die meisten Bürger und vor allem die Leute, die das Sagen haben, zur katholischen Kirche gehören, kann man mit einer Zelt-Evangelisation nicht so ohne weiteres landen. Die Behörden hatten nur ein entschiedenes Nein für uns. Es gab also keinen Platz, keinen Parkplatz, somit auch keinen Stromanschluss und kein Wasser. Das sind aber die vier wichtigsten praktischen Voraussetzungen für eine Zelt-Evangelisation. Trotz aller Bemühungen verhärteten sich die Fronten immer mehr.

Hatte Jesus nicht gesagt: »*Gehet hin in alle Welt!*«?

Ich bin immer für Neues zu haben. Und wenn es mit dem Reich Gottes zu tun hat und zur Ehre Gottes dient, bin ich in der Regel freudig dabei. Die Idee, das große Zelt mit all den Nebenzelten und Wohnwagen für die Zeltdiakone, die beiden Ölheizanlagen, einen Wassertankwagen, mehrere Toiletten und ein mit Dieselmotor angetriebenes leistungsstarkes Stromaggregat irgendwo auf einer privaten Wiese aufzustellen – die fand ich richtig gut. Wir brauchten nur noch einen Landwirt, der uns irgendwo außerhalb des Dorfes ein entsprechend großes Grundstück für unsere Zeltstadt und für die vielen zu erwartenden Autos zur Verfügung stellen würde. Natürlich sollte er für den Ernteausfall entschädigt werden.

Unsere Gebete wurden erhört: Der Platz wurde gefunden, und die Zelt-Evangelisation konnte, wie geplant, durchgeführt werden. Es wurde einer unserer besten Einsätze, über den man bald im ganzen Land sprach. Im Ganzen kamen während der dreizehn Abende 141 Personen zu einer persönlichen Entscheidung für Jesus.

Vom Segen der Kinderarbeit

Ich denke, das sollte ich auch mal erwähnen: Wenn ich bisher Zahlen aus der Seelsorge nannte, war immer nur von Jugendlichen und Erwachsenen die Rede. Dabei hat das, was durch den Dienst unserer Zeltdiakone und durch die örtlichen Mitarbeiter in der Kinderarbeit geschah, ebenso große Auswirkung auf die Ewigkeit wie der Dienst an den Jugendlichen und Erwachsenen.

In all den Jahren habe ich immer wieder Menschen getroffen – Menschen, die längst erwachsen waren –, die mir erzählten, dass sie sich in dieser oder jener Zelt-Evangelisation in der Kinderarbeit bekehrt hätten. Wenn sie dann die Namen der Zeltdiakone (meist waren es Bibelschüler/innen) oder die Namen der örtlichen Mitarbeiter/innen nannten, konnte ich mich oft genau an das Jahr und an den bestimmten Einsatz erinnern.

Evangelisation ist eben Teamarbeit. Wehe uns, wenn wir die »kleinen Dienste« gering schätzen. In den Augen Gottes sieht vieles ganz anders aus. Es ist sogar möglich, dass ein Dienst, der an den Kleinen oder mehr im Verborgenen geschieht, mehr Auswirkungen auf die Ewigkeit hat als eine vielbeachtete Aktivität im Rampenlicht.

Silberne Hochzeit

Es war der 18. April 1984, als Margrit und ich im Kreise unserer Familie und Verwandten und mit allen Mitarbeitern der BRUDERHAND und vielen weiteren Freunden unsere Silberne Hochzeit feiern konnten.

Welch ein Fest! Die Predigt, die Lieder, die Musikstücke, das gute Essen, die Beiträge der Mitarbeiter und Freunde und besonders die unserer Kinder und Enkelkinder waren ein Hochgenuss.

Wir waren einfach glücklich. Wir hatten uns lieb wie am ersten Tag. Beim Rückblick empfanden wir große Dankbarkeit und konnten uns einfach nur freuen.

Ein Stück Abschied von der Schweiz

Im September 1984 erlebte ich einen richtigen Abschiedsschmerz. Obwohl ich in all den Jahren auch viele andere – zum Teil sogar viel größere – Evangelisationen in der Schweiz und in anderen Ländern durchgeführt hatte, ahnte ich gar nicht, wie sehr ich inzwischen mit dem Zelt der Schweizerischen Zeltmission verbunden war.

Den eigentlichen Einstieg in meinen 10-Jahres-Plan bei der Schweizerischen Zeltmission hatte ich im Mai 1974 mit dem großen Rundzelt in Dübendorf erlebt. Die weiteren Zeltplätze im ersten Jahr hatten wir in Muttenz, Schaffhausen, Stäfa und Kreuzlingen. Dazwischen lagen manche Einzeldienste, eine Bibelfreizeit in Beatenberg – zu der ich die ganze Familie mitnehmen konnte – und der unvergessliche Lausanner Kongress.

Mit dem Einsatz in Meilen 1984, mit 193 Bekehrungen, ging schließlich für mich eine große Ära ein Stück weit zu Ende.

Ich war davon überzeugt, dass die Zeit gekommen war, mich endlich viel mehr auch für Einladungen aus anderen Ländern zu öffnen – so schmerzlich der allmähliche Abschied von der mir inzwischen so lieb und vertraut gewordenen Schweiz und ihren Menschen auch war.

Im Jahr 1985 habe ich dann tatsächlich keine einzige Evangelisationspredigt mehr in der Schweiz gehalten. Außer den drei Vorträgen bei der Bundeskonferenz der FeG in Bern und zwei weiteren Vorträgen bei der Absolvierungskonferenz[30] der FETA[31] in Basel hatte ich in dem Jahr keinen einzigen Dienst mehr dort. In den Jahren danach habe ich wieder einige Dienste in der Schweiz angenommen. Es gab sogar riesige Veranstaltungen wie die zweiwöchige Großevangelisation, das sogenannte »Pfingstfest 87« in Bern mit über 6000 Besuchern, aber das waren, im Vergleich zu vorher, doch nur noch wenige Ausnahmen.

Stattdessen taten sich für mich immer mehr Türen in Deutschland und anderen Ländern auf.

Die vielen neuen Kontakte

Bereits 1982 hatte ich ja fünfeinhalb Wochen in Paraguay evangelisiert. 1985 konnte ich meine ersten Erfahrungen in Russland und Kirgisien sammeln, und ständig gingen neue Türen auf – in erster Linie in Deutschland, aber auch im Ostblock und in Süd-Afrika, in Namibia, in Kanada und erneut in Süd-Amerika.

Nachdem ich in einigen Spätaussiedler-Gemeinden evangelisiert hatte, erreichte mich bald eine richtige Flut von Einladungen aus ganz Deutschland. Gerade in ihren Reihen ging es bald von einer Großevangelisation zur andern. Ich hatte nie geahnt, dass es schon bald zu Veranstaltungen mit Tausenden, ja bis zu

6000 Zuhörern kommen würde und mit Bekehrungszahlen, die in die Hunderte gingen.

Wenn ich das hier so offen schreibe, möchte ich damit Gott die Ehre geben und den vielen Gemeinden danken, die mir ihr Vertrauen schenkten. Dass es mir in all den Jahren gesundheitlich so gut ging, dass Gott in seiner Treue auch das Missionswerk mit allem Nötigen versorgte, ist einfach ein ganz großes Geschenk.

In drei verschiedenen Jahren durfte ich auch bei Konferenzen von »Operation Mobilisation« mitwirken und dort viele junge Menschen mit dem Anspruch Jesu konfrontieren.

Bei einem »Kongress für Evangelisation« in Stuttgart konnte ich über das wichtige Thema »Evangelist und Gemeinde« sprechen und dabei aus meiner Erfahrung berichten. Wehe den Evangelisten, die sich einbilden, ohne Einbindung in eine gute Gemeinde auskommen zu können.

1986 bin ich erneut zu zwei Einsätzen an meinen früheren Wirkungsort, nämlich ins Zelt der Schweizerischen Zeltmission, zurückgekehrt. Die Einsätze in Diessenhofen und Hallau mit den vielen Besuchern und dem Andrang in der Seelsorge haben viele Menschenleben verändert.

Im Herbst desselben Jahres konnte ich in Winterthur zum ersten Mal mit fast allen evangelikalen Gemeinden eine Evangelisation in der Eulach-Halle durchführen, bei der 278 Personen ihre Entscheidung für Jesus trafen. Es war einfach eine ganz besondere Zeit – die wunderbaren 80er-Jahre.

Das erste Mal in der damaligen DDR

Wohl hatte ich die damalige DDR auf Fahrten nach Berlin schon öfter mit dem Auto durchquert. Einige Male war ich auch mit dem Flugzeug in die alte deutsche Hauptstadt geflogen und hatte die DDR von oben gesehen, aber das Land selbst kannte ich überhaupt nicht. In den Medien wurde es selten erwähnt. Es gab kaum Kontakte. Quer durch Deutschland verlief eine fast undurchdringliche Grenzanlage, auch Berlin war durch eine Mauer geteilt.

Ein Besuch in Ostberlin hatte mich das Fürchten gelehrt, und die erlebten Schikanen bei den zum Teil stundenlangen Grenzkontrollen hatten mich abgeschreckt und darum dieses Land in den Folgejahren ziemlich auf Distanz gehalten.

Dann kamen die verschiedenen Kontakte mit Fritz Hoffmann, einem Pionier in der Jungmännerarbeit, dem späteren »Vater von Schloss Mansfeld« – wie man ihn gern nannte –, der mich dringend bat: »Komm herüber und hilf uns!«[32]

Am 23. Januar 1987 machten Margrit und ich uns mit dem Auto auf den Weg. Die persönliche Begegnung mit Fritz und Ursula Hoffmann, aber vor allem die tiefgehenden Begegnungen auf dem Berg im Schloss Mansfeld haben sicher beide Seiten sehr bereichert. Vier Mal konnte ich auf Schloss Mansfeld predigen und aus meinem Leben und Dienst erzählen.

Nach jahrelanger »Fremdherrschaft« war Schloss Mansfeld in einem feierlichen Gottesdienst und unter der Losung des Tages: »**Ihr sollt merken, dass ein lebendiger Gott unter euch ist**« (**Josua 3,10**), wieder von einer christlichen Trägerschaft übernommen worden.

Mit seiner entschiedenen und zugleich fröhlichen Art hat Fritz Hoffmann die Rüstzeiten, Seminare und Tagungen, ja das ganze Klima an der Segensstätte ganz entscheidend mitgeprägt.

Für mich wurden die Tage zu einer wertvollen geistlichen Erfahrung. Zu einer Evangelisation in der ehemaligen DDR kam es aber erst nach der Wiedervereinigung.

Bei Spätaussiedlern in Deutschland

1979 hatte ich das erste Mal in einer Spätaussiedler-Gemeinde evangelisiert. In den Jahren danach gab es immer wieder einzelne Begegnungen, doch erst im Jahr 1986 gingen die Türen so richtig weit auf. Während einer Evangelisation in der Rudolf-

Oetker-Halle in Bielefeld trafen 211 Personen eine Entscheidung für Jesus.

Bald merkte ich, dass Spätaussiedler-Gemeinden durchaus nicht alle gleich sind, es gibt da sehr viele unterschiedliche Ausprägungen.

Das war schon so, als sie noch in den Ländern lebten, in die ihre Vorfahren einmal ausgewandert waren oder in die sie während der langen kommunistischen Herrschaft vertrieben[33] worden waren.

Doch als ich nach und nach die vielen unterschiedlichen Gemeindenamen kennenlernte, konnte ich nur noch staunen.

Weil in einer gewissen Zeit richtige Ströme von Aussiedlern nach Deutschland kamen, haben die meisten Gläubigen hier gleich ihre eigenen Gemeinden gegründet. Sie haben auch ihre Gemeindenamen mitgebracht. So gibt es *Mennoniten-Gemeinden*, aber auch *Mennoniten-Brüdergemeinden*, es gibt *Baptisten-Gemeinden*, aber auch *Baptisten-Brüdergemeinden*, aber auch *Evangeliums-Christen-Brüdergemeinden.* Viele Gemeindenamen sind allerdings auch erst hier in Deutschland entstanden. Weil es in manchen Gemeinden plötzlich Glieder aus früheren *Mennoniten-Gemeinden* wie auch aus *Baptisten-Gemeinden* und aus *Brüdergemeinden* gab – und jeder gern seinen Namen retten wollte –, kam es manchmal zu sehr langen Gemeindenamen. Einmal evangelisierte ich in einer *Freien Evangelischen Mennoniten-Baptisten-Brüdergemeinde.* Doch wenn jemand gefragt wird, zu welcher Gemeinde er gehört, nennt er in der Regel nur den Namen der Straße, in der das Gemeindehaus steht.

Manche sogenannte Aussiedler-Gemeinde hat inzwischen schon weit über fünfzig Prozent an Mitgliedern, die hier in Deutschland geboren wurden. Der Prozentsatz der Nicht-Aussiedler neben den tatsächlichen Aussiedlern steigt natürlich rasant, so dass die Bezeichnung »Aussiedler«-Gemeinde vielerorts gar nicht mehr mit den Tatsachen übereinstimmt.

Erfreulich ist, dass die sogenannten Aussiedler-Gemeinden in Deutschland mit Abstand am meisten evangelisieren, dass sich bei ihnen die meisten Menschen bekehren und dass die

Gemeinden mittlerweile fast überall zu den größten und am schnellsten wachsenden Gemeinden gehören. Es gibt viele Gemeinden, die über 300 oder 700 oder sogar 1000 Mitglieder haben. Dabei wird nur als Mitglied aufgenommen, wer bekehrt und als Erwachsener getauft ist. Entsprechend groß sind auch die Gemeindehäuser[34], die in den letzten Jahren gebaut wurden. Wenn eine Aussiedler-Gemeinde ein Gemeindehaus baut, geschieht fast alles in Eigenleistung, und wenn das Haus eingeweiht wird, ist es in der Regel bezahlt.

Dauerbrenner Bielefeld

Unvergesslich bleibt mir mein erster Besuch beim Spätaussiedler-Treffen in der Rudolf-Oetker-Halle in Bielefeld. Manche Gäste waren von weit her gekommen und füllten die Halle mit ihren 2000 Plätzen. Wiederholt wurde ich später als Redner zu solchen Treffen eingeladen. Und jedes Mal wurden diese Treffen zu echten Evangelisationsveranstaltungen mit vielen Bekehrungen.

Dieselbe Halle diente uns aber auch einige Male für andere Großveranstaltungen und mindestens dreimal für längere Evangelisationen.

Einmal mussten wir die Halle wegen einer Bombendrohung innerhalb weniger Minuten räumen und mit weit über 2000 Besuchern eine Dreiviertelstunde draußen ausharren.

Wie froh waren wir, dass wir 1992 die gerade fertiggestellte Stadthalle mieten konnten. Wir waren die ersten Gäste. Das größere Platzangebot gab der Evangelisationsbewegung in Bielefeld einen mächtigen Schub nach vorn. Doch auch die viel größere Halle war schon beim ersten Mal hoffnungslos überfüllt. Genau 400 Personen trafen damals eine Entscheidung für Jesus.

Es war eine Freude für uns, zu erfahren, dass bereits eine noch größere Halle, die Seidenstickerhalle, in Planung war. Und wieder waren es die Aussiedler, die als erste Gruppe die riesige Sporthalle für eine Großevangelisation reservierten. In zwischen konnte ich fünfmal in der Seidenstickerhalle evangelisieren. Auch Werner Gitt und andere bekannte Redner haben dort in großem Segen das Evangelium verkündigt.

In keiner anderen deutschen Stadt war ich so viele Male zu Gast in verschiedenen Gemeinden. Im Ganzen habe ich im Laufe der Jahre in Bielefeld vierzehn Einsätze durchgeführt.

3000 bis 6000 Besucher

Ich erwähnte es schon einige Male – und daran will ich mich immer wieder demütig erinnern –, dass es eigentlich gar nicht auf die Menge der Zuhörer ankommt. In der Evangelisation passiert das Entscheidende ja gar nicht im Rampenlicht, sondern in den Herzen Einzelner. Was in unseren Augen groß ist, kann in Gottes Augen einen ganz kleinen Stellenwert haben.

Worauf es ankommt, ist einzig und allein, dass Gott durch unser Tun geehrt wird. Ihm geht es um bleibende Frucht, und das kann sowohl im ganz Kleinen als auch im ganz Großen geschehen.

Und weil das 4. Kapitel dieses Buches »Die Zeit der Großevangelisationen« heißt, möchte ich nun noch kurz einige Einsätze erwähnen, in denen Gott uns durch große Zahlen in großes Staunen versetzte.

Die Festhalle in Bern

Ich glaube, in zwei Punkten sind alle Evangelisten gleich:

1. Sie freuen sich über jede Einladung und über das damit zum Ausdruck gebrachte Vertrauen.
2. Sie freuen sich noch mehr, wenn sie von einer Gemeinde ein zweites oder sogar drittes Mal eingeladen werden.

Da bin ich keine Ausnahme. Aber genau das durfte ich auch immer wieder erleben. Wie oft passierte es, dass Gemeinden sogar mehrere Wiederholungen wünschten.

In Bern zum Beispiel hatte ich bereits zehnmal in verschiedenen Gemeinden evangelisiert. Dann kam es zu dem zweiwöchigen Großeinsatz in der Festhalle mit über 5000 Zuhörern pro Abend.

Schon zwei Jahre später kam die Fortsetzung – die wir dann auf dreieinhalb Wochen ausdehnten – am selben Ort mit über 6000 Besuchern pro Abend und weit über 1000 Bekehrungen.

Dass dieselben Gemeinden mich sogar ein drittes Mal um einen Einsatz in der Festhalle bitten würden, hätte ich nicht zu hoffen gewagt. Aber genau das geschah. Und wieder durften wir volle zwei Wochen mit einem wunderbaren Programm zuerst 3000, dann mehr und schließlich über 6000 Besucher pro Abend erreichen. Jemand sagte mir einmal: »Wenn man sehr oft am selben Ort evangelisiert, hat man irgendwann den Eindruck, der Teich sei allmählich leer gefischt.« Dann wird jede Bekehrung zu einem ganz besonderen Geschenk. Wie glücklich waren wir, dass beim dritten Durchgang in der Festhalle noch einmal 563 Personen zur Bekehrung kamen. Die Evangelisation ist mit dem Namen »Pfingstfest 87« in die Berner Kirchengeschichte eingegangen. Wie gern und dankbar denke ich an all die guten Bern-Erlebnisse zurück.

Die Zelthalle in Lemgo

Dann war da die Zelt-Evangelisation in Lemgo. Das Zelt war riesengroß. Neben den vielen Plätzen auf der Bühne hatten wir wohl ungefähr 4000 Sitzplätze im Angebot. Der Einsatz dauerte elf Tage. Schon nach wenigen Tagen füllte sich das Zelt, und bald war auch der letzte Stuhl besetzt. Die Ordner mussten sich etwas einfallen lassen. Das geschah dann auch. Wenn die Helfer richtig gezählt haben, sollen an den letzten Abenden ca. 6000 Personen in den Versammlungen gewesen sein. Für viele gab es natürlich nur einen guten Stehplatz. Ich selbst habe damit keine Mühe und auch kein schlechtes Gewissen, denn ich stehe ja jeden Abend – oft wochenlang.

Die Eissporthalle in Neuwied

In Neuwied, am rechten Ufer des Rheins, am Fuß des Westerwalds, machten wir ähnliche Erfahrungen wie in Bern. Die erste Großevangelisation in der Eissporthalle – mit ihren 3000 gefüllten Plätzen – war noch nicht lange zu Ende, als man anfing, sich Gedanken über eine mögliche Wiederholung zu machen. Die kam dann auch, und zwar genau drei Jahre später.

Die Erfahrungen vom ersten Mal waren natürlich eine große Hilfe für die ganze Organisation. Wir hatten einen großen Gebetsraum, doch manchmal kamen so viele in die Gebetsstunden – auch viele Jugendliche, sogar Teenager –, dass wir einen zweiten Raum dazunehmen mussten.

Auch für die Seelsorge hatte ich mir einen großen Raum ausgesucht, doch an einigen Abenden kamen so viele in die Seelsorge, dass wir Mühe hatten, sie alle unterzubringen.

Ich erinnere mich an Schulkinder, die in der Gebetsstunde laut für Vater oder Mutter oder für die Geschwister beteten und dann miterleben konnten, wie ihre Angehörigen beim Aufruf nach vorn und dann in den Seelsorgeraum gingen, um sich für Jesus zu entscheiden.

Ein Abend ist mir besonders in Erinnerung geblieben. Ich hatte mich in besonderer Weise an die Männer gewandt. Dann sang der Chor das Einladungslied, und ich bat alle, die sich bekehren möchten, nach vorn zu kommen. Zuerst kamen nur Männer; Männer in den besten Jahren. Einige kamen schluchzend im Mittelgang nach vorn. Und während sich immer mehr Personen vor der Bühne einfanden, konnte ich hier und dort Menschen in der großen Halle beobachten, die vor Freude mitweinten, bei dem ergreifenden Anblick vor der Bühne. Solche Eindrücke vergisst man nie mehr.

Mein bester Platz

Eigentlich sind es drei Plätze, die mich seit meiner ersten richtigen Evangelisation immer wieder mit Macht angezogen haben.

1. Mein Platz im Gebetsraum

Ein Evangelisationsabend ohne vorherige Gebetsstunde ist für mich fast undenkbar. Und wer immer es einrichten kann, ist auch dazu eingeladen. Weil mir gerade dieser Dienst so wichtig ist, bin ich immer von der ersten bis zur letzten Minute dabei. Ich beginne pünktlich und sorge dafür, dass bei jedem Gebetstreffen der Dank, die Bitte und besonders das Gebet für Verlorene den richtigen Stellenwert bekommen. Zwischendurch wird auch mal das eine oder andere passende Lied gesungen. Meist vergeht die Stunde wie im Flug. Wenn ich dann mit den Betern in den Saal oder ins Zelt gehe, habe ich das Gefühl, dass wir ein gutes Fundament für die vor uns liegende Stunde gelegt haben.

2. Mein Platz am Rednerpult

Dann geht es auf die Bühne und ans Rednerpult, wo fast immer die Hauptschlacht geschlagen wird. Das Wort Gottes ist ja wie ein Schwert, und die Predigt ist das Mittel, durch das Menschen zum Glauben geführt werden sollen. Welch eine Verantwortung hat doch ein Prediger, besonders der Evangelist.

3. Mein Platz im Seelsorgeraum

Nach der Predigt und dem Ruf zur Entscheidung möchte ich nur noch eins, und zwar auf dem schnellsten Wege: nämlich in den Seelsorgeraum. Was dann dort »hinter dem Vorhang« geschieht, hat allergrößte Bedeutung für alle Ewigkeit.

Bild 1: Margrit und Wilhelm vor dem alten Freizeitzentrum

Bild 2: Die vier Kinder: Karina, Martin, Daniel und Christa im Sommer 1981

Bild 3: Klosterhof in Wienhausen

Bild 4: Weiden in Oppershausen/Wienhausen

Bild 5: Hans Graf, ein Mutmacher aus dem Zürcher Oberland

Bild 6: Die Festhalle in Bern mit 6000 Zuhörern im Jahre 1982

Bild 7: Einer der verschiedenen Gebetsplätze in der Festhalle Bern, 1982

Bild 8: Das Missionswerk DIE BRUDERHAND im Jahr 1965 nach dem Abschluss der ersten Bauphase

Bild 9: Die Kinder Daniel, Karina (oben), Christa und Martin, 1968

Bild 10: Max Schläpfer nach seiner Bekehrung 1971 ...

Bild 11: ... und derselbe Max Schläpfer heute!

Bild 12: Das »Heideteam« zwischen Wilhelm Pahls und Robert Wenger, 1976

Bild 13: Zeltdiakone (der Zweite von rechts, neben Wilhelm Pahls, ist Thomas Vögelin)

Bild 14: Beratung mit Jakob Winzeler, 1970 in Rapperswil

Bild 15: Ruedi und Rosmarie Schnell vom Jugendhaus in Seewis mit Cornelia, Marcel und Daniel

Bild 16: Die Deutsche Evangelistenkonferenz. Ich stehe oben, neben dem größten Mann, als Siebter von rechts

Bild 17: Jugendfreizeit in Wienhausen/Oppershausen

Bild 18: Freiversammlung mit Paul Amacker in der Fußgängerzone von Celle

Bild 19: Eine Jugendfreizeit 1978

Bild 20: Am gleichen Ort

Bild 21: Robert und Nicole Wenger mit ihren vier Kindern, 1981

Bild 22: Hanna und Georges Blaser, unsere großen Förderer aus der Schweiz

Bild 23: Vorstand und Komitee der Schweizerischen Zeltmission mit Hildor Janz und Wilhelm Pahls

Bild 24: 1982, Festhalle in Bern. Der große Chor ist während dreieinhalb Wochen jeden Abend im Einsatz!

Bild 25: Mit Peter Rempel (Gemeindeleiter in Bielefeld) und seiner Frau Maria. Peter war Hauptverantwortlicher für die vielen Großevangelisationen in der Oetkerhalle, der Stadthalle und der Seidenstickerhalle

Bild 26: Wir bauen, größtenteils in Eigenleistung, ein Gemeinde- und Missionszentrum in Wienhausen (1980 bis 1984)

Bild 27: Pastor Heinrich Kemner erzählt bei der BRUDERHAND-Klausur in Krelingen aus seinem Leben

Bild 28: Der Sänger Hildor Janz

Bild 29: Der Sänger Georg Hormann

Bild 30: Spätaussiedler-Treffen in der Oetkerhalle in Bielefeld

Bild 31: Mit Dr. Werner Gitt auf der Bühne

Bild 32: Mit George und Mary Baier. George war Chorleiter in Wienhausen, Zürich und Kanada

Bild 33: Unser Rohkost-Mittagessen in der »eigenen« Wohnung während der Evangelisationen in Winnipeg/Kanada, 1987 und 1992

Bild 34: Mit Schwester Gertrud (links) in der Gemeindeleitung der Sinti-Gemeinde in Hamburg

Bild 35: Vor dem Brandenburger Tor, 1989. Wann endlich fällt die Mauer?

Bild 36: Siegfried Korzonnek bestellt im Jahr 1989 Bücher für die ehemalige DDR

Bild 37: Bibeln und Bücher für Deutschlands Osten, 1990

Bild 38: So sah unser VW-Bus 1982 nach dem Unfall auf der Trans-Chaco in Paraguay aus ...

Bild 39: Hildor Janz und Wilhelm Pahls mit Peter Wiens in Paraguay, 1982

Bild 40: R. Philip Roberts, Dozent, 1991 (er war der Organisator bei den Konferenzen in Moskau und Rumänien)

Bild 41: Daniel Pahls vor der »normalen Wohnung« einer Indianer-Familie im Chaco, Paraguay, 1982

Bild 42: Erste Zelt-Evangelisation in einer Spätaussiedler-Gemeinde in Meckenheim, 1992

Bild 43: Werbung für den Einsatz im »CongressPark« in Wolfsburg, 1991

Bild 44: Ein Stein neben der Friedhofskapelle in Wienhausen erinnert an 33 gemeinsame Jahre mit Margrit

Bild 45: Großeinsatz in Wetzikon, 1992. Das Zelt wurde auf 2400 Plätze erweitert, die Vorträge wurden in acht Sprachen übersetzt

Bild 46: Meine größte Zelt-Evangelisation, 1993, mit weit über 5000 Zuhörern

Bild 47: Robert Rahm überbringt am 17. Dezember 1993 Hochzeitsgrüße aus dem schweizerischen Hallau ...

Bild 48: ... und seine Frau Christa tut es ihm gleich!

Bild 49: Meine Hochzeit mit Johanna am 17. Dezember 1993 in Wienhausen

Bild 50: Johannas Eltern in unserer Wohnung, direkt nach ihrer Entscheidung für Jesus, 1994

Bild 51: Erika Dietiker bekehrte sich 1983 im Hallenstadion in Zürich, Hans Dietiker neun Tage später im Zelt in St. Gallen. Schon bald gehörten sie zu unseren treusten Betern. Das Foto wurde 1994 aufgenommen

Bild 52: Am 10. April 1994 in Innsbruck. Hier beginnt die vierwöchige Evangelisations-Tournee

Bild 53: Besuch in der jungen Gemeinde in Kukes/Albanien, 1995

Bild 54: Meine Gastgeber in Kirgisistan, 1995

Bild 55: So wohnt man in Kirgisistan (1995)

Bild 56: Der große Chor in der Bielefelder Seidensticker-Halle, 1995

Bild 57: Erneuter Einsatz in der Seidensticker-Halle, 1995

Bild 58: Die Botschaft muss einfach verkündet werden ...

Bild 59: ... und zwar überall!

Bild 60: Dass Gott, wie hier in Bern, alle Menschen retten will ...

Bild 61: ... wissen auch heute noch längst nicht alle!

Bild 62: Das war mein Dienst bei der BESJ-Schulungs-Konferenz in Luzern, 1996 (Leiter ist Peter Blaser)

Bild 63: Die meist jungen Menschen waren sehr aufnahmebereit!

Bild 64: Eine Pastoren-Konferenz in Kasachstan, nach 1995

Bild 65: Zehn Tage Evangelisation in der Eissporthalle in Neuwied

Bild 66: Dass Menschen zum Glauben an Jesus Christus finden, ist und bleibt mein größtes Herzensanliegen!

Bild 67: Mit meinem Übersetzer Viktor Enns in Kasachstan

Bild 68: Evangelisation im total überfüllten Gemeindezentrum der Aussiedler-Gemeinde in Fulda

Bild 69: Der Evangelisations-Chor in der Fuldaer Aussiedler-Gemeinde

Bild 70: Heinz und Annelies Strupler, 1995

Bild 71: Hugo und Friedy Zimmermann, 1995

Bild 72: Besuch bei Hanni und Siegmund Schmidt

Bild 73: Ein aktuelles Bild von Thomas Vögelin und seiner Familie

Bild 74: Die Haarfarbe mag sich während der Jahrzehnte etwas verändert haben (hier 1986 in Frunse, Kirgisistan) ...

Bild 75: ...

Bild 76: ...

Bild 77: ...

Bild 78: ...

Bild 79: ... aber die Botschaft bleibt doch immer dieselbe!

Bild 80: Erwin Imfeld, der bekannte Skirennfahrer, etwa im Jahr 1975 ...

Bild 81: ... und 1995, zwanzig Jahre später, mit seiner Frau Cécile und den fünf Kindern

Bild 82: Im Kongresshaus in Zürich, 1979, mit etwa 3000 Zuhörern und der Übersetzung in acht Sprachen

Bild 83: Armin und Christine Mauerhofer mit ihren Kindern, 1995

Bild 84: Markus und Ute Schmidt mit Raphael und Joy. Markus ist seit 1995 Pastor in Wienhausen

Teil 5: Wunder durch Kassetten und CDs

Gott gebraucht die Technik

Darüber ließe sich leicht ein dickes Buch schreiben. Stundenlang könnte ich berichten von Menschen, die in Verbindung mit Kassetten oder CDs großartige Dinge mit Jesus erlebten.

Was für ein Segen kann doch die Technik sein, wenn sie in die richtigen Hände kommt. Was heute die CD und die DVD sind, waren während einer ganzen Generation die kleinen Tonbandkassetten.

Da kann man nur staunen

Einer der eindrücklichsten Berichte erreichte mich vor einiger Zeit. Ich möchte ihn – mit Erlaubnis – gern weitergeben zum Mitfreuen und zum Danken, aber auch zur Motivation:

»1980 bekehrte ich mich aufgrund Ihrer Kassette ›Der Weg zur Errettung‹. Anschließend fand auch meine Frau zum Herrn.

Mein Vater, dem ich von Jesus erzählte und Ihre Kassette weitergab, wurde ebenfalls von Gott überführt und bekehrte sich im selben Jahr. Anschließend noch eine ganze Reihe meiner Freunde und teilweise auch deren Eltern. Das Gleiche durfte ich bei einigen Arbeitskollegen erleben.

Inzwischen habe ich schon viele verschiedene sehr gute Evangelisten gehört, aber die Pahls-Botschaften blieben – in ihrer Offenheit und Klarheit – einzigartig.

Ein Beispiel: 1983 nahm ich ein junges befreundetes Ehepaar (modern, erfolgreich) mit zur Evangelisation eines anderen Predigers. Danach bedankten sie sich: ›Es war ein schöner Abend, aber wieso hast du uns mitgenommen? So außergewöhnlich war das nicht, wir kennen diese Predigten eigentlich auch aus unserer Kirche und vom Wort am Sonntag ...‹

Ich war frustriert über diese Reaktion.

1984 nahm ich dasselbe Paar mit zu Ihrer Evangelisation. Die Reaktion war diesmal schockierend. Beide waren erbost, schimpften im Auto während des ganzen Heimweges. Auch zu Hause beim nachfolgenden Gespräch: ›Wie kann dieser Pahls nur sagen, dass wir verloren sind, so eine Frechheit! Und unzählige Male wiederholte er, dass man sich zu Jesus bekehren muss. Wer sind wir denn!?‹

Am nächsten Morgen erzählten mir die beiden: ›Wir haben uns heute Nacht bekehrt!‹ Ich fragte völlig überrascht: ›Wie kam das denn? Ihr wart doch gestern noch so dagegen!‹ Antwort: ›Es war das Härteste, aber zugleich das Beste, was wir je hören konnten, denn wir erlebten eine fast schlaflose Nacht. Sogar im Traum hörten wir diesen Pahls noch ununterbrochen rufen: Du musst dich bekehren, sonst gehst du verloren! Teils aus Wut, teils aus Angst und Vorahnung schlug uns das Herz bis zum Hals ...‹

An den restlichen Predigtabenden kamen sie mit Begeisterung mit ins Zelt und führten später noch einige ihrer Bekannten zu Jesus. Bis heute gehen sie treu in die Gemeinde und evangelisieren, wo sie können.«

Der Bericht hat auch mich sehr dankbar gemacht und mich in der Meinung bestärkt, dass die Kassetten als kleine Helfer tatsächlich Großes ausrichten können.

Der JONA-Kassettendienst

1976 trat der JONA-Kassettendienst mit einem großen Angebot evangelistischer Kassetten an die Öffentlichkeit. Von mir waren nach kurzer Zeit sieben und etwas später noch zwei weitere Vorträge im Angebot. Als ich mich das erste Mal nach dem Ergebnis erkundigte, erfuhr ich, dass zu dem Zeitpunkt allein von dem Vortrag »Religion oder Evangelium« bereits über 40 000 Exemplare verkauft werden konnten.

Ich weiß von einer Frau, die immer ganze Kassettenserien zu Hause hatte, einzig dafür, um sie an bestimmte Menschen zu verleihen. Dabei ging sie nicht gedankenlos vor, denn nicht jede Kassette ist für jeden gleich hilfreich. Wenn sie eine Kassette verlieh, verabredete sie gleich einen Rückgabetermin. Wenn sie dann kam, um die Kassette abzuholen, hatte sie natürlich eine weitere zum Anbieten bei sich. So hat sie immer wieder Menschen mit den evangelistischen Botschaften bekannt gemacht. Wenn dann wieder eine Evangelisation in einer einigermaßen zumutbaren Entfernung stattfand, versuchte sie, die bereits vorbereiteten Menschen in die Veranstaltung mitzunehmen. Ich denke, ich habe es mehr als tausend Mal erlebt, dass Menschen mir im Seelsorgezelt sagten, sie hätten vorher die eine oder andere oder sogar verschiedene Kassetten gehört.

Kassettendienst im neuen Zelt

Seit der Einweihung der großen Zelthalle in Burgdorf wurden die Vorträge auch im Zelt aufgenommen und von der Schweizerischen Zeltmission angeboten. Und ich erinnere mich an einige Evangelisationen, in denen innerhalb von zwei Wochen bis zu 8000 Kassetten im Zelt verkauft wurden.

Die größte Überraschung erlebten wir wohl während eines Einsatzes in der Ostschweiz. Kurz nach der Predigt kam ein Ehepaar, das auf der anderen Seite des Rheins, auf der deutschen Seite, wohnte, zu unseren Zeltdiakonen mit der Bitte um 1000 Kassetten mit dem gerade gehörten Vortrag. Und das war kein Scherz. Beim Einladen in ihrem Dorf hatten sie so viele Enttäuschungen erlebt, und beim Hören der Predigt waren ihre Gedanken ständig zu allen möglichen Dorfbewohnern gewandert. Nun waren die beiden sich eins geworden, in jeden Haushalt in ihrem Ort eine Kassette mit diesem Vortrag zu bringen.

Unsere Zeltdiakone haben dann 'ne Nachtschicht gemacht, und am nächsten Abend stand der Karton mit 1000 bespielten Kassetten, wie abgemacht, zur Abholung bereit.

Überraschung in Österreich

Bei meinem ersten Besuch in der Nähe von Salzburg kam eine Frau in die Seelsorge mit dem Wunsch, sich zu bekehren. Auf meine Frage, ob sie schon öfter solche Predigten gehört hätte, sagte sie: »Ja, ich habe schon einige Predigten von Ihnen gehört.« Ich erwiderte ihr, dass sie mich bestimmt mit einem anderen Prediger verwechselt hätte, weil ich tatsächlich noch nie in der Gegend evangelisiert hatte. Doch dann erzählte sie mir, dass eine gute Bekannte ihr einige Kassetten von mir gegeben hätte.

An diesem Abend wurden auch die letzten Zweifel ausgeräumt, und sie war bereit zu einer persönlichen Entscheidung für Jesus. Ohne die Vorbereitung durch die Kassetten wäre es vielleicht nie zu dem entscheidenden Schritt gekommen.

Die Kopfhörer-Kassette

Während einer Zelt-Evangelisation in der Schweiz wurden meine Vorträge – wie schon so oft – wieder von der MEOS-Missionsgesellschaft in sechs Sprachen übersetzt, zum Beispiel auch in Portugiesisch. Überall in der großen Zelthalle konnte man Zuhörer sehen, die die Predigt über Kopfhörer in ihrer Muttersprache mithörten. Unter den Gästen saß eine Frau, die während des ganzen Abends ihr Tonbandmikrofon ganz dicht an den Kopfhörer hielt. So entstand eine Aufnahme von ganz schlechter Qualität. Diese Aufnahme nahm sie dann mit nach Brasilien, um sie ihren Angehörigen vorzuspielen. Wir kamen kaum aus dem Staunen heraus, als wir nach einigen Wochen hören durften, dass einer ihrer Angehörigen in Brasilien durch diese armselige Kassette zu Jesus finden durfte.

Weitere Wunder

»Auf diesen Augenblick habe ich seit zwölf Jahren gewartet«, sagt mir ein Mann in etwas gebrochenem Deutsch. »Seit zwölf Jahren war es mein Wunsch, Ihnen einmal persönlich zu begegnen. Damals wohnten wir noch in Kirgisien. Eine Bekannte aus Deutschland hatte bei einem Besuch einige Kassetten über die Grenze geschmuggelt. Sie kamen in unser Haus. Wir hörten sie immer wieder. Nach und nach bekehrte sich die ganze Familie.« – Ein Spätaussiedler aus Kirgisien.

Kurz vor einem Vortrag überreichte eine junge Frau mir einen Brief, in dem unter anderem stand: »Danke, danke, dass es Ihre Kassetten gibt, denn dadurch habe ich erst gemerkt, dass ich ein verlorener Mensch bin. Jetzt habe ich zu Jesus gefunden und bin so froh darüber ...« – Jennifer.

Ich denke auch an den Mann mittleren Alters, der mir die Hand entgegenstreckte und strahlend sagte: »Endlich kann ich Ihnen mal die Hand drücken und mich bei Ihnen bedanken. Durch eine Kassette mit Ihrer Predigt ›Religion oder Evangelium‹ bin ich im Tessin zur Bekehrung gekommen.« – Werner.

»Ich danke dem Herrn für seine Gnade, die er mir armem Sünder gewährt hat. Er hat mir, nachdem ich fragend und suchend jahrelang unter verschiedenen Religionen umhergeirrt bin, Ihre Lebensgeschichte ›Mit 20 fing mein Leben an‹ auf CD zukommen lassen. Durch Ihren [...] Bericht über Jesus Christus, Gottes Sohn, hat meine dreizehn Jahre andauernde Suche nach dem Sinn des Lebens und starken Zweifeln, ob die Bibel die Wahrheit sagt, endlich ein glückliches Ende gefunden. Ich hörte Ihre CD im Auto, als mir schlagartig klar wurde:

Ohne Jesus gehe ich für immer verloren, da ich ein Sünder bin. Obwohl ich vorher schon mal Kontakte mit bekehrten Menschen hatte, war durch keinen so klar gesagt worden, wie ich den wahren Frieden mit Gott finden kann.

Ihr Vortrag hat mich noch im Auto veranlasst, an einem Waldweg anzuhalten und Jesus um Vergebung meiner Sünden zu bitten und ihm für sein Opfer am Kreuz auch für mich zu danken. Dann habe ich Jesus in mein Herz aufgenommen. Ich möchte Ihnen auf diesem Weg meinen Dank dafür aussprechen. Seitdem brenne ich dafür, die gute Botschaft weiterzusagen.« – T. G.

Missionare gesucht

Immer wieder ermutige ich meine Zuhörer, dass sie das, was sie gerade gehört haben, auch ihren Mitmenschen zugänglich machen sollten. Dazu bedarf es keiner besonderen Redegabe.

- Man kann jemanden einladen – und wenn er mitkommt, hört er eine Predigt.
- Man kann jemandem auch eine Kassette geben – und wenn er sie hört, dann hört er dieselbe Botschaft. Die Auswirkungen sind oft ganz ähnlich.

Sehr oft gebe ich den Rat, die Kassette oder die CD nicht zu verschenken, sondern zu verleihen und dabei gleich einen Termin für die Rücknahme zu vereinbaren.

Auf diese Weise bleibt man mit der Person in Verbindung. In vielen solchen Fällen besteht nachher sogar die Möglichkeit, weitere Kassetten an dieselbe Person zu verleihen und ihr auf diesem Wege zur größten Erfahrung ihres Lebens zu verhelfen.

Die Ewigkeit wird einmal zeigen, wie erstaunlich viele Menschen durch diese »kleinen Missionare« Jesus finden durften.

Während einer einzigen Evangelisation in Bern wurden über 40 000 Kassetten kopiert und verkauft. Ich glaube, bei der

Evangelisation im Hallenstadion in Zürich waren es sogar noch mehr.

Trotz dieser erfreulichen Zahlen bin ich der Meinung, dass die meisten Christen nie entdeckt haben, was sie mit diesem unscheinbaren »Werkzeug« hätten bewegen können.

Teil 6: Erfolgreiche Evangelisation

Die drei wichtigsten Voraussetzungen

Wie viele Hoffnungen wurden mancherorts geweckt, welch große Geldsummen ausgegeben und wie viel Zeit aufgewendet, ohne dass am Ende etwas Bleibendes dabei herauskam. Nichts ist geeigneter, eine Gemeinde evangelisationsmüde zu machen, als der Frust einer erfolglosen Evangelisation. Manche Gemeinden haben sich sogar für immer von der allerwichtigsten Aufgabe verabschiedet.

Die Gründe für den Misserfolg werden an allen möglichen Stellen gesucht, nur nicht da, wo sie wirklich liegen: im eigenen Verschulden.

Es gibt drei unverzichtbare Voraussetzungen, deren Nichtbeachtung schon viele Enttäuschungen nach sich gezogen hat und viele Gemeindeglieder auf Jahre hinaus unbrauchbar gemacht hat für den wichtigen Dienst der Evangelisation. Man kann es darum gar nicht oft genug betonen, dass diese Voraussetzungen unbedingt erfüllt werden müssen, damit Evangelisation gelingt und Gott den vollen Segen schenken kann. Nichts tut er lieber als das.

1. Das geordnete Leben aller Mitarbeiter

Moody erzählt eine Begebenheit aus der Anfangszeit seines gesegneten Wirkens in Chicago. Er war noch ein junger Mann. Sein Herz brannte für seine Stadt, und er hatte den Wunsch, einen bekannten Evangelisten für einen Einsatz in Chicago zu gewinnen. Um den Evangelisten noch besser kennenzulernen und persönlich mit ihm reden zu können, reiste Moody mit seinen Freunden in eine entfernte Stadt, in der der Evangelist gerade predigte.

Wahrscheinlich steckte der Evangelist gerade in einer Krise. Schon während der Predigt flüsterte Moody seinen Freunden zu: »Mit dem Mann müssen wir nicht reden, wir sollten ihn auch nicht einladen – der hat die Salbung verloren.« Tatsächlich hat man später kaum noch etwas von dem Evangelisten gehört. Es ist schrecklich traurig, aber es ist leider so, dass manche Senkrechtstarter ebenso schnell, wie sie vorgeprescht waren, wieder von der Bildfläche verschwunden sind. So wurden Moody und seine Freunde damals vor einer großen Enttäuschung bewahrt.

Es ist tatsächlich möglich, dass der Evangelist selbst das größte Hindernis in einer Evangelisation ist. Bei Gott gilt kein Diplom. In manchen Fällen ist es sogar der Gemeindeleiter oder eine andere wichtige Führungsperson, die die Hauptschuld am Scheitern einer Arbeit hat.

Einen der traurigsten Fälle erlebte einer meiner Freunde, der als junger Evangelist sein Bestes gegeben hatte und doch enttäuscht von einer Evangelisation heimgekehrt war. Einige Wochen später bekam er Post von dem Prediger, der ihn eingeladen hatte, bei dem er sogar während der Evangelisation gewohnt hatte. Er schrieb: »Ich muss mich bei Dir entschuldigen. Ich weiß, dass Du mit großen Erwartungen zu uns gekommen bist. Ich habe gesehen, wie sehr Du Dich bei uns eingesetzt und wirklich alles gegeben hast. Trotzdem ist nicht viel geschehen. Ich selbst war das Hindernis, denn ich hatte in der Zeit ein sündiges Verhältnis mit einem jungen Mädchen.«

Den »Schuldigen« suchen wir fast immer eher auf anderen Ebenen. Und wenn wir ihn nicht ausmachen, heißt es wieder einmal: »Bei uns ist eben ein harter Boden. Die Leute lassen sich nicht mehr so leicht einladen.« Vielleicht heißt es sogar: »Die Zeit der Evangelisation ist vorbei.«

In Jesaja 52,11 werden wir aufgerufen: »... reinigt euch, die ihr des HERRN Geräte tragt!« Und in 2. Timotheus 2,19 bittet Paulus seinen jüngeren Mitarbeiter, die Gemeindeglieder dazu aufzufordern: »Es lasse ab von Ungerechtigkeit, wer den Namen des Herrn nennt.«

Ein Stationswärter sah aus seinem Wärterhäuschen beim unbeschrankten Bahnübergang mitten in der Nacht ein Auto auf »seinen« Bahnübergang zufahren. Er hatte gar nicht daran gedacht, dass gerade in dieser Minute ein Zug die Straße überqueren sollte. Schnell eilte er hinaus auf die Straße, um Zeichen zu geben mit seiner Lampe. Er kam im letzten Augenblick, aber der Autofahrer fuhr weiter und wurde von dem daherkommenden Zug auf dem Bahnübergang getötet. Der Stationswärter wurde vor Gericht gebracht. Dort wurde er gefragt: »Haben Sie dem Autofahrer mit Ihrer Lampe Zeichen gegeben oder nicht?« Mit zitternden Lippen gab der Stationswärter Antwort und sagte: »Ja, ich habe Zeichen gegeben!« Er wurde freigesprochen.

Einer seiner besten Freunde fragte ihn nach vielen Jahren: »Warum hast du eigentlich so gezittert, als du damals deine Beweise vorbrachtest?« Der längst pensionierte Stationswärter antwortete: »Ich habe Zeichen gegeben, aber – Gott möge mir vergeben – ich hatte kein Licht in meiner Lampe.«

So ist es noch heute. Und das ist das größte Hindernis in der Evangelisation: *»Kein Licht in der Lampe!«* Wenn die Menschen nicht in uns Jesus sehen, werden sie ihn vielleicht nie sehen. Wie viel Unordnung findet sich doch im Leben mancher Christen. Für viele sind Neid, Unwahrhaftigkeit, Trägheit und der große Mangel an Liebe – zur Bibel, zur Gemeinde, zu den Verlorenen – überhaupt kein Problem. Das sind aber die Dinge, die den Segen Gottes blockieren. Gott ist sein Name zu heilig, als dass er sich mit unserem Unrecht verbindet.

»Heiligt euch, denn morgen wird der HERR Wunder unter euch tun«, ruft Josua dem Volk Gottes zu (Josua 3,5). Der Text will sagen: Gottes Wunder von morgen setzen unsere Heiligung von heute voraus. Gott braucht keine Vorbereitung. Er ist immer bereit. Die Fenster, die den Segen blockieren, sind auf unserer Seite verriegelt. Es gibt Zeiten, wo wir aufhören müssen, um eine Erweckung zu beten. Wo wir vielleicht vom Gebet aufstehen sollten, um uns mit der Sünde in unserer Mitte zu befassen; wo wir aufhören sollten mit unserem »Lobpreis«, um erst einmal »das goldene Kalb« zu beseitigen.

Erweckung kommt nicht durch eine neue Methode, sie kommt nicht, wenn wir mit Trommellärm durch die Straßen ziehen; sondern dann ist Erweckung, wenn Gottes Volk aufräumt und sich ganz Gott zur Verfügung stellt. Wie oft musste ich schon vor einer Evangelisation an die Aussage eines Missionars denken, der in die Konferenz hineinrief: »Wisst ihr nicht, dass ein geheiligtes Leben eine mächtige Waffe ist in Gottes Hand?«

Es ist tatsächlich die Grundvoraussetzung für eine erfolgreiche Evangelisation: das geordnete Leben aller Mitarbeiter. Das ist der Weg. Einen kürzeren gibt es nicht.

2. Das intensive Gebet der Gläubigen

Ein Evangelist hatte einen Traum. Im Traum sah er sich zu Fuß auf dem Weg in die Stadt, die ihm schon so lange auf dem Herzen lag. In der Stadt gab es keine lebendige Gemeinde, vielleicht überhaupt keinen wirklichen Christen.

Am Eingang der Stadt lag der Teufel am Straßenrand und sonnte sich. Er hatte offensichtlich nichts Wichtiges zu tun. Doch als der Teufel den Evangelisten erkannte, hob er den Kopf und fragte ganz erregt, was er vorhätte. Der Evangelist antwortete dem Teufel: »Wir haben lange für diesen Ort gebetet, und jetzt gehe ich in die Stadt, um das Evangelium zu predigen.« Augenblicklich war der Teufel aufgesprungen. »Ich habe zu tun, ich muss in die Stadt«, rief er und eilte davon.

Der Evangelist erwachte aus seinem Traum und hatte den Eindruck, dass es sich nicht um einen gewöhnlichen, belanglosen Traum gehandelt hatte, sondern dass Gott ihm damit ganz wichtige Zusammenhänge zeigen wollte.

Im Leben vieler Christen ist das Gebet wirklich nur eine ganz kleine Randerscheinung. Manche Gemeinden haben gar keine

Gebetsversammlung mehr, und wenn es sie noch gibt, ist sie meist eine beschämend schlecht besuchte Veranstaltung. In vielen Gemeinden sucht man auch die Schlüsselpersonen dort vergeblich. Wen wundert es da, wenn der Himmel weithin verschlossen bleibt. Wie viele Christen gibt es doch, die schon jahrelang zur Gemeinde gehören, aber nie eine Gebetsstunde besucht haben. Dafür haben sie einfach keinen Draht. Viele finden auch zu Hause kaum wirklich Zeit dafür. An keiner Stelle können Gemeindeglieder mehr für ihre Gemeinde und für ihre Stadt in Bewegung bringen – aber dafür hat der Teufel ihnen die Augen verblendet. Jetzt kann auch er sich ganz entspannt zurücklehnen, denn es ist ja keine Gefahr im Anmarsch.

Was könnte geschehen, wenn die schlafende Christenheit erwachen würde, wenn alle das Gebet entdecken und wirklich auch praktizieren würden!

Die wertvollsten Mitarbeiter einer Gemeinde sind die, die so groß sind, dass sie auf ihren Knien den Himmel berühren.

3. Die erwartungsvolle Mitarbeit aller Gemeindeglieder

Nur wenn wir unser Leben geordnet haben, hat unser Gebet einen Sinn. Nur wenn wir Beter sind, kann Gott unsere Arbeit segnen. Gott ist aber kein Laufbursche, der uns die Arbeit abnimmt. Unsere Gebete müssen Hände und Füße bekommen.

Ernst Vatter – damals noch Vorsitzender der Arbeitsgemeinschaft evangelikaler Missionen – sagte einmal: »Viele Christen brauchen heute keinen besonderen Ruf zum Dienst mehr, sondern einen Tritt in den Hintern. Denn sie wissen zwar, was sie tun sollten, aber sie sind zu bequem.« Das ist eine ziemlich derbe Sprache. Aber genau so ist es ja. Schon Jesus hat dieses Problem zu einem Gebet gemacht, denn wir brauchen »Arbeiter für die Ernte« (vgl. Matthäus 9,38).

Zu allen Zeiten gab es Christen, die nur schwer oder überhaupt nicht zur Mitarbeit in der evangelistischen Arbeit zu bewegen waren. Das können wir auch nicht ändern. Damit müssen wir einfach leben. Manche fahren sogar während einer Evangelisation in den Urlaub.

Dass die Zahl der passiven Zuschauer mancherorts so erschreckend groß ist, das muss Gott unsagbar traurig machen. Ob Jesus nicht manchmal vor ihnen steht wie damals vor den Toren Jerusalems und sich dasselbe wiederholt?: »... und er weinte über sie« (Lukas 19,41).

Es gab einmal eine Zeit, in der die Gemeinde noch wegen ihres kämpferischen und kompromisslosen Geistes in Katakomben leben und eine Art Partisanenkrieg führen musste. Das war allerdings noch in den Tagen, als der Glaube keine Konsequenzen fürchtete. Und die Gemeinde der Katakomben war standhafter und majestätischer als die Gemeinde im Theatersaal mit strahlenden Scheinwerfern.

Die heutige Gemeinde besteht ja größtenteils nur noch aus einem Häufchen harmloser Spaziergänger, während der Herr sie als eine Armee kühner Krieger gedacht hatte. Wenn die Gemeinde es sich bequem macht in den Lehnstühlen eines religiösen Klubs und ihren heiligen Feldzug vergisst, bleibt sie schwach und ohne großen Einfluss.

Wir wissen es nur allzu gut: Niemand wird automatisch bekehrt. Bekehrung muss man wollen. So ist es auch mit den weiteren Schritten:

- Gebet muss man wollen!
- Evangelisation muss man wollen!
- Auch die Bekehrung anderer muss man wollen!

Dass Gott es will, ist ganz sicher. Er wartet auf Menschen, die sich ihm ganz zur Verfügung stellen und darum 1. ihr Leben ordnen, 2. intensiv darum beten und 3. erwartungsvoll mitarbeiten.

Teil 7: Mit Volldampf durch die Kontinente (1980–1995)

Unterwegs in vierzig Ländern

Mal dienstlich, mal privat, mal für ein paar Tage, mal für mehrere Wochen – so war es in all den Jahren: Unterwegs!

Mal mit dem Zug, mal im Auto oder im Bus, mal mit dem Schiff, dann wieder im Flugzeug – so sah mein Leben aus: Unterwegs!

In den ersten Jahren habe ich nur in Deutschland gepredigt, dann gingen die Türen in der Schweiz auf, dann auch in den Nachbarländern. Doch erst in den 80er-Jahren brachen die Dämme, und aus der Arbeit »in der Nähe« wurde mehr und mehr ein weltweiter Dienst.

Dass all die großartigen Rettungsaktionen überhaupt möglich waren, verdanke ich den treuen Gebeten vieler Freunde, aber vor allem der unbeschreiblichen Güte Gottes.

In diesem Kapitel werde ich aber nur die Länder erwähnen, in denen ich längere Evangelisationen durchgeführt habe. Die Erlebnisse stammen – mit wenigen Ausnahmen – aus den Jahren 1980 bis 1995.

Deutschland

Natürlich lag mir zunächst kein Land mehr auf dem Herzen als das Land, in dem ich geboren und aufgewachsen war, in dem ich auch mein ganzes bisheriges Leben verbracht hatte.

Unsere intensiven Gespräche in meiner ersten Zeit als Christ, unsere Gebetsstunden und Gebetsnächte, unsere großen Sehnsüchte und konkreten Erwartungen beschäftigten sich hauptsächlich mit unserem eigenen Land. Immer und immer wieder haben wir in der Anfangsphase unserer Arbeit im kleinen Kreis unsere heißen Wünsche dem Herrn genannt und unsere vielen Gebetsanliegen vor ihm ausgebreitet. Wir beteten für unser Dorf und für unsere Stadt und für das ganze Land. Wir beteten für unsere Kirchen, für unsere Freikirchen und Gemeinschaften, aber besonders für die vielen Menschen, die überhaupt keine Beziehung zu Jesus hatten. Dabei lagen uns alle Altersgruppen, aber auch die Behörden, die Politiker und alle einflussreichen Leute auf dem Herzen. Oh, wie haben wir uns nach Erweckung gesehnt.

Obwohl ich ganz ungewöhnlich schnell zum Predigen kam, hat es dann doch Jahre gedauert, bis endlich die Türen zu einer wirkungsvollen Evangelisationsarbeit in Deutschland so richtig aufgingen.

Schweiz

Zu richtigen mehrwöchigen Evangelisations-Einsätzen öffneten sich für mich die Türen zuerst in der Schweiz. In keinem Land der Welt habe ich mehr Predigten gehalten, mehr seelsorgerliche Gespräche gehabt und mehr Menschen zu Jesus geführt als in der Schweiz.

Obwohl ich mich Ende 1984 – also zwanzig Jahre nach meinem Einstieg in der Schweiz – wieder weitgehend aus diesem mir so lieb gewordenen Land zurückzog, nimmt die Schweiz in vielerlei Hinsicht immer noch einen der vorderen Plätze bei mir ein. In den letzten Jahren war ich tatsächlich nur noch ganz selten dort, aber in meinen Gebeten »lebe« ich immer noch in diesem wunderbaren Land. Die unvergesslichen Erfahrungen – besonders die der Anfangsjahre meiner evangelistischen Tätigkeit – haben auch in meinem eigenen Leben tiefe Spuren zurückgelassen.

Dänemark

Dieses schöne Land kenne ich nicht nur von herrlichen Urlaubstagen, sondern auch aus Evangelisations-Einsätzen, in denen ich aber vor Heimweh[35] fast krank geworden bin. Ich freue mich, dass ich auch dort einige Menschen für Jesus gewinnen konnte, doch zu einer dauerhaften Zusammenarbeit kam es dort nicht. Ich denke, dass die Sprachbarriere das größte Hindernis war.

Frankreich

Im Kapitel »Die vielen offenen Türen« habe ich bereits etwas über einen Einsatz im Elsass geschrieben.

Dort habe ich hauptsächlich und viele Male in freikirchlichen Gemeinden evangelisiert, aber einige Male war ich auch Gast in der Lutherischen Landeskirche. Zwei Erlebnisse haben sich mir besonders tief eingeprägt:

Das erste ereignete sich in einer Kirche, wo der Pfarrer mich – nach der freundlichen Begrüßung und der Besprechung einiger organisatorischer Dinge – zu einem kurzen Gebet mit in die Sakristei nahm.

Dort empfahl mir der liebe Amtsbruder, es ihm gleichzutun und einen Talar überzuziehen. Er war sicher, dass die Gottesdienstbesucher das sehr schätzen und mich auf alle Fälle viel ernster nehmen würden. Er selbst hatte seine Amtstracht bereits an. Die stand ihm auch gut. Aber als ich den wohlgenährten Mann jetzt so dastehen sah, dachte ich, dass ich in seinen

Reserve-Talar fast zweimal reinpassen würde. Was sollte ich nur tun?

Ich wollte ihn ja nicht beleidigen, aber meine Bedenken durfte ich sicher äußern. Ich erklärte ihm, ich hätte schon öfter in Landeskirchen gepredigt – und zwar immer ohne Talar – und dabei nie den Eindruck gehabt, aus diesem Grund nicht ernst genommen zu werden. Da sagte er spontan: »Aber dann lasse ich meinen Talar auch hier, und wir gehen beide nur im Anzug in die Kirche.«

Wir betraten die volle Kirche und gingen zu den für uns reservierten Plätzen. Ich spürte, dass aller Augen auf uns gerichtet waren. Ich setzte mich wie ein demütiger Diener auf meinen Stuhl, faltete die Hände und betete still. Plötzlich zog der Pfarrer, der noch neben mir stand, an meiner Schulter und raunte mir zu: »Im Stehen beten!« Oh, war das peinlich. Ich sauste hoch und beendete mein Gebet gehorsamst und stehend an seiner Seite.

Eins meiner schönsten Erlebnisse hatte ich in einer anderen elsässischen Kirche, in der ein junger Pfarrer und eine treue Beterschar schon lange intensiv für ihr Dorf gebetet hatten.

Abend für Abend kamen Menschen zur Bekehrung. Auch tagsüber ergaben sich immer wieder seelsorgerliche Gespräche. Und dann kam der ganz besondere Abend. Ich hatte ein sehr ernstes Thema: Es ging um Himmel und Hölle und natürlich um die Notwendigkeit der Bekehrung. Völlig ungeplant sagte ich so aus dem Stegreif heraus: »Du kannst getauft und konfirmiert sein, du kannst jeden Sonntag in die Kirche gehen und sogar an einigen Stellen mitarbeiten – dadurch wirst du nicht gerettet. Selbst wenn du vierzehn Jahre die Orgel spielst, dich aber nicht bekehrst, wirst du am Ende ewig verlorengehen.«

Wie immer lud ich auch an diesem Abend zur Seelsorge ein. Nach der Predigt ging ich sofort in den Seelsorgeraum. Die Predigt hatte ihren Zweck nicht verfehlt, denn schon bald fanden sich einige Personen ein, die sich bekehren wollten. Direkt vor mir saß eine Frau, die ich schon mal gesehen hatte, von der ich aber nichts Näheres wusste. Alle meine Fragen beantwortete sie mit Ja. Sie glaubte, was sie in der Predigt gehört hatte. Sie wollte sich bekehren. Sie wollte Jesus aufnehmen. Sie meinte es ernst. Ich fragte sie: »Waren Sie schon öfter hier?« Und sie antwortete: »Ja, jeden Abend.« »Kommen Sie auch sonst in diese Gemeinde?« »Ja, jeden Sonntag, ich bin die Orgelspielerin hier in der Gemeinde.« Jetzt hätte es bei mir klingeln sollen, denn das Orgelspiel hatte ich doch in der Predigt erwähnt. Aber ich merkte nichts. Dann sagte sie: »Schon vierzehn Jahre.« Ich merkte immer noch nichts. Dann fuhr sie fort und sagte: »Als Sie heute in der Predigt sagten: ›Du kannst in der Kirche mitarbeiten, du kannst vierzehn Jahre die Orgel spielen – wenn du dich nicht bekehrst, bist du trotzdem verloren‹, da merkte ich, dass Gott mich meint.«

Erst da fiel mir ein, was ich in der Predigt gesagt hatte. Es war mir fast peinlich. Sie hätte ja vermuten können, jemand hätte mir etwas über die unbekehrte Orgelspielerin erzählt. Aber das war ja gar nicht der Fall. Gott hatte es einfach so geführt. Jedenfalls traf sie an diesem Abend ihre Entscheidung und erlebte ihre Bekehrung zu Jesus.

Österreich

Auch dieses Land mit seinen traumhaft schönen Bergen, Tälern und Seen, mit den gemütlichen Häusern, den freundlichen Menschen und den meist kleinen, aber lebendigen Gemeinden habe ich in bester Erinnerung. Besonders die wunderbaren Versammlungen im Salzburger Land mit den übervollen Sälen und den vielen Bekehrungen lassen mein Herz heute noch höher schlagen.

Etwas ganz Außerordentliches und wahrscheinlich Einmaliges für Österreich war sicher unsere tirolweite Etappen-Evangelisation, in der ich – mit einer einzigen Ausnahme – genau vier Wochen lang jeden Tag predigte, an den Sonntagen natürlich zweimal. Mit einem Festgottesdienst hatten wir die Tournee am Sonntag, den 10. April 1994, in Innsbruck begonnen. Dann startete eine Großevangelisation ganz besonderer Art.

Das Wort »Groß« steht hier nicht für die Besucherzahlen, sondern für die Länge des Einsatzes und für die vielen Gemeinden, die sich in den vier Wochen daran beteiligten.

Der Hauptideengeber und mein ständiger Begleiter war damals Daniel Lieberherr, aber während des ganzen Einsatzes begleiteten mich auch ein Singteam und manchmal auch einige Bibelschüler und verschiedene Gemeindeglieder aus anderen Gemeinden.

Nach dem gelungenen Start in Brixen (Südtirol) ging es weiter in die Gemeinde von Kitzbühel, dann nach Kufstein. Nach den Einsätzen in Schwaz, Hall, Reutte und Imst kam das Mammutprogramm schließlich mit einer einwöchigen Evangelisation in Innsbruck zum Abschluss.

Nur in Reutte erlebten wir damals keine Bekehrung. 124 Menschen durften in diesen Tagen zu Jesus finden. Das ist für Österreich eine erstaunliche Zahl. Entsprechend groß war auch unsere Freude und Dankbarkeit.

Paraguay

Im Herbst 1980 kam es in der Schweiz zum ersten Kontakt mit Peter Wiens aus der Kolonie Fernheim in Paraguay.

Paraguay liegt im Herzen Süd-Amerikas, südlich von Bolivien, zwischen Brasilien und Argentinien. Fernheim ist eine Mennoniten-Kolonie im Chaco[36] von Paraguay. Sie wurde zwischen 1930 und 1932 von deutschstämmigen Mennoniten, die aus der Sowjetunion geflohen waren, gegründet. Zentrum dieser Kolonie ist das Städtchen Filadelfia. Hier leben etwa 5000 deutschstämmige Mennoniten.

Mennoniten, auch Altevangelisch Taufgesinnte und Alttäufer genannt, sind eine reformierte christliche Konfession in der Tradition der Täufer. Der Name leitet sich vom friesischen Gründer Menno Simons ab. Anfangs war »Mennoniten« ein Schimpfwort gewesen, später wurde der Name aber von der Freikirche übernommen.

Weltweit gibt es etwa 1,3 Millionen Mennoniten in über

sechzig Ländern: USA und Kanada (42 %); Afrika (28 %); Asien und Australien (16 %); Karibik, Mittel- und Süd-Amerika (9 %) und Europa (5 %). Im zentralen Chaco entstanden drei Kolonien. Zuerst gründeten deutschsprachige mennonitische Einwanderer aus Kanada die Kolonie Menno mit dem Zentrum Loma Plata. Es folgte die Gründung der Kolonie Fernheim mit dem Zentrum Filadelfia durch Mennoniten, die unter Stalin aus Russland geflohen waren. Nach dem Zweiten Weltkrieg entstand dann die Kolonie Neuland mit dem zentralen Ort Neu Halbstadt. Die Kolonien wurden seit ihrer Gründung durch die Bundesrepublik Deutschland gefördert.

Peter Wiens war damals Lehrer an der Zentralschule in Filadelfia, außerdem aber auch Gemeindeleiter der größten Gemeinde in der Kolonie. Durch Verwandte hatte er manches über meine Arbeit gehört und wollte mich unbedingt persönlich kennenlernen und mich für einen langen Einsatz in Paraguay gewinnen.

Weil mein Terminkalender auf Jahre hin ziemlich gefüllt war, fanden wir erst für 1982 einen geeigneten Termin.

Zu dritt machten wir uns am 14. Juli 1982 von Frankfurt aus auf die weite Reise nach Asunción, der Hauptstadt Paraguays. Hildor Janz und Daniel, unser ältester Sohn, der damals an der FETA studierte, begleiteten mich. Nach einer kleinen Pause im Mennoheim in Asunción ging es dann mit einem VW-Bus weiter auf der Trans-Chaco durch den Urwald in Richtung Filadelfia. Unser Ziel war die Kolonie Fernheim.

Am Spätnachmittag, als die Sonne noch hoch am Himmel stand, waren wir in Asunción gestartet. Am Steuer saß der Besitzer des Busses, neben ihm sein erwachsener Sohn. Auf den hinteren Reihen hatten Hildor, Daniel und ich uns gemütlich eingerichtet. Im Ganzen lagen ungefähr 450 Kilometer vor uns, davon aber nur 170 Kilometer auf fester Straße, die weitere Strecke war damals noch ein breiter Sandweg. Nachdem wir die wirklich einmalige Hochbrücke über den Rio Paraná passiert und schließlich auch viele paraguayische Dörfer durchquert hatten, begann schon bald die hochinteressante Fahrt durch den endlosen Urwald.

Fast der gesamte Westteil Paraguays vom Paraguayfluss bis zur argentinischen Grenze im Westen und der bolivischen Grenze im Norden gehört zum Chaco. Das ganze Gebiet galt bis vor siebzig Jahren noch als wild, mysteriös und unbewohnbar und wird von manchen Nichtkennern noch heute »grüne Hölle« genannt.

Obwohl wir wirklich todmüde waren, blieben wir noch lange hellwach und konnten uns nicht sattsehen an all den verschiedenen Vogelarten und Pflanzen und Bäumen. Wie verzaubert erschien uns die wunderschöne Landschaft in der Abendsonne. Als es schließlich dunkel geworden war – wir fuhren immer noch auf der neuen Asphaltstraße –, da fielen wir drei beim eintönigen Surren des VW-Motors bald in den Schlaf.

Stundenlang waren wir fast die Einzigen auf der Urwaldstraße in Richtung Norden. Später sagte uns der Chauffeur, dass er mit einer Geschwindigkeit von etwas über 100 km/h gefahren sei, als plötzlich vor ihm in stockdunkler Nacht auf der rechten Straßenseite ein Hindernis auftauchte. Irgendjemand hatte seinen uralten Lkw mit Getriebeschaden völlig unbeleuchtet einfach auf der Straße stehen gelassen. Für uns fünf kamen dann schreckliche Sekunden. Weil rechtzeitiges Bremsen unmöglich war, konnte unser Fahrer seinen VW-Bus im allerletzten Augenblick nur noch nach links herumreißen. Gleichzeitig krachte die linke hintere Ladefläche des Lkws in die Beifahrertür und riss unseren Bus auf. Dadurch kam der Bus in eine Drehbewegung und blieb schließlich ein Stück vor dem Laster auf der Straße stehen. Dann war es beängstigend still. Es war auch stockdunkel und weit und breit kein Mensch zu sehen. Hildor Janz war dann der Erste, der sich meldete, als er versuchte, zwischen den Sitzen nach oben zu kommen. Er rief: »Lebt ihr noch?« Dann meldete sich einer nach dem andern, und wir stellten staunend und dankbar fest, dass es – außer ein paar Schnittwunden – keine ernstlichen Verletzungen gegeben hatte. Da sagte Hildor: »Der Teufel muss eine große Wut haben. Ihm gefällt es gar nicht, dass wir jetzt hier sind. Bevor wir mit der ersten Versammlung beginnen, wollte er uns ausschalten.« Vielleicht war das tatsächlich der Grund? Gott hatte jedenfalls andere Pläne, denn schon am nächsten Tag sollte eine große Rettungsaktion starten.

Sehr lange standen wir in der Nacht neben unserem Schrotthaufen und warteten, beteten und hofften, dass Gott jetzt irgendeine Lösung für uns finden würde. Damals fuhr jeden Tag einmal – meist nach Mitternacht – ein Bus von Asunción auf der Trans-Chaco in Richtung Norden. Vor allem die Bewohner der nördlichen Kolonien benutzen diesen Bus, um gelegentlich einmal einen Großeinkauf in Asunción machen zu können. Wie gut für uns, dass der Bus auch in dieser Nacht die Strecke fuhr. Mit einer Taschenlampe konnten wir den Busfahrer auf die Unfallstelle aufmerksam machen. Und dann durften wir, obwohl der Bus bereits überfüllt war, auch noch dazusteigen. Über 200 Kilometer saßen wir dann irgendwo im Mittelgang auf unseren Koffern und quälten uns todmüde weiter durch die fast endlose Nacht.

Im Morgengrauen erreichten wir fix und fertig Filadelfia. Nach der langen Flugreise und der kleinen Pause in Asunción hatten wir wohl 450 Kilometer auf einer meist holprigen Urwaldstraße zurückgelegt. Peter Wiens hatte schon lange auf uns gewartet. Er konnte ja nichts ahnen von dem schrecklichen Unfall, den wir in der Nacht erlebt hatten.

Ein kleines altes Häuschen mit zwei winzigen Gästezimmern stand für uns bereit. Ein Zimmer war für Hildor gedacht, das andere für Daniel und für mich. Natürlich wollten wir erst einmal schlafen, nichts als schlafen. Vorher hatte Peter Wiens uns einige wichtige Informationen gegeben. Von den in der Luft wehenden Gardinen sollten wir uns nicht stören lassen. Die Fenster hatten nämlich keine Glasscheiben, sondern nur Fliegengaze gegen Mücken. Weil das wackelige Plumpsklo hinten im Garten stand und in der Nacht oft dicke Frösche auf den Wegen herumhopsten, sollten wir immer eine Taschenlampe mitnehmen. Er riet uns auch, immer zuerst in die Klooöffnung hineinzuleuchten für den Fall, dass eine Schlage es sich da gemütlich gemacht hätte. Er sagte aber noch, dass die Schlangen eigentlich ungefährlich seien. Meist würden sie sich verziehen, wenn man mit etwas festen Schritten in ihre Nähe komme.

Ich kroch dann sofort ins Bett. Doch ich kam noch lange nicht zum Schlafen, weil Daniel ziemliche Probleme hatte. Das Bett war nicht nur viel kürzer als er, die Matratze und der Bettrost waren bereits so durchgelegen, dass alles fast bis auf den Fußboden durchhing. Doch schließlich hatte Daniel eine gute Idee. Er hängte einfach die Tür aus und legte sie zur Verstärkung in sein Bett.

Es war eine wirklich spannende Zeit. Jeder Tag brachte neue Abenteuer. Das begann schon damit, dass unsere bequeme Waschstelle einfach aus einer Schüssel im Garten bestand, dass wir auf dem Weg zum Frühstück von einem wunderschönen Papagei begrüßt wurden, dass Hildor, als er beim Zähneputzen den Schaum im hohen Bogen in den Garten blies, sofort von einem ganzen Schwarm neugieriger Hühner und einem prachtvollen Hahn umgeben war. Das war ein Gegacker. Alle wollten eine Kostprobe von der weißen Masse.

Nach einer Brüderstunde, einer kleinen Seelsorger-Schulung und einem Vorbereitungsabend begann dann der eigentliche evangelistische Dienst. Hildor hatte etwas Probleme mit seiner unfallgeschädigten Brille, aber genau das Stück Glas, das er unbedingt zum Lesen der Texte und der Noten brauchte, war noch vorhanden, so dass er schon in der ersten Versammlung voll einsatzbereit war. In der ersten Siedlung gab es damals noch keine Verstärkeranlage, doch mit einem Mikrofon und einem Tonbandgerät und zwei alten Radios wurde auch diesem Mangel schnell abgeholfen. Über dieselbe »Anlage« konnte ich dann auch meine Predigten halten. Wie glücklich waren wir, dass von Anfang an Abend für Abend viele in die Seelsorge kamen, um sich zu bekehren.

Ein ganz besonderes und unvergessliches Erlebnis hatten wir schon in der ersten Woche beim Besuch einiger Indianersiedlungen. Die Indianerfamilien lebten in Tipis (kleinen spitzen Hütten). Das ganze Leben, sowohl im Innern der Tipis als auch davor, spielte sich fast ausschließlich auf dem Boden ab. Das war auch so bei der Familie des Bürgermeisters.

Obwohl die meisten Indianer (Indios), die wir damals besuchten, durch den Dienst der mennonitischen Missionare bereits Christen geworden waren, hatten sie ihre alltäglichen Lebensgewohnheiten beibehalten. Vor der Hütte eines Indianers brennt praktisch immer ein Feuer. Das ist wichtig: zum Kochen, zum Schutz gegen Schlangen und natürlich auch zum Wärmen in kalten Nächten. Die Zusatzheizung mancher Indianer besteht aus einer gewissen Anzahl von Hunden, an die man sich in der Nacht gern ganz nahe herankuschelt. Nach der Temperatur der letzten Nacht gefragt, kann es vorkommen, dass ein Indianer sagt: »Es war drei-hunde-kalt.« Das bedeutet, dass man eigentlich drei Hunde haben müsste, um gut durch die Nacht zu kommen. Mir ist damals aufgefallen, dass ich bei ihnen viel mehr Hunde als Kinder sah.

In den Hütten gab es keinen Schrank, keinen Tisch, keinen Stuhl, auch keinen Haken an der Wand. Kleider, Schuhe, Töpfe, Teller, Löffel und alles, was eine Familie besaß, lag am Boden im Sand.

Über Mittag kamen wir zu einer Hütte, wo die Mutter gerade Essen zubereiten wollte. Das Feuer brannte bereits (oder immer noch). Die Frau sammelte das Geschirr zusammen, das die Hunde beim Auslecken etwas verteilt hatten. Dann pustete sie die Asche und den Staub aus einem Topf, goss etwas Öl aus einer Flasche hinein und danach noch etwas aus einem anderen Behälter. Dann rührte sie kräftig, anschließend machte sie mit den Fingern einige kleine Häufchen aus dem Brei, hob ihren Rock etwas hoch, legte die Teigstücke auf den Oberschenkel und knetete kleine Kuchen daraus. Dann tat sie nochmals etwas Öl in den Topf, legte anschließend auch die Pfannkuchen hinein und stellte den Topf auf die Feuerstelle. Das ist schon etwas ungewohnt für uns. Ich dachte so bei mir: Na ja, es ist in Öl gebacken, keimfrei und vielleicht sogar gesund.

Unser Indianer-Gottesdienst war für einen Nachmittag angesetzt. Als wir pünktlich zur »Kirche« der Indianer kamen, war das Gebäude noch ganz leer. Doch als der Missionar mit einer Eisenstange einige Male kräftig gegen eine große, an einem Baum hängende Lkw-Bremstrommel geschlagen hatte, kamen die Indianer aus ihren Hütten und füllten in ganz kurzer Zeit ihr Gotteshaus. Damals habe ich auch zum ersten Mal mit zwei

Übersetzern gearbeitet. Meine Predigt wurde erst einmal auf Spanisch übersetzt, dann aus dem Spanischen in die Sprache der Chulupi.

Im Ganzen waren wir damals fast sechs Wochen unterwegs. Wochenlang hatten wir überhaupt keinen Kontakt mit unseren Frauen. Sie wussten auch nichts von unserem schrecklichen Autounfall auf der Trans-Chaco. Das hatten wir ihnen absichtlich verheimlicht, um ihnen den großen Schrecken erst mal zu ersparen. Nur einmal konnte ich während des langen Urwaldaufenthaltes über einen Hobbyfunker Kontakt mit Margrit aufnehmen.

Wie dankbar war ich während der ganzen Zeit, dass Hildor mir neben seinem wunderbaren Gesangsdienst so sehr in der Seelsorge half. Dazu kam die großartige Unterstützung durch den Dienst von Daniel. An einigen Orten hatten wir neben meinen Abendversammlungen noch Parallelveranstaltungen für alle Kinder bis vierzehn oder fünfzehn. In Filadelfia trafen sich zu diesem Zweck einige hundert Kinder mit Daniel und einigen Mitarbeitern in der alten Kirche, während ich in der neuen Kirche meine Evangelisation durchführte. Und an beiden Orten durften wir nach unseren Predigten Bekehrungen erleben. Weil der Platz innen nicht ausreichte, saßen in den letzten Versammlungen viele Besucher außerhalb der Kirche. Es war ein wunderbarer Aufbruch.

An einem Abend fragte ich einen Mann, der in die Seelsorge gekommen war, um sich zu bekehren, ob er schon öfter in der Versammlung gewesen sei. Er verneinte. Ich fragte, ob er sonst schon mal in einer Evangelisation gewesen sei. Daraufhin sagte er, dass er mich schon einige Male gehört hätte. Das konnte ich nun gar nicht verstehen. Er war doch vorher noch nie in der Versammlung gewesen, und trotzdem hatte er mich schon öfter gehört? Mit seinem nächsten Satz wurde alles klar. Meine Predigten wurden nämlich von »Radio ZP 30« direkt ausgestrahlt. Im ganzen Chaco und darüber hinaus konnten Tausende mithören. So hatte auch er mich schon einige Male gehört. Nun war er extra aus der Kolonie Menno in die Kolonie Fernheim gekommen, um sich richtig zu bekehren.

An dem Abend waren einige mit demselben Wunsch in die Seelsorge gekommen. Nachdem ich allen Bekehrungswilligen schon eine ganze Menge erklärt hatte, kam eine Frau – ziemlich außer Atem – auch noch in den Seelsorgeraum. »Darf ich noch dazukommen?«, fragte sie und setzte sich gleichzeitig auf einen freien Stuhl. Ich stellte meine üblichen Fragen: »Glauben Sie, was Sie heute Abend gehört haben? Möchten Sie sich auch bekehren? Meinen Sie es ganz ehrlich? Wollen Sie nachher ganz entschieden Jesus nachfolgen?« Sie bejahte jede Frage. Ich freute mich, dass sie auch noch gekommen war. Das sagte ich ihr auch. Und dann sagte ich: »Schade, dass Sie nicht gleich gekommen sind, Sie haben jetzt so viel verpasst.« Darauf antwortete sie: »Ich habe Ihre Predigt gehört und bin dann gleich losgerannt. Ich habe mich so beeilt, ich konnte wirklich nicht schneller. Aber jetzt bin ich hier und möchte mich auch bekehren.« Den Zusammenhang verstand ich einfach nicht. Doch beim nächsten Satz wurde alles klar. Sie hatte nämlich zu Hause bei »Radio ZP 30« meine Predigt gehört. Dabei wurde sie so überführt, dass sie es dort nicht mehr aushielt, sondern nach der Predigt als Nachzüglerin in die Kirche kam.

Ich könnte mir gut vorstellen, dass noch andere während und auch nach den Evangelisationen durch die Radiobotschaften den Weg zu Jesus gefunden haben.

Außer in den Orten Blumental und Filadelfia in der Kolonie Fernheim konnten wir auch in der Hauptstadt Asunción und in den Kolonien Neuland und Volendam das Evangelium verkündigen. Überall kamen viele beim Aufruf nach vorn und entschieden sich für Jesus. Wir hatten auch Dienste in verschiedenen Schulen, im Lehrerseminar, bei einem Treffen, das die Missionsbehörde organisiert hatte, und in einigen Altenheimen. Außerdem konnte ich eine Reihe Predigten bei »Radio ZP 30« halten und Vorträge sowohl im IBA-Bibelinstitut wie auch in der Bibelschule Cempta und vor den Mitarbeitern der »Leprastation KM 81«[37].

Neben all der harten Arbeit gab es für uns auch viel Schönes zu erleben: einen Tagesausflug durch den endlosen Urwald mit Eindrücken, die man nur schwer beschreiben kann, den Besuch bei der DIPM[38] und statt einer mühsamen Autofahrt von Asunción in die Kolonie Volendam einen wunderbaren Flug mit der Privatmaschine eines Geschäftsmannes, vor allem aber den Besuch der Iguacu-Fälle, der größten Wasserfälle der Welt.

Die Fälle liegen nahe der Mündung des Rio Iguacu in den Rio Parana im Dreiländereck Brasilien/Argentinien/Paraguay. Der Rio Iguacu bildet dabei die Grenze zwischen Argentinien und Brasilien. Auf 2700 Metern Breite fallen je nach Jahreszeit 150 bis 270 Wasserfälle bis zu neunzig Meter in die Tiefe. Zum Vergleich: Die Niagarafälle sind nur halb so breit und halb so hoch! Das Ganze ist eingebettet in subtropischen Regenwald, der auf beiden Seiten der Grenze durch Nationalparks geschützt ist.

Weil wir nun schon mal in der Nähe waren, war es dem Geschäftsmann, der uns diesen großartigen Ausflug ermöglichte, eine richtige Freude, uns auch die unvorstellbare Baustelle von Itaipu am Rio Parana zu zeigen. Dort entstand gerade das größte Wasserkraftwerk der Welt. Die Tour lohnt sich vor allem für technisch Interessierte, doch genau den Eindruck musste unser Freund von uns haben. Heutige Besucher sehen den fast 200 Meter hohen und acht Kilometer langen Damm aber nur noch von außen, ins Turbinenhaus geht die reguläre Führung nicht.

Weil das Werk noch vor der Inbetriebnahme stand, und unser Freund aus Asunción selbst mit einigen Aufträgen an der Arbeit beteiligt war, konnten wir sogar im Innern der Anlage herumgehen und über die riesigen Turbinen staunen.

Itaipu ist das leistungsfähigste Wasserkraftwerk der Welt und versorgt heute fast ganz Paraguay und ein Viertel Brasiliens mit Elektrizität.

Wenn ich heute zurückdenke, kann ich mich immer noch freuen über meinen ersten großen Einsatz außerhalb Europas und vor allem über die vielen Bekehrungen an allen Einsatzorten. Es gab wiederholt Abende, an denen bis zu vierzig Personen beim Ruf zur Entscheidung nach vorn kamen.

Damals war nicht abzusehen, dass es später zu weiteren Süd-Amerika-Einsätzen (aber nicht nur in Paraguay, sondern auch in Brasilien) kommen würde. Damit erfüllte sich in noch größerem Maß das, was sich beim Kongress in Amsterdam so tief als Wunsch und Gebet bei mir eingeprägt hatte.

Kirgisien

So viele Küsse hatte ich noch nie im Leben an einem einzigen Tag bekommen wie an jenem Abend in Kirgisien. Dabei handelte es sich nicht nur um so ein leichtes Berühren der Wangen, wie man es bei manch einer Begrüßung erleben kann, sondern um Küsse, saftige, kräftige Küsse, so richtig voll auf den Mund. Am eiligsten hatten es die älteren Männer, aber auch die anderen Männer wollten es sich nicht nehmen lassen, dem »heimlichen« Gast aus dem fernen Deutschland ihre Dankbarkeit zu zeigen.

Ich muss natürlich erklären, was dieser hingebungsvollen, feuchten Abschiedszeremonie vorausgegangen war. Es war 1985. Mauern und Zäune, ja der unmenschliche »Eiserne Vorhang«, teilten die Welt noch in zwei Hälften. Da kamen einige Christen, die einmal als Spätaussiedler aus Kirgisien nach Deutschland gekommen waren, auf den Gedanken, mir ein Visum und ein Flugticket für eine Reise nach Kirgisien zu besorgen und mich als Touristen für einen nicht genehmigten Dienst zu den dort verbliebenen Freunden zu schicken. Ein mutiger, aber mir unbekannter Christ, der sogar viele Jahre um seines Glaubens willen im Gefängnis gesessen hatte und inzwischen auch im Westen lebte, sollte mich auf der Reise begleiten.

Wir wurden uns einig. Am 28. September starteten wir von Berlin aus in Richtung Moskau. Dort konnten wir in einem Touristenhotel übernachten. Nach sechs sehr gründlichen Kontrollen durften wir endlich unser Zimmer betreten. Am andern Tag hatten wir viel Zeit, uns in der 10-Millionen-Metropole Moskau umzusehen. Gut, dass mein Begleiter sich etwas auskannte. Wir machten eine Stadtrundfahrt mit dem Bus. Dann besuchten wir den Roten Platz, machten einen Rundgang um den Kreml und kamen zum »Grab des unbekannten Soldaten«.

Nach einer Stunde in einer kilometerlangen Schlange waren wir dran und konnten eine Minute ins Mausoleum und dort den einbalsamierten Lenin anschauen. Wir besuchten eine Ausstellung, einen Supermarkt, eine russisch-orthodoxe Kirche und die Basilius-Kathedrale und sahen viele Denkmäler und beeindruckende Gebäude.

Als wir in der folgenden Nacht lange in der Hotelhalle auf ein Fahrzeug warteten, das uns zum Flughafen bringen sollte, und uns dabei unterhielten, sprach mich plötzlich eine Frau an und sagte: »Entschuldigen Sie! Sind Sie Herr Pahls, Wilhelm Pahls?« Sie hatte mal Kassetten von mir gehört und mich an meiner Stimme erkannt. Ich war wieder einmal erstaunt. Ja, ich war dieser Wilhelm Pahls, von dem sie mal Kassetten gehört hatte. Doch was tat diese Frau hier? Warum saß sie in der Hotelhalle in Moskau? Sie wartete auch auf einen Weiterflug. Sie wollte nämlich ihre Verwandten besuchen, die schon lange auf eine Ausreisebewilligung warteten.

Am nächsten Morgen landeten wir in Frunse (heute Bischkek) und wurden dort – weil alles von einem Tourismusbüro geplant worden war – von einem Taxifahrer abgeholt. Der brachte uns ins Zentrum bis zum Haupteingang des Hotels, wo wir bereits von einer Betreuerin erwartet wurden.

Dann wurden einige Formalitäten erledigt. Nachdem die Dame uns das einfache Zimmer und den armseligen Speiseraum gezeigt hatte, machte sie eine Menge wichtiger Erklärungen und stellte uns viele Fragen. Für meinen Begleiter war es etwas einfacher. Er hatte früher in Frunse gewohnt und war jetzt gekommen, um die Stadt einmal wiederzusehen und ein paar alte Freunde zu grüßen. Unsere Betreuerin interessierte sich dann auch viel mehr für meine Pläne. Mit allem Nachdruck machte sie uns klar, dass wir die Stadt auf gar keinen Fall verlassen und nur im Hotel übernachten durften und spätestens um 23:00 Uhr im Hotel zu sein hatten. Sollten wir einmal in die Berge fahren wollen, müsste alles von ihr organisiert werden und die Fahrt in Begleitung eines Touristenführers geschehen. Sicher wunderte sie sich, dass ich kein Interesse zeigte.

Ich konnte ihr aber nicht verraten, dass ich ganz andere Pläne hatte.

Während wir das Anmeldebüro verließen und durch die Hotelhalle gingen, stellte sie noch einige Fragen: »Was möchten Sie eigentlich in Frunse? Waren Sie schon einmal hier? Kennen Sie hier irgendeinen Menschen?« Ich konnte guten Gewissens antworten: »Ich reise viel und möchte auch diese Stadt und die Menschen einmal kennenlernen. Ich war noch nie hier. Ich kenne außer meinem Begleiter keinen Menschen in dieser Stadt.«

Dann verabschiedeten wir uns und gingen unter ihren fragenden Blicken in Richtung Hotelausgang. Da kam uns ein junger Mann entgegengestürmt, rief laut: »Bruder Pahls!« und umarmte mich voller Freude. In der Hand hatte er ein großes Foto von mir, das Verwandte aus Deutschland ihm geschickt hatten; wie hätte er mich sonst auch erkennen sollen. Schließlich sollte er mich ja zur Gemeinde führen, die sich am Nachmittag versammelte. Oh, war das peinlich. Denn meine Betreuerin hatte doch gerade aus meinem Mund gehört: »Ich kenne keinen Menschen in dieser Stadt.« Es war gar nicht so einfach, ihr zu erklären, was die Verwandten – die früher mal in Frunse gelebt hatten – sich da ausgedacht hatten. Er sollte uns schließlich etwas von der Stadt zeigen. Sie ließ uns dann ziehen. Von der Gemeinde hatten wir natürlich nichts gesagt.

Nach dem Mittagessen in der Familie des jungen Mannes begaben wir uns sofort zum Bethaus[39]. Es war gerade Erntedankfest. Wer immer es einrichten konnte, war an diesem Sonntag im Gottesdienst. Auch aus der Umgebung von Frunse hatten sie sich auf den Weg gemacht. Es mögen so um die 2000 gewesen sein. Der riesige Gabentisch war wirklich eine Augenweide und sicher eine Freude für alle Besucher. So etwas hatte ich noch nie gesehen. Ich nahm Platz zwischen den leitenden Männern auf der ungewöhnlich hohen Bühne. Die Höhe der Bühne war nötig, um nicht nur das untere Kirchenschiff, sondern auch die große Rundum-Empore gut einsehen zu können.

Hinten im Saal entdeckte ich einige Männer in Uniform. Der Anblick hat mich schon etwas verunsichert. Doch dann begann der Gottesdienst mit mehreren Gemeindeliedern. Es folgten einige Lieder von zwei großen Chören, zwischendurch Ansagen und zwei Predigten. Ich war schon der Meinung, dass ich – wegen der Männer in Uniform – gar nicht predigen sollte, denn eigentlich war die Zeit schon gut ausgefüllt. Dann kam wieder eine Ansage, und es hieß: »Wir haben Besuch aus Deutschland. Der Bruder wird uns ein Grußwort sagen!« Ich fragte schnell einen der Ältesten: »Wie lange darf ich denn sprechen?« Er sagte: »So lange du willst!« »Und über was darf ich jetzt sprechen?« – »Über alles, nur nicht über Politik!«

Ich trat ans Mikrofon und fing an zu reden. Gleichzeitig steckten manche Zuhörer im Bethaus ihre Köpfe zusammen und flüsterten sich etwas zu. Ich wurde furchtbar unsicher, konnte aber nicht ergründen, warum sie das taten. Am nächsten Morgen sagte mir jemand: »Nur ganz wenige wussten von deinem Besuch. Als du zu reden anfingst, haben viele erstaunt deine Stimme erkannt, denn fast alle haben schon viele Kassetten von dir gehört.« Durch Besucher aus dem Westen waren sie als Schmuggelware ins Land gekommen und wieder und wieder kopiert und weitergegeben worden. Das Gute in den Familien und Gemeinden war natürlich, dass alle Deutsch verstanden – auch die Kinder. Ob die Uniformierten auch etwas verstanden, ist mir nicht bekannt.

Ich hatte vielleicht zehn Minuten gepredigt, als einige Zuhörer aufstanden, weinend nach vorn kamen und sich vor dem Gabentisch hinknieten. Ich wusste gar nicht, was ich machen sollte. Der Älteste unterbrach mich, trat ans Mikrofon und fragte laut: »Warum seid ihr nach vorn gekommen?« Antwort wie aus einem Mund: »Ich will mich bekehren!« Dann betete einer nach dem andern laut um Vergebung. Nach einigen Erklärungen und dem Gebet eines Mitarbeiters konnte ich wieder weiterpredigen. Doch nach circa fünf Minuten wiederholte sich das Ganze schon wieder – natürlich mit anderen Personen, die unaufgefordert weinend nach vorn kamen. Das alles hat mich so berührt, dass ich einfach nur ergriffen neben dem Pult stehen konnte, während mir die Tränen über die Wangen liefen. Als ich dann einige Minuten weitergepredigt hatte, fing eine Frau auf der linken Emporenseite laut an zu weinen. Auch sie kam dann runter zum Gabentisch, um kniend ihre Sünden zu bekennen.

Als schließlich der lange Gottesdienst mit einem Lied zum Abschluss kam, fragte mich der Leiter, ob ich bereit wäre, mit einem Übersetzer auch im russischen Gottesdienst zu predigen. Natürlich war ich bereit. In wenigen Minuten hatten die Deutschsprechenden den Saal geräumt, und die Russischsprechenden füllten das Haus.

Als ich meine zweite Predigt gerade beendet und wieder Platz genommen hatte, zupfte jemand an meinem Ärmel und bat mich, ihm schnell zu folgen. Durch die Hintertür verließen wir in Windeseile das Bethaus, sprangen in ein bereitstehendes Auto und brausten davon. Wahrscheinlich gab es in Frunse keine Geschwindigkeitsbegrenzung – jedenfalls begann dann eine fürchterliche Autofahrt kreuz und quer durch die staubigen Straßen. Ich wusste natürlich nicht, dass mein Fahrer seine Verfolger abschütteln wollte, denn man hatte noch einen wichtigen Auftritt für mich geplant in einem Abendprogramm auf der anderen Stadtseite. Irgendwo am Stadtrand erreichten wir dann den Versammlungsplatz, an dem schon viele auf uns warteten. Der Fahrer hatte mir während der abenteuerlichen Fahrt etwas von einer Zelt-Evangelisation erzählt. Dort standen dann auch einige Bänke, manche hatten sich wohl ihren eigenen Stuhl mitgebracht, und an einigen Pfählen befestigt entdeckte ich sogar so etwas wie ein Zeltdach. Das alles spielte sich in einem Garten ab. Weil sich das Vorhaben schnell unter den Christen herumgesprochen hatte, trafen sich schließlich ungefähr 700 Personen zwischen Bäumen und Sträuchern im Garten.

Von dem Plan, am Abend noch eine »Zeltversammlung« durchzuführen, hatte ich gar nichts gewusst. Aber Gott wusste es. Ich war eigentlich gar nicht darauf vorbereitet, aber der Herr wusste, was wir nötig hatten – er hat uns über Bitten und Verstehen beschenkt. Als ich zur Bekehrung einlud, kam eine ganze Anzahl nach vorn. Während jeder Einzelne vor der ganzen Versammlung laut betete, schenkte Gott Vergebung und machte Menschenleben neu.

Als ich noch staunend und todmüde alles miterlebte und über den großartigen Tag nachdachte, fragte mich jemand, ob ich nicht noch eine weitere Predigt halten könnte. O, weh, o weh! Was sollte ich sagen? Dann bat ich, mir ein paar Minuten zum Nachdenken und Beten zu lassen, während die Gemeinde mehrere Lieder sang. Ich denke, dass kaum einer den Garten vorzeitig verlassen hat. Auf alle Fälle: Jesus war da und schenkte uns noch einmal einen reichen Segen.

Als ich kurz nach der vierten Predigt auf die Uhr schaute, sah ich, dass die Zeit kaum ausreichte, um rechtzeitig unser Hotel zu erreichen. Doch unser (Renn-)Fahrer schaffte auch die Rückfahrt in erstaunlich kurzer Zeit. Eine Minute vor 23:00 Uhr ließ uns der Pförtner durch die Hotelschranke.

Es interessierte mich brennend, wie die vielen Besucher zu den Informationen gekommen waren. Es gab ja keinerlei Werbung, keine vorherigen Ansagen, und die meisten hatten damals noch kein Telefon. Ich habe es bis heute nicht richtig verstanden, jedenfalls hatten sie ein Informationssystem, das so gut funktionierte, dass innerhalb einer Stunde die ganze Gemeinde benachrichtigt werden konnte. Im Ganzen konnte ich an den drei Tagen in Frunse neunmal predigen. Und ich habe den Eindruck, dass während der ganzen Aktion *ich* derjenige war, der am meisten beschenkt wurde.

Erst später erfuhr ich, dass meine ungenehmigten Auftritte für die Gemeinde gar nicht so ungefährlich gewesen waren. Es gab anschließend sogar noch eine Befragung. Der Eiserne Vorhang war damals noch sehr real. Nur durch eine gnädige Fügung konnten schmerzliche Konsequenzen verhindert werden. Weil der Polizeichef von Frunse gerade zu der Zeit nicht in der Stadt war, wurde einiges einfach übersehen.

Als wir nach diesem Moskau/Frunse-Ausflug wieder deutschen Boden unter unseren Füßen hatten, waren wir doch sehr erleichtert, aber um eine ganz große Erfahrung reicher.

Seit Jahren waren wir schon im Gespräch, und nun endlich kam der Tag, an dem wir von Hamburg über Brüssel und Johannesburg nach Windhoek in Deutsch-Südwestafrika (heute Namibia) fliegen konnten. Wir hätten nie geahnt, dass in den großen Städten Süd-Afrikas und auch in Südwestafrika so viele Menschen Deutsch sprechen würden. Allein im Großraum von Kapstadt sind es Zigtausende.

Windhoek

Es war Anfang Oktober 1986. Ich war glücklich, dass Margrit mich auf dieser Reise, die über fünf Wochen dauern sollte, begleiten konnte. Unsere erste Station war die Stadtmission in Windhoek in Südwestafrika. Was haben wir darüber gestaunt, dass nicht nur in Windhoek, sondern sogar in der fernen, am Atlantik gelegenen Stadt Swakopmund so viele Straßen deutsche Namen trugen und fast in jedem Geschäft wenigstens ein Angestellter Deutsch verstand.

Die Deutsche Höhere Privatschule (DHPS) Windhoek ist eine internationale Schule in Namibia mit Hauptunterrichtssprache Deutsch. Ihr Schulgelände liegt nahe dem Zentrum von Windhoek und wird von nahezu tausend Schülern besucht. In dieser Schule konnte ich mehrmals predigen, einmal predigte ich in einer einheimischen Gemeinde und erstaunlich oft im öffentlichen Radio. Zum zweiten Mal südlich des Äquators, durften wir auch im Süden Afrikas einen weit offenen Himmel erleben.

Wie glücklich waren wir, dass sich in der kleinen Stadtmission in nur einer Woche über dreißig Personen zu Jesus rufen ließen.

Kapstadt

Die Evangelisation in Kapstadt dauerte sogar neun Tage. Alles war etwas größer als in Windhoek, der Raum, die Zahl der Beter und die der Zuhörer, ebenso auch die Zahl derer, die eine Entscheidung für Jesus trafen. Auch dort konnte ich übers Radio predigen und in der Deutschen Schule.

Natürlich waren wir auch am Kap der guten Hoffnung und auf dem weltberühmten Tafelberg und an vielen schönen Plätzen in der wunderschönen Stadt. Aber auch in den Wohngegenden der Armen haben wir uns lange aufgehalten und unvergessliche Eindrücke mitgenommen.

Als wir schließlich Kapstadt verließen, hatten 75 Personen eine Entscheidung für Jesus getroffen, und mindestens an vier Stellen war große Freude: im Himmel, in der Gemeinde, bei uns und am meisten wahrscheinlich bei denen, die zu Jesus finden durften.

Pretoria

Die Millionen-Metropole[40] Pretoria hat auch eine florierende Stadtmission. Vieles spielte sich ganz ähnlich ab wie in Kapstadt. Jeden Abend fanden Menschen zu Jesus, auch übers Radio und in der Deutschen Schule konnte ich predigen, nur dass der gesamte Einsatz etwas kürzer war.

Anschließend haben wir uns einen besonderen Luxus gegönnt, uns einen VW-Golf geliehen und eine einwöchige atemberaubende Reise gemacht. Die Tage im Krüger Nationalpark, die Fahrt durch die fast endlosen Weiten Süd-Afrikas, wo wir keinem Weißen mehr begegneten, die Fahrt durch die Provinz Kwazulu-Natal bis nach Durban an die Ostküste, an den Indischen Ozean, sind für mich unvergesslich.

Wie oft und wie gern haben wir uns später über die schönen Erlebnisse unterhalten. Wir hatten den Eindruck, dass Gott uns eine wunderbare Entschädigung schenkte für all die Trennungen in früheren Jahren. Es war bis dahin eine unserer schönsten gemeinsamen Reiseerfahrungen.

Mit Margrit in Süd-Amerika

Nie hätten wir gedacht, dass wir je so etwas gemeinsam erleben würden. Anfang März 1987 begann diese fast unglaubliche gemeinsame Tour. Von Hannover über London und Lissabon ging es erst einmal nach Rio de Janeiro. Über sechs Millionen Einwohner hat diese riesige Stadt.

Die Wahrzeichen von Rio de Janeiro sind der Zuckerhut, die 38 Meter hohe Christusstatue auf dem Gipfel des Corcovado und die Copacabana, die als einer der schönsten Strände der Welt gilt.

Nach drei Tagen Urlaub in Rio haben wir uns einen VW-Golf geliehen und uns damit auf die Reise nach São Paulo gemacht. Schon damals hatte die Stadt über fünfzehn Millionen Einwohner, und hier wollten wir einen Prediger besuchen, der aber nicht wusste, dass wir mit dem Auto unterwegs waren. Wie sollten wir nur die Straße finden?

Nun, ich hatte schon lange eine Methode, die bis dahin immer funktioniert hatte. Warum sollte es in São Paulo plötzlich nicht klappen? Wir fuhren erst einmal tief in die Stadt hinein. Dann fand ich einen Taxifahrer, dem ich mein Anliegen und mein Angebot zu erklären versuchte. Und siehe da, es klappte, obwohl er kein Wort Deutsch und ich kein Wort Portugiesisch verstand. Ich zeigte ihm einen Zettel mit dem Straßennamen. Er verstand sofort und zeigte in die Richtung. Dann zeigte ich auf sein Auto und machte eine Bewegung, als wollte ich es in die Richtung schieben. Dann zeigte ich auf meinen Golf und machte mit beiden Händen dieselbe Bewegung in die Richtung. Er verstand mich: Er sollte mir vorausfahren, und ich wollte hinterherfahren.

Nun mussten wir nur noch den Preis aushandeln. Er zeigte mir seine Hand mit vier ausgestreckten Fingern und dem Daumen. Das verstand ich: Er wollte fünf Dollar. Ich hatte aber nur einen 10-Dollar-Schein. Den nahm ich in die eine Hand. Die andere Hand führte ich dann auch in die Nähe des 10-Dollar-Scheins. Mit dem Zeigefinger und dem Mittelfinger machte ich Scherenbewegungen, als wollte ich den Schein durchschneiden, und versuchte ihm zu zeigen, dass er die eine Hälfte und ich die andere Hälfte davon haben sollte. Er verstand es auf Anhieb, zog einen 5-Dollar-Schein aus der Hosentasche heraus, gab ihn mir und steckte meinen 10-Dollar-Schein in seine Tasche. Damals war ein Dollar natürlich noch viel mehr wert, trotzdem wunderte ich mich über den günstigen Preis. Ich konnte nicht ahnen, dass wir gar nicht so weit vom Ziel entfernt waren. Dann brausten wir los. Nach wenigen Minuten standen wir in der richtigen Straße vor dem richtigen Haus. Er winkte noch mal und fuhr offensichtlich zufrieden davon.

Als ich dann geläutet hatte und der Prediger ans Gartentor kam, gab es großes Staunen. »Wie habt ihr nur diese kleine Straße in der großen Stadt gefunden?«

Am nächsten Morgen ging unsere gemeinsame Reise im Golf weiter bis nach Curitiba, wo wir unseren Leihwagen unbeschädigt abgeben konnten. Weil ich diesmal fast alles mit Margrit zusammen erleben konnte, hatten all die Begegnungen und Erlebnisse in den Versammlungen einfach eine ganz andere Qualität.

Ein lustiges Curitiba-Erlebnis ist besonders hängen geblieben: Während einer Gebetsversammlung stand ein kräftiger Mann beim Beten in der Reihe vor mir. Irgendwann öffnet man ja auch mal die Augen während der Gebetszeit – und was sah ich da? Der Mann vor mir hatte seine Hände nicht gefaltet, sondern einfach an beiden Körperseiten herunterhängen lassen. Dabei tropfte der Schweiß unaufhörlich von seinen Händen auf den Fußboden, bis sich an beiden Seiten richtige Lachen bildeten. Es war aber auch ein fast unerträglich heißer Tag.

Leider war der Einsatz in Curitiba viel zu kurz. Es sollte ja auch vor allem ein Besuch zum Kennenlernen sein. Wir machten schöne Erlebnisse, aber bevor es zu einem richtigen Durchbruch kommen konnte, waren wir schon wieder beim Kofferpacken. Als wir dann abreisten, war aber bereits eine Fortsetzung für Curitiba geplant.

Was hatte ich Margrit doch alles vom ersten Paraguay-Einsatz erzählt. Nun saß sie neben mir im Flugzeug auf der Weiterreise nach Asunción, der Hauptstadt von Paraguay, und war gespannt auf die vor uns liegenden gemeinsamen Wochen. Weil unser Flugzeug recht tief flog und der Pilot zur Freude der Passagiere sogar zwei langgezogene Schleifen drehte, konnten alle

Insassen sowohl den mächtigen Itaipú-Stausee und das größte Wasserkraftwerk der Welt mit den herabstürzenden Wassermassen als auch die Iguacu-Fälle, die schönsten Wasserfälle der Welt, von oben sehen.

Nun waren wir schon über eine Woche unterwegs, doch erst nach unserer Landung in Asunción begann für uns beide die eigentliche Schwerarbeit. Trotzdem gehörten wir am Ende unserer Süd-Amerika-Reise sicher zu den glücklichsten Menschen der Welt. Überall erlebten wir volle und übervolle Säle, und an allen Orten kamen viele zur Entscheidung für Jesus. Selten hatten Margrit und ich so viel zusammen gebetet. Nie zuvor hatte sie so viele Bekehrungen und Wiederherstellungen aus nächster Nähe miterlebt. Dabei war sie selbst als Seelsorgerin von vielen Frauen heiß begehrt. Es war eine ganz neue Erfahrung für sie. Sie war eigentlich viel zu schüchtern, sich nach vorn zu drängen, und hielt sich viel lieber im Hintergrund auf. Doch plötzlich war sie an vorderster Front mit dabei.

Die erste Evangelisation hatten wir in Asunción, von dort ging es weiter nach Loma Plata, der Hauptstadt der Kolonie Menno. Dort hatten wir – unter freiem Himmel – Versammlungen mit einigen Tausend Zuhörern pro Abend. Dazu mussten sich die Besucher ihre Stühle selbst mitbringen. Wiederholt bekehrten sich fünfzig oder sechzig oder sogar über siebzig Menschen an einem Abend. Außer den Abendveranstaltungen hatten wir einen Jugendgottesdienst, dann eine spezielle Versammlung für die Bauern und auch mehrere Vorträge in der Schule.

Die weiteren Evangelisationen fanden in den Orten Neuhof, Grüntal, Eigenheim und in Neuhalbstadt in der Kolonie Neuland statt. Überall erlebten wir übervolle Kirchen. An einem Ort waren an den letzten Abenden ebenso viele Menschen außerhalb wie innerhalb der Kirche.

In Eigenheim wurde jeden Abend, wenn ich mit der Seelsorge fertig war, der Stromgenerator abgestellt. Dann wurde es dunkel im ganzen Dorf. Das war dann genau die Zeit, in der die dicken Frösche besonders aktiv wurden. Mit Taschenlampen ausgerüstet, haben wir auf dem Heimweg – den wir immer zu Fuß zurücklegten – viele Ausweichmanöver und unzählige Sprünge veranstaltet, um den Tierchen nicht zu nahe zu kommen.

Auch wenn wir in unserem kleinen Nebenhäuschen sehr spät zu Bett gingen, wurden wir jeden Morgen in aller Frühe geweckt. Dafür sorgten unüberhörbar die Hähne, die Hunde und in Eigenheim besonders eine Kuh, die sich mit ihrem Gemuhe und ihrem Schnauben jeden Morgen vor unserem Zimmerfenster zu schaffen machte. Auch in Eigenheim gab es damals noch keine Fensterscheiben, sondern nur durchsichtige Fliegengaze, vor allem gegen Mücken.

Der Dienst in Eigenheim war für mich besonders anstrengend. Am letzten Abend – oder besser gesagt: am frühen Morgen – war ich todmüde ins Bett gefallen. Am nächsten Morgen sollte es weitergehen zur Kolonie Neuland. Als ich gerade so beim Einschlafen war, hörte ich draußen ein Auto. Wie gern helfe ich Leuten in der Seelsorge, doch in dieser Nacht dachte ich: »Hoffentlich will jetzt keiner mehr etwas von mir.« Doch genau das war der Fall. Ich hörte, wie eine Autotür zugeschlagen wurde. Dann hörte ich ein lautes Klatschen.

Jetzt muss ich natürlich einiges erklären: Die Häuser dort hatten damals in der Regel keine Schlösser. Auch wenn man für Tage das Haus verließ, wurde es nicht verriegelt. Das war auch nicht nötig. Gestohlen wurde nicht. Es ging auch kein Fremder ungebeten in ein Haus. Wenn jemand zu Besuch kam, blieb er circa zwanzig Meter vom Haus entfernt stehen, klatschte einige Male kräftig in die Hände und wartete dann auf eine Reaktion. Weil es keine Fensterscheiben gab, konnte man das Klatschen im ganzen Haus hören. Wenn nun der Gast willkommen war, wurde er vom Hausbesitzer gebeten, näher zu kommen. Wenn er nicht willkommen war, rührte sich im Haus nichts, dann wusste der Gast, dass entweder gar keiner zu Hause war oder dass die Zeit zu einem Besuch unpassend war. Nie ging ein Besucher ungebeten an die Haustür oder gar in ein Haus. Auch die Indianer, die gelegentlich zum Betteln oder auch zum Helfen kamen, hielten sich an diese Sitte.

Nun hatte ich in meinem Zimmer das Klatschen gehört.

Kurz darauf hörte ich Stimmen, und nach ein paar Minuten stand mein Gastgeber in der Tür und fragte, ob ich noch mal ins Haupthaus kommen könnte, um mit einem Ehepaar zu sprechen. Ich zog mich wieder an und ging mit meiner Taschenlampe rüber in die mit einer Notbeleuchtung erhellte Küche. Die beiden empfingen mich mit Tränen. Sie hatten einfach nicht den Mut zur Seelsorge gefunden. Nun besuchten sie mich – wie Nikodemus – mitten in der Nacht.

Gegen 1:30 Uhr wollten sie sich gerade dankbar verabschieden, als ich draußen eine Autotür und danach lautes Klatschen hörte. Ein total verzweifelter junger Mann, der einfach nicht hatte einschlafen können, stand kurz darauf vor mir und bat um ein seelsorgerliches Gespräch. In der folgenden Stunde flossen viele Tränen. Doch nachdem wir zusammen gebetet hatten, stand ein total veränderter Mann vor mir. Als wir uns gegen halb drei verabschiedeten, umarmten wir uns, hundemüde, aber überglücklich.

Während der ganzen Zeit stand mir ein Auto zur Verfügung. An Regentagen bestanden die Sandstraßen nur noch aus einer schlammigen Masse. Aber wir erreichten auch im Dunkeln jeden Abend unser Ziel. Weil man uns fast an allen Orten eine eigene Wohnung zur Verfügung gestellt hatte, konnten wir unser Logis immer wieder zum Seelsorgezentrum machen. Oft standen oder saßen die Leute am Vormittag Menschenschlange wie beim Arzt. Die vielen Frauen, die in die Seelsorge kamen, wollten am liebsten mit Margrit sprechen. Sie waren richtig froh, dass sie einmal mit einem Menschen sprechen konnten, der nicht in der eigenen Kolonie wohnte.

Mit großen Bedenken und Ängsten hatte Margrit eine Einladung zu einem Frauentag in Filadelfia angenommen. Dort sollte sie einen Vortrag halten und aus ihrem Leben als Evangelistenfrau erzählen. Wie erschrocken war sie – und wie erstaunt waren wir! –, als während einer ganzen Woche jeden Tag einige Male direkt nach den Hauptnachrichten im Radio angesagt wurde: »Am Samstag, dem soundsovielten um so und soviel Uhr wird Frau Pahls beim Frauentag in Filadelfia sprechen.« Bald wusste es jeder in den Kolonien. Wie oft hatte

Margrit in über zwanzig Jahren für meinen Dienst gebetet; jetzt war ich gefordert, meine Frau zu ermutigen und mit ihr und für sie zu beten. Als sie gegen Abend vom Frauentag zurückkam, war sie wie eine Träumende. Über 700 Frauen waren zu ihrem Vortrag gekommen, und direkt nach dem Vortrag hatte sie eine Einladung von einer anderen Kolonie bekommen. So haben wir uns in unseren Diensten ergänzt und gemeinsam viele Siege mit dem Herrn erlebt.

Die schönste Gebetserhörung erlebte Margrit, als ich in Filadelfia predigte und sie in der fünften Reihe direkt hinter einem Ehepaar mittleren Alters saß. Schon nach wenigen Minuten hatte sie den starken Eindruck, dass das Ehepaar nicht bekehrt war. Und um genau solche Leute ging es ja. Genau für sie war die Evangelisation. An diesem Abend hat Margrit nicht so viel von meiner Predigt mitbekommen, weil sie sich nur ständig betend mit dem Ehepaar beschäftigte.

Die Predigt kam zum Abschluss. Der Chor sang: »So, wie ich bin, nimmst du mich an, die Sündenschuld wird abgetan, weil ich auf dein Wort trauen kann – o, Gotteslamm, ich komm!« Einige Male unterbrach ich den ergreifenden Gesang und bat alle, die noch keine Bekehrung erlebt hatten, jetzt aufzustehen, nach vorn zu kommen und sich zu bekehren.

Überall in der großen Kirche erhoben sich Besucher und kamen nach vorn. Auch von denen, die wegen Platzmangel auf Bänken außerhalb der Kirche saßen, standen einige auf, kamen in die Kirche hinein und stellten sich ebenfalls vorn auf. Es waren ergreifende Augenblicke. Inzwischen standen schon über hundert Personen vorn, viele mit Tränen, vom Heiligen Geist überführt. Doch das heiß umbetete Ehepaar saß immer noch in der vierten Reihe. Margrit betete weiter. Dann plötzlich steckten die beiden ihre Köpfe zusammen und flüsterten sich etwas zu. Fast gleichzeitig erhoben sie sich, um auch noch nach vorn zu gehen. Ich sah gerade in ihre Richtung und bemerkte, wie Margrit Freudentränen über die Wangen liefen. Ich wusste natürlich nicht, was sich gerade abgespielt hatte. Im Ganzen kamen an dem Abend 127 Personen in die Seelsorge, alle mit dem Wunsch, sich zu bekehren.

Als wir am 10. Mai, nach über acht Wochen, unsere Füße wieder auf deutschen Boden setzten, hatten wir den Eindruck, dass eine unserer größten gemeinsamen Rettungsaktionen hinter uns lag. Dass alles so gut verlaufen war, war natürlich auch eine Frucht der vielen Gebete unserer anderen BRUDERHAND-Mitarbeiter und der vielen Freunde.

Norwegen

Innerhalb eines Dreivierteljahres konnten Margrit und ich so viel gemeinsam erleben, dass wir manchmal den Eindruck hatten, Gott würde uns ständig mit neuen Überraschungen beschenken. Dabei ging es nicht einmal so sehr darum, dass Margrit auch endlich etwas von der schönen weiten Welt zu sehen bekam, sondern dass wir unsere großen Erlebnisse zusammen machen konnten.

Innerhalb dieser Zeit waren wir am südlichsten Punkt, nämlich am Kap der guten Hoffnung in Süd-Afrika und am nördlichsten Punkt, nämlich am Nordkap in Norwegen, und dazwischen noch auf der anderen Seite der Erdkugel in Süd-Amerika.

Die unvergessliche Schiffsreise von Kiel zum Nordkap mit all den unbeschreiblich schönen Zwischenstationen konnten wir natürlich nur mitmachen, weil wir als Schiffsseelsorger und Mitarbeiter – und ich als Prediger – umsonst mitreisen konnten. Welch ein Geschenk!

Damals konnten wir nicht ahnen, dass uns schon zwei Monate später eine ganz andere, eine todtraurige Nachricht erreichen sollte: die Diagnose Krebs. Mehr darüber im Kapitel »Liebe, Krankheit, Tod und Tränen«.

Kanada/USA

Es war im August 1988. Seit zehn Monaten lebte ich nun schon mit einer todkranken Ehefrau. Warum sage ich »todkrank«? Wenn die Ärzte Recht gehabt hätten, hätte sie eigentlich zu dem Zeitpunkt schon gar nicht mehr leben dürfen. Doch Gott gab uns eine großzügige Zulage und schenkte uns nach der schweren Operation noch viereinhalb gemeinsame Jahre. In vielerlei Hinsicht waren es sogar unsere besten.

Am 25. August 1988 machten wir uns auf die Reise über den großen Teich nach Kanada. Kurz nach ihrer Operation hatte Margrit ihren Speiseplan total auf Rohkost umgestellt. Der Einfachheit halber und aus Liebe zu ihr hatte ich mich angepasst, so dass auch ich – immer wenn ich mit Margrit zusammen war – mich nur noch von Rohkost ernährte. Nebenbei: Ich habe mich gesundheitlich nie besser gefühlt.

Von den Gemeinden in Kanada hatten wir die Zusage, dass sie uns an jedem Einsatzort eine kleine Unterkunft bereitstellen würden, in der wir uns selbst versorgen konnten.

Die Dienstreise war schon recht lange geplant, doch ich wollte nicht nur von einer Gemeinde zur anderen eilen, sondern auch ganz bewusst viel gemeinsame Zeit mit Margrit verbringen. In Toronto angekommen, mieteten wir uns erst einmal ein Auto. Die Iguacu-Wasserfälle in Süd-Amerika hatte ich ja schon besucht, Margrit hatte das gewaltige Naturschauspiel vom Flugzeug aus gesehen; jetzt wollten wir auch die Niagarafälle sehen. Welch ein Tag! Welch ein Staunen!

Von dort aus fuhren wir ein Stück durch die USA nach Rochester, dann nach Montreal und Quebec in Kanada und wieder zurück nach Toronto. Anschließend ging es dann per Flugzeug nach Calgary. Mit einem Leihwagen fuhren wir von dort nach Edmonton, wo wir unsere alten Freunde Siegfried und Ursel Röseler besuchten, die einige Jahre zuvor dorthin ausgewandert waren. Auf der Weiterfahrt ging es durch die Rocky Mountains und nach einigen herrlichen Zwischenstationen schließlich nach Kelowna zu unserem ersten Einsatzort. Oh, wie haben wir all die Stationen unserer Urlaubsreise genossen, uns aber auch auf die vor uns liegenden Evangelisationen gefreut, denn sie waren ja der Hauptgrund unserer Reise.

In Kelowna erlebten wir herrliche Tage mit einer gesegneten Zeit in der Gnaden-Baptisten-Gemeinde. Von dort brachte uns ein lieber Freund mit dem Auto nach Vancouver, der schönsten

Stadt Kanadas, wo wir einen wunderbaren Tag verbrachten, um dann mit dem Flugzeug weiterzureisen nach Winnipeg, zu unserem nächsten Einsatzort. Auch dort stand uns eine eigene Wohnung zur Verfügung. Überall hatten wir den Eindruck, dass Gott viel Gnade zu unserer Reise gegeben hatte.

Nach vier Wochen in Kanada ging es noch einmal in die USA. Dort schlossen wir uns einer deutschen Reisegruppe an, um von Boston über Chicago nach Los Angeles die verschiedenartigsten amerikanischen Gemeindemodelle kennenzulernen. Wieder saß ich hinterm Steuer eines Leihwagens, um zweieinhalb Wochen lang kreuz und quer mit anderen Interessierten durch das »Land der unbegrenzten Möglichkeiten« zu reisen.

Als wir nach fast sieben Wochen in bester Verfassung von der großen Reise zurückgekehrt waren, war uns bewusst, dass der Herr uns – zehn Monate nach Margrits Operation – noch einmal ein ganz großes Geschenk gemacht hatte.

Und wieder in Süd-Afrika

Weil es Margrit so gut ging und weil auch der Arzt nicht die geringsten Bedenken hatte, machten wir uns auch dieses Mal wieder zusammen auf die weite Reise. Wir hatten unseren Flug in der Schweiz gebucht, und als ich kurz vor der Abreise noch einmal bei der Swissair anrief, begrüßte mich die junge Dame am Telefon und sagte: »Bruder Pahls, ich kenne Sie. Ich habe Sie einige Male hier in Zürich im Hallenstadion gehört.« Meine Fragen konnte sie schnell beantworten. Doch sie hatte auch noch eine Überraschung für mich. Sie sagte nämlich, dass in der 1. Klasse noch einige Plätze frei wären und dass Margrit und ich ohne Aufpreis dort Platz nehmen könnten. Alles Weitere würde sie regeln. Von Zürich nach Pretoria – das ist natürlich eine weite Reise. Fünfzehn Stunden dauerte der Flug. Doch in der 1. Klasse, mit dem ungewohnten Service, im oberen Bereich des Jumbos, war es ein richtiges Vergnügen.

Auch in Süd-Afrika und in Namibia hatten die Freunde jeweils eine eigene Wohnung für uns bereit. Margrit ging es –

trotz der früheren gegenteiligen ärztlichen Prognosen – blendend.

Diesmal hatten wir unsere erste Evangelisation in Pretoria, von dort ging es wieder nach Windhoek in Namibia, anschließend nach Kapstadt und Johannesburg. Den Abschluss bildete eine Kurzevangelisation in Vanderbijlpark.

Zwischendurch hatten wir eine wunderbare Urlaubswoche am Atlantik in Swakopmund und eine traumhaft schöne und unvergessliche Zeit im Norden des Landes. Wie gut, dass wir zwei zusätzliche Reifen in unserem Leihwagen mitgenommen hatten. Ohne sie wären wir irgendwo in der menschenleeren Wildnis liegen geblieben. Wir mussten sogar eine Felge und einen zusätzlichen Reifen kaufen.

Wir hatten schon so viel über die Etoscha-Pfanne gehört. Nun waren wir dort. Die Etoscha-Pfanne ist der Boden eines ehemaligen Sees im Norden Namibias und Teil des Etoscha-Nationalparks. Mehrere Tage hielten wir uns im Park auf, um aus einigen Metern Entfernung die vielen, vielen Tierarten zu bestaunen, die Geparden und die Leoparden, die Löwen und Elefanten, Giraffen, Oryx-Antilopen, Zebras, den Springbock und das Nashorn, um nur eine kleine Auswahl davon zu erwähnen. Dazu die vielen, vielen Vogelarten. Was haben wir in dieser Woche gestaunt.

Auf der Rückreise hatten wir noch einen mehrtägigen Aufenthalt bei DIGUNA[41] in Kenia. Es hat uns riesig gefreut, dass wir bei dieser Gelegenheit einen der Missionare unseres Missionswerks besuchen konnten und ich dort einige Male predigen und einigen Mitarbeitern seelsorgerlich weiterhelfen konnte. Am meisten hat es mich gefreut, dass es Margrit auf der ganzen Reise so gut ging, dass sie das überhaupt alles miterleben konnte. Es war aber das letzte Mal, dass Margrit mich auf einer so langen und weiten Dienstreise begleiten konnte. Wie dankbar und reich beschenkt sind wir damals, nach achteinhalb Wochen, wieder nach Hause zurückgekehrt. Wir hatten Dienst und Urlaub miteinander verbunden und unglaublich viel Schönes zusammen erlebt.

Eigentlich wollten wir im Februar 1990 wieder gemeinsam

viereinhalb Wochen zum Dienst nach Brasilien fliegen. Alle Einsätze waren bereits fest einplant. Lapa, Witmarsum, Curitiba und São Paulo standen auf dem Programm. Doch kurz vor der geplanten Abreise bekam Margrit Probleme mit der Lunge, und wir merkten, dass wir die lange Flugreise nicht machen konnten. Ich wollte Margrit in diesem Zustand auch nicht allein lassen. Das war das erste Mal in meiner Evangelisten-Geschichte, dass ich einen zugesagten Dienst nicht durchführen konnte.

Daniel, unser ältester Sohn, war damals als Bibellehrer am Theologischen Seminar in Adelshofen tätig. Er und seine Frau Iris waren sofort bereit, für uns einzuspringen. Wie dankbar waren wir, dass auch die Schulleitung grünes Licht zu diesem Vorhaben gab, so dass die Evangelisationen – mit kleinen Änderungen und Terminverschiebungen – auch ohne uns durchgeführt werden konnten.

Und wieder in Kanada

Wir schrieben das Jahr 1991. Am 9. November 1989 hatten wir den Fall der Mauer erlebt und am 3. Oktober 1990 die deutsche Wiedervereinigung gefeiert. In kurzer Zeit hatte sich die Welt total verändert.

Aber auch in unserem Leben ergaben sich in dieser Zeit gravierende Veränderungen. Eigentlich wollten Margrit und ich im August noch einmal zusammen fur funfeinhalb Wochen zum Dienst nach Kanada fliegen. Doch unser Arzt, den Margrit regelmäßig aufsuchte – eigentlich nur zur Kontrolle, denn Medikamente brauchte sie nie –, riet uns dringend, unseren Plan aufzugeben.

Seit Anfang 1990 war Margrit langsam immer schwächer geworden. Sollte ich den zugesagten Dienst absagen?

Ich werde nie vergessen, wie eindringlich Margrit mich damals bat, den Dienst nicht abzusagen. Sie war bereit, zu Hause zu bleiben, aber ich sollte unbedingt evangelisieren. Damals konnte man noch keine SMS und auch keine E-Mail versenden, aber mit einer Fax-Mitteilung konnte man jeden Tag ganz schnell Informationen austauschen. Außerdem gab es ja das bewährte Telefon. Sie meinte, wenn es ihr schlechter gehen sollte, könnte sie doch anrufen und ich könnte mit dem nächsten Flugzeug nach Hause kommen. Auf gar keinen Fall sollten Menschen ihretwegen verlorengehen.

So reiste ich ein zweites Mal nach Kanada und evangelisierte in Kelowna, Vancouver und Clearbrook und erlebte fern der Heimat herrliche Siege im Dienst, während Margrit mit ihren Gebeten hinter mir stand. Nur wirklich Eingeweihte wussten, welch großen Anteil sie an den vielen Bekehrungen hatten.

Russland

Der Eiserne Vorhang war gefallen. Selbst in Moskau konnte man plötzlich einen Saal mieten und unbehindert das Evangelium verkündigen. Schon längere Zeit stand ich mit R. Philip Roberts vom Midwestern Baptist Theological Seminary und Leighton Ford, dem Schwager von Billy Graham, in Verbindung. Sie wollten mit mehreren international bekannten Rednern eine »Sowjetische Konferenz für reisende Evangelisten« in einem der größten Hotels in Moskau durchführen. Ich sollte über die Themen »Gebet, Seelsorge in der Evangelisation, Nacharbeit« und vor allem über »die Ehe und Familie des Evangelisten« sprechen.

Drei Tage waren für die Schulungen geplant. An drei weiteren Tagen sollten die ausländischen Redner mit den Predigern bzw. Evangelisten aus der Sowjetunion irgendwo in Moskau oder in einer Nachbarstadt in einem Kulturzentrum oder einem anderen extra gemieteten Saal evangelisieren und in der Praxis genau das durchführen, was sie auf der Konferenz als Theorie vermittelt hatten.

Was sollte ich nur tun? Wenn es nach unserem Arzt gegangen wäre, hätte ich auf keinen Fall nach Russland reisen dürfen. Wieder sagte er mir: »Herr Pahls, Sie waren in Ihrem Leben genug getrennt. Jetzt müssen Sie bei Ihrer Frau bleiben!«

Doch Margrit sah das wieder ganz anders. Sie bat mich, auf gar keinen Fall eine Absage zu erteilen. Sie wurde zwar immer schwächer, aber sie hatte eigentlich nie Schmerzen und wollte auf gar keinen Fall, dass Menschen verlorengingen, nur weil sie krank war. Außerdem bestand dort ja die Möglichkeit, Hunderten von Evangelisten und Predigern aus der Sowjetunion wichtige Ratschläge für ihre Arbeit zu geben.

Am 19. November 1991 startete ich in Richtung Moskau. Die Konferenz wurde zu einem der größten Dienst-Höhepunkte in meinem Leben. Wie froh war ich, dass ich so gute Übersetzer hatte. Bei meinem dritten Abendvortrag hatte ich die Zeit ziemlich überzogen. Doch dann wurde ich um eine Fortsetzung gebeten. So sprach ich weiter bis Mitternacht, während einige Hundert (meist junge) Prediger und Evangelisten aus der Sowjetunion an meinen Lippen hingen.

Dreimal wurden wir mit einem Team »ausgesandt«. Ich war jedes Mal irgendwo außerhalb von Moskau. Ungefähr drei Stunden vor Versammlungsbeginn schwärmten die Mitarbeiter aus und verteilten die primitiven Einladungszettel. Für die Menschen war das damals so etwas Neues, dass sie auf Anhieb in Scharen kamen. Ich weiß nicht, was die anderen Kollegen in Moskau oder in den anderen Städten erlebten, jedenfalls hatten wir an allen drei Orten übervolle Säle.

So gut ich nur konnte und so gründlich wie möglich sprach ich über den Menschen und Gott, über Verlorenheit und Rettung, über Sünde und Gnade, über Hölle und Himmel, über Bekehrung und Wiedergeburt. Dabei standen Jesus und sein Erlösungswerk total im Mittelpunkt meiner Botschaft. Dann bat ich die, die sich bekehren wollten, aufzustehen. Fast alle standen auf. Ich bat sie, wieder Platz zu nehmen, weil ich dachte, sie hätten mich nicht richtig verstanden. Noch einmal erklärte ich die Bekehrung, dabei machte ich die »enge Pforte« (Matthäus 7,13–14) so eng wie möglich. Ich sprach über die Bibel und über das Gebet und erklärte ihnen, was es heißt, sich gründlich für Jesus zu entscheiden und ihm entschieden nachzufolgen. Dann bat ich, dass nur die, die das von ganzem Herzen tun und Jesus bis zum Lebensende treu nachfolgen wollten, jetzt aufstehen und nach vorne kommen sollten. Weit über die Hälfte der Besucher stand auf und versuchte nach vorn zu kommen. Der Platz vor der Bühne reichte aber gar nicht aus. Einige standen in den Gängen. Viele weinten. Ich fragte meinen Übersetzer: »Ob die Leute mich wirklich verstanden haben? Was machen wir jetzt?« Er strahlte mich an und sagte nur ein Wort: »Beten!«

Noch einmal erklärte ich die Bekehrung und bat die, die es sich jetzt vielleicht anders überlegt hätten, wieder auf ihre Plätze zu gehen. Dann sprach ich laut, Satz für Satz, ein Gebet, das von allen, die sich bekehren wollten, nachgesprochen werden konnte. Ich hatte den Eindruck, dass alle aufrichtig mitbeteten.

Nach einigen ganz wichtigen Erklärungen übergaben wir allen, die gerade mitgebetet und Jesus für die Errettung gedankt hatten, ein Neues Testament und noch etwas hilfreiche Literatur. Danach bekamen sie noch eine Einladung für eine Gemeinde, die sich von jetzt an in dieser Stadt versammeln sollte.

Unsere Versammlungen waren in drei verschiedenen Städten, sie waren auch unterschiedlich groß, aber der Ablauf und die Auswirkungen waren an allen drei Orten ähnlich. Als wir Abschied nahmen, hatten sich allein in unseren drei Blitzaktionen 319 Personen für Jesus entschieden. Leider hatte keiner von uns Ausländern die Möglichkeit, die Entwicklung weiter zu verfolgen. Trotzdem hatte ich damals den Eindruck, dass unsere »Sowjetische Konferenz für reisende Evangelisten« erst durch das praktische Erleben ihren wirklichen Wert bekommen hatte.

Nach der Konferenz wurde von den Veranstaltern aus den USA eine gründliche Auswertung gemacht, vor allem, um aus den Ergebnissen für die Zukunft die richtigen Schlüsse ziehen zu können. Die Antworten der Teilnehmer haben mich zutiefst beschämt. Wenn ich es hier zum ersten Mal erwähne, tue ich es, um den vielen Betern besonders zu danken und Jesus die Ehre zu geben. Mit wie vielen heimlichen Ängsten war ich doch nach Moskau geflogen, mit wie viel Herzklopfen hatte ich doch meine Vorträge gehalten. Philip Roberts schrieb mir, dass fast alle Teilnehmer aus der Sowjetunion meine Beiträge als die hilfreichsten empfunden hätten. Der Brief aus Amerika war vor allem für Margrit, die mich ja so sehr zu dem Dienst ermutigt und in meiner Abwesenheit Tag und Nacht für mich gebetet hatte, ein riesiges Geschenk. Gott ist so gut!

Rumänien

Seit der unvergesslichenkonferenz in Moskau waren wir in Verbindung geblieben, einige Male hatten wir uns sogar getroffen, nun kam wieder eine Einladung von Philip Roberts aus den USA zu einem besonderen Auftrag. Sie planten eine ganz ähnliche Konferenz mit achtzig Teilnehmern in Rumänien.

Anfang November 1992 machte ich mich per Flugzeug auf die Reise. Am ersten Tag war ich so furchtbar erkältet, dass ich ohne die wirksamen Medikamente, die Richard Kriese mir damals gab, wohl gar nicht zum Reden gekommen wäre. Zu meinem Glück war ich erst am zweiten Tag an der Reihe. Auch dort ging es um die großen Themen: »Gebet, Ruf zur Entscheidung, Seelsorge, Nacharbeit«, aber in meinem Fall besonders um »Die Ehe des Evangelisten«.

Nach der Evangelisten-Konferenz reisten wir – die drei Redner aus Amerika, der rumänische Übersetzer und ich – erst einmal nach Bukarest. Dort spendierten uns die Gäste aus Übersee ein leckeres Abschiedsessen und übernahmen auch die Kosten für die Hotelübernachtung. Von dort ging es für mich am nächsten Tag weiter zu einer Kurzevangelisation in die Gemeinde meines Übersetzers. Bevor ich von dort abreiste, hatte mich der Pastor zu einer späteren Fortsetzung in seiner Gemeinde überredet.

Wieder einmal war ich beschämt über so viel Gnade. Mit wie vielen heimlichen Ängsten und zusätzlich noch mit einer Erkältung war ich doch zu dem Dienst aufgebrochen. Aber unsere Verlegenheiten sind Gottes Gelegenheiten! Wie oft schon, wenn ich mich am liebsten verkrochen hätte und meinte, jeder andere sei besser geeignet für diese Aufgabe, ist Jesus mir zu

Hilfe gekommen, um mir zu zeigen, dass es ja gar nicht um mich, sondern nur um *ihn* geht. Und *er* kommt nie in Verlegenheit.

Kasachstan

Die Überschrift dieses Kapitels heißt ja: »Mit Volldampf durch die Kontinente«, und darum will ich noch ein paar Länder und einige ganz besondere Ereignisse aus meinem Erlebnisschatz erwähnen.

Wir schrieben das Jahr 1993. Am 5. August machten Siegfried Korzonnek und ich uns mit unserem Übersetzer Viktor Enns von Berlin aus auf die Reise nach Kasachstan. Dieses Land in Zentralasien ist so groß, dass man Deutschland bequem siebenmal darin unterbringen könnte, trotzdem liegt die Bevölkerungszahl bei nur 15 Millionen Einwohnern im Gegensatz zu 82 Millionen in Deutschland. Es ist eins der Länder mit der niedrigsten Bevölkerungsdichte der Welt. Seit Ende 1991 ist Kasachstan von der Sowjetunion unabhängig, aber achtzig Prozent der Menschen sprechen immer noch Russisch. Circa fünfzig Prozent der Einwohner bekennen sich zum Islam. Unser Ziel damals war die Stadt Karaganda mit ihren 400 000 Einwohnern.

Mehrere Gemeinden öffneten uns ihre Türen. Drei Versammlungen konnten wir sogar im Kulturpalast durchführen. Was haben wir gestaunt, als wir in einer total verdreckten Ecke hinter der Bühne eine mehrere Meter hohe Leninstatue entdeckten. Sie war von ihrem Podest entfernt worden und wartete wohl auf ihre Entsorgung. Auch für Kasachstan war eine neue Zeit angebrochen. Als die letzte unserer Veranstaltungen hinter uns lag, hatten 326 Personen eine Entscheidung für Jesus getroffen.

Wie froh war ich, dass wir einen guten Fahrer hatten und nicht selbst hinters Steuer mussten. An vielen Stellen fehlten auf den Straßen die Gullydeckel. Sie wurden auch nicht ersetzt. Wahrscheinlich wären sie am nächsten Tag wieder weg gewesen. Die Autos fuhren einfach um die großen Öffnungen herum. Auch auf den Fußwegen gab es an vielen Stellen solche Fallgruben, aber die waren wohl nur für Besucher aus Europa eine Gefahr. Dort schien sich keiner daran zu stören.

Weil wir unseren Gastgebern vor der Abreise eine besondere Freude machen wollten, luden wir sie zu einem Abschiedsessen ein. Wir fuhren mit ihrem alten Auto ins Stadtzentrum und machten uns dann auf die Suche nach einem guten Restaurant. Unsere Gastgeber kannten sich auf dem Gebiet nicht so aus, weil sie noch nie in einem Restaurant gegessen hatten. Wir suchten dann lange, aber so etwas gab es in der 400 000-Einwohner-Stadt überhaupt nicht. Schließlich gingen wir in ein großes Hotel, wo ausländische Geschäftsleute zu übernachten pflegten. Dort wurden wir sehr ungläubig angesehen, weil wir wohl die ersten »Gäste« von der Straße waren, die so einen Wunsch äußerten. Eine Speisekarte gab es nicht, aber es gab dann doch zwei Möglichkeiten, etwas für den knurrenden Magen zu bekommen, und zwar entweder ein Stück Wurst mit Brot oder ein Stück andere Wurst mit Brot. Ich weiß heute nicht mehr, was wir getrunken haben. Jedenfalls sind wir satt geworden und hatten unsern Spaß.

Auf dem Flughafen gab es dann die vielen üblichen Kontrollen und eine schrecklich lange Wartezeit. Hier und da saßen betrunkene Auswanderer auf ihren Kofferbergen. Sie feierten schon, bevor sie das ersehnte »Schlaraffenland« erreicht hatten. Irgendwann musste man während dieser langen Wartezeit auch mal ein »Stilles Örtchen« aufsuchen. Dort war es wirklich still und glitschig und stockdunkel. Jemand, der sich auskannte, sagte uns, dass damals jede erreichbare Glühbirne in öffentlichen Räumen gestohlen wurde.

Später war ich noch einige Male in verschiedenen Städten Kasachstans und musste feststellen, dass die Zustände sich von Jahr zu Jahr gravierend verschlechterten. Aber diese äußeren Dinge waren damals nur Nebensächlichkeiten für uns, denn immer wieder gingen unsere Gedanken und unsere Unterhaltung zu den großen Versammlungen, und wir freuten uns über die vielen Menschen, die eine Entscheidung für Jesus getroffen hatten.

Albanien

Auch die Reise nach Albanien, im Mai 1995, möchte ich kurz erwähnen. Seit Jahren hatten wir fast täglich für das lange verschlossene Land gebetet, das so sehr unter der kommunistischen Herrschaft gelitten hatte. Nach der Wende gingen auch dort die Türen auf für das Evangelium. Unsere Leute – inzwischen waren es fünf – gehörten mit zu den Ersten, die nach Albanien gingen, um auch dort Menschen für Jesus Christus zu gewinnen.

Walter Sedlmayer, einer der Ältesten aus unserer Heimatgemeinde, begleitete mich. Unser Besuch sollte vor allem zur Ermutigung unserer Fünf und der jungen Gemeinde, die inzwischen dort entstanden war, dienen – und auch zur noch besseren Information für uns.

Das Land hat nur ein Zwölftel der Fläche Deutschlands und beherbergt dreieinhalb Millionen Einwohner, von denen sich – sehr unterschiedlichen Schätzungen zufolge – 45 bis 70 Prozent zum Islam zählen. Die Kommunisten hatten Albanien zum atheistischen Staat erklärt und viele Jahre, bis 1990, jegliche Religionsausübung verboten. Nach wie vor hat die Mehrheit der Albaner kein offizielles Bekenntnis abgelegt. Sie erinnern sich aber, ob die eigene Familie der muslimischen oder einer anderen Tradition entstammt.

Als wir nach zehn randvoll gefüllten Tagen unsere Heimreise antraten, waren unsere Herzen voller Dank über die großen Wunder, die Gott in nur wenigen Jahren in der Stadt und auch sonst im Land gewirkt hatte.

Es war aber nicht mein einziger Besuch in Albanien. Besonders dankbar denke ich an die spätere Josia-Konferenz zurück. Wieder etwas später haben wir sogar angefangen, eine richtige Evangelisation im Kulturzentrum zu planen, stattdessen kam dann aber der Kosovo-Krieg, dessen Auswirkungen durch das

Flüchtlingselend unseren Leuten lange auch die letzten Kraftreserven abverlangten.

Heute gibt es überall im Land lebendige Gemeinden. Es gibt aber noch viel, sehr viel zu tun.

Sibirien

Über die fast endlosen Weiten Sibiriens hatte ich schon eine Menge gehört und gelesen, doch es ist etwas ganz anderes, wenn man Land und Leute mit eigenen Augen sieht und in sechzehn Tagen Erlebnisse macht, die man so nicht planen, ja nicht einmal ausdenken kann.

Wie glücklich war ich, dass ich Viktor Enns wieder als Übersetzer gewinnen konnte. Am 27. Juli 1995 starteten wir in Köln und flogen erst einmal nach Pawlodar in Kasachstan. Dort wurden wir sofort zu einem Gottesdienst eingeladen und durften erstaunt miterleben, wie sich – praktisch auf der Durchreise – sofort 23 Personen bekehrten. Von dort ging es dann per Auto weiter über die Grenze nach Sibirien, wo wir fast zwei Wochen lang in vier weit voneinander entfernten russischen Gemeinden eine herrliche Ernte erleben durften. Den ersten Dienst hatten wir in Slawgorod. Unsere Autofahrten machten wir hauptsächlich nachts, um jeden Tag Versammlungen durchführen zu können.

Wenn von Sibirien die Rede ist, muss ich fast immer sofort an eine bestimmte Unterkunft denken. Mit etwas Fantasie kann sich der Leser vielleicht etwas in unser Logis hineindenken. Das Flachdach-Haus hatte vielleicht so vierzig Quadratmeter Grundfläche. Es hatte eine Tür. Es hatte auch drei kleine Fenster, die sich aber nicht öffnen ließen. Zuerst trat man durch die Haustür in einen Vorraum (acht Quadratmeter), der auch als Abstellraum genutzt wurde. Von dort führte eine Tür in die Küche (zehn Quadratmeter), in der es einen großen Ofen, auf dem man auch kochen konnte, und auch eine kleine Ecke zum Essen gab. Die Küche war natürlich auch zum Geschirrspülen und zum Wäschewaschen da und diente den Hausbewohnern auch noch als Badezimmer. Ich stellte gleich fest, dass man hier das Fenster nicht öffnen konnte. Von dort ging es weiter in ein Schlafzimmer (zehn Quadratmeter) mit zwei Betten, und dann im Uhrzeigersinn weiter in das zweite Schafzimmer (zwölf Quadratmeter). Dort standen drei Betten. Beide Schlafzimmer hatten kleine Fensterchen, aber öffnen ließen die sich nicht. Die einzige Luftöffnung bestand aus der Hauseingangstür.

Was mich noch mehr wunderte, war, dass die uralten Betten mit so vielen Bezügen und Decken und Kissen ausgestattet waren. Ich hatte den Eindruck, dass in meiner Bettwäsche schon sehr viele übernachtet haben könnten, ohne dass sie zwischendurch mal gewechselt worden war. Das war aber nur eine Vermutung. Ich habe aber trotzdem wunderbar geschlafen. Das »Stille Örtchen« für alle war natürlich auch dort ganz hinten im Garten.

Nach dem Frühstück luden die Brüder mich zu einem Bad ein. Das war auch wirklich einmal nötig, denn auf der ganzen Sibirientournee hatten wir uns bis dahin immer mit einer »Katzenwäsche« begnügt. Nun war ich gespannt. Das Bad war nämlich auf einem Nachbargelände. Zu viert traten wir unsere gemeinsame Kur an. Bis dahin hatte ich noch nie etwas von einer Banja gehört. Das ist so eine Art Sauna, und doch anders. Verwundert hat mich, dass es dort nicht nur um Waschen und um wiederholtes Schwitzen und Abkühlen ging, sondern dass man dort zwischendurch ganz kräftig mit Birkenzweigen traktiert wurde. Den anderen gefiel es offensichtlich, mich einmal richtig auszupeitschen. Es soll sehr gesund sein. Na ja. Etwas später las ich irgendwo folgende Erklärung:

»Im Sommer ist es doch sowieso heiß! ›Was will man denn in der Banja, wenn es draußen fast genauso heiß ist wie in einer Sauna?‹, werden Sie sich bestimmt fragen. Aber Sie irren sich! Der Kontrast der unterschiedlichen Temperaturen in der Banja ist relativ groß, und in Folge der ständigen Erhitzung und Abkühlung des Körpers bekommt Ihr Herzkreislauf eine ausgezeichnete Übung. Aus dem Grund werden Sie die hohen Temperaturen im Sommer besser vertragen können. Wenn es heiß ist, werden Sie sich folglich nicht mehr so schlapp und müde fühlen.« – Tatsächlich: Mir ging es hinterher richtig gut.

Während der Tour durchs Altaigebiet hatten wir auch zwei Abende in einem großen Dorf, in dem fast alle in der Landwirtschaft tätig waren. Abends um acht Uhr waren fast alle noch mit ihren Kühen beschäftigt, und die Kinder spielten noch auf den Straßen. Um der Bevölkerung entgegenzukommen, fingen wir unsere Versammlungen erst um 21:00 Uhr an. Die gingen dann aber fast bis Mitternacht. Die meisten Besucher hatten noch nie im Leben eine evangelistische Predigt gehört. Am ersten Abend kamen in dem Bauerndorf 57 und am zweiten 38 Menschen in die Seelsorge.

In einem Ort brachen wir am Samstag nach Mitternacht auf, um am nächsten Morgen eine entfernte Stadt zu erreichen. Es war eine kühle Nacht, die Heizung in dem alten VW-Bus war kaputt, und die Straßen präsentierten sich in einem fürchterlichen Zustand. Es war eine schreckliche Nacht. Am Ziel angekommen, konnten wir uns noch etwas ausruhen, dann ging es schon wieder auf die Kanzel. Es war ja Sonntag, und die Gemeinde hatte uns schon lange erwartet. An vier Tagen durften wir auch dort herrliche Siege erleben.

Unseren Abschluss hatten wir wieder in Pawlodar. Wie glücklich waren wir, dass in der letzten – eigentlich gar nicht geplanten – Versammlung noch einmal elf Personen nach vorn kamen. Im Ganzen hatten sich während unserer Rundreise genau 200 Personen bekehrt. Wie viele von ihnen werden wir wohl im Himmel wiedersehen?

Kirgisistan

Drei Monate nach den wunderbaren Erlebnissen in Sibirien ging es erneut zu einem längeren Einsatz nach Zentralasien, diesmal mit einem Übersetzer, mit dem ich noch nicht zusammengearbeitet hatte. Aber meine Sorgen waren unberechtigt. Er hatte selbst früher dort, wo wir evangelisieren wollten, gewohnt, war bestens mit Land und Leuten vertraut und auch in der russischen Sprache wirklich zu Hause.

Doch jetzt erst einmal ein paar Zahlen zu Kirgisistan:

Die laut Auswärtigem Amt offizielle deutschsprachige Landesbezeichnung lautet jetzt Kirgisistan. Ebenfalls verbreitet sind der Name Kirgistan sowie die zu Sowjetzeiten gängige Bezeichnung Kirgisien.

Das Land grenzt im Norden an Kasachstan, im Südosten an China, im Süden an Tadschikistan und im Westen an Usbekistan. Die Hauptstadt ist Bischkek. Seit August 1991 ist Kirgisistan unabhängig von der Sowjetunion und hat über fünf Millionen Einwohner, die größtenteils einen islamischen Hintergrund haben.

Inzwischen war der Eiserne Vorhang längst gefallen. Diesmal, zehn Jahre nach meinem ersten Besuch, konnte ich auch außerhalb der Hauptstadt evangelisieren. Die Deutschstämmigen waren größtenteils nach Deutschland ausgesiedelt. Die Gemeindehäuser waren von den russischen Gemeinden übernommen worden, und auch unter den Kirgisen entstanden mittlerweile lebendige Gemeinden.

Am 8. November 1995 war ich mit meinem Übersetzer zu dem zweiwöchigen Einsatz aufgebrochen. Außer in Tokmak und in Kraschnaja Retschka hatten wir auch in Bischkek evangelisiert. Wir waren glücklich, als wir uns auf dem Heimflug über die hundert Neubekehrten unterhielten. Auch diesmal hatte Gott viele Gebete erhört. Was mich ganz besonders dankbar machte, war, dass ich zum ersten Mal auch mehrere Kirgisen zu Jesus führen durfte.

Wie schmeckt eigentlich ein Schafsauge?

Andere Länder, andere Sitten! Die einen essen mit Messer und Gabel, die anderen mit den Fingern, und zwar mit ebenso großem Genuss. Ob nun von einem Teller oder aus einer gemeinsamen Schüssel, ob von einem großen Blatt oder aus der hohlen Hand gegessen wird – alle haben den Eindruck, dass sie die beste Essmethode herausgefunden haben. Selbst bei dem, was

»auf den Tisch« kommt, gehen die Geschmäcker tatsächlich weit auseinander.

Bei einem weiteren Besuch in Kirgisistan hatten wir wieder eine Evangelisation in Bischkek, doch nicht im Kulturzentrum, sondern im großen Bethaus. Unter den Zuhörern entdeckte ich meinen kirgisischen Freund vom letzten Mal. Ihn konnte man gar nicht übersehen. Seine strahlenden Augen, sein leuchtendes Gesicht, seine Gesten – das alles lenkte meine Aufmerksamkeit sofort auf ihn und erinnerte mich an seine wunderbare Bekehrungsgeschichte bei meinem letzten Besuch. Damals hatte auch seine Frau eine Entscheidung für Jesus getroffen.

Kaum hatte ich meine Predigt beendet, stand er vor mir und bat mich, am nächsten Vormittag unbedingt zu ihm zu kommen. Er wollte sein bestes Schaf schlachten, ein ausgezeichnetes Essen zubereiten, dazu seine engsten Freunde einladen und dann mit mir und meinem Übersetzer ein Fest feiern. Er strahlte und strahlte und wartete auf mein Ja. Mein Übersetzer flüsterte mir zu: »Du darfst jetzt nicht Nein sagen. Das würde ihn zutiefst verletzen. Dein Besuch ist ihm unbeschreiblich wichtig.« Ich sagte Ja.

Er wohnte irgendwo ganz weit draußen. Ohne fremde Hilfe hätten wir ihn am nächsten Tag kaum gefunden. Doch eine Wegbeschreibung hatten wir nicht nötig, weil der Prediger der kirgisischen Gemeinde auch eingeladen war und uns den Weg zeigen wollte. Schon die Fahrt dorthin war ein Abenteuer für sich, doch dann – bei seinem »Wohnsitz« angekommen – ging es von einer Überraschung zur andern.

Zuerst begrüßten wir unseren strahlenden Gastgeber, dann seine ebenso freundliche Frau, die wir von unserem früheren Kontakt im Kulturzentrum her ja auch schon kannten. Da waren aber noch weitere Frauen aus der Nachbarschaft – alle waren mit der Zubereitung des Festessens beschäftigt. Auch einige Männer standen erwartungsvoll in der Nähe des riesigen Kochtopfes. Aber nur die Frauen arbeiteten. An dieser Aufgabenteilung änderte sich auch in den nächsten beiden Stunden nichts. Nachdem wir uns etwas in dem einfachen Stall umgesehen und dann die »Backöfen« im Garten bestaunt hatten, wurden wir ins Haus gebeten.

Das Wohnzimmer erinnerte mich an einen Besuch in einer islamischen Familie in Albanien. Ich hoffte, diesmal vielleicht wenigstens einen kleinen Hocker angeboten zu bekommen. Doch so etwas besaßen sie wahrscheinlich gar nicht. Alle Männer – also *nur* die Männer – wurden ins Wohnzimmer gebeten. Da war alles mit Teppichen ausgelegt. Möbel gab es nicht, aber einige Kissen. Im großen Kreis nahmen die Gäste auf dem Boden Platz. Beim Versuch, meine Beine ebenso zu verschränken und dabei aufrecht auf dem Boden zu sitzen, scheiterte ich kläglich. Ich kam einfach nicht runter, ohne dabei umzukippen. So schob ich schließlich beide Füße auf die rechte Seite und stütze mich mit der linken Hand. Mit Hilfe einiger Kissen hatte ich schließlich eine einigermaßen erträgliche Position. Das Festessen konnte beginnen.

Während die Männer alle im Kreis saßen, machten die Frauen sich ans Servieren. Sie brachten die Speisen aber nur bis an die Zimmertür. Von dort wurden sie von den Männern weitergereicht.

Zuerst wurde eine Suppe serviert, eine Schafssuppe. Viele verschiedene Suppen kannte ich ja auch von zu Hause und aus anderen Ländern, doch wenn ich sonst eine Suppe vor mir hatte, konnte ich in der Regel einige Fettaugen oben schwimmen sehen. Doch diese Suppe bestand nur aus einem einzigen großen Fettauge, es war einfach nur Fett, gut gewürztes heißes Fett. Vor dem Essen hatten wir schon gebetet, doch ich betete dann weiter »ohne Unterlass« ... Nach jedem Bissen, den ich schnell runterschluckte, nahm ich immer blitzschnell etwas Brot hinterher und betete dabei, dass alles am richtigen Platz bleiben sollte. Meine Gebete wurden erhört.

Dann kam eine Platte mit allerlei Salaten. Das hat mir richtig gut gefallen. Dabei habe ich auch kräftig zugegriffen. Mit Hilfe meines ausgezeichneten Übersetzers konnte ich wunderbar an der interessanten Unterhaltung teilnehmen. Mein Gastgeber hatte sich vorgenommen, vor allem mich nach Strich und Faden zu verwöhnen. Ich habe das Ganze – bis auf die Vorspeise – eigentlich auch richtig genossen.

An die große Fleischplatte erinnere ich mich besonders gern zurück. Es hat einfach wunderbar geschmeckt. Für gut zubereitetes Schafsfleisch lasse ich auch heute gern jedes andere Fleischangebot stehen.

Der Höhepunkt dieses Festessens lag aber noch vor uns, als auf einer großen Platte der Schafskopf in unser Esszimmer getragen wurde. Beide Augen waren noch im Schafskopf. Natürlich waren sie mitgekocht und warteten nur noch darauf, verzehrt zu werden. Normalerweise haben bei so einem Festessen nur zwei Personen das große Vorrecht, sich an diesen besonderen Leckerbissen zu erfreuen: der Gastgeber und der Ehrengast. Und der wichtigste Gast war in diesem Fall ich.

Wer weiß, wie ein gekochtes Auge aussieht? Ich finde, es hat große Ähnlichkeit mit einem gekochten Ei. Man kann es auch – mit etwas Salz bestreut – wie ein gekochtes Ei genießen.

Mit einer geschickten Drehbewegung holte der Gastgeber mit einem Esslöffel das erste Auge aus dem Schafskopf heraus und legte es auf einen Teller. Dasselbe geschah dann mit dem zweiten Auge. Während des Vorgangs betete ich flehentlich: »Herr, lass diese Prüfung ohne größeren Schaden an mir vorübergehen.« Auch dieses Gebet wurde erhört. Ich glaube, dass mein Übersetzer im Hintergrund auch etwas mitgeholfen hat.

Links von mir – also zwischen dem Gastgeber und mir – saß der Prediger der Kirgisengemeinde. Inzwischen hatte ich ihn richtig lieb gewonnen. Ich war nicht ganz sicher, ob er mir vielleicht den Teller mit dem einen Auge weiterreichen sollte? Ich glaube, als er den Teller in der Hand hatte, lief ihm das Wasser im Mund zusammen. Als er so sehnsüchtig auf das Schafsauge sah, wandte ich mich zu ihm und sagte: »Bruder, ich hab dich sehr lieb! Lass es dir gut schmecken!« Und flupp! – das Schafsauge war weg. Vielleicht haben die anderen Kirgisen über meine »Bruderliebe« gestaunt. Dabei hatte der Kirgisenprediger, ohne es zu wissen, mir eine noch größere Liebe erwiesen.

Doch wie schmeckt eigentlich ein Schafsauge? Leider kann ich mich bis heute noch nicht dazu äußern. Vielleicht später einmal. Der Mann zu meiner Linken hat die kirgisische Delikatesse jedenfalls sehr genossen.

Polen

Ungefähr 95 Prozent aller Polen gehören zur römisch-katholischen Kirche und nur ein verschwindend kleiner Teil zur Evangelisch-lutherischen Kirche.

Obwohl das Land so nahe liegt, hat es doch lange gedauert, bis ich zum ersten Mal polnischen Boden betrat. Seit Jahren traf ich immer wieder einige Pastoren aus Polen, die mit großem Interesse an den Deutschen Evangelistenkonferenzen teilnahmen. Eines Tages kam es zu einer persönlichen Einladung und etwas später zu einer neuntägigen Evangelisation in unserem Nachbarland. Henrik Mach, Pastor in der Evangelisch-lutherischen Kirche, war die entscheidende Kontaktperson und auch mein Übersetzer an allen Einsatzorten.

Sowohl in Bielsko-Biala als auch in Drogomyst und Cieszyn hatten wir Kurzeinsätze von nur jeweils drei Tagen. In Bielsko-Biala predigte ich nicht in der Kirche, sondern in einem öffentlichen Saal. Dort hatten wir auch mit Abstand die meisten Bekehrungen. Mühsamer war es in der Kirche in Drogomyst, noch schwieriger in Cieszyn.

Die erlebte Zusammenarbeit mit Pastor Mach erfüllt mich noch heute mit Freude und Dank, hingegen erfüllen die Erinnerungen an unseren Besuch im Konzentrationslager Auschwitz-Birkenau mich noch heute mit Scham und großer Traurigkeit.

Auschwitz-Birkenau

Es war das größte deutsche Vernichtungslager in der Zeit des Nationalsozialismus. Mehr als 1,3 Millionen Menschen aus ganz Europa wurden nach Auschwitz-Birkenau deportiert. Ungefähr 1,1 Millionen Menschen wurden hier ermordet, davon ungefähr eine Million Juden.

Der Name »Auschwitz« ist weltweit zum Symbol geworden für den Holocaust an sechs Millionen europäischen Juden sowie weiteren Opfern unter Roma, Sinti und vielen anderen zu Feinden des Nationalsozialismus erklärten Menschen. Die Überreste beider Hauptlager sind heute als Gedenkstätte des Holocaust öffentlich zugänglich.

So erschüttert und traurig wie damals bin ich noch nie von einer Evangelisation heimgekehrt. Obwohl ich in den folgenden Wochen durch viel Arbeit zu Hause weitgehend abgelenkt wurde und die kurz darauf folgende Josia-Konferenz in Albanien volle Konzentration forderte, haben die Bilder von Auschwitz mich noch lange bis in die Träume verfolgt.

Gefangen in Sarein

Und wieder einmal war ich mit meinem Übersetzer in Karaganda/Kasachstan gelandet. Diesmal ging es vor allem um eine Predigerkonferenz, zu der man einige hundert Teilnehmer aus verschiedenen Ländern in ein großes Freizeitzentrum eingeladen hatte.

Während der Nacht hatten wir im Flugzeug gesessen und kaum geschlafen. Es war schon taghell, als wir zur Landung ansetzten. Als wir nach der holprigen Fahrt beim Freizeitzentrum aus dem Auto stiegen, waren die Teilnehmer gerade mit dem Frühstück fertig und begaben sich zum Vortragssaal. Wir durften auch noch frühstücken. Danach erwartete man uns – ohne Ruhepause für uns – sofort im Vortragssaal. Dahinter steckte aber keine böse Absicht. Es ist eine Freude, vor einer so wissbegierigen Gesellschaft zu stehen. Die Männer hatten zum Teil schrecklich lange und mühsame Reisen hinter sich, und nun wollten sie einfach so viel wie nur irgend möglich aus den drei Tagen herausholen.

Wir beeilten uns, und schon bald standen wir an unseren Mikrofonen vor der aufmerksamen Versammlung. Ich hielt gleich zwei kurze Vorträge hintereinander. Dann kam die erste Pause. Der Prediger, der die Tagesleitung hatte, ermahnte die Teilnehmer. Sie sollten möglichst schnell wieder in den Saal zurückkehren, denn die Zeit sei kostbar, darum sollten wir »die Zeit auskaufen«.

Am ersten Tag sprach ich tatsächlich – wenn man die Stunden, in denen ich Fragen beantwortete, mitzählt – achtmal. Fix und fertig fiel ich am Abend ins Bett. Ja, tatsächlich, ich fiel – bis auf den Boden. Die Matratze und das, was darunter war, erwies sich nämlich als so ausgeleiert, dass es einfach »in den Keller« ging. Für meine müden Glieder war das kein ideales Nachtlager. Mühsam habe ich mich erst mal aus meiner unbequemen Lage befreit, dann habe ich all meine Habe in meinen Koffer gestopft, den vollen Koffer unters Bett geschoben und auf der jetzt stabilen Unterlage richtig gut geschlafen. Natürlich hatte ich meinen Wecker so eingestellt, dass ich am nächsten Morgen vor allen anderen ungestört meine Stille Zeit machen konnte.

Außerdem wollte ich mich ja auch mit meinen möglichen Themen beschäftigen. Dabei hatte ich aber ziemliche Probleme, denn in dem Zimmer gab es nur eine schwache Lampe unter der Decke. Die Glühbirne hatte vielleicht nur 25 Watt. Das größere Problem war aber, dass es eine rote Glühbirne war. Diese Partybeleuchtung konnte ich nun gar nicht gebrauchen, aber ich musste mich einfach damit abfinden.

Der zweite Tag war ähnlich anstrengend wie der erste. Aber ich stand nur siebenmal mit meinem Übersetzer vor der Versammlung. Am dritten Tag hatten wir nach einigen Männerversammlungen noch eine besondere Zusammenkunft für Eheleute. Es waren etwa 250. Während der ganzen Zeit gab der Herr uns so viel Weisheit und Kraft und hat damit den vertretenen Gemeinden sicher eine ganz besondere Bereicherung geschenkt.

Am Ende des dritten Tages fuhren wir noch mit dem Auto nach Sarein. Kaum eine Autofahrt im Ostblock hat mich je so erschüttert. Ständig musste der Fahrer große Schlenker machen, um nicht in ein großes Loch zu krachen. Die Häuschen in den Schrebergärten am Straßenrand sahen aus wie Ruinen. Ich hörte, dass neu gepflanzte Kartoffeln sogar über Nacht aus der Erde gebuddelt und gestohlen wurden. Viele der öffentlichen Busse fuhren schon lange nicht mehr. Und in der Stadt sah es noch trostloser aus als während meines letzten Besuchs. In etlichen Hochhäusern waren nur noch Fenster in den unteren Etagen beleuchtet. Das kam daher, dass viele – besonders russische Bürger – inzwischen ausgewandert oder verjagt worden waren und immer mehr Wohnungen von oben nach unten leer wurden. Das einst so ergiebige Kohlebergwerk stand schon einige Zeit still. Zum Beheizen der Wohnungen nahm man einfach die Fenster- und Türrahmen heraus und machte sie zu Feuerholz. Der Anblick und die neuen Informationen haben mich damals sehr traurig gemacht.

In der Nähe des Gemeindehauses wurde mir ein Gästezimmer mit einem guten Bett in der ersten Etage zugewiesen. Nach den Strapazen der letzten Tage hatte ich eine richtig erholsame Nacht. Sonntagmorgen machte ich mich früh auf zu einer Adresse in der Nachbarschaft und genoss mit dem freundlichen Ehepaar das leckere Frühstück. Wie gut, dass beide Deutsch sprachen, denn mein Übersetzer hatte in dieser Nacht bei früheren Freunden übernachtet. Dann ging ich den kurzen Weg zurück in mein Logis, um noch einige Zeit zu beten und über meine Predigt nachzudenken.

Inzwischen verließen alle, die sonst noch dort übernachtet hatten, ohne mich zu informieren das Haus. Vielleicht hatten sie gar nicht mitbekommen, dass da oben noch ein zusätzlicher Gast einquartiert worden war, jedenfalls verschlossen sie die Tür und gingen ihrer Wege. Ich bemerkte es erst, als ich selbst das Haus wieder verlassen wollte, um die Gebetsstunde zu besuchen. Nach der ersten Verwunderung dachte ich mir: In der Gebetsversammlung beten ja alle russisch. Vielleicht haben sie mich deshalb hiergelassen, um mich nachher rechtzeitig zum Gottesdienst abzuholen.

Doch es kam niemand. Ich untersuchte noch einmal die Haustür. Sie war fest verriegelt. Vielleicht sollte ich einfach durch ein Fenster das Haus verlassen? So ging ich durch alle Zimmer und suchte einen Notausgang, doch nicht eins der Fenster ließ mich entweichen, weil sie alle vergittert waren. Dann machte ich oben meine Runde. Schließlich entdeckte ich, dass sich dort ein Fenster öffnen ließ und dass genau vor diesem Fenster draußen ein großer Holzhaufen lag. Dort könnte ich vielleicht entkommen ... Und siehe da: Es funktionierte. Während ich mich, am Fensterrahmen festhaltend, langsam herunterließ, konnte ich mit den Füßen den Holzstapel erreichen. Unversehrt gelangte ich schließlich auf den sicheren Boden und machte mich mit meiner Bibel auf zum nahegelegenen Gotteshaus. Die Verantwortlichen waren ziemlich peinlich berührt, trotzdem gab es ein fröhliches Gelächter, und alle waren froh, dass der Redner endlich da war.

Wie erstaunt war ich, dass im Gegensatz zu früher so viele Kirgisen unter den Besuchern waren. Wieder sprach ich über Golgatha, über die Liebe Gottes, über das Opfer Jesu, und lud die Unbekehrten ein, nach vorn zu kommen. Genau fünfzig Personen – hauptsächlich Russen, aber auch einige Kirgisen – kamen nach vorn, um sich für Jesus zu entscheiden.

Nach dem Mittagessen machten wir eine sehr weite Autofahrt, um am selben Tag noch einen evangelistischen Gottesdienst in der Hauptstadt Astana durchzuführen. Dort hielt ich einfach noch mal dieselbe Predigt wie am Morgen und war überglücklich, dass beim Aufruf auch dort viele nach vorn strömten.

Wir durften nicht nur eine reich gesegnete Predigerkonferenz erleben, sondern sozusagen auf der Durchreise auch noch eine große Anzahl Menschen für Jesus gewinnen. Doch immer wenn ich später an den Einsatz zurückdachte, musste ich zuerst an meine abenteuerliche Flucht aus meinem »Gefängnis« denken, obwohl das ja gar nicht das Wichtigste war.

Im Urwald von Paraguay

Von drei jungen Männern, die sich als Evangelisten-Begleiter beworben hatten, hatte ich mir Sergej Isaak ausgesucht. Er war erst kurze Zeit mit Rita verheiratet, als wir uns für dreieinhalb Wochen auf die weite Reise nach Süd-Amerika machten. Die Kolonien Menno und Neuland standen auf unserem Programm.

Weil in den Häusern und Gemeinden der Ausgewanderten immer noch Deutsch gesprochen wird, hatten wir auch diesmal keinen Übersetzer nötig. In den meisten Familien wird allerdings heute noch überwiegend Plattdeutsch gesprochen. Doch genau den plattdeutschen Dialekt beherrschte Sergej sehr gut, weil er von klein auf bestens damit vertraut war. Vielleicht hat die vertraute Sprache sogar sein Heimweh etwas gemildert. Weil ich an allen Einsatzorten Internetanschluss hatte, konnte er mit meinem Laptop fast jeden Tag einen Brief an seine Frischvermählte senden. Auch sie nutzte die Technik zur Pflege ihrer jungen Ehe.

Jeden Tag verbrachten Sergej und ich viel Zeit miteinander – hauptsächlich im Gebet. Er nahm auch an allen Sitzungen mit den verschiedenen Gremien teil. Wo immer ich Hilfe brauchte, stand er mir sofort zur Verfügung. Nach unserer Heimkehr sagte Sergej, er hätte noch nie im Leben so viel gebetet wie in diesen dreieinhalb Wochen. Sicher hat er in den Tagen auch oft nach dem Willen Gottes für sein Leben gefragt. Einige Zeit später erfuhr ich von ihm, dass er sich zum Besuch einer Bibelschule entschieden hatte.

Versammlungen auf freiem Feld bei Temperaturen von zwölf Grad? Ich hatte schon ziemliche Bedenken. Aber die Besucher kamen. Obwohl jeder, der einen Sitzplatz haben wollte, seinen Stuhl selbst mitbringen musste, kamen sie in Scharen. Es erschienen sogar immer mehr. Wie glücklich waren wir, dass es von Abend zu Abend etwas wärmer wurde. Wir waren nicht im Zentrum einer großen Kolonie, sondern irgendwo weit draußen in den sogenannten »Östlichen Dörfern« der Kolonie Menno. Die kleinen Dörfer liegen weit voneinander entfernt. Weit und breit gibt es dort keine Asphaltstraßen, sondern nur Sandwege, auf denen die Autos gerade in der Jahreszeit eine fast unvorstellbare Staubwolke hinterlassen.

Bald sprach man von 600, dann von 800 und 900 Zuhörern. Ein Ordner hatte sogar 1000 gezählt. Doch viel größer war für uns das, was jeden Abend in unserem kühlen Seelsorgeraum passierte.

Wochenlang ging es für uns beide von einer Überraschung zur anderen. Es gab einen Konferenztag für Mitarbeiter mit dem Generalthema: »Unentbehrliche Qualitäten für Reichgottesarbeiter«. Es gab Dienste in der Schule, bei einem Jugendtag und in der Bibelschule und natürliche viele, viele persönliche Begegnungen, und überall erlebten wir das wunderbare Wirken Gottes.

Auch in Loma Plata hatten wir – obwohl die Sporthalle direkt daneben stand – alle Versammlungen unter freiem Himmel. Die große Sporthalle diente uns nach den Vorträgen als Seelsorgeraum. Einige der Verantwortlichen hatten Glauben für 2000 Zuhörer, einige meinten, wir könnten uns sogar auf 3000 einstellen. Der Platz war groß genug, es gab nur ein Problem: Die meisten Besucher mussten auch hier, wenn sie einen Sitzplatz haben wollten, den Stuhl selbst mitbringen. Bald hatten wir die ersehnten 3000, dann wurden es 4000, einige wollen sogar 5000 Besucher gezählt haben.

Nach wenigen Tagen hatte Sergej sich zu einem der perfektesten Mitarbeiter im Seelsorgeraum entwickelt. Alle, die sich bekehren wollten, kamen auf die eine Seite der Halle zu mir. Alle, die ein helfendes Gespräch unter vier Augen suchten, bekamen ihren persönlichen Seelsorger und suchten sich dann irgendwo in der Halle oder auf dem Gelände einen passenden Platz zum Gespräch und Gebet.

Bevor wir von dort weiterreisten, schrieb ich nach Hause: »Jetzt liegt auch der zweite Einsatz hinter uns. Zuletzt hatten wir – mit Kindern – wohl über 5000 Personen in der Versammlung. Manche haben sehr weite, beschwerliche Wege gemacht. Immer wieder hörte ich von den Gemeindeleitern, dass die beiden Evangelisationen in die Geschichte der Kolonie Menno eingehen werden, als Wendepunkt auf vielen Ebenen. Ja, Gott ist uns besonders gnädig gewesen und hat an beiden Einsatzorten viele Herzen verändert und vor allem bei vielen Gläubigen ein totales Umdenken eingeleitet. *Ihm* allein die Ehre!«

Den Abschluss unserer Missionsreise bildete die Evangelisation in der Kolonie Neuland. Auch dort schenkte der Herr uns einen guten Besuch und viele Bekehrungen, aber auch eine Erfahrung, die mich sehr traurig gemacht hat. Wie schlimm, wenn Gemeindeglieder Sünde nicht mehr als Sünde erkennen und mit ihren verkehrten Ansichten und ihrem schlechten Vorbild sogar anderen zum Verhängnis werden.

Was mich dort sehr glücklich gemacht hat, war, dass alle Predigten – obwohl sie jeweils eine ganze Stunde dauerten – von »Radio ZP 30« direkt ausgestrahlt wurden. Die Techniker meinten, dass wir während des Einsatzes jeden Abend circa 10 000 zusätzliche Zuhörer an ihren Radioapparaten hatten.

Wir können ein klein wenig von dem erzählen, was wir sehen und hören; Gott aber sieht alles, auch das, was im stillen Kämmerlein geschieht. Er wird einmal die Treue seiner Kinder belohnen, auch alle Hingabe seiner Getreuen in Paraguay.

Mit Volldampf durch die Kontinente

Wie kann man auf fünfzig Seiten zusammenfassen, welche Ereignisse in den vielen Ländern und Orten mich in Jahrzehnten am meisten beeindruckt haben? Das ist natürlich nur ansatzweise möglich. Dabei habe ich ja längst nicht alle besuchten Länder erwähnt.

Dass all die großartigen Rettungsaktionen überhaupt möglich waren, verdanke ich auch den treuen Gebeten vieler Freunde, aber vor allem der unbeschreiblichen Güte Gottes.

Teil 8: Wie baut man eine Gemeinde?

Die Geburtsstunde der Wienhäuser Gemeinde

Eigentlich war sie nie geplant, die Gemeinde in Wienhausen[42]. In der Vereinssatzung der BRUDERHAND stand sogar: »DIE BRUDERHAND gründet, außer der Missionsgemeinde in Oppershausen[43], keine eigenen Gemeinden. Sie dient ausschließlich anderen Gemeinden, besonders in der Evangelisation.«

Mit der Missionsgemeinde in Oppershausen war unsere kleine Hausgemeinde gemeint. Alle Mitarbeiter gehörten dazu, natürlich auch unsere Kinder und einige wenige, die im Laufe der Jahre hinzugestoßen waren. In unserem Dorf gab es keine Kirche und auch sonst keine christliche Gemeinde. Unsere Hausgemeinde war unsere geistliche Heimat – mit einem Gottesdienst am Sonntag, einer Gebetsstunde, einer Bibelstunde und einer guten Kinder- und Jungschararbeit. Auch ich tat dort viele Dienste und ging, wenn ich zu Hause war, richtig darin auf.

Ich schreibe hier jetzt etwas, worüber ich in meiner Evangelisationsarbeit nur selten gesprochen habe. Es war auch kaum einmal Thema in unserem Mitteilungsblatt ECHO. Ich denke, dass die meisten Freunde der BRUDERHAND gar nicht wissen, dass ich neben meiner Tätigkeit als Evangelist noch eine ebenso anstrengende Nebenbeschäftigung hatte.

Unvergesslich bleibt mir ein Sonntagmittag im Frühjahr 1978. Wir saßen beim Essen, und ich erzählte so nebenbei etwas von meinen schönen Erlebnissen in der Evangelisation. Die Kinder hörten aufmerksam zu. Plötzlich sagte Karina, unsere

Älteste: »Vati, eigentlich machst du was falsch. Du predigst überall in der Welt. Und überall bekehren sich Leute. Aber hier, wo wir wohnen, evangelisierst du nie. Du könntest doch auch mal in Wienhausen evangelisieren.«

Das war wie ein Blitzstrahl aus heiterem Himmel. Es schlug bei mir ein wie eine Bombe. Ich versuchte damals zwar, die Sachlage zu erklären: »Wir sind hier in einem Missionswerk. Wir haben eine kleine Hausgemeinde. Darüber hinaus gründen wir aber keine eigenen Gemeinden, sondern wir helfen den Gemeinden, die uns einladen.«

Aber der Satz: »Hier, wo wir wohnen, evangelisierst du nie«, ließ mich nicht mehr los. Tatsächlich war nie eine Einladung aus Wienhausen gekommen. Ich überlegte bei mir: »Und wie wäre es, wenn unsere Hausgemeinde mich zu einer Evangelisation einladen würde?«

Dann überschlugen sich meine Gedanken, und es sprudelte nur so von Ideen. Ich sagte: »Wenn ihr alle einverstanden seid und wenn die andern aus der Versammlung auch einverstanden sind, verzichten wir in diesem Sommer mal auf den Urlaub und machen in Wienhausen eine Zelt-Evangelisation.« Die ganze Familie war dafür.

Innerhalb von Minuten hatte ich einen ganzen Fahrplan im Kopf und sagte: »In den nächsten Wochen habe ich noch einige große Zelt-Evangelisationen. Ich treffe viele junge Leute und kann sie zu einer Jugendfreizeit einladen und sie bitten, uns zu helfen. Dann haben wir auch gleich einen großen Chor und viele Mitarbeiter. Und wenn wir es in den Ferien machen, bekommen wir auch den Schützenfestplatz und bestimmt auch ein Zelt von irgendwo.« Alle waren begeistert. Sofort ging ich zu Robert Wenger, meinem wichtigsten Mitarbeiter – er war dafür. Auch Nicole, seine Frau, war sehr positiv. Am selben Abend trafen wir uns noch in unserer Hausversammlung. Auch dort waren alle dafür. Sie versprachen mir, auf den Sommerurlaub zu verzichten oder ihn zu verlegen. Auf jeden Fall wollten alle voll dabei sein.

Keiner von uns konnte damals ahnen, was eine Zelt-Evangelisation in Wienhausen für Folgen für den Ort und für die ganze Gegend haben sollte. Heute muss ich sagen, dass jene Stunde an unserem Mittagstisch eigentlich die Geburtsstunde der Wienhäuser Gemeinde war.

Meine erste Evangelisation »zu Hause«

Nach dieser Stunde der Entscheidung erlebten wir Wunder über Wunder, und eine einmalige Gemeindegeschichte begann, obwohl sie eigentlich gar nicht geplant gewesen war.

Wir durften tatsächlich den Schützenfestplatz in Wienhausen für unsere Evangelisation nutzen. Ein 200-Personen-Zelt wurde uns von der »Neulandmission Plettenberg«[44] zugesagt. Doch bevor es zum Aufbau des Zeltes kam, hatten Robert Wenger und ich eine Möglichkeit, das kleine Zelt an einem anderen Ort in Aktion zu erleben. Dabei wurde uns beiden klar, dass wir uns unbedingt nach einem größeren Zelt umsehen sollten. Deshalb machten wir einen »Glaubensschritt« und mieteten von einem Bierverlag gleich noch ein weiteres, viel größeres Zelt dazu.

Und woher sollten wir die Stühle nehmen? Der Chef vom Bierverlag sagte uns: »Im August gibt es kaum große Feste. Wir stellen Ihnen einen geschlossenen Anhänger mit 600 Stühlen auf den Platz, dann können Sie sich nach und nach so viele davon nehmen, wie Sie nötig haben.«

Am 29. Juli 1978 zogen über siebzig junge Leute bei uns ein und blieben – zum Teil in primitiven Notunterkünften – 16 Tage bei uns. Gleichzeitig kam auch George Baier, der Musik- und Gesanglehrer der Bibelschule Brake, um unseren Chor zu schulen und uns in der Arbeit zu helfen. Auch Rudi Tetzlaff und Hildor Janz konnte ich für die Mitarbeit gewinnen.

Ebenfalls am 29. Juli wurde unsere Zeltstadt aufgebaut: das Hauptzelt, das Vorzelt, das Gebetszelt und einige Seelsorgezelte. Das Zelt der Neulandmission konnte ideal als Eingangshalle genutzt werden. Darin stand auf der einen Seite der große Büchertisch, auf der anderen standen der Kassettentisch und einige Tische für unser Informationsmaterial. Durch dieses einladende Vorzelt gelangte man ins Hauptzelt. Dort standen die Bühne für Chor und Rednerpult sowie die Stuhlreihen für unsere Zuhörer.

Vielleicht habe ich nie zuvor so viel gezittert, so viel gebetet und gebangt. Wird überhaupt jemand kommen? Schließlich bin ich hier aufgewachsen, hier bin ich »zu Hause«. Und jetzt will ich in unserm Dorf evangelisieren, hier, wo mich fast jeder kennt – viele von Kindheit an. Hatte nicht Jesus gesagt: »Ein Prophet gilt nirgends weniger als in seinem Vaterland und bei seinen Verwandten und in seinem Hause« (Markus 6,4)?

Nach der Gründung des Missionswerks hatte es allerlei eigenartige Gerüchte über uns gegeben. Manche beschimpften uns und meinten, wir seien eine Sekte. Der Pfarrer im Nachbarort hatte die Warnung herausgegeben, Kinder, die unsere Kinderstunden besuchten, nicht zu konfirmieren. Doch Gott hatte offensichtlich nur darauf gewartet, dass wir endlich aus unseren Höhlen herauskämen.

Nun hatten wir die ersten mutigen Schritte getan. Obwohl wir gar kein Geld dafür hatten, machten wir eine riesige Werbekampagne: Es gab kaum einen Baum oder Strommast an der Straße, kaum eine Scheune am Straßenrand ohne ein Plakat. Jeden Tag brachte die Cellesche Zeitung ein Balkeninserat mit den neusten Meldungen. Unsere jungen Leute hatten bereits Zehntausende von Einladungszetteln verteilt und viel Zeit mit Bibelarbeiten, Schulungen, Chorproben und vor allem mit Gebet verbracht und warteten fast ungeduldig auf den ersten Abend im Zelt.

Dann kam der 1. August. Während der Chor noch einmal die Lieder für den Abend durchprobte, waren erstaunlich viele Beter im Nebenzelt versammelt, um Gott um seinen Segen für die »Premiere« zu bitten. Als ich nachher aus dem Gebetszelt kam, ins große Zelt trat, zum ersten Mal die voll besetzte Bühne sah und schließlich selbst auf der Bühne am Mikrofon stand und in viele Gesichter sah, die mir zum Teil aus früheren Jahren bekannt waren, wollte mein Herz schier zerspringen, und ich war überwältigt von der Liebe Gottes. Plötzlich war alle Angst verflogen, und ich konnte predigen, als stünde ich irgendwo vor Tausenden.

Vor gut zwanzig Jahren hatte ich mich für Jesus entschieden und fast gleichzeitig meine Berufung zum evangelistischen Dienst empfangen; jetzt stand ich wieder da, wo einmal alles angefangen hatte. Es war einer der größten Tage in meiner ganzen evangelistischen Laufbahn.

Dass sich dann Abend für Abend Menschen für Jesus entschieden, sogar manche, die ich seit Jahrzehnten kannte, hat nicht nur mich unsagbar glücklich und dankbar gemacht. Am bestbesuchten Abend hatten wir 640 Besucher im Zelt. Und das Erfreulichste: Wir hatten mit einem Schlag ein Gemeindewachstum von hundert Prozent.

Meine zweite Evangelisation »zu Hause«

Bevor unser Einsatz zum Abschluss kam, machten wir uns bereits Gedanken darüber, ob wir das Ganze nicht ein Jahr später wiederholen sollten. Und genau so kam es dann auch – und wieder in Verbindung mit einer 19-tägigen Jugendfreizeit, aber nicht mit 70, sondern mit 120 Teilnehmern. Sie wurden von George Baier, Werner Gitt, Heinz Strupler, Paul Amacker und von unseren eigenen Mitarbeitern geschult und täglich im Haus-zu-Haus-Einsatz und in der Fußgängerzone in Celle, aber vor allem im Abendprogramm eingesetzt. Wir nannten das »Freizeit«, aber in Wirklichkeit leisteten unsere Helfer Schwerstarbeit. An dreizehn Abenden waren vier Sonderbusse im Einsatz und brachten viele zusätzliche Gäste aus der ganzen Umgebung zum Zelt. Am bestbesuchten Abend kamen 1140 Gäste ins Zelt. Und täglich trafen Menschen ihre Entscheidung für Jesus. Es war ein gewaltiger Aufbruch.

Der Sieg geht weiter

Seit der ersten Zelt-Evangelisation war uns klar, dass wir für diesen neuen Arbeitszweig des Missionswerkes einen schönen Namen finden sollten, und entschieden uns – in Absprache mit der Bundesleitung der FeG – für den Namen »Freie evangelische Gemeinde«. Drei Jahre später wurde die Gemeinde dann auch in den Bund der Freien evangelischen Gemeinden aufgenommen, in der Praxis aber blieb sie ein Arbeitszweig der BRUDERHAND.

1980 begannen wir mit einer separaten Kassenführung für die Einnahmen und Ausgaben, die wir für den Gemeindebereich hatten. Das Geld floss zum großen Teil in die Mission.

Weil unser kleiner Saal im Missionswerk längst zu klein geworden war, kaufte DIE BRUDERHAND 1980 in Wienhausen in bester Lage einen Bauplatz. Bald darauf begannen wir mit dem Bau eines großen Gemeinde- und Missionszentrums. Keiner ahnte damals, dass das Projekt – weil wir meist in Eigenleistung bauten – vier Jahre in Anspruch nehmen sollte.

Unsere Jugendarbeit

Schon 1971 hatte ich mit einer sogenannten Jugendstunde begonnen. Damals hatten wir einen Kellerraum in unserem Haus zum Jugendraum erklärt und ihn entsprechend eingerichtet. Darin trafen wir uns dann regelmäßig zur Jugendstunde. Die älteste Teilnehmerin war damals erst ungefähr dreizehn Jahre alt. Jahrelang bestand unsere Jugendgruppe praktisch nur aus den Kindern der BRUDERHAND-Mitarbeiter und einiger Freunde. Das änderte sich schlagartig mit unseren Zelteinsätzen. Bald hatten wir eine der aktivsten Jugendgruppen in unserer Gegend. Es kam eine Zeit, in der unsere jungen Leute fast jeden Samstag Straßeneinsätze in der Fußgängerzone in Celle machten, eine Zeit, in der die Jugendgruppe von Wienhausen wirklich »stadtbekannt« war. Viele – und nicht nur junge – Menschen kamen über diese Schiene in unsere Versammlungen und bekehrten sich. In den regelmäßigen Gebetsstunden der Gemeinde waren meist mehr junge als ältere Teilnehmer. Auch in den Gottesdiensten saßen bald überwiegend junge Leute und junge Ehepaare mit ihren Kindern. Die engagiertesten Mitarbeiter, unsere Bibelschüler und Missionare sind aus der Jugendarbeit hervorgegangen.

Meine dritte Evangelisation »zu Hause«

Es ist der Gnade unseres großen Gottes zu verdanken, dass wir im Jahr 1981 den Höhepunkt unserer bisherigen Zelt-Evangelisationen in Wienhausen erleben durften. Auch diese dritte Evangelisation fand wieder in Verbindung mit einer Jugendfreizeit statt, zu der diesmal sogar 140 Teilnehmern kamen. Allein in unserm Haus waren damals dreißig junge Mädchen untergebracht. Die andern Frauen schliefen in unserem kleinen Freizeitheim, die jungen Männer schliefen alle in einem großen Festzelt, das wir hauptsächlich zu diesem Zweck, aber auch für unsere Bibelarbeiten, Chorproben und Mahlzeiten auf unserem eigenen Sportplatz aufgebaut hatten.

Nach längeren Gesprächen konnte ich 1981 das Komitee der Schweizerischen Zeltmission dafür gewinnen, uns die große Zelthalle mit 2000 Sitzplätzen kostenlos zur Verfügung zu stellen – als Dankeschön für meine jahrelangen Einsätze in der Schweiz. So wurde die große Zelthalle mit der wunderbaren Bühne und allerlei Gerät von einem Schweizer Fuhrunternehmen nach Norddeutschland transportiert, um hier zu einer Stätte der Rettung für viele zu werden. Am bestbesuchten Abend kamen 1600 Besucher ins Zelt, und wieder trafen viele ihre Entscheidung für Jesus. Auch durch diese Zeltarbeit erlebte die Gemeinde ein erfreuliches Wachstum.

Meine schönste Freizeitbeschäftigung

Weil ich durch meine evangelistischen Dienste so viele gute Kontakte hatte, konnte ich immer wieder hervorragende Gastredner für unsere aufblühende Gemeinde gewinnen. Ihre Dienste waren eine gewaltige Bereicherung für die Gemeinde, aber auch eine wertvolle Ergänzung zu meinem Dienst und zusätzlich eine große Entlastung.

Im Rückblick muss ich sagen, dass die 80er-Jahre die härtesten Jahre in meinem Dienst waren, denn meine weltweiten Evangelisationseinsätze gingen in der ganzen Zeit ja ungemindert weiter. Andererseits war es aber gerade diese Zeit, die ich für nichts in der Welt eintauschen würde.

Obwohl unsere Leute ihr Bestes gaben und die Gemeinde auch gut funktionierte, wenn ich unterwegs war, lag doch die Hauptverantwortung viele Jahre auf meinen Schultern. Ich machte den Dienstplan und teilte die Mitarbeiter zum Predigen ein, und wenn ich zu Hause war, stand ich fast jeden Sonntag und auch am Mittwoch am Rednerpult.

Die Gemeinden, die mich zu Evangelisationen einluden, und die meisten Freunde der BRUDERHAND kannten mich nur als den Evangelisten aus Norddeutschland, der viel unterwegs war und im In- und Ausland evangelisierte. Wenn ich mich dann, am Ende einer anstrengenden Evangelisation, verabschiedete, wünschten sie mir eine gute Heimreise und eine erholsame Zeit zu Hause. Kaum einer wusste, dass ich daheim nicht nur von der Familie, sondern auch vom Missionswerk und von der Gemeinde sehnlichst erwartet wurde, weil ich ja nicht nur Evangelist, sondern gleichzeitig noch Missionsleiter und Pastor einer aufblühenden Gemeinde war. Auch zu Hause hielt ich viele Predigten, leitete Sitzungen, hatte Kindersegnungen, Taufunterricht, Trauungen und oft stundenlange seelsorgerliche Gespräche.

Viele Gemeindeglieder und auch einige Mitarbeiter der BRUDERHAND setzten sich vorbildlich ein und übernahmen wertvolle Dienste in der Gemeinde – besonders Robert Wenger und unsere wechselnden Praktikanten[45]. Trotzdem blieb eine Fülle von Aufgaben für mich übrig.

Natürlich hatten wir auch Gemeinde-Älteste[46] eingesetzt und immer wieder versucht, die Aufgaben auf viele zu verteilen. Immer war ich dabei, Leute nachzuziehen, aber trotzdem lag die Hauptverantwortung viele Jahre bei mir.

Wenn ich damals nach meiner liebsten Freizeitbeschäftigung

gefragt wurde, sprach ich gern von der Gemeindearbeit, die ich immer mit sehr viel Freude sozusagen in meiner Freizeit erledigte. So hatte ich viele Jahre zwei Arbeitsstellen gleichzeitig. Ich übertreibe nicht, wenn ich sage: Ich hatte als Angestellter meine 40- bis 80-Stunden-Woche im Missionswerk DIE BRUDERHAND und außerdem eine ehrenamtliche Mitarbeit in der Gemeinde, die fast eine Vollzeitstelle ausfüllen würde.

In Stoßzeiten war ich manchmal wochenlang nur für die Gemeinde tätig. Jetzt soll aber niemand meinen, dass ich ständig darunter geseufzt hätte. Das gab es auch mal, aber in der Regel war das nicht so. Im Gegenteil: Ich habe an beiden Fronten engagiert mein Bestes gegeben, immer in der Gewissheit, dass Gott mir diese Aufgaben für eine gewisse Zeit zugeteilt hatte. Manchmal musste ich damals an eine bestimmte Bibelstelle denken, in der Jesus etwas über die richtige Sicht eines Dieners sagt: »So ist es auch mit euch. Wenn ihr alles getan habt, was Gott euch befohlen hat, dann sagt: Wir sind Diener, weiter nichts, wir haben nur getan, was uns aufgetragen war« (Lukas 17,10).[47]

Das Schönste dabei war, dass auch Margrit und unsere vier Kinder – soweit sie zu Hause waren – voll in der Arbeit aufgegangen sind.

Das normale Gemeindeleben

Die Gemeinde ist wirklich die allerschönste Einrichtung auf der Erde. Sie ist die Wohnung Gottes, die Offenbarungsstätte seiner Gegenwart und seiner überlegenen Kraft. Wer das einmal richtig verstanden hat, möchte nirgends mehr lieber sein.

Das Gemeindeleben kann aber auch zu einer sehr notvollen Erfahrung werden, wenn jeder nur so vor sich hin »wurschtelt« und das Ganze nach dem Lust-und-Laune-Prinzip abläuft. Ein Leib kann nur richtig funktionieren, wenn alle seine Glieder richtig mitmachen.

Von Anfang an haben wir darauf geachtet, dass die, die zu unserer Gemeinde gehören wollten, auch wirklich verbindlich dabei waren. Gemeindeglieder, die nur unregelmäßig zu den Veranstaltungen kommen, sind eher eine Belastung für eine Gemeinde, weil sie einen sehr schlechten Einfluss auf die anderen haben.

Allein die Worte Verbindlichkeit oder Pünktlichkeit lassen bei manchen Christen schon die Vermutung einer ungesunden Gesetzlichkeit anklingen, dabei ahnen sie nicht, wie viel schöner das Gemeindeleben sein kann, wenn einer sich auf den anderen verlassen kann und jeder sein Bestes gibt und jedem des Bestmöglichste wünscht.

Wer bei uns Mitglied werden wollte, wusste im Voraus, dass wir ihn jeden Sonntag im Gottesdienst und jeden Mittwoch in der Bibelstunde erwarteten, und so oft wie irgend möglich auch in den Gebetsstunden. Natürlich erwarteten wir, dass ein Gemeindemitglied regelmäßig am Abendmahl teilnahm und mit seinen Finanzen die Arbeit unterstützte und – seinen Gaben entsprechend – an irgendeiner Stelle mitarbeitete.

»Wie der Pfarrer, so sein Volk!« – Wer kennt diesen Spruch nicht? Da ist ja auch etwas dran, aber fast ebenso wichtig wie der Pastor sind auch seine engsten Mitarbeiter. Für alle Mitarbeiter der BRUDERHAND war das eigentlich eine Selbstverständlichkeit. Sie waren ja alle auch Mitglieder der Gemeinde. Oft habe ich sie daran erinnert, dass wir als Mitarbeiter eines Missionswerkes »Missionare« sind und darum auch eine besondere Vorbildfunktion in der Gemeinde haben. Dass sie an den Gebetsstunden in der Woche, aber auch an den Gebetsstunden vor der Predigt am Sonntagmorgen teilnahmen, war für sie das Normale.

Sicherlich gab es auch immer wieder Gemeindemitglieder, die sich über diesen hohen Anspruch geärgert haben, aber im Großen und Ganzen habe ich im Rückblick den Eindruck, dass die meisten sich von ganzem Herzen und gerne so sehr eingesetzt haben. Irgendwie war diese Hingabebereitschaft an die Gemeinde »ansteckend«. Wer die Gemeinde so wichtig nimmt, wie sie ist, wird dabei selbst am reichsten beschenkt. Diese Erfahrung machten damals sehr viele von uns.

Durch meine vielen Außendienste habe ich in sehr viele Gemeinden Einblick bekommen und wirklich eine Menge mitgekriegt. Dabei habe ich auch gesehen, dass mancherorts Männer wegen irgendwelcher herausragender Fähigkeiten in den Ältestenkreis gewählt werden, ohne dass dabei genügend auf die in der Bibel erwähnten Eigenschaften geachtet wird, die ein Ältester als Vorbild für die anderen Gemeindeglieder haben sollte.

Ein gutes Vorbild für die anderen zu sein ist so wichtig, nicht nur für den Pastor und die Ältesten, sondern für jedes einzelne Gemeindeglied. Welch einen Segen kann jeder Einzelne in eine Gemeinde hineintragen und auch für sich selbst zurückbekommen, wenn die Gemeinde für ihn das ist, was Gott selbst sich dabei gedacht hat.

Liebe, Freundschaft, Sexualität, Ehe, Ehelosigkeit

Das ist ein wichtiges Thema in einer Gemeinde, in der sich innerhalb kürzester Zeit viele junge Menschen bekehren, die nun ein Leben führen wollen, das Gott gefällt. Tatsächlich war dieses große Thema ein Dauerbrenner während meiner ganzen Evangelisationstätigkeit. Oft hatte ich den Eindruck, dass man an keiner Stelle besser darüber reden kann als in einer Evangelisation – sowohl über die Schönheit der Sexualität als auch über die schrecklichen Missverständnisse und Entgleisungen auf diesem Gebiet. Dabei weiß ich natürlich, dass Gottes Liebe immer noch größer ist als die größte Schuld.

Ich war immer dafür, dass man Sünde auf diesem Gebiet auch als Sünde bezeichnet und andererseits auch offen darüber spricht, wie wunderbar Gott sich das alles ausgedacht hat.

Es soll Paare geben, die jahrelang verliebt viel Zeit miteinander verbringen und dabei rein und siegreich durchs Leben gehen. Über solche »Helden« kann man nur staunen. Ich habe aber auch oft genug die andere Seite gesehen.

Warum sollte ein gläubiges Paar, das fest davon überzeugt

ist, dass Gott ein Ja hat zu ihrer Freundschaft, ein Paar, das sich liebt und fest entschlossen ist, einmal zu heiraten, sich mit der selbst auferlegten Wartezeit jahrelang quälen? Ich habe nur selten wirklich stichhaltige Gründe für den Aufschub der Hochzeit gesehen. Nach jahrzehntelangen Beobachtungen bin ich heute noch mehr davon überzeugt, dass an dieser Stelle in unserer Gesellschaft etwas total schiefläuft; leider auch in der frommen Gesellschaft. Hier sind Vorbilder nötig und hilfreiche Zeugnisse von gestandenen Christen, vor allem aber auch unser Gebet.

Für mich war es in unserer Gemeindegeschichte jedes Mal eine Riesenfreude, wenn wieder ein Pärchen zu mir kam mit dem Wunsch, mit mir über die Hochzeitspläne zu reden. Und ebenso groß war später natürlich die Freude, wenn sie ihren Nachwuchs der Gemeinde vorstellten und um die Segnung ihrer Kinder baten.

Einmal gaben sich in unserer Gemeinde in einem einzigen Jahr elf Paare ihr Jawort. Das war aber eine Ausnahme. So etwas kann man natürlich nicht steuern. Aber wir können jungen Menschen Mut machen zu diesem Schritt. Andererseits weiß ich, dass man auch im Ledigen- oder im Witwenstand – wenn Gott es so führt – ein sehr erfülltes Leben führen kann.

Meine vierte Evangelisation »zu Hause«

Es war im Frühjahr 1984. Unser Gemeinde- und Missionszentrum hatten wir – größtenteils in Eigenleistung und mit der Unterstützung vieler Freunde aus dem In- und Ausland – fertiggestellt und eingeweiht. Jetzt war wieder eine Evangelisation angesagt. Diesmal sollte sie im eigenen Gemeindehaus stattfinden. Und so geschah es dann auch. An den bestbesuchten Abenden konnte das Haus, das mit 300 Besuchern normalerweise gut gefüllt ist, 500 Besucher beherbergen. Neben mir stand auch Georg Hormann jeden Abend mit auf der Bühne. Und wieder schenkte der Herr uns viele wunderbare Siege. Das Größte geschah auch diesmal in der Seelsorge.

Drei Tage nach dieser ersten Evangelisation im neuen Gemeindehaus feierten wir dort auch unsere Silberne Hochzeit. Dazu hatten wir die ganze Gemeinde eingeladen. Ich hatte damals den Eindruck, dass es für die ganze Festgesellschaft ein großer Dank- und Freudentag war: ein Rückblick auf 25 gesegnete Ehejahre und gleichzeitig ein Rückblick auf eine gesegnete Zeit in der Gemeinde.

Meine fünfte Evangelisation »zu Hause«

Nach zwei wunderbaren Einsätzen, einem mit Werner Gitt (im Nachbarort) und einem mit Richard Kriese (im Gemeindehaus in Wienhausen), sollte es 1988 wieder eine Zelt-Evangelisation mit mir als Evangelisten in Wienhausen geben. Wir entschieden uns wieder für eine gleichzeitige Jugendfreizeit von neunzehn Tagen. Dabei waren Hans Schütze, Manfred Röseler und Daniel Pahls die Mitarbeiter mit der größten Verantwortung.

In diesen Tagen musste ich öfter an die dritte Großevangelisation in Bern denken. Damals hatte mir jemand gesagt: »Wenn man sehr oft am selben Ort evangelisiert, hat man irgendwann den Eindruck, der Teich sei allmählich leer gefischt.« Tatsächlich kamen mir manchmal solche Bedenken. Dazu kommt, dass unser Dorf Wienhausen ja nur etwas über 4000 Einwohner hat. Die umliegenden Dörfer sind noch kleiner. Wie gut, dass die Stadt Celle nicht so weit von Wienhausen entfernt ist.

Inzwischen waren unsere Zelteinsätze auf dem Schützenfestplatz in Wienhausen aber so bekannt, dass viele Gäste sogar weite Wege machten und so Abend für Abend unser Zelt füllten. Dass viele von auswärts kamen, zeigte sich auch jeden Abend im Seelsorgezelt. Im Ganzen kamen in dem Einsatz 122 Personen zur Bekehrung, von denen tatsächlich viele von auswärts waren. Aber auch in unserer Gemeinde durften wir nach der Evangelisation neue Gesichter sehen.

Nach dem Fall der Mauer

Für viele Christen war die Wiedervereinigung am 3. Oktober 1990 ein ganz großes Wunder Gottes. Am 9. November 1989 war es zur Maueröffnung in Berlin gekommen. Dann überschlugen sich die Ereignisse: Plötzlich konnte man ohne Probleme die Grenze in beide Richtungen überqueren.

Mit der Öffnung der Grenze gab es auch für uns ganz neue Möglichkeiten zum missionarischen Einsatz. Die musste man jedoch erst einmal erkennen und dann auch wahrnehmen.

Siegfried Korzonnek, einer der Mitarbeiter unseres Missionswerks, fuhr mit seiner Mutter zur Grenze. Im Auto hatten sie etwa 500 christliche Verteilschriften. Innerhalb von fünfzehn Minuten hatten sie die an der ehemaligen Grenze verteilt. Sie fuhren gleich wieder zurück und holten Nachschub.

Aus dieser Aktion von zwei Menschen, die sich gebrauchen ließen, wurde eine einmalige, riesige Verteilaktion, bei der Hunderttausende christlicher Bücher weitergegeben wurden. Wir bildeten Teams, die gewaltige Mengen von Literatur in den Städten der ehemaligen DDR verteilten. Dabei halfen viele Gemeindeglieder der FeG Wienhausen tatkräftig mit.

Siegfried Korzonnek war der Hauptakteur in der nicht vorhersehbaren Großaktion. Obwohl das Missionswerk keine Geldreserven hatte, entschlossen wir uns fast täglich – im Glauben – für neue Großaufträge. Das wertvolle Buch »Fragen, die immer wieder gestellt werden« von Werner Gitt wurde uns fast aus den Händen gerissen.

Während die ersten 10 280 Bücher verteilt wurden, warteten unsere Buchmissionare bereits auf Nachschub vom Verlag. Schon bald erreichten uns die gewünschten Sendungen von 20 000, dann weitere 5000, dann 10 000, dann 2500 und noch mal 1000 – im Ganzen 48 780.

Inzwischen lief bereits eine weitere Verteilaktion mit dem Bestseller »Jesus unser Schicksal« von Pfarrer Wilhelm Busch. Ich denke, so etwas hatte es in der Verlagsgeschichte wohl noch nie gegeben. Während unsere Verteiler die ersten 36 000 Bücher in den verschiedenen Städten weitergaben, waren bereits weitere 46 000 Bücher zu uns unterwegs. Schließlich entschlossen wir uns für zwei Sonderauflagen: zuerst eine Auflage von 100 000, dann eine weitere von 80 000. Im Ganzen bestellten wir damals in wenigen Wochen 262 000 Bücher »Jesus unser Schicksal«.

An einem Tag wurden in Magdeburg, Leipzig und Dessau von verschiedenen Teams über 30 000 Bücher »Jesus, unser Schicksal« verteilt. Es herrschte eine große Offenheit, die wollten wir unbedingt nutzen.

Weil in den verteilten Büchern ein Bestellzettel für eine kostenlose Bibel, für einen Bibelfernkurs und für weitere Bücher lag, erreichte uns bald eine nie erlebte Flut von Bestellungen, so dass wir neben den riesigen Büchermengen auch noch 13 000 Bibeln nötig hatten.

Einmal verschickten wir an einem einzigen Tag 20 000 Büchersendungen. Die mussten alle eingetütet, verpackt, beklebt und gestempelt werden. Viele Bibelfernkurse kamen ausgefüllt zurück und mussten bearbeitet werden. Im Missionswerk wurde auf Hochtouren gearbeitet, und auch viele Gemeindeglieder waren bereit mitzuhelfen. Die meisten hatten noch nie so etwas gemacht, ließen sich aber herausfordern und durften dadurch geistlich wachsen.

Es entstanden auch Beziehungen zu den Menschen; etliche wurden nach Wienhausen eingeladen, und mancher Kontakt besteht bis heute. Der Herr allein weiß, was aus dieser Aktion in der Ewigkeit zurückbleiben wird.

Ganz nebenbei erlebten wir damals ein fast unbeschreibliches Wunder auf dem finanziellen Gebiet. Die Bücherrechnungen bewegten sich ja in einer schwindelerregenden Höhe. Dazu kamen die hohen Kosten für das Verpackungsmaterial und dann auch noch das Porto. Doch genau in dieser Zeit bewegte Gott viele zusätzliche Geber, so dass nach der Aktion alle Rechnungen bezahlt werden konnten.

Vielfalt am Rednerpult

Unsere Gemeinde selbst hatte nur ehrenamtliche Mitarbeiter, und alle Mitarbeiter der BRUDERHAND waren zugleich auch Mitarbeiter in der Gemeinde. Auch manche der Neubekehrten kamen erstaunlich schnell in zentrale Aufgaben hinein. Einige wurden Mitarbeiter in der Kinder- und Jugendarbeit, andere wurden Gruppenleiter, Diakone oder Älteste. Manche junge Leute haben damals bei uns die erste Predigt ihres Lebens gehalten, lange bevor sie zur Bibelschule gingen.

Es war außerdem ein großer Segen, dass es uns immer wieder gelang, bekannte und vollmächtige Gastredner für unsere Gemeinde zu gewinnen. Zu ihnen gehörten Mathieu Eggler, Werner Gitt, Georges Blaser, Siegmund Schmidt, Rudi Tetzlaff, Richard Kriese, Richard Schultz, Doyle Klaassen, Wilfried Schloo, Willi Buchwald, Markus Pfeil, Rainer Wende und manche andere. Ganz unvergleichlich war der Besuch von Prof. Dr. Töws aus Kanada. Hundertmal hatte er seine Bibel in seiner Stillen Zeit durchgelesen. Kein Wunder, dass seine Bibelarbeiten uns alle tief berührten.

Freuden und Leiden einer Gemeindeleitung

Vielleicht möchte mich jemand fragen, ob wir in all den Jahren nie Rückschläge und Probleme erlebt haben. O doch! Darüber könnte ich auch ein ganzes Kapitel schreiben.

Die junge Gemeinde wurde einige Male ganz heftig geschüttelt. Es gab Sünde – bis hin zum Gemeindeausschluss. Es gab Lehrstreitigkeiten – bis dahin, dass Gemeindeglieder aus der Gemeinde austraten. Es gab Gleichgültigkeit, Streit, Ehebruch und sogar völligen Abfall vom Glauben. Es gab fast alles, was man sich an Gemeindeproblemen vorstellen kann.

Wenn ich an manche traurigen Ereignisse zurückdenke, auch an manches eigene Versagen, kann ich Gott nur danken, dass es eine vergebende Gnade gibt, die es uns möglich macht, im Vertrauen auf ihn trotzdem weiterzugehen.

Wie überaus dankbar bin ich dem Herrn, dass er uns trotz all der Schatten auf unserer Seite immer wieder als seine Werkzeuge gebraucht hat.

Wie baut man eine Gemeinde?

Diese Frage können viele andere besser beantworten als ich, weil Gott sie mit zusätzlichen oder mit ganz anderen Gaben beschenkt hat als mich. Sicher ist, dass es viele unterschiedliche und sehr gute Methoden gibt. Darum versuche ich auch gar nicht, eine Antwort darauf zu geben. Mir ging es auch viel mehr darum zu erzählen, wie wir es erlebt haben.

Manchmal denke ich, in meinem Herzen gibt es drei große Kammern, die Jesus schon bald nach meiner Bekehrung irgendwie ausgefüllt hat. Darum gab es in all den Jahren auch fast nur drei Themen, die mich wirklich brennend interessierten: *Evangelisation, Mission und Gebet.* Diese drei Anliegen sind auch die drei wichtigsten Anliegen der BRUDERHAND.

Mein Herz brennt vor allem für die Evangelisation. Dass der Herr mich trotzdem gebraucht hat, so ganz nebenbei eine Gemeinde zu gründen und sie sogar viele Jahre – auch so nebenbei – zu leiten, das ist für mich genauso ein unbeschreibliches Wunder wie meine Errettung. Beides kann ich nicht begreifen.

In all den Jahren habe ich mich immer wieder vertrauensvoll an eine Zusage Jesu erinnert. Im Matthäus-Evangelium, Kapitel 16, Vers 18, sagt Jesus, dass *er selbst* seine Gemeinde bauen will.

Meine sechste und siebte Evangelisation »zu Hause«

Im Jahr 1991 kam es sogar zu einer weiteren Zelt-Evangelisation in Wienhausen – wieder in Verbindung mit einer 17-tägigen Jugendfreizeit. Und wieder stand ich jeden Abend als Evangelist auf der Bühne. Und wieder saß ich jeden Abend noch lange im Seelsorgezelt, um Menschen aus unserer Gegend zu Jesus zu führen.

Vielleicht bin ich der einzige Evangelist, dem man so etwas zumutete und der sich darauf einließ. Aber die Zahl 7 bezeichnet man ja gern als die Zahl der Fülle. Nun, daran hat bei unseren Überlegungen wahrscheinlich keiner gedacht, aber es war so, dass ich 1994 tatsächlich zum siebten Mal mit fünfzehn Vorträgen in einer zweiwöchigen Evangelisation im Zelt vor der Wienhäuser Gemeinde stand. Wieder lief parallel dazu eine Jugendfreizeit, wieder bekehrte sich eine erfreuliche Anzahl, allerdings war diesmal der Prozentsatz derer, die von auswärts ins Zelt und auch in die Seelsorge kamen, noch größer als in früheren Einsätzen.

Die Loslösung von der BRUDERHAND

Seit meiner Bekehrung hatte sich so viel Grundlegendes in meinem Leben verändert: Ich hatte so viel Gutes erlebt und unendlich viel Grund, Jesus für seine guten Führungen zu danken. Mein Kopf war voller Ideen, mein Herz voller Sehnsucht und mein Mund voller Gebetsanliegen, und mit all dem lag ich Jesus täglich in den Ohren.

1992 – ich war 56 Jahre alt – ging mir so viel Neues durch den Kopf. Immer stärker bekam ich den Eindruck, dass ich mich – nach der jahrelangen Doppelbelastung – allmählich aus der Gemeindeleitung zurückziehen sollte. Damals fing ich an, ganz gezielt um einen Nachfolger in der Gemeindeleitung zu beten.

Immer stärker stellte sich dann auch die Gewissheit bei mir ein, dass wir die Gemeinde in die Selbstständigkeit entlassen und völlig vom Missionswerk trennen sollten. Das wäre natürlich ein großer Schritt, der ganz viele Veränderungen mit sich bringen würde.

Je mehr ich darum betete, umso mehr entstand bei mir der Wunsch, spätestens mit sechzig die Leitung abgeben zu können. Das wäre das Jahr 1996 gewesen. Der Herr hat es dann sogar so geführt, dass es schon ein Jahr früher zur »Stabübergabe« kommen konnte.

Gott erhört Gebet

Jesus hatte in seiner Weisheit und Fürsorge bereits eine gute Vorarbeit geleistet. Durch ein Gemeindeglied hatte Markus Schmidt[48] – damals Zivildienstleistender in Celle – Kontakt zu uns bekommen. Nachdem er schon einige Zeit in unsere Gemeinde gekommen war, fand er im Oktober 1987 zu einer klaren Bekehrung. Durch viele gute Kontakte zu Gemeindegliedern kam es schnell zu einer guten geistlichen Entwicklung. Darüber lasse ich Markus Schmidt gern selbst erzählen:

> *Durch die intensive Nacharbeit in der Gemeinde wurde mein geistliches Fundament gelegt. Der Besuch der Kleingruppe und der Gottesdienste, die Predigten von Wilhelm Pahls und den Ältesten und anderer, das praktische Umsetzen dessen, was ich im Bibelgrundkurs über Stille Zeit und Gebet gelernt hatte, das Hören der vielen Missionsberichte von den Missionaren, das Zeugnisgeben auf der Straße bei Straßenevangelisationen, die Haus-zu-Haus-Einsätze – all das stärkte meine Beziehung zu Christus.*
>
> *Ursprünglich wollte ich Agrarwirtschaft studieren. Eine abgeschlossene Ausbildung als Landwirt lag bereits hinter mir. In einer neuen Klärungsphase, wie denn der berufliche Weg weitergehen sollte, wollte ich jetzt Krankenpfleger lernen. Eine Glaubensschwester in der Gemeinde ermutigte mich aber mit dem Satz:* »Gott will, dass wir mit unseren Gaben wuchern! Ich glaube, in dir steckt noch mehr!« *So entstand dann der Wunsch, Medizin zu studieren.*
>
> *Ich beschloss, mich umgehend zum Medizinstudium zu bewerben. Ich bereitete mich auf den Test für einen Studienplatz vor und bewarb mich dann mit dem Test-Ergebnis.*
>
> *Nach meiner Bekehrung hatte Manfred Röseler mit mir*

den Bibelgrundkurs durchgearbeitet. Das war eine ganz wichtige Sache in Bezug auf mein geistliches Wachstum. Bibellesen, Gebet, Gemeinde – all die Grundlagen für ein gesundes Christsein bekam ich hier innerhalb weniger Wochen beigebracht. Ich erlebte den lebendigen Gott, setzte die Dinge, die ich in der Bibel las, im kindlichen Glauben um und hatte meine ersten Gebetserhörungen.

Durch diese Erfahrungen und durch das Erleben in der Gemeinde wuchs in mir das Verlangen für einen vollzeitlichen Dienst – ohne konkret zu wissen, was das eigentlich bedeutet.

Da mein Zivildienst im Februar zu Ende ging, machte ich von März bis Juli ein Praktikum im Missionswerk DIE BRUDERHAND. Ich wollte doch genauer erfahren, was ein »Vollzeitler« so alles macht. Ich zog mit Manfred Röseler und Daniel Pahls in eine Wohngemeinschaft ins Missionswerk.

Durch die beiden und durch das, was ich in kurzer Zeit erlebte, reifte das Anliegen zum vollzeitlichen Dienst. Auf ihre Empfehlung bewarb ich mich an der FTA in Gießen und legte Gott die Entscheidung im Gebet vor: Entweder ich habe bis zum 1. Mai eine Zusage fürs Medizinstudium – was für mich ein Wunder gewesen wäre –, oder ich studiere Theologie!

Genau am 1. Mai 1988 begann auch eine Zelt-Evangelisation in Bremen. Wilhelm Pahls war der Evangelist. Er wollte mich mitnehmen ins Roland-Center nach Huchting. Dort erlebte ich zum ersten Mal eine Zelt-Evangelisation und war dabei, wie Abend für Abend Menschen zu Jesus fanden. Das war das, was ich auch wollte!

Die anstehende Entscheidung bezüglich der Berufswahl hatte ich längst vergessen, als am 3. Mai 1988, mitten in der Zeltarbeit, Post aus Göttingen in den Wohnwagen des Zeltdiakons flatterte. Darin hieß es unter anderem: »Wir teilen Ihnen mit, dass Sie einen Studienplatz für Medizin an der Universität Göttingen haben.«

Ich war wie erschlagen. Wie sollte ich damit umgehen? Durfte ich überhaupt so beten, wie ich gebetet hatte – Gott ein Ultimatum stellen bis zum 1. Mai? Jetzt war ja der 3. Mai! Will Gott das? Will der Teufel mich abhalten? Ich war innerlich zerrissen. Ich besprach das Ganze mit Wilhelm Pahls. Er sagte, dass er für mich beten würde, aber dass das jetzt allein meine Entscheidung sei. Im Glauben habe ich dann die Entscheidung getroffen und mich zum Theologiestudium entschlossen.

Wie sich später für mich herausstellte, war das eine der besten Entscheidungen, die ich je getroffen habe! Und ich bin Gott dankbar für diese innere Spannung, aber auch für die Gewissheit, die er mir geschenkt hat. Ich hatte Gottes Führung erlebt und war mir ganz sicher. Das war sehr nötig für den langen Weg des Studiums mit den vielen Anfechtungen, die auch später noch kamen.

Eine weitere wichtige Erfahrung war die Zelt-Evangelisation 1988 in Wienhausen. Man hatte mir die Verantwortung für die Werbung und den Infotisch in Celle übertragen. Im Umkreis von fünfzig Kilometern rund um Wienhausen gab es nicht ein Dorf, wo ich nicht mindestens zwei Plakate aufgehängt hatte. Immer mit dem Gebet: »Herr, schenke doch wenigstens einen Menschen, der durch diese Plakate ins Zelt kommt!« Jeden Abend fragte ich nach der Seelsorge: »Wo kamen die Leute her? Wie sind sie ins Zelt gekommen?« Und wenn es dann hieß: »Der und der aus einem Dorf, 35 Kilometer weit weg von Wienhausen, kam durch ein Plakat ins Zelt«, sah ich meinen Dienst bestätigt und jubelte. Hier war Gott am Werk, und ich durfte dabei sein!

Im September 1988 bin ich dann nach Gießen gezogen, um – zusammen mit Mathias Schreiber und vielen anderen – an der FTA Theologie zu studieren.

Der Leitungswechsel

In einer Zelt-Evangelisation in Wienhausen hatte Ute Wicke, eine Krankenschwester, zu Jesus gefunden. Sie besuchte später eine Bibelschule und wurde am 1. Januar 1990 von uns als

Missionarin auf die Philippinen ausgesandt. Wer hätte damals ahnen können, dass diese Missionarin einmal die Ehefrau unseres zukünftigen Pastors werden sollte?

Als ein Team junger Leute aus unserer Gemeinde einen Missionseinsatz auf den Philippinen machte, lernte Markus Schmidt – mitten in seinem Theologiestudium – Ute Wicke näher kennen. 1991 haben sie sich auf den Philippinen verlobt. Am 1. August 1992 – mitten in den Prüfungen von Markus – konnte ich die beiden dann in unserem Gemeinde- und Missionszentrum trauen.

Im Anschluss an das erfolgreich abgeschlossene Studium beriefen wir Markus Schmidt nach Wienhausen. Er wurde Angestellter im Missionswerk DIE BRUDERHAND. Doch beide arbeiteten eigentlich ausschließlich als Jugendpastoren-Ehepaar. Zur Freude aller entfaltete Ute Schmidt damals ihre wirklich außerordentlichen Fähigkeiten in der Kinderarbeit in der Gemeinde.

1994 hatten wir die ganze Gemeinde in unsere Vorstellungen eingeweiht und sie in den Prozess der anstehenden Veränderung mit hineingenommen. Nach zähem Ringen, nach vielen Gesprächen und intensivem Gebet, fiel schließlich die große Entscheidung: Die Gemeinde wählte auf Empfehlung der Gemeindeleitung Markus Schmidt zum ersten angestellten Pastor der Gemeinde. Natürlich gab es bald darauf ein großes Fest mit Gastrednern und vielen Gästen.

Ein Jahr später gingen wir sogar noch einen Schritt weiter und verkauften das Gemeinde- und Missionszentrum günstig an die inzwischen selbstständig gewordene Gemeinde. Das gesamte Inventar gab es als Geschenk dazu.

2001, also mit meinem 65. Lebensjahr, bin ich auf eigenen Wunsch aus der Gemeindeleitung ausgeschieden. Es war ein bewegender Abschied. Nicht ein Abschied aus der Gemeinde, aber ein Abschied aus der großen Verantwortung, die mich – besonders seit der ersten Zelt-Evangelisation »zu Hause«, so viel Kraft gekostet hatte. Seitdem erinnert uns ein sehr fruchtbarer Apfelbaum in unserem Garten an das aussagekräftige Geschenk der Gemeinde. Bei der Übergabe hatte Markus

Schmidt mich an die Worte Martin Luthers erinnert: »Und wüsste ich, dass morgen die Welt unterginge, würde ich heute noch einen Apfelbaum pflanzen.«

Das war das richtige Wort im richtigen Augenblick. So will ich denken, so will ich leben. Ich will bereit sein, als wäre heute der letzte Tag. Ich will planen und arbeiten, als hätte ich noch hundert Jahre.

Beide Einrichtungen sind heute organisatorisch vollständig voneinander getrennt, sie arbeiten aber harmonisch nebeneinander. Fast alle BRUDERHAND-Mitarbeiter sind weiterhin Mitglieder in der Gemeinde in Wienhausen.

Die Stabübergabe

Im April 1960 hatten wir das Missionswerk DIE BRUDERHAND gegründet. Im Mai 1995 konnte ich dankbar auf 35 gesegnete Jahre zurückblicken und die Verantwortung für einen großen Teilbereich – nämlich für die Gemeinde – in jüngere Hände übergeben.

Die Festversammlung am 7. Mai 1995

Am Vormittag feierte die Gemeinde meine Verabschiedung. Dabei predigte auf meinen Wunsch hin mein Freund Siegmund Schmidt. Mir war einerseits, als hätte man mir das Liebste genommen, andererseits spürte ich an diesem Vormittag eine riesige Befreiung und war glücklich, dass ich die Arbeit in guten Händen wusste.

Am Nachmittag feierten wir die Einführung von Markus Schmidt. Dabei predigte auf Wunsch von Markus Schmidt sein Studienkollege Karl-Friedrich Seibel, der selbst einige Zeit im Missionswerk mitgearbeitet hatte und nicht nur Markus Schmidt, sondern auch das, was auf ihn wartete, aus dem eigenen Erleben kannte. Selten wurden an einem einzigen Tag so viele Hände geschüttelt und so viele gute Wünsche weitergegeben.

Es war ein bewegender Tag für uns beide, für die ganze Gemeinde, aber auch fürs Missionswerk.

In der Festschrift konnte man damals lesen: »Eine der Stärken unserer Gemeinde – von ihrer Gründung bis heute – ist das herzliche Miteinander zwischen Jung und Alt. Alle Altersgruppen sind gut vertreten, und unser Angebot bietet für jeden etwas. In 35 verschiedenen Arbeitsgruppen bringen sich ungefähr hundert Mitarbeiter ein, die sich immer wieder neuen Herausforderungen gegenübersehen. Die Gemeinde zählt momentan 184 eingetragene Mitglieder. Dazu kommen noch viele Gäste.«

Die Dankbarkeit an diesem Tag war groß, ebenso auch die Erwartung für die Zukunft.

Teil 9: Ein Herz für die Weltmission

Und machet zu Jüngern alle Völker

Wie gern wäre ich selbst Missionar geworden. Seit meiner Bekehrung brannte mein Herz für die Verlorenen in der ganzen Welt. Doch Gott hatte mich anders geführt und mich zum Evangelisten berufen. Bald erkannte ich allerdings, dass ich mich nicht nur persönlich für Verlorene einsetzen sollte, sondern dass ich auch etwas dafür tun sollte, dass Neubekehrte zur Mitarbeit ermutigt werden. Ich nahm mir vor, noch viel mehr um »Arbeiter für die Ernte« zu beten, aber auch ganz gezielt bestimmte Leute daraufhin anzusprechen.

Kürzlich schrieb mir der Evangelist und Musiker Gregor Breier:

Bei der Durchsicht meines Tagebuches, das ich nach vielen Jahren das erste Mal wieder zur Hand nehme, fällt mir heute ein Eintrag auf:

»Wilhelm Pahls betet um Evangelisten, die aus den Reihen der Braker Bibelschüler hervorgehen sollen!«[49]

Ich war damals Bibelschüler. Offensichtlich bewegte mich Ihr Gebet, sonst hätte ich es sicher nicht aufgeschrieben. Ihr Gebet war eine Antwort auf ein Gebet, das ich elf Tage vorher betete (so steht es im Tagebuch), dass ich nämlich um eine Berufung für meine Zukunft rang. Ich möchte Ihnen sagen, dass Gott Ihr Gebet erhört hat.

Ich bin seit meiner Absolvierung 1992 als Evangelist und Musiker bei »Wort des Lebens/Starnberger See« im vollzeit-

lichen Dienst tätig. Ich dachte, das würde Sie bestimmt freuen. Im Übrigen glauben wir ja, dass der Herr über Bitten und Verstehen handelt, aber er antwortet auch oft ganz konkret so, dass wir es bewusst mitkriegen.

Natürlich habe ich mich riesig über den Gruß gefreut. Das habe ich ihm auch sofort geschrieben.

Kurz vor der Fertigstellung meines Manuskripts schrieb mir ein Mitarbeiter des Brunnen Verlages:

Letzthin hatten wir etwa 60 Schweizer Buchhändler bei uns. Ich stellte ihnen unsere neu erscheinenden Bücher vor. Auch das Deine. Dazu sagte ich, dass bei den deutschen Buchvertretern mindestens zwei durch Deinen Dienst zum Glauben gekommen seien. »Wie ist das bei euch?«, fragte ich in die Runde. »Gibt's bei euch auch Leute, die aufgrund eines Dienstes von Wilhelm Pahls gläubig geworden sind?« Ich staunte nicht schlecht: Sieben, acht Hände gingen hoch!

Über eine solche kleine Information jubelt natürlich das Evangelistenherz. Auch in diesem Fall hat Jesus Menschen gerettet und berufen und begabt und sie an einer ganz bestimmten Stelle in seinen Dienst gestellt.

In meiner Fürbitte für andere Menschen ging es in all den Jahren ja vor allem um die Errettung Verlorener. Wie könnte es anders sein bei einem Evangelisten! Doch weil ich weiß, dass Jesus sein Reich in der Regel durch berufene, gehorsame Menschen baut und dass wir viel zu wenige davon haben, habe ich in all den Jahren auch immer wieder – besonders mit jungen Leuten – über Hingabe und Mitarbeit, aber auch über den Wert einer guten Ausbildung geredet. Besonders in unserer Gemeinde, aber auch auf anderen Ebenen und in vielen Einzelgesprächen habe ich die Themen »Gebet, Evangelisation und Mission« zu Dauerthemen gemacht und manche ganz persönlich dazu herausgefordert. Gewiss haben auch dadurch im Laufe der Jahre manche junge Menschen den Weg zur Bibelschule und in den vollzeitlichen Dienst gefunden, die ohne Fürbitte und ohne Ermutigung den Weg vermutlich nie gegangen wären.

Ich freue mich darüber, dass es immer wieder Menschen gegeben hat, die beim aufmerksamen Beobachten und Zuhören irgendwie gespürt haben, dass eine größere Berufung auf sie wartet.

Immer wieder treffe ich Reichgottesarbeiter, Männer und Frauen, mit denen ich irgendwann zu tun hatte – in der Seelsorge oder in der Mitarbeit, z. B. als Zeltdiakone – und die dadurch den ersten Anstoß oder sogar eine klare Berufung zu einem bestimmten Dienst bekommen haben. Manche sind heute Missionare, Prediger, geistliche Leiter oder Mitarbeiter in anderen Gebieten im Reich Gottes. Wie oft habe ich schon dankbar gestaunt, wenn wieder einmal irgendein Missionar oder Prediger oder Missionsleiter mich ansprach und fragte: »Erinnerst du dich noch?« Und dann kamen entweder eine Bekehrungsgeschichte oder irgendeine andere Weichenstellung ins Gespräch, die in manchen Fällen sogar schon viele Jahre zurücklagen.

Wie oft habe ich geschmunzelt, wenn wieder einmal jemand »bekannte«, dass er in der ersten Zeit ganze Predigten von mir oder Teile davon auswendig gelernt und sie sogar mit Erfolg selbst gehalten hatte. Genauso hatte ich ja auch mal versucht, Werner Heukelbach zu kopieren. Aus der Geschichte ist bekannt, dass die Predigten von Charles H. Spurgeon viele Jahre von manchen Kanzeln in England und sogar im Ausland zu hören waren. Vor Jahren hörte ich einmal einem jungen Evangelisten zu und merkte schon nach wenigen Sätzen, dass ganze Passagen seiner Botschaft dem Buch »Jesus unser Schicksal« entnommen waren. Zum Glück klagt da wohl keiner für seine Urheberrechte.

Es ist so schön, dass wir voneinander lernen können, uns gegenseitig zu ermutigen und vor allem füreinander zu beten. Wie gut, wenn dabei einer dem anderen den größtmöglichen Segen wünscht.

Wie wunderbar sind doch Gottes Wege und wie geheimnisvoll seine großartigen Pläne. Der Herr baut seine Gemeinde, und wir dürfen dabei seine Mitarbeiter sein.

Ein Blick in den Himmel

Als Jesus seinem Jünger Johannes eine Schau über den weiteren Lauf der Geschichte gab, zeigte er ihm in einem Bild auch eine Szene im Himmel. Johannes schreibt:

»Danach sah ich, und siehe, eine große Schar, die niemand zählen konnte, aus allen Nationen und Stämmen und Völkern und Sprachen; die standen vor dem Thron und vor dem Lamm, angetan mit weißen Kleidern und mit Palmzweigen in ihren Händen, und riefen mit großer Stimme: Das Heil ist bei dem, der auf dem Thron sitzt, unserm Gott, und dem Lamm! Und alle Engel standen rings um den Thron und um die Ältesten und um die vier Gestalten und fielen nieder vor dem Thron auf ihr Angesicht und beteten Gott an und sprachen: Amen, Lob und Ehre und Weisheit und Dank und Preis und Kraft und Stärke sei unserm Gott von Ewigkeit zu Ewigkeit! Amen« (Offenbarung 7,9–12).

Johannes sah bei diesem Blick in die Zukunft Erlöste aus allen Nationen und Stämmen und Völkern und Sprachen. Wie soll es dazu kommen? In Matthäus 28,18–20 finden wir den Schlüssel:

»Und Jesus trat herzu und sprach zu ihnen: Mir ist gegeben alle Gewalt im Himmel und auf Erden. Darum gehet hin und machet zu Jüngern alle Völker: Taufet sie auf den Namen des Vaters und des Sohnes und des Heiligen Geistes und lehret sie halten alles, was ich euch befohlen habe. Und siehe, ich bin bei euch alle Tage bis an der Welt Ende.«

Glühende Retterliebe

Wie oft schon bin ich am Morgen aufgewacht und musste dann bei mir denken: »Ich werde auch heute keinem Menschen in die

Augen sehen, den Gott nicht liebt.« Doch wer sagt es ihnen? Wer sagt es den Vielen in der weiten Welt? Oh, hätten wir doch viel mehr Christen, die mit dem brennenden Wunsch leben würden, Jesus mit Wort und Tat bekannt zu machen. Hätten wir doch mehr, die sich rufen lassen würden und bereit wären, in ferne Länder zu gehen, um auch dort allen die Botschaft von der Liebe Gottes zu bringen.

Gerade weil ich selbst keine Bibelschule besucht und das manchmal als Mangel empfunden habe, war ich umso mehr bemüht, junge Leute zu entdecken und anzusprechen, die etwas von einer Berufung ahnten und die Gott wahrscheinlich über eine gute Ausbildung zu einem besonderen Dienst führen wollte. So kam es dann dazu, dass wir immer wieder wunderbare junge Leute verabschieden und sie zu der einen oder anderen theologischen Schule senden konnten.

Es ist fast unglaublich – und doch hat Gott es geschenkt –, dass wir in einem Zeitraum von fünfzehn Jahren über dreißig junge Leute zu verschiedenen Ausbildungsstätten schicken konnten. Sie gingen zur STH Basel, zum Theologischen Seminar St. Chrischona, zur Freien Theologischen Akademie in Gießen und zu acht verschiedenen Bibelschulen. Es gab Jahre, in denen immer einer oder sogar einige an einer solchen Ausbildungsstätte waren. Viele von ihnen sind heute im vollzeitlichen Dienst als Missionare, Pastoren, Mitarbeiter in einem Missionswerk, Missionsleiter, einige sogar in sehr einflussreichen, leitenden Stellungen tätig.

Während einer längeren Zeit hatten wir die Regel, dass unsere jungen Leute, wenn sie mit dem Theologiestudium oder mit der Bibelschulausbildung fertig waren, zu uns zurückkehren und mindestens ein Jahr lang im Missionswerk mitarbeiten sollten. Sie übernahmen dann auch viele Aufgaben in der Gemeinde. Einige von ihnen konnten wir später in die Mission aussenden. So war es möglich, dass in verhältnismäßig kurzer Zeit zehn Missionare (später sogar mehr) von uns in verschiedene Länder ausgesandt wurden. Sie wurden finanziell weitgehend, einige fast ausschließlich von uns versorgt. Auch von auswärts stießen im Laufe der Jahre junge Leute zu uns, die sich schon vorher mit dem Anliegen »Mission« beschäftigt hatten. Und so kam es, dass auch von ihnen einige zu unseren Missionaren wurden.

Als wir noch keine eigenen Missionare hatten, habe ich öfters andere Missionare, die gerade im Heimatdienst waren, zu uns eingeladen. Wenn die dann ihre Berichte gaben und ihre Dias zeigten, wurde manch ein Herz warm. Die Missionare haben uns nicht nur ihre Missionsarbeit vorgestellt, sondern uns den Blick geweitet für unsere eigene weltweite Verantwortung. Natürlich habe ich bei solchen Gelegenheiten jedes Mal eine flammende Kollektenrede gehalten und nicht selten über das Ergebnis gestaunt. Die Kollekte wurde jeweils ohne Abzug dem Missionar mitgegeben. Bei diesen Gelegenheiten haben viele unserer jungen Leute das Geben gelernt und sich noch ernsthaftere Gedanken über ihre Zukunft gemacht.

Überraschungen für Missionare

Noch bevor wir unsere ersten eigenen Missionare aussenden konnten, pflegte ich verschiedene Kontakte zu Missionaren, die mir besonders unterstützungswürdig erschienen. Wenn sie dann wieder draußen, irgendwo in der weiten Welt, an der Arbeit waren, drängte es mich manchmal, ihnen zu einer ganz besonderen Gebetserhörung zu verhelfen. Viele Male habe ich einen großen Geldschein, gut in Folie verpackt, auf die Reise geschickt. Betend hatte ich jedes Mal meinen Begleitbrief geschrieben und dann die kostbare Sendung betend zur Post gebracht. Ich hatte den Glauben, dass Jesus auf dem ganzen Weg seine schützende Hand darüberhalten würde. Und er hat es getan. Nie ist ein Brief verlorengegangen. Wie groß war die Freude jedes Mal, wenn der von mir vorbereitete Beleg unterschrieben als Beweis zurückkam.

Heute würde ich nicht mehr so handeln. Es ist eigentlich nicht erlaubt. Es kann auch passieren, dass ein Briefträger dahinterkommt und alle zukünftigen Briefe besonders unter die Lupe nimmt.

Sogar nach Afrika und nach Süd-Amerika, aber auch in andere Länder gingen eine ganze Anzahl solcher »Freundesbriefe«. Weil ich selbst nicht dort sein konnte, wollte ich wenigstens auf diesem Wege etwas für die Weltmission tun.

Gehet hin in alle Welt

Oft sehnte ich mich nach dem Tag, an dem wir selbst die ersten Missionare in die Weltmission aussenden könnten. Bei verschiedenen Gelegenheiten erzählte ich in der Gemeinde von meinem Wunsch, dass wir einmal mindestens zehn, lieber zwanzig Missionare aus Wienhausen irgendwo auf dem Missionsfeld haben könnten.

Ilsegret Pahls

Ilsegret[50] ging nach dem Besuch der Bibelschule und einem Praktikum im Missionswerk DIE BRUDERHAND für einige Zeit zur Elfenbeinküste. Weil sie sprachbegabt war und ein Herz für unerreichte Völker hatte, galt ihr Interesse der Wycliff-Spracherforschungs- und Bibelübersetzungsarbeit.

Damals ahnte noch keiner, dass sich unsere kleine Hausgemeinde schon bald zu einer richtigen Missionsgemeinde entwickeln sollte und dass wir – in Zusammenarbeit mit anderen Missionsgesellschaften – schon bald in vielen Ländern der Erde vertreten sein würden.

Martin Neumann

In einer Zelt-Evangelisation in Wienhausen hatte er sich für Jesus entschieden. Unsere Freude war groß, als er anfing, sich intensiv mit Mission zu beschäftigen, und sie war noch größer, als wir ihn als unseren Missionar – in Partnerschaft mit der DIGUNA[51] – nach Afrika aussenden konnten.

Hans und Rosi Schütze

Hans hatte die Bibelschule Brake besucht und anschließend als Praktikant im Missionswerk DIE BRUDERHAND mitgearbeitet. Rosi kam von der Bibelschule Beatenberg und hatte, wie Hans, ein brennendes Herz für die Mission. Nachdem ich die beiden getraut hatte, arbeiteten sie noch einige Zeit im Missionswerk mit, bis wir sie – in Partnerschaft mit dem WEC[52] – als unsere Missionare nach Indonesien aussenden konnten.

Wegen großer Visum-Probleme mussten sie ihren Dienst dort bald wieder abbrechen. Nach einer weiteren Zeit der Mitarbeit im Missionswerk kam es zur erneuten Aussendung, diesmal aber nach Brasilien, wo beide bis heute einen ganz herausragenden Dienst tun.

Ute Schmidt

In einer Zelt-Evangelisation in Wienhausen hatte Ute Wicke sich bekehrt. Nach einer Zeit guter Gemeinschaft in der Gemeinde und dem Besuch einer Bibelschule wurde auch sie aufs Missionsfeld auf die Philippinen ausgesandt. Nach zweieinhalb Jahren Missionsarbeit heiratete sie Markus Schmidt, den zukünftigen Pastor unserer Gemeinde.

Martin und Isabel Gengenbach

Dr. Martin Gengenbach hatte ich während einer Vortragsreihe bei einer OM-Jugendkonferenz kennengelernt. Er war kein »Kind unserer Gemeinde«, aber irgendwie spürten wir, dass wir dieselbe Wellenlänge hatten. Nach einer erfolgreichen Bewerbung als Arzt im Allgemeinen Krankenhaus in Celle siedelten er und seine Frau nach Wienhausen um und wurden nicht nur treue Glieder, sondern auch vorbildliche Mitarbeiter in unserer Gemeinde.

Im Rahmen unseres »Wienhäuser Missionstages« konnten

wir die beiden – in Partnerschaft mit dem Missionshaus Bibelschule Wiedenest – nach Tansania aussenden. Mit der großartigen Arbeit im Missionskrankenhaus, aber auch mit ihrer Mitarbeit in der afrikanischen Gemeinde haben beide viele Jahre tiefe Segensspuren zurückgelassen.

Manfred und Lidia Kadow

Sie waren auch von außen zu uns gestoßen. Das Missions- und Gemeindezentrum stand noch im Rohbau, als sie mich um die Trauung baten. Es war dann auch die erste große Veranstaltung in dem halbfertigen Gebäude. Ein wunderschöner Tag.

Nach dem Abschluss ihrer Bibelschule haben wir sie, kurz vor meiner fünften Evangelisation in Wienhausen – in Partnerschaft mit Mission Horizontes – in die Mission nach Südspanien ausgesandt. Dort tun sie bis heute einen hervorragenden Dienst.

Manfred und Suk Hee Röseler

Die verschiedenen Bibelgrundkurse, die aus der Feder von Manfred Röseler stammen und in kurzer Zeit mehrere Neuauflagen erlebten und in mehrere Fremdsprachen übersetzt wurden, sind richtige Renner in unserer Schriftenmission geworden. Eigentlich war Manfred als Mitarbeiter in unserem Missionswerk unentbehrlich.

Als Schüler hatte er sich einmal bei mir bekehrt. Er ist der Sohn meiner älteren Schwester. Nach einer abgeschlossenen Berufsausbildung, dem Besuch einer Bibelschule und einer Zeit der Mitarbeit im Missionswerk sandten wir auch ihn aus und zwar – in Partnerschaft mit OM – zu einem zweijährigen missionarischen Einsatz nach Indien und Pakistan.

Später konnte ich Manfred und Suk Hee, eine Missionarin aus Korea, in unserem Gemeinde- und Missionszentrum trauen. Sie waren sich das erste Mal in Pakistan begegnet. Nach einer weiteren Zeit der Mitarbeit im Missionswerk zog es sie wieder aufs Missionsfeld. Diesmal sandten wir Manfred und seine Frau – in Partnerschaft mit »Licht im Osten« – in die Ukraine.

Mathias und Martina Schreiber

Mathias Schreiber hatte sich auch in Verbindung mit einer Zelt-Evangelisation in Wienhausen bekehrt. Im Theologiestudium an der FTA in Gießen hatten er und Martina sich kennengelernt, und ich durfte die beiden trauen. Nach dem Theologiestudium waren sie – wie das damals bei uns üblich war – zur Mitarbeit ins Missionswerk gekommen. An die Zeit ihrer Mitarbeit denken heute noch viele dankbar zurück.

Mit dem Zusammenbruch der kommunistischen Herrschaft in Albanien gingen auch dort die Türen für die Mission auf. In Partnerschaft mit dem Missionswerk Frontiers durften wir sie nach drei Jahren Mitarbeit als unsere Missionare nach Albanien aussenden. Sicher werden wir einmal viele gerettete Muslime im Himmel treffen, die ohne diese Aussendung Jesus nie kennengelernt hätten.

Kirsten Dern

Als ich meine vierte Evangelisation in Wienhausen durchführte, fand Kirsten Dern zu Jesus. Ihr Eifer in der Nachfolge hat viele tief beeindruckt. Später besuchte sie die Bibelschule Brake. Auch Kirsten kehrte zum Praktikum »nach Hause« zurück. Ihre besondere Gabe für die Kinder- und Teenagerarbeit hat unserer aufblühenden Gemeinde damals entscheidend weitergeholfen.

Und genau diese Gabe wurde in Albanien dringend gebraucht. Auch sie wurde – in Partnerschaft mit Frontiers – von uns ausgesandt, um Schreibers im Team zu ergänzen.

Henning und Gabi Albs

Henning Albs war durch das treue Zeugnis unserer jungen Leute zu Jesus gekommen. Ich werde nie vergessen, wie ich an einem späten Abend zu Hause ankam und Hans Schütze und Henning Albs vor unserer Haustür standen. Henning wollte sich bekehren. Bald knieten wir in meinem Büro nebeneinander, und während wir beteten, zog Jesus in sein Herz ein. Er wurde ein ganz treuer Jesus-Nachfolger. Bei einem zweijährigen Einsatz auf der Doulos[53] lernte er Gabi kennen. Wie gern denke ich auch an ihre Hochzeit in unserem Gemeinde- und Missionszentrum zurück. Es war ein Freudenfest für das Missionswerk und für die ganze Gemeinde. Bald folgten auch sie – in Partnerschaft mit Frontiers – dem Ruf nach Albanien in das dort bereits bestehende Team.

Weitere Aussendungen aufs Missionsfeld

In all den Jahren gab es immer wieder auch Kurzeinsätze von Einzelnen in verschiedenen Ländern. Auch in den Jahren nach 1995, die ja nicht Inhalt dieses Buches sind, gab es eine ganze Anzahl weiterer Aussendungen aufs Missionsfeld.

Wir sind glücklich darüber, dass durch alle unsere schwachen Bemühungen nicht nur Menschen aus unserem Umfeld, sondern Menschen aus vielen Ländern der Welt, aus vielen »Nationen und Stämmen und Völkern und Sprachen« mit Jesus bekannt gemacht werden konnten.

Die finanzielle Versorgung unserer Missionare

Als kleines Missionswerk kamen wir sehr oft an die äußersten Grenzen der Belastbarkeit. Aber für ein Glaubenswerk ist das wohl das Normale. Im Glauben hatten wir einmal begonnen, im Glauben hatten wir, wie Josua, immer wieder verheißenes Land eingenommen. Sollte Gott uns nicht auch jetzt und in Zukunft versorgen?

Ein gewisser Teil des nötigen Geldes für die Versorgung unserer Missionare kam viele Jahre durch die Missionsopfer unserer Gemeinde zusammen, ein weiterer Teil durch Freunde unserer Missionare, die ihre Spenden für »ihren Missionar« mit dem entsprechenden Vermerk auf das Konto des Missionswerks einzahlten. Alles, was dann noch fehlte, kam aus der Kasse des Missionswerks DIE BRUDERHAND. Außer der monatlichen Versorgung der Familien entstanden natürlich auch immer wieder große zusätzliche Kosten, zum Beispiel für Reisen oder für Autos und vieles mehr. In drei Fällen haben wir den Missionaren Eigentumswohnungen, in einem Fall sogar ein Haus im Ausland gekauft, weil wir im Vergleich mit einer Mietwohnung bei dieser Vorgehensweise auf Dauer sogar Geld sparen konnten.

Mit der Loslösung der Gemeinde vom Missionswerk DIE BRUDERHAND ergab sich eine völlig neue Situation.

Die Missionare blieben weiterhin die Missionare der BRUDERHAND. Sie blieben gleichzeitig aber auch die Missionare der Gemeinde. Weil es für die selbstständig gewordene Gemeinde aber unmöglich gewesen wäre, die vielen Missionare finanziell zu versorgen, haben wir zugleich mit der Loslösung der Gemeinde vom Missionswerk eine saubere Lösung für die zukünftige Versorgung der Missionare vereinbart. Seitdem zahlt die Gemeinde für jeden Missionar, bei Ehepaaren für beide, monatlich einen Betrag von hundert Euro an DIE BRUDERHAND. Ein zweiter Anteil des Bedarfs kommt von den Freunden der Missionare, die ihre Spenden entweder beim Missionswerk DIE BRUDERHAND oder bei der jeweiligen Partnermission einzahlen. DIE BRUDERHAND kommt dann für den Restbedarf auf.

So speist sich der Gesamtbetrag, den wir für einen Missionar nötig haben, aus drei Quellen:

1. aus dem Festbetrag von der Gemeinde,
2. aus den Spenden der Missionarsfreunde,
3. aus der Aufstockung vom Missionswerk DIE BRUDERHAND.

Für das Missionswerk wurde die finanzielle Belastung durch diese Regelung größer. Doch auch dafür wollten wir ganz bewusst dem Herrn vertrauen.

Eine Oase für unsere Missionare

Missionare sind nicht ständig auf dem Missionsfeld und nicht nur im Dauereinsatz fern der Heimat. Gerade für sie ist es wichtig, dass sie in gewissen Abständen mit gutem Gewissen »heimkehren« können, dass sie einen Platz, ein »Zuhause« haben, an dem sie sich wirklich wohlfühlen und neue Kräfte sammeln können. Gleichzeitig brauchen sie einen geschützten Bereich, wo sie nicht nur mal richtig abschalten, sondern auch Gäste empfangen können.

Oh, wie oft, wenn ich am frühen Morgen unser Haus verließ, um meinen Waldlauf zu machen, habe ich über dieses weithin vernachlässigte Thema nachgedacht. Ich musste nämlich, in unmittelbarer Nähe des Missionswerks, immer an einem schönen Häuschen vorbei, das die meiste Zeit des Jahres leer stand, weil es nur für Ferienzwecke genützt wurde. Oft stand ich morgens im Halbdunkel vor diesem Häuschen und »träumte« von einer »Oase für unsere Missionare«.

Nachdem ich lange für diese Angelegenheit gebetet hatte, wagte ich einen Anruf bei dem Besitzer, der in Berlin wohnte. Er hatte nie daran gedacht, sein schönes Ferienhaus am Südrand der Lüneburger Heide zu verkaufen, trotzdem war er bereit, mit mir ein Treffen zu vereinbaren. Dann ging alles ganz schnell. Siegfried Korzonnek half mir bei der Kaufverhandlung, und wenige Tage später gehörte das Haus dem Missionswerk DIE BRUDERHAND, jedenfalls auf dem Papier. Welch ein Gefühl, als wir den Vertrag beim Notar unterschrieben hatten – obwohl wir das Geld dafür überhaupt nicht hatten. Doch wir waren ganz sicher, dass wir mit unserer Entscheidung genau im Zentrum des Willens Gottes standen. Die Bestätigung folgte dann auch schnell, so dass wir den notwendigen Betrag kurz vor dem Fälligkeitstag einzahlen konnten. Es war wieder einmal eine ganz besondere Gebetserhörung und die Erfüllung eines großen »Traumes«.

Schnell hatten wir das Haus so eingerichtet, dass man sich darin einfach wohlfühlen musste.

Seit dieser wirklich nützlichen Anschaffung wussten unsere Missionare, dass zu Hause für die ganze Zeit ihres Deutschland-Aufenthaltes nicht nur ein intaktes Auto für sie bereitstand, sondern auch ein schönes Häuschen auf sie wartete.

Wie oft hatte ich da und dort mitbekommen, dass Missionare, wenn sie in den Heimatdienst oder in den Heimaturlaub kamen, von einer Notunterkunft zur anderen pendelten, oft nicht mal ein eigenes Badezimmer, manchmal nicht einmal ein ordentliches Auto zur Verfügung hatten. Das wollten wir ihnen, die sowieso schon die größten Opfer brachten, nicht antun. Sie sollten spüren, dass sie in unseren Augen unsere wichtigsten Mitarbeiter sind.

Wie geht es weiter?

Manche Missionare sind im Laufe der Jahre ganz in die Heimat zurückgekehrt. Eine ganze Anzahl neuer Missionare, besonders Ehepaare, wurde auch noch nach 1995 ausgesandt.

Es ist gut denkbar, dass in Zukunft immer öfter Missionare von der BRUDERHAND ausgesandt werden, die ihre geistliche Heimat in einer anderen Gemeinde haben. Umgekehrt unterstützt die Gemeinde inzwischen bereits einige Missionare, die mit der BRUDERHAND keine direkte Verbindung haben.

Mein größter Wunsch ist es, und darum bete ich oft, dass es in der Leitung des Missionswerks DIE BRUDERHAND nie an Menschen fehlt, die die Themen Gebet – Evangelisation – Mission als die wichtigsten Themen in ihrer Arbeit ansehen, und dass es auch in der Zukunft immer wieder zu Aussendungen von neuen Missionaren kommt.

Ebenso bete ich für die Gemeinde, dass diese drei Anliegen, mit denen auch die Gemeinde Geschichte geschrieben hat, nie in den Hintergrund geraten. Im Gegenteil, sie sollten die Hauptanliegen eines jeden Gemeindegliedes sein.

Wenn unsere Herzen davon erfüllt sind, ist mir um die Zukunft nicht bange.

Teil 10: Menschen, die ich nie vergesse

Meine Familie und Verwandten

Einen ganz wichtigen Platz in meinen Erinnerungen nehmen natürlich meine Eltern ein und meine vier Geschwister und einige meiner Verwandten[54], von denen ich im ersten Band so viel erzähle. Ich bin so dankbar, dass ich gerade in dieser Familie, auf diesem Bauernhof, in diesem Dorf und in dieser Zeit aufwachsen durfte.

Meine Freunde und guten Bekannten

Die Liste wäre fast endlos, ja, das Buch müsste tausend Seiten haben, wollte ich sie alle aufzählen – die Menschen, die mir in über fünfzig Jahren so unschätzbar wertvolle Freundschaft erwiesen haben.

Nur wenige Namen will ich herausgreifen aus dem Schatz meiner vielen dankbaren Erinnerungen aus einer jahrzehntelangen Geschichte.

Bei all den schönen und traurigen Erinnerungen an meine Kindheit und Jugend gingen meine Gedanken besonders oft zu Horst und Walter …

Mein Schulfreund Horst

Mit ihm habe ich so ungewöhnlich viel Zeit in unserem Haus und im Stall und auf dem Hof verbracht. Keiner hat mir so sehr bei meinen vielen Aufgaben auf dem Bauernhof geholfen wie er. Wir besuchten dieselbe Schule. Wir hatten so vieles gemeinsam, etwa auch den Wunsch, einmal Automechaniker zu lernen, und unsere große Liebe zu schnellen Motorrädern.

Mein Arbeitskollege Walter

Er war mein älterer Kollege, von dem ich so viel lernen konnte und von dem ich – bevor ich selbst Geld verdiente und meine Horex kaufen konnte – öfter völlig kostenlos sein großes Motorrad leihen durfte, sogar für sehr weite Fahrten. Erst Jahrzehnte später erzählte er mir, dass seine Großzügigkeit ein Ausdruck des Dankes war, weil ich seinem Vater bei einem Arbeitsunfall das Leben gerettet hatte.[55]

Viele weitere Namen wären hier zu nennen, aber das würde den Rahmen dieses Buches sprengen.

Meine Wegweiser und Berater

Es gibt kaum einen Christen, der seinen Weg zu Jesus und mit Jesus ohne fremde Hilfe gefunden hat. Wenn ich zurückdenke, fallen mir so viele Namen von Menschen ein, die mir auf dem Weg zu Jesus und mit Jesus halfen. Nur einige wenige von ihnen kann ich hier erwähnen.

Hans König

Er steht tatsächlich an der ersten Stelle. Kein Prediger, kein Seelsorger, sondern ein Staubsaugerverkäufer, der in unseren

Dörfern jahraus, jahrein seine Vertreterbesuche machte und bei der Gelegenheit seine Ware anbot. Auch meine Mutter schätzte seine Besuche. Er war zurückhaltend, immer freundlich, nie aufdringlich. Er gab gelegentlich gute Ratschläge und verteilte so nebenbei gern ein paar kostenlose, aber wertvolle Schriften.

Auf diese Weise war auch die kleine Broschüre »Die eiserne Fessel« in unser Haus gekommen. Obwohl er oft um Gottes Segen für seine Kunden betete, hätte er sicher nie zu glauben gewagt, dass durch seine »Schriftenmission« einmal eine richtige Kettenreaktion ausgelöst werden würde, die Tausende erreichen sollte.

Sicher sind die Auswirkungen für mein eigenes Leben der Hauptgrund dafür, dass mir die Schriftenmission bis heute so sehr auf dem Herzen liegt.

Oma Thölke

Schon viele hatten beim Lesen der Broschüre »Das harrt Ihrer« von Werner Heukelbach den Weg zu Jesus gefunden. Dann kam das Büchlein in unser Haus. Eigentlich war es ja für meinen Vater gedacht, aber Gott führte es so, dass es in der genau richtigen Stunde in meine Hände kam. Gott schaffte es dann, dass mein Leben beim Lesen der Lektüre in einer einzigen Stunde total umgekrempelt wurde. Ich bin sicher, dass Oma Thölke bei ihren Verteilaktionen oft für unser Dorf betete, vielleicht auch besonders für meinen Vater, aber Gott lenkte es dann so, dass die rettende Botschaft über einen kleinen Umweg schließlich auch meine Eltern erreichte, auch sie überführte und für Jesus gewann.

Werner Heukelbach

In meinen Augen war Werner Heukelbach, der bekannte Radio-Evangelist, einer der ganz Großen im Reich Gottes. Es lässt sich kaum in Worten fassen, was seine Schriften »Das harrt Ihrer«, »Vom Gottesleugner zum Evangelisten«, »Wer betet, siegt« und viele andere für eine große Bedeutung für mein Glaubensleben hatten.

Und nicht nur für mich. Wohin ich auch komme – nicht nur in Deutschland –, treffe ich dankbare Menschen, die durch die Schriften und Predigten von Werner Heukelbach Jesus finden durften.

Besonders dankbar denke ich zurück an meine wochenlangen Briefkontakte. Wie viel Geduld und Mühe war nötig, um meinen riesigen Wissensdurst zu stillen.

Wenn es um gute Wegweiser und zuverlässige Ratgeber geht, wären natürlich noch viele weitere Namen zu nennen, aber auch dafür würde der Rahmen dieses Buches nicht ausreichen.

Meine Freunde und Vorbilder

Menschen ohne Freunde sind wie Pflanzen ohne Sonne. Beide kommen nicht wirklich zum Blühen.

Ebenso wichtig sind gute Vorbilder. Worte lehren, aber Vorbilder reißen mit.

Wie froh bin ich, dass ich schon bald nach meiner Bekehrung erkannte, dass es kein Privatchristentum gibt, dass kein wirkliches Christentum möglich ist ohne Gemeinschaft. Natürlich können Freundschaften – auch in der christlichen Gemeinde – von sehr unterschiedlicher Qualität sein.

Siegfried Röseler

Er war der Erste, mit dem ich nach meiner Bekehrung stundenlang diskutieren konnte und der sich liebevoll bemühte, mir meine vielen Fragen zufriedenstellend zu beantworten. Ich habe in den ersten Glaubenstagen so viel von ihm gelernt. Später, als ich selbst anfing zu predigen, wurden wir manchmal zusammen losgeschickt, um uns den Dienst zu teilen. In mancher Hinsicht wurde Siegfried Röseler für mich ein ganz wichtiges Vorbild.

Schon einige Jahrzehnte lebt er jetzt mit seiner Familie in Kanada.

Onkel Heinrich

Siegfried hatte mich auf Onkel Heinrich und auf die kleine landeskirchliche Gemeinschaft aufmerksam gemacht. Er wohnte nur zwei Dörfer von uns entfernt. Ich denke, er hätte fast mein Großvater sein können. Trotzdem trieb es mich in den ersten Monaten nach meiner Bekehrung immer wieder mit Macht zu ihm. Da konnte ich auspacken, da konnte ich meine Fragen loswerden und vor allem lernen, was echte Fürbitte ist. Wenn ich Onkel Heinrich beten hörte, dann wuchs mein Glaube, dann wurden meine Probleme so klein und Gott so groß. Wer sich an ihn erinnern kann, wird mit mir übereinstimmen, dass er ein ganz Großer im Reich Gottes war. Er ist schon lange in der Ewigkeit.

Erwin Eisen

Mit keinem habe ich in den ersten Jahren meines Glaubenslebens so viel Zeit verbracht wie mit Erwin. Durch mein Zeugnis fand er zu Jesus. Bald kam es zu den intensiven Gebetszeiten in unserer »Hütte«, in unserem etwas umfunktionierten Hühnerstall, und schließlich – als mein evangelistischer Dienst begann – zu den wochenlangen Gebetskämpfen in den vielen gemeinsamen Einsätzen in der Schweiz. Mit keinem habe ich damals mehr diskutiert. Keiner hat mir damals mehr Mut gemacht und darum ganz entscheidend geholfen. Wie froh bin ich darüber, dass der Herr auch ihn später in einen ganz ähnlichen Dienst führte.

Siegfried Lange

Zu meinen wertvollsten Büchern gehören seit meiner Bekehrung Bücher über Gebet. Zu den wertvollsten Kontakten gehören seit meiner Bekehrung Kontakte mit wirklichen Betern.

Einer der größten Beter, der mir persönlich begegnet ist, war sicher Siegfried Lange. Er konnte sich mit der Bibel, mit Notizmaterial und einem guten Buch zurückziehen und dann nicht nur Stunden oder Tage, sondern ganze Wochen im Gebet verbringen. Am liebsten tat er es zusammen mit anderen. Ein Jahr nach meiner Bekehrung waren wir uns das erste Mal in einer Evangelisation begegnet. Damit begann eine neue Phase in meiner geistlichen Entwicklung. In meinem ganzen Glaubensleben habe ich nie mehr einen Redner erlebt, der so motivierend über Glauben reden konnte wie er. Doch noch viel stärker ist mir sein Gebetsleben in Erinnerung. Ich habe ihm so viel zu verdanken. Seine Ordnungsliebe, sein diszipliniertes Leben, seine Sprache und sein mitreißendes Auftreten haben mich immer wieder tief beeindruckt.

Es ist wichtig, dass ein Neubekehrter gleich am Anfang gewisse Dinge einübt und sie zu festen Gewohnheiten werden lässt, sonst besteht die Gefahr, dass er sie in seinem ganzen Glaubensleben nie mehr richtig hinkriegt. Es heißt doch: »Was Hänschen nicht lernt, lernt Hans nimmermehr.«

Wenn wir auch nicht in allen Dingen einer Meinung waren, so kann ich im Rückblick doch nur von einer ganz besonders glücklichen Fügung reden, dass wir uns damals begegnet sind.

Siegmund Schmidt

Bei der Einweihung unserer Missionszentrale waren wir uns das erste Mal begegnet. Es war so etwas wie »Liebe auf den ersten Blick«. Und nicht nur zwischen uns beiden, sondern auch zwischen unseren Familien. In meinem ersten Band ist unserer Freundschaft der gebührende Raum gewidmet. Es freut mich, dass diese gute Verbindung – trotz mancher Belastungen

– heute, nach über vierzig Jahren, immer noch anhält. Solche Freundschaften sind gewiss ein ganz besonderes Geschenk.

Als Siegmund am Abend des 20. Juni 2007 sofort nach dem Tod seiner Frau Hanni bei mir anrief und sagte: »Wilhelm, Hanni ist im Himmel!«, da spürte ich erneut und verstärkt, wie tief doch unsere Freundschaft geht. Wie oft haben wir zusammen gelacht, uns miteinander gefreut und Gott für die erlebten Siege gedankt – aber wir haben auch zusammen geweint, miteinander getrauert und uns gegenseitig getröstet. Und ich freue mich, dass Gott einmal alle Tränen abwischen wird, wenn das Fest im Himmel beginnt und wir uns mit allen Erlösten freuen und mit Jesus vereint sein werden in alle Ewigkeit.

Meine Gastgeber und Predigerkollegen u. a.

Während ich darüber nachdenke, kommen mir so viele äußerst wertvolle Begegnungen in den Sinn, und ich merke, dass ich nur einen Bruchteil davon erwähnen kann, obwohl es noch viele andere gibt, die in meinem Herzen einen Platz haben.

Wie viele sind mir zum Segen geworden, und wie vielen durfte ich zum Segen werden. Manchmal kommt es erst nach Jahren (oder auch überhaupt nicht mehr) zu einem Wiedersehen, aber auch die guten Erinnerungen können ein Leben wirklich reich machen.

Jakob und Ruth Steiner

Meine erste richtige Evangelisation hatte ich ja in der Schweiz. Davor hatte ich schon sehr viele Predigten in manchen norddeutschen Städten gehalten, aber es waren immer Einzeldienste. Nach solchen Diensten fuhr ich in der Regel gleich wieder nach Hause.

Dann kam der Herbst des Jahres 1962. Wir waren schon über drei Jahre verheiratet, hatten drei Kinder, und ich stand bereits anderthalb Jahre im vollzeitlichen Dienst, als ich mich das erste Mal für eine zweiwöchige Evangelisation von meiner Familie verabschiedete. Erwin Eisen und Adolf Pauloweit begleiteten mich.

Meist waren wir drei bei unseren Mahlzeiten Gäste in der Familie Steiner. Erwin und Adolf wohnten sogar bei ihnen, obwohl die Familie bereits acht Kinder hatte.

Außerdem fand diese erste Evangelisation abends in ihrer etwas umfunktionierten Wohnung statt.

Warum ich das erwähne? Weil es mich immer wieder ins Staunen versetzt. – In all den Jahren meines Dienstes habe ich erlebt, dass in der Regel die Familien, die sowieso schon am meisten zu tun haben, in einer Evangelisation zusätzlich die größten Opfer bringen.

Dann kam der Nachmittag, an dem Ruth und Jakob mich um ein vertrauliches Gespräch baten. Sie saßen ziemlich bedrückt vor mir. Seit einigen Stunden wussten sie, dass Ruth wieder schwanger war und sie somit ein neuntes Kind erwarteten. Eigentlich war das gar nicht geplant.

Bei dem Gespräch fielen mir so viele Mut machende Bibelstellen ein. Ich sagte ihnen, dass Gott vielleicht etwas ganz Besonderes mit dem Kind geplant haben könnte, darum sollten sie es freudig bejahen und ihren Weg dankbar und erwartungsvoll weitergehen. Nachdem wir zusammen gebetet hatten, machten wir uns wieder an unsere Aufgaben.

Neun Monate später trafen wir uns wieder in einem Gottesdienst, und zwar zur Segnung ihres neunten Kindes. Neben einer Verwandten hatten sie Erwin als Patenonkel und Margrit als Patentante gewählt. Ich durfte die Predigt halten.

Wie haben wir uns alle gefreut, als etwas über die Vorgeschichte erzählt wurde und dann der Name der kleinen Tochter öffentlich erwähnt wurde: »Dorothea«, das heißt »Gabe Gottes« oder »Gottesgeschenk«.

Die Freundschaft mit Ruth und Jakob hat mir unbeschreiblich viel bedeutet. Sie waren die Ersten, die es wagten, mich zu einer richtigen Evangelisation einzuladen. Ich habe den Eindruck, dass sie in all den Jahren auch zu den treuesten Betern gehörten.

Fredi und Rösli Winkler

1961/62 hatte ich mit einigen Freunden zum ersten Mal eine Silvesterkonferenz in der Schweiz besucht. Dort hatte ich ja Ruth und Jakob kennengelernt. Sie hatten mich während der Konferenz mehrmals gebeten, eine zweiwöchige Evangelisation bei ihnen durchzuführen. Bis zum Ende der Konferenz hatte ich aber mit meiner Zusage gezögert.

Als Fredi und Rösli, die auch Gäste der Konferenz waren, etwas von dem Anliegen mitbekamen, mischten sie sich ein und ermutigten mich sehr zu einer Zusage. Für mich war ihr Zureden eigentlich der entscheidende Fingerzeig. Nach einer kurzen Rücksprache mit Siegfried Lange kam es dann zu meinem Ja.

Fredi war damals noch berufstätig in einer Firma am Thunersee, während er mit seiner großen Familie in Worb bei Bern wohnte. Er hatte einen harten Job. Doch während meiner ersten Evangelisation saß er fast jeden Abend mit Rösli, seiner lieben Frau, in der Versammlung. In den Gebetszeiten, die wir immer vor den Abendversammlungen hatten, fiel er mir besonders auf. Die Inbrunst in seinen Gebeten für Verlorene erinnerte mich jeden Abend an Onkel Heinrich. Vielleicht war das der Hauptgrund dafür, dass wir schnell gute Freunde wurden.

Bald nach dieser Evangelisation wurde Fredi in den vollzeitlichen Dienst berufen und als Gemeindepastor in einer großen Gemeinde ordiniert.

Wiederholt war ich in den Folgejahren zu Evangelisationen in seiner Gemeinde. Wir haben zusammen viele Wunder Gottes erlebt. Fredi war es auch, der uns überredete, als ganze Familie in die Schweiz zu ziehen. Er vermittelte uns die Wohnung in Worb und half uns, sie mit allerlei Leihgaben einzurichten. Trotz ihrer sieben Kinder hatten sie immer ein offenes Haus.

Mit keinem Schweizer habe ich mehr Zeit verbracht. Mit

keinem habe ich mehr zusammen gebetet – oft stundenlang. In keiner Schweizer Familie bin ich öfter zu Gast gewesen. In großer Dankbarkeit denke ich häufig an Fredi und Rösli zurück.

Werner Scherrer

Bei meiner ersten Evangelisation waren mir jeden Abend einige Männer besonders aufgefallen. Die Gesichter wechselten zwar, aber es war eine besondere Sorte von Zuhörern. Schließlich erfuhr ich, dass wir an mehreren Abenden Prediger und leitende Persönlichkeiten unter den Zuhörern hatten, die hauptsächlich gekommen waren, um diesen neuen jungen Evangelisten aus Norddeutschland persönlich zu hören und ihn dann richtig beurteilen zu können. Sie alle hatten ja vorher nie etwas von mir gehört.

Zu ihnen gehörte auch Werner Scherrer. Eines Abends lud er mich ein, weil er, wie er meinte, etwas sehr Wichtiges mit mir besprechen müsse. Am nächsten Mittag war ich Gast in der wunderschön eingerichteten Wohnung von Ida und Werner Scherrer. Dort wurde ich dann mit allerlei leckeren Sachen verwöhnt. Die Wohnung lag im Seitentrakt des großen evangelischen Familienhotels »Parkhotel Gunten« am Thunersee. Während des Mittagessens erfuhr ich, dass Werner Scherrer im Hauptberuf Hoteldirektor war. Aber er hatte noch einige andere besondere Aufgaben, zum Beispiel leitete er den Evangelisationsausschuss eines Gemeindebundes.

Ich glaube, er hatte ein ganz außerordentliches Organisationstalent. Jedenfalls legte er mir im Laufe meines Besuchs bereits einen fertigen Einsatzplan für eine ganze Serie von möglichen Evangelisationen vor. Ich musste nur noch Ja sagen.

Zuerst besprach ich die Sache mit Erwin Eisen. Er begleitete mich ja damals bei meinem ersten Einsatz und stand mir sowieso besonders nahe. Ihm gefiel der Plan. Dann telefonierte ich mit Margrit, dann mit Siegfried Lange, und spürte bei beiden eine große Zustimmung zu der neuen Idee.

So kam es dann zu dem Mammuteinsatz, der mich bald

kreuz und quer durch die Schweiz führte. Nachdem sich immer mehr Gemeindesäle und schließlich auch einige Kirchentüren für mich öffneten, gab es bald kaum noch eine Gegend in der Schweiz, in der ich nicht evangelisiert hatte.

Wenn ich heute zurückdenke und die vielen Verknüpfungen sehe, staune ich immer wieder über das interessante Puzzle, das Gott als der große Planer für mich entworfen hat. Menschen waren dabei seine Werkzeuge. Eins davon war auch Werner Scherrer.

Herbert Henggi

Wir waren gute Freunde. In meinem Buch »Lebt er noch? – Schlagt ihn tot!« habe ich Herbert Henggi unter der Überschrift »Das Wunder von Bern« mehrere Seiten gewidmet. Es war eine der interessantesten Bekehrungen in meiner ganzen Geschichte. Dass sie echt war, haben die folgenden 43 Jahre bewiesen.

Herbert war erst neunzehn Jahre alt, aber zu der Zeit schon ein Überflieger, ein richtiger Draufgänger auf allen möglichen Gebieten. Nach seiner frühen Heirat mit Edith und dem Besuch einer Bibelschule standen beide bald in einem bewegenden Dienst. Seine Musik, seine Lieder, seine Evangelisationen und sein ungewöhnlicher Einsatz im Gemeindebau und in vielen anderen Diensten haben ihn über die Landesgrenzen hinweg bekannt gemacht.

Für einige Jahre gehörte Herbert sogar zur Mitgliederversammlung des Missionswerks DIE BRUDERHAND. Weil die Entfernung einfach zu groß war und seine Aufgaben in der Schweiz ihn voll forderten, mussten wir viel zu früh auf seine wertvolle ehrenamtliche Mithilfe in unserem jungen Team verzichten.

Wie gern erinnere ich mich an meine Besuche in seiner wunderbaren Familie mit drei Töchtern. Einige Male standen wir zusammen auf der Bühne, um den Menschen die beste Botschaft der Welt zu bringen.

In all den Jahren hatten wir gelegentlich Kontakt, manchmal schrieben wir uns oder telefonierten miteinander. Das Wichtigste in unserer Beziehung war sicher die Tatsache, dass wir nie aufgehört haben, füreinander zu beten.

Am 6. Juli 2007 bekam ich zum letzten Mal Post von Herbert. Er informierte uns über eine bevorstehende Operation und bat um Fürbitte. In der E-Mail erwähnte er auch seine Familie mit den drei Kindern und drei Schwiegerkindern und sechs Enkelkindern.

Er schrieb unter anderem: »Vorausgesetzt, die OP verläuft gut, werde ich etwa zwei Wochen im Hospital sein. Dann werde ich mich gerne wieder melden, so Gott will. Wir wissen uns in der Hand Gottes und vertrauen sehr darauf, dass die Sache letztendlich gut kommt. Ich bin sehr dankbar, wenn Ihr an mich denkt und für mich und meine Familie betet.«

Sofort schrieb ich zurück und versprach ihm unsere Fürbitte. Dann vergingen die Tage. Am 16. Juli wurden wir ungeduldig, und ich bat um eine kleine Information. Am nächsten Tag erreichte uns die Nachricht: »Herbert ist von seinem Herrn abberufen worden. Er starb am 11. Juli nach einer Operation in der Klinik.«

Ebenfalls am 17. Juli informierte der Evangeliumsrundfunk über Herberts Tod und gab gleich noch ein paar interessante Daten bekannt: »Herbert Henggi: Schweizer Eishockey-Nationaltorhüter, Werbeleiter einer internationalen Hotelkette, Gründungspastor der Gemeinde Arche in Winterthur, Winterthurer des Jahres, Geschäftsführer des Vereins Kinderheim und Ausbildungszentrum Selam in Addis Abeba – das sind nur einige Stationen im Leben Herbert Henggis. Am 11. Juli 2007 ist er im Alter von 62 Jahren nach einer Operation gestorben.«

Die Nachricht hat uns sehr erschüttert. Gleichzeitig empfand ich eine tiefe Dankbarkeit dafür, dass wir uns einmal begegnet sind und uns schon in diesem Leben so nahe sein durften.

Wir wohnten als Familie schon wieder drei Jahre in Norddeutschland, doch meine Einsätze geschahen immer noch mehrheitlich in der Schweiz.

Zum ersten Mal hatte ich eine Evangelisation in einer Freien evangelischen Gemeinde im Zürcher Oberland, als ein besonders würdevoll aussehender Herr nach der Predigt auf mich zutrat und mich zum Mittagessen einlud. Normalerweise nehme ich solche Einladungen nicht an, weil sie viel Zeit kosten und meist wenig förderlich sind für die Evangelisation. Nachdem ich mir Bedenkzeit erbeten und kurz mit Karl Bührer, dem Gemeindeleiter, über die Einladung gesprochen hatte, gab ich meine Zusage.

Es war der 28. Juni 1968. Es war so ein schöner, sonnendurchfluteter Tag. Wir gingen im Garten spazieren, unterhielten uns bei wunderschöner Aussicht auf der Gartenbank, während Alice, seine liebe Frau, uns ein feines Mittagessen zubereitete. Dann verbrachten wir zu dritt eine gute Zeit am Mittagstisch. Es war einfach eine besondere, unvergessliche Begegnung.

Doch warum erzähle ich das alles? Ich will es erklären: Hans hatte vier Predigten von mir gehört und miterlebt, wie Menschen, die er kannte, in den Seelsorgeraum gegangen waren. Obwohl meine Predigten so einfach waren und hauptsächlich aus Bibelstellen und Erklärungen und kleinen Geschichten bestanden, hatte Gott damit angefangen, etwas ganz Neues in der Gemeinde und in der Gegend zu bewirken.

Hans ermutigte mich: »Sprich weiter über Sünde und Gnade! Sprich weiter über Himmel und Hölle! Sprich weiter über Bekehrung und Wiedergeburt.« Und er versicherte mir: »Ich werde jeden Tag für dich beten!«

Beim Abschied schenkte er mir eine große Kuhglocke mit einem wunderschön verzierten Halsgurt, die anschließend viele Jahre bei uns im Treppenhaus hing, um alle Familienmitglieder zu den gemeinsamen Mahlzeiten zu rufen.

So ermutigt habe ich selten ein Haus verlassen. An dem

Nachmittag habe ich meine Hingabe an Jesus erneuert und ganz neue, heilige Entschlüsse gefasst.

Inzwischen sind Jahrzehnte vergangen. Wir haben uns gelegentlich wiedergesehen, wir haben uns Briefe geschrieben, wir haben füreinander gebetet und Gott für unsere Freundschaft gedankt.

Jetzt ist Hans schon einige Jahre in der Ewigkeit, aber die schöne Kuhglocke hängt auch nach dem letzten Umzug wieder an einem besonderen Platz und erinnert mich oft an einen guten Freund.

Georges Blaser

Über die guten Begegnungen mit Georges Blaser und seiner Frau Hanna schreibe ich sehr ausführlich in Teil 3, »Die vielen offenen Türen«. 1967 waren wir uns das erste Mal begegnet. Damals entwickelte sich eine echte Freundschaft, die sich in vielen gemeinsamen Unternehmungen bewährt hat. Bei den »Menschen, die ich nie vergesse« nehmen Blasers einen ganz besonderen Platz ein.

Hugo Zimmermann

Ich glaube, es war im Frühjahr 1969, als ich zum ersten Mal in einer deutschsprachigen Gemeinde in der französischen Schweiz evangelisierte. Dort lernte ich einen geistlichen Leiter kennen, der nicht nur einer Gemeinde vorstand und nebenbei zu Evangelisationen unterwegs war, sondern – wie kaum ein anderer – junge Menschen für eine theologische Ausbildung und zum geistlichen Dienst motivieren konnte. Was habe ich in den Jahren danach gestaunt, wie viele Prediger es bereits im Land gab, die sich in ihrem sogenannten »Welschland-Jahr« bekehrt hatten, von dort dann zum Predigerseminar gegangen waren, um dann anderen zu Wegweisern zu werden. Hugo und Friedy mit ihrer wunderbaren Familie haben mich total überzeugt.

Jakob Winzeler

Wenn es um den eigentlichen Durchbruch zur sogenannten Großevangelisation geht, habe ich keinem mehr zu verdanken als Jakob Winzeler. Längere Zeit war ich fast Stammgast bei Jakob und Elsbeth. Oh, wie wohl habe ich mich bei ihnen gefühlt. Das war meine Wellenlänge.

Ich meine, Jakob Winzeler war der bescheidenste Prediger, der mir überhaupt begegnet ist. Andererseits weiß ich von keinem, der mein Glaubensleben mehr beeinflusst hat. Ich weiß gar nicht so schrecklich viel von ihm, aber das weiß ich sicher: Er war ein großer Beter, ein eifriger Bibelleser und ein Freund einer bestimmten Art von Literatur. Biografien, Bücher über das Gebet und die Geschichte der Erweckung prägten sein Leben und seinen Dienst. Mit solchen Leuten war ich stets gern zusammen. Darum hat es mich auch immer wieder in seine Nähe gezogen.

Bei ihm hatte ich zum ersten Mal – obwohl die Gemeinden damals noch klein waren – weit über tausend Zuhörer im Zelt. Es begann ein Aufbruch, der dann viele Jahre anhalten und sich über die ganze Schweiz ausdehnen sollte.

Es hat mich schon oft beschäftigt, warum Gott viele so außergewöhnlich gesegnete Leute schon in ihren *besten Jahren* zu sich nimmt. Ich weiß natürlich, dass Gott auch da keinen Fehler macht. Unvergesslich ist für uns die Stunde, in der wir im Krankenhaus in Wetzikon Abschied von Jakob nahmen. Als er starb und beerdigt wurde, war ich weit weg und konnte nur mit einem Dankesbrief ein paar Worte an die Trauergemeinde richten. Der Herr hat viele Menschen und auch mein Leben durch Jakob Winzeler reich beschenkt.

Seine fast unbeschreibliche Frisur, sein forsches Auftreten und seine blitzenden Augen haben mich ganz schön in Unsicherheit versetzt. Dabei wusste ich doch gar nicht, was in seinem Herzen vor sich ging. Ich dachte, die Jungs hätten ein Störmanöver geplant. Bei einem Zelteinsatz ist das ja auch nichts Ungewöhnliches. Ich war richtig froh, dass unser kurzes Gespräch nach dem Vortrag so friedlich verlief und Max ohne Aufsehen das Zelt verließ. Doch einige kannten seinen Hintergrund etwas und beteten dann ganz besonders für ihn.

Es ist immer ein gutes Zeichen, wenn jemand ein zweites Mal kommt. Max kam sogar ein drittes Mal. Bei seinem dritten Besuch wurde er von einem Stärkeren überwunden. Keiner konnte damals ahnen, welche großartigen Pläne Gott mit diesem jungen Mann hatte.

Als ich kurz nach seiner Bekehrung einen Brief von Max erhielt, hatte ich den Eindruck, dass Gott bereits dabei war, einen jungen Mann für eine große Aufgabe vorzubereiten. Nach seiner theologischen Ausbildung und der Mitarbeit in der Gemeinde wurde er Hauptpastor einer großen Gemeinde. Er wurde Präsident der ganzen Bewegung, später auch Präsident des Freikirchenverbandes VFG, und ist heute weit über die Landesgrenzen hinaus bekannt.

Welch ein Staunen ging durch die Reihen, als ich Jahre nach seiner Hinwendung zu Jesus diesen Brief, den Max mir zehn Tage nach seiner Bekehrung geschrieben hatte, während einer Großevangelisation in der Festhalle in Bern vor fast 6000 Zuhörern vorlas. Max Schläpfer gehörte inzwischen zum Leitungskreis und stand neben mir auf der Bühne.

Lieber Wilhelm,

seit meiner Bekehrung sind nun gut zehn Tage vergangen, und in diesen zehn Tagen wurde es mir immer klarer, was Jesus für mich getan hat. Es fällt mir auch nicht mehr schwer, wie noch am Abend meiner Bekehrung, meine Sünden so richtig zu erkennen. Erst jetzt merke ich richtig, wie schlecht mein altes Leben war, und ich danke Jesus in jedem Gebet für die große Erlösung und das neue Leben.

Inzwischen hat es sich in ganz Frick herumgesprochen, dass ich fromm geworden bin. Die meisten Leute fragen sich, wie das bei einem Typen wie mir passieren konnte. Als ich mit meinen Kollegen darüber sprach, waren sie erst ganz erstaunt. Einige begannen auch ernsthaft zu diskutieren, bis andere mit Gelächter und Spötterei jede Diskussion unmöglich machten. Doch das hindert mich durchaus nicht, weiterhin fest auf Jesus zu vertrauen und ihn darum zu bitten, dass ich als sein Diener auch diesen Menschen den rechten Weg zeigen kann. In dieser Diskussion spürte ich, wie Gott mir zu Hilfe kam, denn ich brachte Argumente, die immer einschlugen und die ich irgendwann in einer Deiner Predigten gehört hatte. Sie fielen mir immer just in dem Augenblick ein, in dem ich sie brauchte. Meine Kollegen kamen schließlich dazu, zu sagen: »Hör mal, mein lieber Max, wir werden uns einige Zeit später sprechen, dann, wenn du diese Illusion ausgeschlafen hast.« Ja, wir werden uns noch sprechen, aber ich werde dann noch fester für unsern Herrn zeugen, weil das keine Illusion, sondern eine Realität ist.

Nun, vielleicht schreibe ich Dir kurz, wie mein Leben vorher aussah. Nachdem sich meine Eltern scheiden ließen, zogen meine Mutter, mein Bruder und ich nach Frick, wo ich mich etwa ein halbes Jahr sehr einsam fühlte. Ich begann mich mit Philosophie und Psychologie zu beschäftigen. Dann kannte ich bald einmal einige Jungen, mit denen ich zu Dorffesten ging, Tanzveranstaltungen besuchte und allerlei Blödsinn machte. Nebenbei spielte ich noch Fußball.

Ich angelte mir dann auch bald einmal ein Mädchen und war mit meinen Beschäftigungen ausgelastet. Ich hatte kaum Zeit zum Essen oder gar Schlafen und war im Innersten doch leer, ja ausgehöhlt.

Dann besuchte ich zum ersten Mal eine Evangelisation und diskutierte dort mit dem Prediger. Ich war richtig froh, dass ich ihm immer wieder widersprechen konnte, und ich war richtig stolz, als er zum Schluss sagte: »Na gut, dann glauben

Sie doch an Ihre Wissenschaft.« Als ich ihn dann fragte, ob das alles sei, was er mir entgegnen könne, und er mit Ja antwortete, bewertete ich das als einen Sieg meinerseits und zog »gestärkt« nach Hause. Inzwischen besuchte ich Pop-Konzerte, in denen ich im Haschischrausch die Musik genoss und für kurze Zeit »glücklich« war.

Dann kam ich das erste Mal zu Dir ins Zelt. Ich denke, Du erinnerst Dich vielleicht noch an unser erstes Gespräch an jenem Mittwochabend. Eine Woche später kam ich wieder, und seit diesem Abend beschäftigte mich die Geschichte von Jesus. Ich spürte, dass irgendetwas dahinterstecken musste.

Den Mut zur Bekehrung hatte ich aber erst am Freitagabend. Jener 17. September wird mir unvergesslich bleiben, denn ich fand das, wonach ich schon lange gesucht hatte.

Oh, ich hätte Dir noch so viel zu erzählen über mein jetziges glückliches Leben, aber ich muss jetzt in die Gebetsstunde (nein, ich will jetzt, ich muss ja nicht!).

Herzliche Grüße und Gottes Segen, Max

Im Laufe der Jahre habe ich dieses erstaunliche Zeugnis öfter mal vorgelesen, um meinen Zuhörern zu zeigen, wie schnell und wie radikal Gott ein Leben verändern kann und was Gott aus einem Menschen machen kann, der sich ihm ganz zur Verfügung stellt.

Heinz Strupler

Wenn ich mich recht erinnere, sind wir uns 1971 zum ersten Mal persönlich begegnet – danach aber immer wieder, und zwar bei den unterschiedlichsten Anlässen. Mal trafen wir uns während einer Evangelisation, dann auf der Bibelschule oder bei einer Konferenz. Was mich von Anfang an bis heute am meisten an Heinz Strupler beeindruckt hat, ist seine fast grenzenlose Leidenschaft für Mission und Evangelisation. Kaum einer war an so vielen evangelikalen Aktionen beteiligt wie er. Viele evangelikale Einrichtungen, die Gott in mächtiger Weise gebraucht hat, sind im Herzen von Heinz Strupler geboren. Auch in seinem Fall habe ich den Eindruck, dass an vielen Unternehmungen und Werken, die maßgeblich von ihm ausgelöst und gefördert wurden, seine Frau Annelies einen ganz großen Anteil hat.

Wenn wir nach Reichgottesarbeitern suchen, die viele junge Menschen gefördert und in die aktive Mitarbeit gebracht haben, steht Heinz Strupler sicher schon jahrzehntelang in den vorderen Reihen.

Als wir darangingen, bei uns in der Lüneburger Heide – in Verbindung mit einer großen Jugendfreizeit – eine Zelt-Evangelisation durchzuführen, holten wir Heinz Strupler und Paul Amacker, einen seiner fähigsten Mitarbeiter, um unsere 70 und später 120 Jugendlichen für einen zweieinhalbwöchigen Einsatz zu schulen.

In Zusammenarbeit mit anderen – mit Werner Gitt, George Baier, Robert Wenger und weiteren – haben sie eine Mannschaft geformt, die auf unsere Dörfer und auf die Stadt Celle einen großen geistlichen Einfluss ausgeübt hat. Die Auswirkungen sind heute noch zu spüren.

Werner Gitt

Mir fehlen die Worte, um zu beschreiben, was mir die Freundschaft mit Werner Gitt bedeutet. In seinem Vorwort zu diesem Buch schreibt er selbst etwas über unsere erste Begegnung. Seitdem verbindet uns eine gegenseitige Wertschätzung, wie man sie nur selten erleben kann.

Wir schreiben uns nicht nur zum Geburtstag. Es passiert, dass ich einen Brief aus Süd-Afrika oder einem anderen fernen Land bekomme, in dem Werner Gitt mir schreibt, dass er gerade »in meinem Bett« übernachtet hat. Wie vielen Gemeinden habe ich bei meinen Einsätzen den Dienst von Werner Gitt empfohlen, ebenso erwähnt er mich empfehlend auf seinen Reisen. Nicht nur in Deutschland erleben wir immer wieder, dass der eine dem anderen nach einiger Zeit auf seinen Spuren folgt. Das habe ich bei keinem anderen so auffallend erlebt.

Verschiedener können Menschen ja kaum sein – Werner Gitt, ein bekannter Wissenschaftler[56], und ich, ein einfacher Evangelist –, und dennoch verbindet uns etwas, durch das wir immer wieder gegenseitig bereichert werden.

Das wohl Erstaunlichste an Werner Gitt ist, dass er trotz seines großen Wissens ganz kindlich an die Bibel als Gottes Wort glaubt und die Verbindung aus beidem auf einzigartige, überzeugende Weise vermitteln kann. Für ihn, der ja wirklich wissen muss, wovon er spricht, besteht kein Widerspruch zwischen Wissenschaft und Glauben. Damit kann er sowohl hochgebildete als auch ganz einfach denkende Menschen überraschen und für Jesus gewinnen.

Ständig begegne ich auch Menschen, die durch die Vorträge oder durch die wertvollen Bücher von Werner Gitt zum Glauben gekommen sind. Auch in unserer Heimatgemeinde und im Missionswerk hat sein Dienst tiefe Spuren hinterlassen. Gott hat uns alle durch ihn gesegnet.

Wie wunderbar, wenn ein Evangelist dem anderen das Beste wünscht und gönnt und sich von Herzen freuen kann, wenn Gott den anderen segnet.

Robert Bührer

Er ist nun schon einige Jahre in der Ewigkeit, doch die Eindrücke seines unverwechselbaren Dienstes haben auch mein Leben ganz nachhaltig mitgeprägt. Robert und Margrit – oh, wie habe ich ihre Gastfreundschaft genossen. Wiederholt durfte ich längere Zeit bei ihnen wohnen, und jedes Mal ging ich reich beschenkt von ihnen.

Robert Bührer war nie darauf aus, sich selbst zu bereichern, doch bei allen möglichen und unmöglichen Gelegenheiten gelang es ihm, große Geldsummen und Hilfsgüter sammeln zu lassen, um damit den wirklich Bedürftigen in der Welt nachhaltig zu helfen.

Ich bin nicht sicher, ob ohne seinen Glaubensmut unsere Großevangelisationen im Kongresshaus und später im Hallenstadion in Zürich – mit zuletzt über 7000 Zuhörern pro Abend – überhaupt in der Weise möglich gewesen wären. Der Einsatz im Hallenstadion dauerte achtzehn Tage. Obwohl sich die Kosten in schwindelerregender Höhe bewegten, konnten nicht nur alle Rechnungen bezahlt werden, sondern es wurden zusätzlich noch große Summen für die Arbeit unter den ausländischen Mitbürgern, für ein Hilfsprojekt in einem Hungergebiet und für DIE BRUDERHAND gesammelt.

Von ihm lernte ich, ganz unverkrampft auch über das Geld zu sprechen. Ja, ich sah plötzlich viel klarer, welch große Verantwortung Christen auch für den Umgang mit ihren irdischen Gütern haben. Wenn man sieht, wie manche Christen ihr Geld verplempern, kann einem richtig bange um sie werden. Wehe uns, wenn wir nicht offen auch darüber predigen. Pastor Kemner sagte einmal: »Beneide nie einen Reichen; er hat ungeheuer viel zu verantworten.« Damals entdeckte ich, dass Jesus sogar öfter über den Umgang mit dem Geld als über das Gebet sprach, dabei war ihm doch das Gebet so wichtig. Robert Bührer hatte viele wunderbare Gaben und zusätzlich diese eine, mit der er vielen Mitchristen und auch mir eine große Hilfe gewesen ist.

Samuel Külling

Im Sommer 1975 war ich zum ersten Mal zu Gast in einer Morgenandacht bei den Studenten und Professoren der FETA (heute STH Basel – Staatsunabhängige Theologische Hochschule Basel) in Riehen bei Basel. Anschließend wurde ich vom Ehepaar Külling zum Essen eingeladen. Ich hatte schon so viel über die besondere Ausbildungsstätte gehört und gelesen, doch dass ich einmal dort vor den Studenten und Professoren sprechen würde, ja sogar Festredner bei zwei Absolvierungskonferenzen sein sollte, das hätte ich mir nie zu träumen gewagt. Doch bevor es dazu kam, wurde ich auch dort erst einmal auf Herz und Nieren geprüft. Sie hatten meinen Weg schon einige Zeit beobachtet. Nun saß ich mit Professor Dr. Samuel Külling und seiner liebenswürdigen Frau Annerösli zusammen und beantwortete ihre vielen Fragen. Zusammen hatten sie mich einige Male im Zelt gehört. Jetzt ging es um die Frage, ob ich bereit wäre, einmal als Redner bei der Absolvierungskonferenz mitzuwirken.

Die Morgenandacht vor den Studenten und Dozenten hatte ich recht gut überstanden. Nun, ich hatte auch ein Thema gewählt, in dem ich mich vielleicht besser auskannte als alle meine Zuhörer. Jedenfalls hatte ich an dem Morgen auffallend aufmerksame Zuhörer gehabt.

In unserer langen Unterhaltung erlebte ich Professor Külling dann wie einen guten väterlichen Freund. Das Gespräch nahm stellenweise richtig seelsorgerliche Züge an. Während der ganzen Zeit kam ich mir vor wie ein ganz kleiner Zwerg, der einem ganz großen Riesen gegenübersaß.

An dem Mittag machte Professor Külling mir ein fast unglaubliches Angebot. Wenn ich bereit wäre, meine evangelistische Tätigkeit für ein Jahr oder auch länger zu unterbrechen, würde die FETA für mich offenstehen. Ich könnte – falls ich mich zu dem Studium entschlösse – natürlich nicht den üblichen Abschluss erreichen, aber trotzdem für meine weitere Laufbahn einen großen Schatz an Wissen gewinnen.

Ich war überrascht, aber auch glücklich über das beinahe unfassbare Angebot. Aber ich war noch glücklicher, als ich mich nach viel Gebet für den anderen Weg entschieden hatte. Obwohl ich seit Jahren schon so viele junge Leute mit großem Erfolg zum Besuch der einen oder anderen Ausbildungsstätte ermutigt hatte, war ich irgendwie sicher, dass der Herr mich auf meinem eingeschlagenen Weg weiterführen wollte.

Als es schließlich zur ersten Konferenz kommen sollte, waren alle Dozenten und Mitwirkenden und auch Margrit und ich zu einem festlichen Abendessen eingeladen. Ich glaube, ich habe nie zuvor und auch nie danach im Kreise von Reichgottesarbeitern so gelitten. Es war eine Qual. Die aufgeregten Gespräche kreisten um Namen, die ich nie gehört hatte. Sie sprachen über Lehren und Irrlehren, über allerlei schlimme Entwicklungen in der Theologie, und das alles mit so vielen Fremdwörtern, dass ich allergrößte Mühe hatte, den Gesprächen auch nur einigermaßen zu folgen, geschweige denn, mich richtig daran zu beteiligen. Dabei wollte doch fast jeder auch ein paar Worte mit mir sprechen und etwas von mir über meine Erfahrungen hören, schließlich war ich der Festredner für den nächsten Tag. Wie froh war ich, als ich den Abend gegen Mitternacht einigermaßen schadlos überstanden hatte. Aber in der Nacht kam ich fast nicht zum Schlafen. Bis in den Morgen saß oder kniete ich betend in meinem Gästezimmer und rang um die richtigen Gedanken und Worte für meine Predigt. Und Gott hat die Gebete erhört.

Selten habe ich nach einer Predigt so viele Dankesworte gehört. Ich erinnere mich besonders an die Mut machenden Worte von Frau Külling. Sie waren Balsam für meine geängstigte Seele und eine unschätzbare Ermutigung für meinen weiteren Weg. Einige Jahre später stand ich wieder am Rednerpult bei einer Absolvierungskonferenz der FETA.

Ich freue mich sehr, dass nach dem Tod von Professor Samuel Külling ein weiterer guter Bekannter von mir, der Neutestamentler Dr. theol. Jacob Thiessen, seine Nachfolge als Rektor der Theologischen Hochschule angetreten hat.

Während einer Großevangelisation in Paraguay waren wir uns das erste Mal begegnet. Heute schreiben wir uns gelegentlich, tauschen wichtige Informationen aus, beten füreinander und freuen uns, dass Gott uns – in den total unterschiedlichen Lebensführungen – im Bau seines Reiches gebraucht.

Kürzlich las ich in einem Brief vom Missionshaus Bibelschule Wiedenest:

Wenn Wissen unser größtes Bedürfnis wäre, hätte Gott uns ein Universalgenie geschickt. Wenn Technik unser größtes Bedürfnis wäre, hätte Gott uns einen Wissenschaftler geschickt. Wenn Geld unser größtes Bedürfnis wäre, hätte Gott uns einen Ökonomen geschickt. Wenn Unterhaltung unser größtes Bedürfnis wäre, hätte Gott uns einen Unter-

haltungskünstler geschickt. Da aber Vergebung unser größtes Bedürfnis ist, hat Gott uns einen Retter geschickt (Verfasser unbekannt).

Diesen Retter wollen wir überall in der Welt bekannt machen. Wir wollen Menschen für Jesus gewinnen. Und dann wollen wir ihnen helfen, selbst wirkungsvolle Mitarbeiter im Reich Gottes zu werden.

Robert Wenger

In Frankreich waren wir uns das erste Mal begegnet. Robert Wenger wollte nie im Rampenlicht stehen. Das war gar nicht seine Art. Aber er hatte ein brennendes Herz für Evangelisation und war begeistert von der Art unserer Arbeit. Bei meinen Einsätzen in Frankreich hatte es immer wieder Begegnungen gegeben. Einmal wohnte ich sogar elf Tage bei ihnen und lernte die ganze Familie näher kennen. Robert war Schweizer, Nicole, seine impulsive Frau, eine Elsässerin.

Robert gehört zu den Menschen, die wunderbar im Team arbeiten und dort – wenn sie am richtigen Platz eingesetzt sind – Großartiges leisten können.

Schon einige Zeit sehnte ich mich nach einer Entlastung in meiner explodierenden Arbeit. Ich suchte keinen Nachfolger, keinen Stellvertreter, sondern einen Mitarbeiter, der bereit war, viele wichtige Hintergrundarbeiten zu übernehmen, besonders bei der Beantwortung der vielen Seelsorgepost. Nie hätte ich geahnt, dass die Hilfe ausgerechnet aus Frankreich kommen würde.

Nachdem ich die Bewerbungsunterlagen gelesen hatte, wurden wir uns schnell einig. Im Januar 1976 fuhr ich mit dem Zug nach Freiburg, mietete mir dort einen Umzugswagen und transportierte dann persönlich das ganze Umzugsgut aus dem Elsass nach Norddeutschland.

Kaum einer kann sich vorstellen, wie viel Arbeit Robert mir abgenommen hat und mit welcher Treue er seine Aufgaben –

meist im Hintergrund – erledigte. Ich war verheiratet, Robert war verheiratet, wir hatten vier Kinder, Robert und Nicole hatten vier Kinder[57], und so einigten wir uns, dass beide Familien, auf den Pfennig genau denselben Lohn bekommen sollten. Ich schäme mich heute noch, wenn ich an unsere armseligen Gehälter denke und an das Arbeitspensum, das unsere Mitarbeiter damals hatten. Ich bin Robert von Herzen dankbar für seinen so wertvollen Dienst. In der Geschichte der BRUDERHAND nehmen Robert und Nicole mit ihren vier Kindern einen wichtigen Platz ein.

Am 13. Juni 1984 haben wir Robert und Nicole nach achteinhalb Jahren Mitarbeit im Rahmen einer Feierstunde im Missionswerk verabschiedet.

Sie hatten nach längeren Verhandlungen – an denen ich auch schon im Vorfeld beteiligt war – eine Berufung zu einem speziellen Verkündigungs- und Seelsorgedienst in der Schweiz angenommen.

Brunhilde Weiß

Bei »Menschen, die ich nie vergesse« fallen mir natürlich auch weitere wertvolle Mitarbeiter im Missionswerk und in der Heimatgemeinde ein.

Eine Person, die ich an dieser Stelle besonders dankbar erwähnen möchte, ist Brunhilde Weiß.

Außer Margrit hat wohl keine andere Person meine Arbeit im Hintergrund so aufopfernd mitgetragen und gefördert wie Brunhilde Weiß.

Am 31.1.1976 waren wir uns das erste Mal begegnet. Damals machte ich einen Besuch in der Bibelschule Brake und sprach in der Morgenandacht zu den Lehrern und Bibelschülern. Der Hauptgrund meines Besuches war folgender: Ich wollte gern junge Leute für ein Sommerpraktikum in unserem Missionswerk gewinnen. Nach dem Mittagessen konnten alle, die sich dafür interessierten, an einem Informationsgespräch teilnehmen. Das Ergebnis war überwältigend. Doch keiner von uns konnte damals ahnen, welche Auswirkungen die Braker Gesprächsrunde für die weitere Entwicklung haben würde.

Am 3.5.1976 zogen acht erwartungsvolle junge Leute bei der BRUDERHAND ein: Heinz-Werner Ebmeier, Siegfried Plehn mit seiner Frau Christine, Gerhard Rupp, Peter Steiger, Christa Schlechter, Esther Stolz und Brunhilde Weiß.

Das junge Ehepaar und die Bibelschülerinnen konnten in normale Gästezimmer einziehen, die jungen Männer dagegen mussten während ihres ganzen Aufenthaltes bei uns auf Matratzen im Jugendkeller und im Heizungskeller schlafen.

Schon eine Woche nach ihrem Einstieg nahm ich alle acht zu einem zweiwöchigen Zelteinsatz nach Diessenhofen mit. Danach machte sich unser Team, das wir fortan nur noch »Heideteam« nannten, in Zusammenarbeit mit Robert Wenger an die Arbeit in unseren Heidedörfern. Wo es möglich war, hielten sie Bibelstunden und Kinderstunden. Es wurden sogar Säle in einigen Dörfern gemietet oder ein kleines Zelt aufgestellt, um darin Kinder mit dem Evangelium zu erreichen. Eine Bibelfreizeit mit Gästen aus der damaligen DDR wurde stark von ihnen geprägt, und auch in unserer kleinen Hausgemeinde und in der eigenen Kinder- und Jugendarbeit haben sie wertvolle Arbeit geleistet. Manche Spuren aus jener Arbeit sind heute, nach dreißig Jahren, noch deutlich zu sehen.

Schon länger hatte ich den Wunsch, für unsere wachsende Arbeit eine gute Sekretärin zu finden. Im Stillen hoffte ich, sie unter den Praktikanten zu entdecken. An einem Nachmittag fragte ich in die Runde hinein: »Wer von euch kann Schreibmaschine schreiben?« Einige meldeten sich, darunter auch Brunhilde Weiß. Sie fügte aber hinzu, dass sie sicher nicht die Beste sei. Doch als sie dann am Tisch vor der Schreibmaschine Platz genommen hatte und mit dem Abschreiben begann, sausten ihre Finger in einem solchen Tempo über die Tasten, wie ich es zuvor nie aus nächster Nähe gesehen hatte. Und dabei machte sie kaum Tippfehler. Ihre Ordnungsliebe, ihr Fleiß und all ihre Fähigkeiten haben mich in den Wochen danach so überzeugt, dass sich der Wunsch bei mir mehr und mehr verstärkte,

Brunhilde würde nach der Absolvierung wieder in unsere Arbeit zurückkehren.

Nach der Absolvierungskonferenz am 26. September trafen sich am 30. und 31. Oktober alle noch einmal im Missionswerk zu einem unvergesslichen »Heideteam-Treffen«. Danach verließen uns alle für immer. Nur eine blieb: Brunhilde Weiß.

Was war nun das Besondere an Brunhilde? Sie hatte viele ganz außerordentliche Begabungen, sie hatte vor allem genau die Gaben, die das Missionswerk damals so dringend brauchte. So schnell, wie ihre Finger über die Tasten der Schreibmaschine glitten, so schnell tippte sie auch die Ziffern in die Rechenmaschine und in den Telefonapparat. Dabei hatte sie schon nach kurzer Zeit viele wichtige Zahlen im Kopf. Bald war sie in der schnell wachsenden Adressdatei bestens zu Hause.

Meine Postberge wurden – soweit es um Seelsorgepost ging – weitgehend von Robert Wenger abgearbeitet, doch wenn es um besonders schwierige Abläufe ging, etwa bei Behördenpost, übergab ich sie am liebsten Brunhilde. Bald wusste sie, wie ich dachte, und konnte meine schwierigsten Briefe in meinem Sinne beantworten, als säße ich Rat gebend neben ihr. Ich glaube, ich hätte fast alle von ihr geschriebene Dienstpost unterzeichnen können, ohne sie vorher gelesen zu haben.

Für meine evangelistischen Einsätze nahm ich schon damals viel Material im Auto mit auf die Reise. Wenn ich Brunhilde meine Wunschliste gegeben hatte, konnte ich ziemlich sicher sein, dass nachher nichts fehlte, dass alles so verpackt war, wie ich es am Anfang einmal erklärt hatte, und dass alles richtig beschriftet war.

Sie vergaß auch keinen Geburtstag und erinnerte mich an manche Termine, die für mich oder das Missionswerk wichtig waren. Als dann der Computer bei uns eingezogen war und nach und nach weitere technische Geräte unsere Arbeitsplätze füllten, war es in der Regel Brunhilde, die bei technischen Fragen die richtige Antwort wusste.

Es war fast unglaublich: Brunhilde wusste alles, konnte alles, schaffte alles ... Das war natürlich ein Segen für unser Missionswerk und für mich. Allerdings hatte dieser unverhältnismäßig hohe Einsatz auch eine Schattenseite: Brunhilde machte so unverantwortlich viele Überstunden, dass sie selten Zeit für sich selber hatte. Manchmal kam sie kaum dazu, ihren ganzen wohlverdienten Urlaub zu nehmen. Alle diesbezüglichen Ermahnungen änderten nichts daran. Wenn ich heute zurückblicke, denke ich manchmal, dass ich wahrscheinlich sogar eine Art Mitschuld an diesem Verhalten hatte. Denn genau an dieser Stelle lag in all den Jahren ja auch meine eigene Schwäche.

Es ist sicher eine große Ausnahme, dass eine bewährte Mitarbeiterin so viele Jahre demselben Unternehmen mit solch einer Hingabe dient.

Über dreißig Jahre (vom 1.11.1976 bis zum 31.1.2007) war Brunhilde Weiß Mitarbeiterin im Missionswerk DIE BRUDERHAND. Sie lebt und arbeitet heute wieder in ihrer alten Heimat: dem Siegerland. In der Geschichte der BRUDERHAND nimmt auch Brunhilde einen ganz wichtigen Platz ein. Mit Hochachtung und mit großer Dankbarkeit denke ich an die guten Jahre mit ihr zurück.

Thomas Vögelin

Es gibt Leser, die grundsätzlich kein Vor- oder Geleitwort lesen. Manche überfliegen es nur, um so schnell wie möglich zum »Eigentlichen« zu kommen. Dabei kann man gerade in manch einem Vorwort wertvolle Perlen finden. Wer das Geleitwort von Thomas Vögelin in diesem Buch gelesen hat, ist ihm bereits »begegnet«, dem gesegneten Süd-Amerika-Missionar. Wer es noch nicht gelesen hat, sollte das spätestens an dieser Stelle nachholen.

Nicht alle Bekehrungsgeschichten haben so ein gewaltiges Nachspiel wie die seine. Diese wunderbare Geschichte begann im Juni 1977 im Zelt in Sissach, als Thomas im Seelsorgezelt eine ganz klare Entscheidung für Jesus traf.

Jede Bekehrung ist ja ein großes Wunder. Da gibt es tatsächlich keinen Wertunterschied. Große Unterschiede gibt es aber in der weiteren Lebensführung. Nur wenige sind zu so großen

Aufgaben berufen, wie Thomas Vögelin das erleben durfte. Nur wenige sind aber auch dazu bereit. Allerdings muss ich oft denken, dass vieles, wahrscheinlich sogar das meiste, nicht möglich gewesen wäre ohne die enorme Unterstützung seiner ungewöhnlichen Ehefrau.

In all den Jahren sind wir in Verbindung geblieben. Wir senden uns unsere Gebetsanliegen zu und beten füreinander und freuen uns riesig, wenn Gott den anderen segnet. Wie gut, dass man sich heute schnell mal eine E-Mail über den großen Teich schicken und so am Leben des anderen Anteil nehmen kann.

In seinem Fall war die Entscheidung, eine gute Bibelschule zu besuchen, genau die richtige Wahl. Jetzt darf er andere schulen und dadurch Tausenden zum Segen werden. Dass er bereit war, für dieses Buch ein Geleitwort zu schreiben, hat mich natürlich sehr gefreut.

Erwin Imfeld

Es war derselbe Sommer 1977. Unser Zelt stand in Olten. Niemals zuvor hatte ich die Mitarbeit so vieler verschiedener Gemeinden an einem Ort erlebt wie bei diesem gemeinsamen Einsatz. Entsprechend voll war dann auch unser Zelt. Doch dann kam eine Regenphase, und manche fürchteten um den weiteren Verlauf. Aus meiner Erfahrung wusste ich aber, dass Regentage überhaupt kein Hindernis sind für eine Zelt-Evangelisation. Im Gegenteil: Manche, die sonst vielleicht einen Grillabend oder Gartenarbeit oder eine Fahrradtour oder sonst etwas gemacht hätten, haben an einem verregneten Abend endlich Zeit. Selbst niedrigere Temperaturen sind kein Hindernis. Im Gegenteil: Wenn die Zentralheizungen in den Wohnungen ausgeschaltet sind, kann man sich an kalten und nassen Abenden im beheizten Missionszelt aufwärmen.

Einmal kam eine Frau ins Zelt, die sonst jeden Abend auf einem Minigolfplatz Dienst hatte. Sie sagte im Seelsorgezelt: »Wie gut, dass es den ganzen Tag und auch am Abend so gegossen hat. Ich wurde eingeladen und wollte schon länger gern einmal kommen, aber abends konnte ich nie weg. Heute haben wir wegen des Regens den Minigolfplatz geschlossen.« An diesem Abend bekehrte sie sich und ging danach glücklich heim. Seitdem weiß ich ganz sicher, dass Regenwetter sogar hilfreich sein kann während einer Zelt-Evangelisation.

Doch einige andere Kontakte haben sich mir noch viel tiefer eingeprägt. Abend für Abend hatten wir Besuch aus dem fernen Lungern. Selbst bei schlechtem Wetter machten sie immer wieder die weite Reise. Einer von ihnen war Erwin Imfeld. Ich konnte es fast nicht glauben, als ich auf der Landkarte sah, welche Strecke die Leute aus Lungern Tag für Tag zurücklegten. Dann kam der Abend, an dem Erwin, der bekannte Ski-Sportler, vor mir im Seelsorgezelt saß. Auch seine Eltern und noch andere aus der Familie trafen damals ihre Entscheidung für Jesus Christus.

Warum gerade seine Geschichte sich so tief bei mir eingeprägt hat? Ein Jahr nach seiner Bekehrung steckten wir im Missionswerk bis zum Hals in den Vorbereitungen für unsere erste Zelt-Evangelisation in meinem Heimatort, am Südrand der Lüneburger Heide. Parallel dazu hatten wir eine Jugendfreizeit geplant und waren bei all den vielen praktischen Vorarbeiten sehr in Zeitnot und eigentlich völlig überfordert. Das Zelt hatten wir bei einer Verleihfirma bestellt, doch die Bühne fürs Zelt wollten wir selbst bauen. Die männlichen Jugendlichen wollten wir in Zelten auf unserem Sportplatz unterbringen, aber wir brauchten auch abgeschirmte Plätze zum Duschen und Waschen. In der ganzen Hektik erinnerte ich mich an Erwin Imfeld und seinen Bruder Karl, den ich auch im Zelt kennengelernt hatte. Spontan rief ich bei ihnen an und fragte, ob sie nicht Lust und die Möglichkeit hätten, uns bei den vielen praktischen Vorbereitungen zu helfen. Sie machten sich sofort auf die weite Reise, um uns zweieinhalb Wochen – erst einmal bei den Vorbereitungen, dann aber auch während des gesamten Einsatzes – zu helfen.

Dass unsere erste Zelt-Evangelisation in meinem Heimatort so gut gelang und so viel Frucht durch den Einsatz entstand, ist auch ihr Verdienst. Ich bin ihnen so dankbar.

Erwin Imfeld ging später fürs Studium zum Theologischen Seminar St. Chrischona bei Basel und wurde danach Pastor einer ganz jungen Gemeinde im Wallis.

Er lud mich zu einer Evangelisation in seine kleine Gemeinde ein. Wie immer war ich gespannt auf den ersten Abend. Vor der Predigt ging ich natürlich erst einmal mit in die Gebetsversammlung. Ich staunte über den guten Besuch. Es kamen circa zwanzig Menschen in die Gebetsstunde. Ich fragte Erwin: »Wie viele Mitglieder hat eure Gemeinde eigentlich?« Erwin sagte: »Etwas über zwanzig.« Wahrscheinlich war die ganze Gemeinde in die Gebetsstunde gekommen. Ähnlich war es dann jeden Abend. Erwin war natürlich immer dabei. Ich musste an den wahren Spruch denken: »Wie der Pfarrer, so sein Volk!« Die Auswirkungen waren dann auch entsprechend. Für mich war es eine ganz neue und beglückende Erfahrung.

Nach seinem Wechsel zur Gemeinde in Murten war ich erneut Gast an seinem neuen Einsatzort und konnte jeden Tag staunen über die großartigen geistlichen Entwicklungen, die Jesus durch Erwins Arbeit wirken konnte.

Heute ist Erwin nicht nur ein vollmächtiger Pastor in seiner Gemeinde, sondern auch Leiter der Inlandmission und ein Werkzeug Gottes, dessen Einfluss weit über die Gemeindegrenzen und sogar über die Landesgrenzen hinaus erlebt wird.

Ruedi Schnell

Wenn ich mich recht erinnere, war es im Februar 1970 im Zürcher Oberland, als ich zum ersten Mal in der Wohnung von Karl und Myrtha Bührer einem hochmotivierten jungen Mann aus dem Kanton Graubünden begegnete. Es war Ruedi Schnell aus dem Jugendhaus Seewis. Sein Herz brannte besonders für die Jugend. Acht Monate später kam es zu meinem ersten Kurzeinsatz in Chur, bei dem wir zum ersten Mal zusammenarbeiteten.

Niemand konnte damals ahnen, welch eine Dauerfreundschaft und welch eine ungewöhnliche Menge von Dienstkontakten sich daraus entwickeln würden. Ruedi Schnell ist etwas gelungen, was sonst keiner bei mir geschafft hat.

Im Laufe der Jahrzehnte wurde ich von sehr vielen Stellen zu Bibelwochen, Freizeiten und mancherlei anderen Programmen eingeladen. Fast alle bekamen eine Absage, weil ich meiner Berufung treu bleiben und meine Zeit vor allem in der Evangelisation einsetzen wollte. Nur Ruedi Schnell ist es gelungen, mich wieder und immer wieder als Redner für die Januar-Tagungen zu gewinnen. Nicht ein Mal oder einige Male, sondern insgesamt vierzehn Mal war ich in der Zeit von 1979 bis 2005 als Redner zu Tagungen in dem mir so lieb gewordenen Jugendhaus Seewis.

Auch seine Frau Rosmarie, seine vorbildliche Familie, sein Bruder Hansjörg und die anderen langjährigen Mitarbeiter wurden für mich mehr als nur gute Bekannte.

Das Besondere an Ruedi Schnell ist, dass sein Herz, neben der Liebe zum Jugendhaus und all den großartigen Angeboten für die Gäste, so stark für die vielen Verlorenen in Graubünden schlägt. Ich glaube, gerade diese Tatsache hat mich am meisten angezogen.

1970 hatten wir unseren ersten schon erwähnten Kurzeinsatz in Chur, bei dem sich zu unserer großen Freude vier Personen bekehrten. Ruedi Schnell war es ein großes Anliegen, mit den bereits bestehenden Gemeinden in Graubünden vertrauensvoll zusammenzuarbeiten, doch für die meisten evangelistischen Einsätze der Folgejahre war er eigentlich der Initiator im Hintergrund, meine wichtigste Kontaktperson. So kam es dann zu vielen Evangelisationen, und zwar in Thusis, dann zweimal in Schiers und einige Male im Zelt in Chur. Die Einsätze in Schiers waren damals von ganz besonderer Tragweite.

Einige Pfarrer waren uns damals gut gesonnen und unterstützten unsere Arbeit, andere dagegen brachten uns großen Widerstand entgegen. Sie warnten sogar vor unseren Versammlungen.

In einer heißen Diskussionsrunde fragte mich einer der bekanntesten Pfarrer: »Glauben Sie wirklich, dass ich nicht in den Himmel komme, wenn ich mich nicht bekehre?« Ich antwortete ihm: »Jesus sagt, dass es ohne Bekehrung keine Errettung gibt, dass man ohne Wiedergeburt das Reich Gottes nicht sehen kann. Das glaube ich. Das gilt für jeden. Das gilt auch für Sie. Gott macht bei Ihnen keine Ausnahme. Wenn Sie sich nicht bekehren, werden Sie das Reich Gottes nicht sehen.« Der Pfarrer strahlte und sagte: »Das ist ja tröstlich. Dann begegnen wir uns auf der andern Seite wenigstens nicht mehr.« Wir waren alle entsetzt.

Trotzdem füllten sich die Säle und Zelte, und an allen Orten fanden viele zu Jesus. Später kam es sogar einmal zu einem über vierwöchigen evangelistischen Einsatz in Graubünden, bei dem wir in St. Moritz (Hotel) und in Vulpera (Kongresssaal), dann in Trun (Fabrik) und Thusis (Gemeindesaal), danach noch in Davos (Kongresshaus) und Grüsch (Zelt) und schließlich noch einmal in Chur (Zelt) evangelisierten. Damals blieb Ruedi Schnell mehr im Hintergrund, aber über seinen Mitarbeiter Hans Wilhelm, der schon im Vorfeld und besonders während der ganzen Tournee fast alle Fäden in der Hand hatte, war das Jugendhaus trotzdem ganz maßgeblich an der Arbeit beteiligt.

Mit Hochachtung und großer Dankbarkeit denke ich an die vielen Begegnungen mit Ruedi Schnell zurück. Er war nie Pastor oder Prediger oder Gemeindeleiter, und dennoch hat gerade er mit seiner Liebe zur Evangelisation und mit den ihm zur Verfügung stehenden Mitteln – die er immer wieder in erstaunlicher Weise einsetzte – die christliche Landschaft in Graubünden bleibend verändert.

Armin Mauerhofer

Wenn ich nach Menschen gefragt würde, die einen besonders starken Einfluss auf meinen Terminkalender hatten, würde ich spontan Dr. Armin Mauerhofer nennen. Ich denke, dass es ihm nie bewusst war, welche Hilfe er mir in einer bestimmten Entwicklungsphase war.

Seitdem ich im evangelistischen Dienst stehe, war ich immer

in der »glücklichen« Lage, viel mehr dienstliche Einladungen zu haben als freie Termine in meinem Kalender. Die Einladungen waren zwar sehr unterschiedlicher Art. Sie kamen von sehr unterschiedlichen Gemeinden, und es ging dabei auch immer um sehr unterschiedliche Größenordnungen. Keiner ahnt, wie schwer mir manche Entscheidungen gefallen sind, wie viele Gebete vorausgegangen waren, bevor es schließlich zu einem Ja oder Nein kam.

In einer meiner kleinsten zweiwöchigen Evangelisationen hatte ich am bestbesuchten Abend circa dreißig Zuhörer. Ausgerechnet dort habe ich damals ganz außerordentlich wertvolle Erlebnisse gemacht. Ich hatte aber auch viele Einsätze mit vielen Hunderten und auch mit Tausenden von Zuhörern. Immer wieder stand ich vor sehr schwierigen Entscheidungen: Wo soll ich zusagen? Wo soll ich absagen? Die Entscheidung ist mir wirklich selten leicht gefallen. Große innere Kämpfe hatte ich oft, wenn es um kleine Gemeinden ging. Keiner sollte mir nachsagen, ich würde nur noch Einladungen von großen Gemeinden annehmen.

Ich habe nie aufgehört zu beten: »Herr leite mich. Ich möchte nicht *irgendwo* sein, sondern da, wo du mich haben willst. Ich möchte nicht *irgendetwas* tun, sondern das, was dir gefällt.«

Was mich bei Armin Mauerhofer am meisten beeindruckt, ist seine besondere Gabenkonstellation. Er ist ein ganz außerordentlich begabter Lehrer[58], ein einfühlsamer Pastor und ein Prediger, dem es gelingt, bei jedem Anlass und in jede Predigt einige ganz wichtige Sätze für die einzufügen, die noch gar keine Bekehrung und Wiedergeburt erlebt haben.

Der Rektor der STH Basel, Dr. theol. Jacob Thiessen, schrieb mir einmal: »... dass wir bei Armin Mauerhofer gelernt haben, immer christozentrisch zu predigen und immer auch den Heilsweg aufzuzeigen. Ohne diesen Punkt ist auch die seelsorgerliche Predigt fehl am Platz.«

Und genau so habe ich Armin Mauerhofer tatsächlich immer wieder erlebt.

So war jede Unterhaltung mit ihm für mich eine ganz große

Bereicherung. Dass ich wiederholt in seiner Gemeinde evangelisieren konnte, ja dass ich sogar Gast in seiner wunderbaren Familie sein durfte, war für mich ein großes Geschenk. Während einer Zelt-Evangelisation nahmen wir uns jeden Tag viel Zeit zum gemeinsamen Gebet, aber auch Zeit zum persönlichen Austausch. Wir konnten uns seelsorgerlich dienen und auch füreinander und miteinander beten. Bei einer solchen Gelegenheit gab Armin Mauerhofer mir einen Rat, der mich von einer schweren Last befreite. Seitdem konnte ich meine Terminentscheidungen endlich aus einem ganz anderen Blickwinkel und mit gutem Gewissen treffen. Sein Rat klingt mir noch heute in den Ohren:

> *»Warum solltest du vor zweihundert Menschen sprechen, wenn du am selben Abend vor zweitausend stehen kannst. Es gibt viele gute Prediger und Evangelisten, aber nicht alle sind in gleicher Weise begabt oder geeignet, vor einigen Tausenden zu sprechen. Gott hat dir diese Gabe geschenkt, darum solltest du sie einsetzen und kein schlechtes Gewissen haben, wenn du dich da oder dort für die größere Versammlung entscheidest.«*

Ohne seinen weisen Rat hätte es manche der dann folgenden Großveranstaltungen vielleicht – aus Gewissensgründen – gar nicht gegeben.

Friedhold Vogel

Am 30. Mai 1983 starb meine Mutter. Wie dankbar war ich, dass ich gerade in der vorangehenden Woche zu Hause war und sie noch einige Male am Krankenbett besuchen konnte. Einen Tag nach ihrem Tod sollte ich mit einer Zelt-Evangelisation in Chur beginnen, aber natürlich wollte ich bei der Beerdigung meiner Mutter dabei sein. Wie froh war ich, dass der bekannte Evangelist Friedhold Vogel sofort bereit war, mich in den ersten beiden Tagen im Zelt zu vertreten.

Ich besaß damals bereits einige seiner wertvollen Bücher, wir waren uns auch schon mehrmals flüchtig begegnet, doch erst nach seiner spontanen Aushilfe im Zelt kam es zu näheren Kontakten – hauptsächlich bei den Evangelistenkonferenzen in Deutschland.

Siegmund Schmidt hatte mir einmal eine fast unglaubliche Geschichte über Friedhold Vogel erzählt. Beide waren Teilnehmer beim Amsterdamer »Weltkongress für Evangelisation«. Mehr oder weniger »zufällig« wurde den beiden dasselbe Hotel zugewiesen; sie teilten sich dort sogar ein Zimmer. Sie hatten sich vorher nie getroffen und hatten auch am ersten Konferenztag keine persönliche Begegnung. Keiner wusste etwas über den andern. Am ersten Morgen wurde Siegmund gegen fünf Uhr wach und bemerkte, dass das Bett, in dem Friedhold Vogel geschlafen hatte, leer war. Er fand keine Erklärung dafür. Doch als er dann ins Badezimmer ging, fand er ihn betend auf seinen Knien vor der Badewanne. Friedhold Vogel sagte dann, er sei es so gewohnt, am Morgen früh seine Gebetszeit zu machen, und weil er seinen Zimmerkollegen nicht stören wollte, hätte er sich ins Badezimmer zurückgezogen. An den anderen Tagen war es ebenso.

Von verschiedenen Gastgebern habe ich Ähnliches gehört. Ja, so war Friedhold Vogel: ein ganz ungewöhnlicher Beter, der viele andere zum Gebet motivierte, ein begnadeter Theologe, Autor von circa dreißig Büchern, ein erfolgreicher Evangelist, ein Vorbild für viele. Wie oft hat er mir gesagt, wie sehr er mich schätzte, wie viel er von mir gelernt hätte, doch umgekehrt war es sicher in viel größerem Maße der Fall. Ich bin so dankbar, dass ich ihm begegnet bin.

Bei einer Evangelistenkonferenz in Schwäbisch Gmünd trafen wir uns das letzte Mal. Als wir uns in die Arme nahmen, haben wir beide geweint, und Friedhold flüsterte mit kaum verständlichen Worten: »Ich hoffe so sehr, dass Jesus mir noch einmal die Chance gibt zum Predigen.« Aber Gott hatte dann doch einen etwas anderen Plan. Im Alter von 69 Jahren ist er seiner Krankheit[59] erlegen.

Nach Angaben seiner Familie hielt er bis wenige Stunden vor

seinem Tod eine Heilung für möglich. Einige Monate vor seinem Tod hatte er noch geschrieben: »Ich weiß, dass für den Herrn, dem ich gehöre, Wunder kein Problem sind – und ich weiß zugleich, dass er einen Plan mit meinem Leben hat, wie auch immer die Zukunft aussieht.«

Ja, Gott hatte einen guten Plan. In meinen Augen war er einer der ganz Großen im Reich Gottes – vor allem ein Beter nach dem Herzen Gottes.

Mutter Herrmann

»Das wird ein Staunen geben, ein Köpfeverdrehn,
wenn wir nach diesem Leben vor Jesus stehn.«

An dieses Lied musste ich denken, als ich mich an einen ganz besonderen Einsatz in Süddeutschland erinnerte.

Die Gemeinde hatte eine Evangelisation geplant und suchte einen geeigneten Evangelisten. Irgendwie waren sie auf meinen Namen gestoßen und hatten mich um den Dienst gebeten. Nach längerem Hin und Her waren wir uns schließlich einig geworden und hatten auch einen für beide Seiten passenden Termin gefunden.

Ausnahmsweise fuhr ich diesmal mit der Eisenbahn. Wie abgemacht, holte der Pastor mich vom Bahnhof ab. Auf der Fahrt erzählte er mir eine seltsame Geschichte. Der erste Teil war wirklich niederschmetternd, der zweite Teil hingegen sehr Mut machend.

»Ich bin ja gespannt«, fing er an, »was dabei herauskommt. Ich muss schon sagen, dass ich von solchen Aktionen eigentlich überhaupt nichts halte. Wenn es nach mir gegangen wäre, hätten wir das Ganze auch gar nicht gemacht. Aber mein Vorgänger sah das anders, und einige Gemeindeglieder auch. Und dann ist da noch eine ältere Dame in der Gemeinde. Man nennt sie nur Mutter Herrmann. Sie liegt mir schon lange in den Ohren mit ihrer ständigen Frage: ›Wann machen wir endlich mal wieder eine Evangelisation? Früher haben wir jeden Winter eine Evangelisationswoche gehabt, und jetzt schon so lange nicht mehr.‹ – Na ja, jetzt hat sie ihre Evangelisation. Ich bin wirklich gespannt.«

Ich war schockiert. Am liebsten wäre ich schon vor der ersten Predigt wieder nach Hause gefahren. Immerhin hatte das nicht irgendjemand gesagt, sondern der Pastor der Gemeinde, in der am selben Abend die Evangelisation beginnen sollte.

Den ersten Abend brachte ich dann mit gemischten Gefühlen hinter mich. Der Besuch war eigentlich ganz ordentlich. Die Anwesenden hörten aufmerksam zu. Ob auch Leute in der Kirche waren, die sonst nicht zum Gottesdienst gingen, konnte ich nicht richtig herausfinden. In die Seelsorge kam an diesem ersten Abend aber niemand.

Für die Zeit der Evangelisation war ich bei einem älteren Ehepaar untergebracht. Direkt nach der ersten Versammlung sagten mir meine Gastgeber, dass ich am nächsten Tag, sofort nach dem Mittagessen, einen Besuch bei Mutter Herrmann machen sollte. Sie fügten gleich noch hinzu, dass ich Mutter Herrmann auf keinen Fall eine Absage geben dürfte, sie sei nämlich die größte Beterin in der Gemeinde, sie sei sogar die »Hauptschuldige« daran, dass es überhaupt zu dieser Evangelisation gekommen war.

Ich gab sofort eine Zusage und konnte die Zeit fast nicht abwarten, bis ich dieser besonderen Frau begegnen konnte.

Sofort nach dem Mittagessen machte ich mich auf den Weg und klopfte, wie abgemacht, an ihre Haustür. Wenn ich mich recht erinnere, gab es in ihrem Häuschen gar keinen Flur oder Gang. Wenn man durch die Haustür eintrat, stand man sofort in der Küche. Doch so weit kam ich gar nicht. Nachdem ich geklopft hatte, öffnete die kleine, magere Frau die Tür, sah mich zufrieden an und sagte: »Ach, da sind Sie ja! Dann können wir ja gleich losgehen!«

Wir haben uns nicht mal richtig begrüßt. Ich fragte: »Wie meinen Sie das? Wohin wollen Sie mit mir gehen?« – »Na, Leute einladen!«, war die Antwort. Ich verstand das alles nicht und fragte: »Muss ich denn da mit? Ich kenne doch hier keinen

Menschen.« Sie legte ihre große Schürze ab, zog eine Strickjacke über und erklärte mir kurz und bestimmt: »Wenn Sie dabei sind, kommen die Leute eher!«, und ging los.

Ich kann kaum beschreiben, wie ich mich fühlte. Mutter Herrmann war wirklich alt und schon etwas gebrechlich. Sie konnte nur kleine Schritte machen. Aber ich mochte einfach nicht Nein sagen. Ich gehorchte ihr und ging dann wie ein Hündchen mit ebenso kleinen Schritten neben ihr her. Sie konnte nicht mehr gut hören, so dass wir uns kaum unterhalten konnten.

An den ersten Häusern ging sie vorbei. Dann endlich blieb sie stehen, schaute sich das Haus an und sagte: »Ich glaube, hier wohnen sie. Ja, da müssen wir hin.« Bald standen wir vor der Haustür, und dann drückte sie auf den Klingelknopf. Weil sie schlecht hörte, ließ sie den Knopf gar nicht mehr los. Dann hörte ich eine Frauenstimme: »Was ist denn da los?« Dann ging die Haustür auf. Und mit etwas sanfterer Stimme sagte sie: »Ach, Sie sind es. Was führt Sie denn zu uns?«

Während der ganzen Aktion stand ich nur staunend dabei. Ich habe tatsächlich, außer »Guten Tag« und »Auf Wiedersehen«, kein einziges Wort gesagt. Sie machte alles so perfekt, ich konnte nur zusehen und staunen. Sie schien die junge Frau gut zu kennen, jedenfalls duzte sie diese. So ungefähr waren ihre Worte: »Wir wollen dich zur Evangelisation einladen. Hier ist ein Zettel, da steht alles drauf. Und das ist unser Evangelist, der spricht jeden Abend. Du kommst doch heute Abend?« Die Frau sah mich an und sagte völlig entwaffnet: »Ja, ist gut. Ich komme.« Da fuhr meine »Teamleiterin« fort und sagte: »Du hast Ja gesagt. Du hast gesagt, dass du kommst. Du lügst doch nicht?« Ich stand stumm daneben und schämte mich. Gleichzeitig staunte ich, wie sich die Sache entwickelte. Die junge Frau sagte: »Ich lüge doch nicht. Wenn ich sage, dass ich komme, dann komme ich.« Mutter Herrmann war zufrieden und sagte: »Ja, das ist gut. Dann bis heute Abend. Auf Wiedersehen!«

So ähnlich verlief es dann an den nächsten Haustüren. Ich schämte mich weiter, aber nicht mehr wegen ihres forschen

Vorgehens, sondern wegen meiner Menschenfurcht und meiner viel geringeren Erfolge auf diesem Gebiet.

Auf der Straße fragte ich dann, warum sie immer wieder einige Häuser ausließ und dann wieder auf eine bestimmte Haustür zusteuerte. Sie sagte: »Ich kann ja nicht alle Leute in der Stadt einladen. Ich gehe zu den Leuten, die der Herr mir besonders aufs Herz gelegt hat, für die ich jeden Tag bete.«

Die tollste Geschichte erlebten wir an einem Gartenzaun. Die Leute wohnten etwas abseits. Wir waren lange unterwegs. Ich glaube, Mutter Herrmann war mittlerweise schon recht müde, aber ein bestimmtes Haus wollte sie unbedingt noch besuchen. Als wir auf das Haus zugingen, sagte sie zu mir: »Hier wohnt ein Ehepaar, für das ich schon ganz lange bete.« Am Gartentor wurden wir von der Frau empfangen, die uns aber sagte, dass ihr Mann nicht da sei. Mutter Herrmann wurde traurig. »Dein Mann ist nicht da! Dein Mann ist nicht zu Hause?« Und dann fügte sie, zu mir gewandt, halblaut hinzu: »Warum schickt mich dann der Heiland hierher?«

Dann fragte sie: »Wo ist er denn?« Ich bekam fast eine Gänsehaut, als die Frau sagte: »Mein Mann ist ganz hinten im Garten und sortiert den gestochenen Spargel.« Dann hörte ich Mutter Herrmann: »Dann ist er ja doch da. Bitte sag ihm, er soll hierher kommen. Ich muss ihm was ganz Wichtiges sagen!« Kurz darauf standen beide bei uns am Gartentor, und ich erlebte noch einmal die bewährte Einlade-Methode.

Unvergesslich ist für mich der Augenblick, als einige Tage später, direkt vor meiner Abreise, das Ehepaar zu mir kam und mir einen sauber verschnürten Karton mit einigen Kilo frisch gestochenem, feucht verpacktem Spargel brachte. Es sollte ein kleiner Ausdruck des Dankes sein. Sie waren nämlich die Ersten, die sich in der Evangelisation bekehrt hatten.

Meine Nachmittagsbegegnung hat mich noch lange beschäftigt. Mutter Herrmann war eine ganz Große im Reich Gottes. Trotz der ungünstigen Ausgangslage durften wir in der Evangelisation eine ganze Reihe Bekehrungen erleben. Die meisten Personen, die in den Tagen in die Aussprache und zur Bekehrung kamen, waren Leute, die wir an dem Nachmittag besucht und eingeladen hatten.

Manchmal kann eine ganze Gemeinde wunderbare Dinge erleben, wenn ein einzelnes Gemeindeglied von ganzem Herzen für Jesus brennt.

Die vielen ungenannten Freunde

Schweren Herzens habe ich gerade eine lange Namenliste gelöscht. Es waren Namen von »Menschen, die ich nie vergesse«, die ich aber aus Platzgründen jetzt einfach für mich behalten muss. Da sind die Namen mancher Gastgeber und Prediger, die Namen mancher Übersetzer und leitender Persönlichkeiten, Namen von anderen Evangelisten, von denen ich so viel lernen durfte, Namen von Missionaren, die mich in meiner Hingabe immer wieder beschämt haben, manche Namen von Spendern, die unglaublich große Opfer gebracht haben, aber auch Namen aus unserem Missionswerk und aus der Heimatgemeinde. Ich denke auch an einige ganz besondere Beter, denen ich vielleicht am meisten verdanke. Da sind Menschen, die mir so viel gegeben haben, die mich ermutigt, aber auch ermahnt und mir seelsorgerlich geholfen haben.

Es fällt mir wirklich schwer, hier jetzt abzubrechen und viele Namen nicht mehr zu nennen; Namen von Menschen, die mir so viel bedeuten, die mir geholfen haben, das zu werden und das zu tun, was Gott sich bei meiner Errettung und Berufung ausgedacht hatte.

Auch all den vielen hier ungenannten Freunden bin ich unendlich dankbar.

Teil 11: Liebe, Krankheit, Tod und Tränen (1987–1992)

Eheglück

Ich denke, dass fast jeder Bibelleser so seine Lieblingsstellen in der Bibel hat. Ich jedenfalls habe viele. Zu den Bibelstellen, die mich immer wieder besonders fasziniert haben, gehört auch der 139. Psalm. Da heißt es in Vers 14: »Ich danke dir, dass ich wunderbar gemacht bin.«

Welch ein Wunderwerk ist doch unser menschlicher Körper mit all seinen genialen Funktionen. Wie oft haben Margrit und ich uns staunend darüber unterhalten und Gott für unser Leben und für unsere Gesundheit gedankt. Dass wir so verschieden waren und doch so gut zusammenpassten, hat uns oft ins Staunen versetzt.

»Gott schuf den Menschen zu seinem Bilde, zum Bilde Gottes schuf er ihn; und schuf sie als Mann und Frau« (1. Mose 1,27).

Als Mann und Frau mit der ganzen Bandbreite unserer seelischen und körperlichen Unterschiedlichkeiten sind wir Gottes Ebenbild, wenn wir uns so ergänzen, wie Gott es gemeint hat. Die Sexualität ist Gottes Idee!

Margrit und ich waren beide der Meinung, dass sie eine der schönsten oder sogar die schönste irdische Gabe Gottes ist. Darum ist auch eine Ehe unter Gottes Führung eine der schönsten irdischen Segnungen, ein Beweis, ja eine Demonstration der Liebe und Weisheit Gottes. Weil wir uns ganz sicher waren, dass genau das Gottes Wille ist, wollten wir uns auch nie mit weniger zufriedengeben. Weil wir selber dies auf so wunderbare Weise miteinander erlebten, waren wir fest davon überzeugt, dass eigentlich jede Ehe glücklich sein kann.

Es könnte alles so schön sein, wenn wir nur auf ein paar unumgängliche Anweisungen Gottes achten würden. Und doch sieht die Realität ganz anders aus. »Es gibt eine Legion jammervoller Ehen: Geschäfts-Ehen, Gesichts-Ehen, Geld-Ehen, Ball-Ehen, Epauletten-Ehen, Musik-Ehen, Lust-Ehen – ja, Teufels-Ehen. Sie sind alle ein Hohn auf die Worte: ›im Himmel geschlossen‹« (Wilkens).

Und schon bald entdeckte ich, dass auch in manchen christlichen Ehen viele Tränen fließen. Ich stellte fest, dass der Grund des ganzen Elends fast immer mit drei falschen Einstellungen zu tun hat:

1. Die falsche Einstellung zum Leib
Gerade manche Christen sind an dieser Stelle gefährdet, weil sie Gottes Vorstellungen einfach nicht verstanden haben. Weil auf diesem Gebiet viel Sünde passieren kann, wird von manchen Gläubigen alles, was mit dem Körper und mit Sexualität zu tun hat, für sündig und schmutzig gehalten. Vor lauter Angst zu sündigen, können sie Gottes riesengroßes Geschenk gar nicht mehr wahrnehmen und sich nicht daran freuen.

2. Die falsche Einstellung zu Gottes Geboten
Gerade *sie* sind der Schlüssel zu einem glücklichen Eheleben. Jede Anweisung Gottes ist ein Ausdruck seiner großen Liebe zu uns. Wenn er uns etwas verbietet, dann doch nur, weil er weiß, dass es uns nicht gut tut. Er möchte das Beste für uns.

3. Die falsche Einstellung zum Ehepartner
Gerade in unserer Ehe sollte die Entdeckungsreise nie aufhören. Und weil niemand auf der Erde einen Menschen so gut

kennt wie sein Ehepartner, ist auch kein anderer in der Lage, ihm Schöneres zu schenken – auch auf dem sexuellen Gebiet.

Weil ich so davon überzeugt bin, dass Gott glückliche Ehen will, habe ich in meinen Evangelisationen immer wieder über dieses Thema gesprochen. Meistens setzte ich es auf den Montag an, denn an diesem Abend geht der Besuch normalerweise immer etwas zurück. Mit diesem Thema allerdings wurde der Montagabend fast immer zum am stärksten besuchten Abend. Am besten ging es mir immer dann, wenn Margrit mit unter den Anwesenden saß. Sie war meine aufmerksamste Zuhörerin. Und sicher hat auch sie am meisten für mich gebetet.

Manche Zuhörer waren erstaunt über meine Offenheit, manche waren schockiert oder sogar ärgerlich. Doch die allermeisten waren froh und dankbar über den neuen Ton, den sie plötzlich in christlichen Kreisen biblisch fundiert zu hören bekamen. Jemand meinte, ich sei wohl der Erste gewesen, der in dieser Weise in aller Öffentlichkeit über die Möglichkeit einer erfüllten Sexualität sprach und deutlich machte, dass dies kein Widerspruch zu einem hingegebenen Christenleben ist. Im Gegenteil!

Ich sprach ja immer außerordentlich offen über die Sünde und ihre schrecklichen Folgen, aber dann auch über die wunderbare Erlösung, die Jesus uns in seiner Liebe anbietet. Ebenso offen sprach ich über das Thema Sexualität – einerseits über die schrecklichen Verirrungen auf diesem Gebiet, aber dann auch über die Schönheit einer sauberen Freundschaft, über Liebe, Ehe, Familie und auch über Ehelosigkeit.

»Bei uns ist wirklich ein Wunder geschehen«, schreibt eine 45-jährige Ehefrau. »Vielen Dank, dass ich mich bei Ihnen aussprechen konnte und dass Sie uns den Weg zur wahren, schönen Ehegemeinschaft gezeigt haben. Mein Mann hat seit vierzehn Tagen Ferien. Er ist immer zu Hause. Ich muss keine Angst mehr vor ihm haben. Wir leben in den schönsten Flitterwochen. Wir lieben einander inniger als vor fünfzehn Jahren.«

Ich erinnere mich noch so gut an ihre Tränen, an seine Enttäuschung, an das ganze Chaos in ihrer Ehe. Doch nach den sehr offenen und ehrlichen Gesprächen und dem gemeinsamen Gebet wurde aus ihrer Ehe »ein Stück Himmel auf Erden«.

Und genau so erlebten Margrit und ich es auch. Unsere Ehe war »ein Stück Himmel auf Erden«.

Familienfreuden und Familiensorgen

Im Sommer 1965 waren wir als Familie nach Deutschland in mein Heimatdorf Oppershausen zurückgekehrt. Für mich war das natürlich überhaupt kein Problem, denn ich war ja hier aufgewachsen und fühlte mich sofort wieder »zu Hause«. Margrit brauchte etwas mehr Zeit zur Eingewöhnung, doch auch sie hat schnell Wurzeln geschlagen und viele neue Kontakte geknüpft. Für unsere vier Kinder brachte die neue Umgebung sogar viele Erleichterungen. In unserer Familie hatten wir ja auch in der Schweiz nur Hochdeutsch gesprochen (oder Schriftdeutsch, wie die Schweizer sagen). Plötzlich waren unsere Kinder nicht mehr von Schweizer Kindern umgeben, sondern von deutschen Nachbarn, die dieselbe Muttersprache hatten.

Kurz nach unserer Rückkehr hatten wir auch mit einer Kinderstunde in unserem Ort begonnen, so dass unsere Sprösslinge und die der anderen Mitarbeiter auch auf diesem Gebiet bestens versorgt waren. Nur eins unterschied uns von den meisten anderen Familien: Unsere Kinder hatten einen Vater, der sie sehr lieb hatte, der ihnen viele Karten und auch manchmal Briefe schrieb, den sie aber oft wochenlang nicht zu Gesicht bekamen. Wenn ich heute zurückdenke, staune ich noch viel mehr als damals darüber, dass wir all die vielen Klippen ohne größeren Schaden umschiffen konnten. Das geht aber nicht so sehr auf mein Konto. Wir verdanken alles Gute natürlich in erster Linie der Treue Gottes, aber dann auch und vor allem der großen Opferbereitschaft und Hingabe von Margrit.

Evangelistenkinder sind auch ganz normale Kinder. Oft haben unsere vier darunter gelitten, dass sie bei allen möglichen Begegnungen behandelt wurden, als wären sie ganz besondere Kinder, die natürlich auch besonders brav zu sein hatten. Ich erinnere mich gut an ein Erlebnis im Urlaub. Eine Familie hatte uns ihr Ferienhaus im Tessin zur kostenlosen Nutzung angeboten. Alle sechs waren wir glücklich über das Angebot und voller Vorfreude. »Tessin – das liegt doch hinter den Alpen, das ist so weit weg, da kennt uns keiner, da können wir mal richtig untertauchen und die Ferien genießen. Da haben wir Vati einmal ganz für uns. Nur für uns.«

Nach dem Frühstück in unserem kleinen »Paradies« wollten wir uns erst einmal das wunderschöne Städtchen Locarno am Lago Maggiore ansehen und auf der Strandpromenade spazieren gehen. Kaum waren wir ausgestiegen, da hatte uns schon ein Ehepaar aus Basel entdeckt. Die beiden machten auch Urlaub im fernen Tessin. Ich höre die überraschte Frau noch rufen: »Ja, ist das nicht der Bruder Pahls? Das gibt's doch nicht. Und das ist Ihre Frau? Und du bist sicher die Karina. Und das ist der Daniel, und du ...? – Ja, der Papa hat so viel von euch erzählt.«

Eigentlich sollten alle jetzt strahlen und die lieben Glaubensgeschwister freundlich begrüßen. Das war aber gar nicht so einfach. Eins der Kinder war einfach weitergegangen. Ich glaube, es ärgerte sich richtig über den Überfall. Die andern waren dem Ehepaar auch nicht so überschäumend fröhlich zugetan. Ich glaube, am liebsten hätten sie gesagt: »Wir wollten den Vati endlich mal für uns haben, und jetzt kommen schon wieder andere und wollen was von ihm.« Es blieb dann auch nicht bei dieser einen Begegnung mit Touristen, die mich von irgendeiner Evangelisation her kannten. Im Großen und Ganzen hatten wir damals aber trotzdem zwei wunderbare Wochen im Tessin.

Leben ohne Fernsehen

In all den Jahren unserer 33-jährigen Ehe hatten wir kein Fernsehgerät. Wir hätten beide bestimmt die Disziplin gehabt, nur die besten Sendungen herauszusuchen, aber Margrit war – auch als unsere Kinder schon aus dem Haus waren – die Zeit einfach zu schade für die TV-Angebote. Und ich hatte sowieso keine Zeit dafür. Mit den 7-Uhr-Nachrichten und der anschließenden Presseschau im Radio und der »Celleschen Zeitung« war ich trotzdem immer bestens informiert.

Wie echt sind Kinderbekehrungen?

Die Frage nach der Echtheit stellt sich natürlich bei jeder Bekehrung. Doch bei Kinderbekehrungen sind viele Christen besonders skeptisch. Kann ein Kind denn schon die ganze Tragweite einer solchen Entscheidung wirklich begreifen?

Andererseits wissen wir, dass sehr viele Menschen, die als Bekehrte durchs Leben gehen, schon als Kinder oder als Teenager oder als Jugendliche ihre größte Entscheidung getroffen haben. Und ihre Entscheidung war echt. Ich habe viele Eltern kennengelernt, die sich über die Bekehrung und Wiedergeburt ihrer Kinder noch mehr gefreut haben als über deren natürliche Geburt.

Als Christen wissen wir: Wer die natürliche Geburt erlebt hat, kann diese Welt sehen; wer die natürliche Geburt nicht erlebt hat, kann diese Welt nicht sehen.

Nun, das weiß jeder. Aber das andere ist ebenso gewiss: Wer die Wiedergeburt erlebt hat, kann das Reich Gottes sehen; wer die Wiedergeburt nicht erlebt hat, kann Gottes neue Welt nicht sehen.

Gerade darum liegt bibelgläubigen Eltern so viel daran, dass ihre Kinder möglichst früh eine ganz persönliche Entscheidung für Jesus treffen.

Das war auch unser allergrößtes Anliegen. Interessant war aber, dass sich keins unserer Kinder bei mir bekehrt hat. Sie haben manche Predigt von mir gehört. Ich habe ihnen viel von Menschen – auch von Kindern – erzählt, die sich für Jesus entschieden hatten. Doch ich habe sie nie dazu gedrängt. Weil wir sie so streng erzogen haben, hatte ich manchmal die Sorge, sie könnten einfach »aus Gehorsam« diesen Schritt tun. Aber ich habe um nichts mehr gebetet als um ihre Errettung, und der Herr hat in seiner Gnade die Gebete erhört.

Den größten geistlichen Einfluss hatte natürlich meine Frau Margrit, weil sie viel mehr Zeit mit den Kindern verbringen konnte als ich.

Im ersten Teil meiner Biografie erzähle ich davon, wie unsere Kinder, eins nach dem andern, zu Jesus kamen. Und dass ihre Entscheidungen echt waren, daran haben wir auch in späteren Jahren niemals gezweifelt.

Wenn Evangelistenkinder älter werden

Aus dem Alten Testament wissen wir, dass Gott bei den Kindern von Priestern einen strengeren Maßstab angelegt hat. Im Neuen Testament sehen wir, dass Gott hohe Anforderungen an die Familien der Ältesten und Diakone stellt. Dasselbe gilt sicher auch für die Familien der Evangelisten. Das stand uns auch immer vor Augen. Darum haben wir ja auch so viel gebetet und versucht, gute Vorbilder zu sein, und uns in der Erziehung so große Mühe gegeben.

Und trotzdem: Es gab so viele Mängel. Besonders in der Pubertät habe ich mir oft große Sorgen gemacht und bei manchen Begebenheiten auch falsch, ja sogar lieblos reagiert. In einigen Fällen musste ich mich sogar bei dem einen oder anderen Kind entschuldigen, weil mein Verhalten trotz allerbester Absicht nicht in Ordnung war. Dass trotz all der Mängel alle vier einigermaßen gut durch die schwierigen Jahre hindurchgekommen sind und sogar gläubige Ehepartner gefunden haben, war für uns als Eltern ein unbeschreiblich großes Geschenk.

Loslassen und gleichzeitig gewinnen

Dass ein Pastor, Prediger, Missionar oder Evangelist um die Trauung seiner eigenen Tochter oder seines Sohnes gebeten wird, ist wohl nichts Ungewöhnliches. Das geschieht öfter. Einige glückliche Väter, die ihre eigenen Kinder trauen konnten, habe ich persönlich kennengelernt. Doch ich kenne außer mir keinen, der alle seine Kinder – und zwar vier! – trauen durfte.[60] Für uns als Eltern war das natürlich ein großes Geschenk und auch ein besonderer Vertrauensbeweis. Dass unsere Kinder uns nicht mit dem Vornamen ansprachen, sondern mit *Mama* und *Papa*, und, als sie älter wurden, *Mutti* und *Vati* sagten, war für uns selbstverständlich. Doch als schließlich acht uns so nannten, waren wir schon ein wenig stolz, aber vor allem dankbar für das zusätzliche Geschenk und für das gute Verhältnis, das wir mit allen hatten.

Noch mehr habe ich mich gefreut, als ich das erste Mal so richtig deutlich aus dem Mund von Nadine, unserem ersten Enkelkind, »Opa, Opa!« hören konnte.

Wenn unsere jungen Leute nur ahnen könnten, wie viele Schwiegereltern und Großeltern sich danach sehnen, so angesprochen zu werden, statt wie Kumpel mit dem Vornamen oder sogar mit irgendeinem Spitznamen. *Vati* und *Opa* bin ich nur für diese wenigen Menschen auf der Welt, das ist etwas ganz Besonderes, Wertvolles. Und das drückt sich für mich auch in der Anrede aus. Vielleicht bin ich da etwas altmodisch. Aber im Laufe der Jahre habe ich viele Eltern und Großeltern getroffen, die ebenso empfinden. Daran hat sich in den letzten hundert Jahren kaum etwas geändert.

Wieder zu zweit

Wie schnell waren doch die Jahre vergangen. Plötzlich waren wir wieder zu zweit, wie im ersten Jahr nach unserer Hochzeit. Das haben wir aber richtig genossen.

Fast dreißig Jahre waren wir mehr getrennt als vereint gewesen. Als Evangelist musste ich immer wieder Abschied nehmen. Margrit dagegen hatte ihren Platz in erster Linie bei den Kindern. Nun endlich konnte sie, ohne auch nur eins der Kinder zu vernachlässigen, viel mehr mit mir zusammen sein.

Die Silberne Hochzeit lag weit hinter uns. Wir hatten uns

lieb wie in den ersten Tagen und hatten große Pläne für die vor uns liegenden Jahre. Wir konnten fast noch mal von vorn anfangen. Ich hatte schon so viel von der schönen weiten Welt gesehen, nun sollte auch Margrit häufiger mit dabei sein und mich öfter auf meinen großen Reisen begleiten.

Wir reisten zu unserem ersten Dienst in die DDR. Wir flogen zusammen für volle neun Wochen zu Einsätzen nach Brasilien und Paraguay. Plötzlich war Margrit als Seelsorgerin gefragt und durfte mit ihrem Zeugnis bei großen Frauentreffen wertvolle Dienste tun. Sie konnte die Großevangelisation »Pfingstfest 87« in Bern miterleben und mich auf der unvergesslichen Reise zum Nordkap begleiten.

Nie zuvor hatten wir so viel zusammen gebetet und gemeinsam so viel Schönes erlebt wie in dieser Zeit. Wir genossen unsere Zweisamkeit und waren dankbar für jeden neuen Tag. Gesundheitlich ging es uns beiden sehr gut. Wie es uns empfohlen worden war, besuchte Margrit einmal im Jahr den Arzt zur Vorsorgeuntersuchung und freute sich jedes Mal über den guten Bericht.

Diagnose Krebs

Es war mitten in einer Evangelisation in Braunschweig. Georg Hormann begleitete mich damals als Sänger. Wir waren glücklich, dass sich die Stadthalle mehr und mehr füllte und jeden Abend Menschen die größte Entscheidung ihres Lebens trafen.

Genau in dieser Zeit hatte Margrit wieder ihren jährlichen Termin bei ihrer Frauenärztin. Das war ja so ein immer wiederkehrender Routinetermin, der einfach einmal im Jahr abgehakt wurde.

Doch diesmal war alles anders. Die Ärztin hatte einen Knoten in der Brust entdeckt und sie sofort ins Krankenhaus eingewiesen. Unter Narkose sollte eine Gewebeprobe entnommen werden und – für den Fall, dass es sich um eine bösartige Geschwulst handeln sollte – sofort weiteroperiert werden. Wie erschlagen saß ich in Braunschweig am Telefon und hörte den schockierenden Bericht.

Am 20. Oktober 1987 erfolgte der Eingriff. Als ich am Abend mit der Seelsorge fertig war, fuhr ich noch nach Celle, in der Hoffnung, dass die Nachtschwester mich auch nach Mitternacht noch einige Minuten ans Krankenbett lassen würde. Sie war sofort einverstanden. Eine halbe Stunde konnte ich dann Margrits Hand halten, ihr viele liebe Worte sagen, sie trösten und mit ihr beten. Die Diagnose war eindeutig: Margrit hatte Krebs, und die Geschwulst in der Brust hatte bereits ausgestrahlt. Vorsichtshalber hatte man die Lymphknoten unter den Achseln gleich mit entfernt. Diese Nacht war die dunkelste und tränenreichste Nacht unserer ganzen Geschichte. Zu Hause habe ich noch lange an meinem Bett gekniet, gebetet, geweint und Jesus um Rat gefragt.

Erst neun Tage später wurde Margrit nach Hause entlassen. In einem sehr langen Gespräch hatte eine Krebsspezialistin empfohlen, jetzt sofort alle verfügbaren Mittel gleichzeitig einzusetzen. Ich erinnere mich an die Worte eines Arztes, der sagte, man sollte jetzt »alle zur Verfügung stehenden Geschütze auffahren«. Vielleicht gäbe es noch eine Chance, den Krebs zu besiegen. An erster Stelle stand die Chemotherapie, dann war aber auch von Bestrahlung und Hormonbehandlung die Rede. Auf meine Frage an die Ärztin, was sie, wenn sie selbst die Betroffene wäre, in diesem Fall tun würde, sagte sie nur: »Ich weiß es nicht.«

Wir besuchten unseren Hausarzt und hatten mit ihm ein sehr langes und einfühlsames Gespräch. Schließlich fragte ich auch ihn, was er raten würde, wenn es jetzt nicht um meine, sondern um seine Frau ginge. Auch er gab keine klare Antwort. Er sagte nur: »Das ist eine schwere Frage.«

Margrit hatte sich drei Tage Bedenkzeit erbeten. In dieser Zeit führten wir sehr viele Gespräche mit Krankenschwestern, mit einigen Ärzten und einigen Betroffenen. Obwohl wir tagelang fast immer zusammen waren, habe ich mich in der ganzen Zeit sehr bemüht, Margrit zwar nach Kräften zu unterstützen, aber sie nicht zu einer bestimmten Entscheidung zu drängen. Es war mir ganz wichtig, dass Margrit in dieser extrem schwierigen Situation, in der einem eigentlich niemand sagen kann, was richtig oder falsch ist, für sich den Weg einschlagen konnte, zu dem sie selbst ein Ja hatte. Und für diesen Weg wollte ich ihr dann meine volle Unterstützung geben.

Dann kam das entscheidende Gespräch im Krankenhaus. Eigentlich saß ich nur da und hörte zu. Ich habe nur so gestaunt, als Margrit am Ende dieser letzten Beratung sagte: »Nach vielen Gebeten habe mich jetzt durchgerungen: Ich möchte keine Chemotherapie, auch keine Bestrahlung und auch keine Hormonbehandlung. Ich möchte auf alles verzichten.«

Die Fachärztin hat das sofort akzeptiert. Sie hat nicht den geringsten Versuch gemacht, sie umzustimmen. Im Gegenteil: Sie hat ihr zu ihrem Gottvertrauen gratuliert und ihr alles Gute gewünscht. Dann haben wir uns verabschiedet. Bei den vielen Gesprächen – besonders mit Krankenschwestern und mit betroffenen Angehörigen – war Margrit zu der Meinung gekommen, dass es sich bei den Angeboten der Schulmedizin in ihrem Fall nur um eine Form grausamer Sterbehilfe handeln könnte.

Leben mit Krebs

Es war sicher eine besonders gnädige Führung, dass wir gerade in dieser Zeit mit Betroffenen in Verbindung kamen, die sich ähnlich entschieden hatten und wegen der Krankheit ihren Speiseplan total umgestellt hatten. Diesen Weg schlug Margrit dann auch ein und machte ihn – neben dem Gebet – zu ihrer einzigen Therapie, mit deren Hilfe sie dann noch einige Jahre erleben durfte, in denen es ihr richtig gut ging.

Wir waren ja allein und kamen darum mit unserer neuen Lebensweise mit keinem andern in Konflikt. Ab Anfang November 1987 gab es auf unserem Tisch nur noch Rohkost. Ich wusste vorher gar nicht, dass man fast alles auch roh essen kann und dass es bei der richtigen Zubereitung wunderbar schmeckt. Margrit hat sich viel Mühe gegeben und immer wieder Neues ausprobiert und mich mit den großen bunten Salat-

und Früchteplatten jahrelang richtig begeistert. Wenn ich allein zum Dienst unterwegs war, aß ich natürlich dieselben Gerichte wie meine Gastgeber, doch ich freute mich jedes Mal auf zu Hause. Es ging mir auch körperlich und gesundheitlich nie besser als in der Zeit.

Auch unser Eheleben hat unter der schrecklichen Krankheit nicht gelitten. Im Gegenteil: Manchmal hatten wir den Eindruck, dass wir gerade in dieser Zeit auf vielen Gebieten unsere schönsten Entdeckungen machten. Nach Meinung der Ärzte hatte Margrit ja nicht mehr lange zu leben, aber diese Aussicht führte dazu, dass wir umso bewusster lebten und bemüht waren, unsere Arbeit und unsere Freizeit noch viel besser zur Ehre Gottes einzusetzen.

Beter, Ratgeber und Kritiker

Seit Bestehen des Missionswerks im Jahr 1960 gab es einen Gebetsbrief, der im Laufe der Jahre von immer mehr Freunden gelesen wurde. In den 70er-Jahren wurde daraus das ECHO aus dem Missionswerk DIE BRUDERHAND. Der Umfang der Mitteilungen nahm schnell zu, aber auch die Zahl der Leser. Nachdem feststand, dass Margrit Krebs hatte und dass sie – menschlich gesehen – gar nicht mehr lange zu leben hatte, informierte ich unsere Freunde sofort ganz offen und schrieb dann unter der Überschrift »Wie geht es Margrit?« fast in jeder neuen Nummer etwas über ihr Ergehen. Das führte dazu, dass neben der Flut von Briefen, die uns sowieso schon täglich erreichte, viel zusätzliche Post aus zum Teil völlig unterschiedlichen Gründen in unser Haus kam. Immer öfter erreichte uns Post, die direkt an Margrit gerichtet war.

Viele dieser Briefschreiber kannten wir persönlich. Die große Anteilnahme und die vielen Gebetszusagen haben uns immer wieder tief beeindruckt und oft zu Tränen gerührt. Manche haben damals mitgelitten und sogar mitgeweint. Weil viele Tausende das ECHO lasen und das besondere Thema praktisch jedes Mal vorkam, wurde die Zahl der Fürbitter immer größer.

Ein Pastor sagte mir damals, dass zu der Zeit wohl für keinen Menschen in Europa so viel gebetet würde wie für Margrit.

Viele haben damals auf ihre Heilung gehofft und uns in dieser Richtung ermutigt und entsprechende Briefe geschrieben. Jeder Mut machende Brief war für uns eine gewaltige Motivation, denn auch wir wünschten uns nichts sehnlicher als eine echte körperliche Heilung. Als dann die Jahre vergingen und mehrere negative ärztliche Prognosen sich nicht erfüllten, sprachen manche sogar schon von einer Heilung. Nichts wünschten wir uns mehr, aber wir haben nie eine solche Meldung herausgegeben, weil wir – neben all den guten Erfahrungen – auch sahen, dass die Krankheit Margrit immer mehr schwächte und sie ganz langsam, aber stetig an Körpergewicht verlor. Jedes neue Jahr, ja, jeder neue Tag, war für uns einfach ein großes Geschenk.

Damals bekamen wir auch ganz andere Briefe. Wieder einmal hatte ich im ECHO etwas über den Verlauf der Krankheit geschrieben und dabei auch unseren guten Hausarzt erwähnt. Prompt kam eine harte Verurteilung im Brief: »Jetzt ist mir alles klar: Ihr gebt Gott ja gar keine Chance, solange ihr noch Hilfe von den Ärzten erwartet. Unser Arzt ist doch Gott und sonst keiner. Verlasst den falschen Weg und erwartet die Hilfe allein vom Herrn, dann wird Gott eingreifen.« Besonders für Margrit waren solche und ähnliche Briefe eine starke zusätzliche Belastung.

In einer ECHO-Mitteilung hatte ich eine bestimmte Bibelstelle erwähnt: »Gelobt sei der Herr täglich. Gott legt uns eine Last auf, aber er hilft uns auch« (Psalm 68,20). Und wieder kamen Proteste von einigen, die meinten, sie müssten uns ganz schnell von einem gefährlichen Irrweg zurückholen. Jemand schrieb sogar: »Ihr seid einem Lügengeist verfallen. Gott legt uns keine Last auf! Die Lasten sind vom Teufel, und davon müsst Ihr Euch lossagen.« Dann gab er uns auch gleich eine bestimmte Adresse von einem vollmächtigen Seelsorger, der angeblich im Befreiungsdienst große Erfolge hatte.

Solche Briefe waren natürlich die Ausnahme. Trotzdem haben sie uns manchmal ganz schön in Not gebracht. Es kam schließlich sogar so weit, dass ich gewisse Briefe sofort vernichtete und sie Margrit gar nicht zeigte, weil ich sicher war, dass sie genau das Gegenteil von dem verursacht hätten, was diese extremen Leute erreichen wollten.

Unsere besten Jahre

Eigentlich war Margrit ja todkrank. Und ohne Chemotherapie und die anderen empfohlenen Behandlungsmethoden waren ihre Aussichten – menschlich gesehen – ganz düster.

Umso dankbarer waren wir für jeden neuen Tag, für jede neue Woche und schließlich sogar für jedes neue Jahr. Dank der gesunden Ernährung sah Margrit jahrelang aus wie das blühende Leben. Sie fühlte sich auch gut und hatte keine Schmerzen.

Da man an allen Einsatzorten, zu denen ich Margrit gern mitnehmen wollte, bereit war, uns eine kleine Wohnung zur Verfügung zu stellen, konnten wir uns überall selbst versorgen und unsere neue Ernährungsweise auch unterwegs beibehalten.

Einmal reisten wir für sieben Wochen zum Dienst nach Kanada und in die USA, etwas später sogar für achteinhalb Wochen nach Süd-Afrika, Namibia und Kenia.

1985 wurde unser erstes Enkelkind geboren. Wir waren gerade in Dänemark, als uns die gute Nachricht erreichte. Bald kamen weitere dazu, und jedes Mal war besonders Margrit überglücklich, wenn sie wieder eins in ihre Arme schließen konnte. Neun Mal[61] durfte sie das große Glück erleben, wieder einmal Oma geworden zu sein.

Der Abschied naht

Dann kam das Jahr 1991. Margrit musste sich nach dreieinhalb ziemlich guten Jahren, in denen sie kaum Schmerzen gehabt hatte, wieder einer Krebsoperation unterziehen. Unter vier Augen sagte mir der Arzt nach dem Eingriff, sie hätten ihren Leib praktisch unverrichteter Dinge wieder geschlossen, da sich der Krebs inzwischen auf fast alle inneren Organe ausgebreitet hatte. Nun verstand ich nicht so viel davon, aber seitdem wunderte ich mich noch viel mehr darüber, dass Margrit so lange verhältnismäßig normal leben und dabei die meisten ihrer täglichen Arbeiten fast uneingeschränkt erledigen konnte.

Nachdem Margrit aus dem Krankenhaus heimgekehrt war, meinte der Arzt, dass wir jeden Tag mit ihrem Tod rechnen müssten. Zum ersten Mal entschied ich mich damals, eine schon lange geplante Evangelisation Margrits wegen abzusagen. Es ging wieder um Braunschweig, um dieselbe Stadthalle, in der ich dreieinhalb Jahre vorher die erste schlimme Nachricht bekommen hatte. Wie froh war ich, dass Werner Gitt bereit war, mich zu vertreten, und dass ich, statt zu evangelisieren, die ganze Zeit über bei Margrit sein konnte.

Doch auch diesmal stimmten die Prognosen der Ärzte nicht. Margrit erholte sich einigermaßen, so dass ich mich wieder auf die Reise machen konnte. Sie feuerte mich sogar an und wollte gar nicht, dass ich aufhörte zu evangelisieren. Sie wollte keinesfalls, dass Menschen verlorengingen, weil sie krank war.

Im »CongressPark« in Wolfsburg erlebten wir dann auch – besonders in der Verlängerung – einen richtigen Siegeszug, und während der nächsten Zelt-Evangelisation in Wienhausen stand Margrit sogar wieder mit auf der Bühne im Chor.

Im selben Jahr reiste ich noch einmal für fünfeinhalb Wochen zum Dienst nach Kanada, predigte fast zwei Wochen in der Stadthalle in Lörrach, dann eine Woche in der Sporthalle in Salach und nach dem denkwürdigen Einsatz in Russland noch eine Woche in Visp im Wallis. Und überall gab Gott uns einen weit offenen Himmel.

Dann kam das Jahr 1992. Die Abläufe in der Hausarbeit wurden langsamer. Margrit wurde zusehends schwächer, sie blieb morgens etwas länger im Bett, aber sie war fast immer fröhlich, besuchte weiterhin jeden Gottesdienst, jede Bibelstunde, jede Gebetsstunde und sang bis kurz vor ihrem Tod noch mit im Gemeindechor. Was war das doch für ein Geschenk, dass sie über viereinhalb Jahre fast ohne Schmerzen leben konnte.

Nur das Autofahren machte ihr zuletzt ziemliche Mühe. Das lange Sitzen im Auto war aber tatsächlich die einzige Körperhaltung, bei der sie in der letzten Zeit richtig Schmerzen im Leib hatte. Darauf haben wir dann auch, wenn möglich, verzichtet. Doch als ich drauf und dran war, eine für Herborn geplante Evangelisation abzusagen – was ihr gar nicht gefiel –, kam uns beiden eine interessante Idee: Wir können doch den Beifahrersitz in Liegeposition bringen, Sitz und Lehne mit dicken Kissen polstern. Dann könnte Margrit mich bequem liegend auf der Reise begleiten. Mit dem zuständigen Prediger kam ich kurz darauf zu einer guten Abmachung. Die sah so aus:

- Er besorgt uns eine kleine, geeignete Wohnung, die wir für die ganze Zeit der Evangelisation allein benützen können.
- Ich bringe Margrit liegend mit nach Herborn, bekomme dort aber so viel Freiraum, dass ich Tag und Nacht bei Margrit sein kann.
- Nur am Abend von 19 bis 23 Uhr stehe ich ganz für die Evangelisation zur Verfügung.

Genau so haben wir es dann gemacht. In den folgenden Tagen war ich einmal ein richtiger Hausmann. Und wenn ich abends auf der Bühne stand, wusste ich, dass einige Häuser weiter meine Frau im Gebet um die Errettung vieler Menschen rang. Auch diesmal wurden ihre Gebete erhört. Sicher wird es einmal viele Menschen im Himmel geben, die ohne Margrits Opfer nie den Weg dorthin gefunden hätten.

Margrit wollte so gern alle Kinder, Schwiegerkinder und die neun Enkel noch einmal sehen. Kurz entschlossen machten wir uns nach dem Einsatz in Herborn auf die weite Reise in die Schweiz. Weil ihr das lange Sitzen im Auto ja schwerfiel, transportierte ich sie erneut neben mir liegend über die Autobahn.

Unseren ersten Besuch machten wir bei Christa und ihrer Familie in der Schweiz. Dann kam der nächste Aufenthalt bei

Karina und ihrer Familie in der Nähe von Lörrach. Auf der Rückreise folgte noch ein Besuch bei Daniel und seiner Familie in Adelshofen. Überall flossen viele Tränen. Ich glaube, alle hatten den Eindruck, es könnte ein Abschied für immer sein.

Damals ahnten wir aber nicht, dass sich der inzwischen eingeübte Krankentransport bald darauf noch einmal wiederholen sollte. Statt den für Meckenheim geplanten Dienst abzusagen, wiederholten wir unsere bewährte Methode. Tagsüber kümmerte ich mich, so gut ich nur konnte, um Margrit. Wir hatten sogar eine richtig gute Zeit zusammen. Ich machte den Einkauf und die Küche. Natürlich nahm ich mir auch genügend Zeit zur Vorbereitung der Evangelisation. Wir beteten sehr viel zusammen, und die Abende verbrachte ich im Evangelisations-Zelt. Einen großen Unterschied gab es dort aber im Vergleich zu Herborn. Weil die Wohnung oben lag und das Treppensteigen so mühsam war, hat Margrit die Wohnung in der ganzen Zeit kaum verlassen.

Ganz anders war es, als wir dann wieder nach Hause kamen. Es war ein ganz besonderes Gottesgeschenk, dass wir wochenlang so wunderbares Sommerwetter hatten. Vor der Terrasse hatte ich schon einige Jahre vorher einen kleinen Gartenteich angelegt. Dort lag Margrit jeden Tag stundenlang im weich gepolsterten Liegestuhl, beobachtete die Goldfische, Frösche und Wasserläufer und nahm sich viel Zeit zum Lesen und Beten. Oder sie machte Gartenpläne für die Zukunft – der Garten war schon immer ihr Hobby gewesen – und erzählte mir dann ihre Ideen.

Es war auch eine gute Fügung Gottes, dass ich – außer der Trauung von Tilmann und Susanne Geske in Lindau – für die Monate Juni und Juli überhaupt keinen Außendienst angenommen hatte. Dazu kam, dass Karina mir – nachdem sie selbst zwei intensive Wochen an der Seite ihrer Mutti verbracht hatte – in einem lieben Brief richtig ins Gewissen geredet und mich eindringlich gebeten hatte, jetzt einmal *ganz für Mutti da zu sein, so wie sie all die Jahre für mich da gewesen war.* Und genau das tat ich dann auch, wie nie zuvor. In den letzten Wochen blieb ich ganz zu Hause, beschäftigte mich mit Gemeinde-

Angelegenheiten, nahm mir Zeit für die viele Post, aber verbrachte auch sehr viel Zeit mit Margrit allein.

Wiederholt sprach unser Hausarzt mit mir über ihren nahen Tod. Zum ersten Mal hatte auch ich öfter den Eindruck, dass Jesus sie bald heimrufen würde. Wir sprachen viel über die Kinder und ihre Familien. Und manchmal auch über den Tod. Bei einem so vertraulichen Gespräch sagte Margrit mir, dass ich – für den Fall, dass sie tatsächlich bald heimgehen sollte – unbedingt bald wieder heiraten sollte.

Ich war richtig erschrocken. Das Thema war mir in dieser Situation fast peinlich. Doch sie war der Meinung, dass ich einfach noch zu jung wäre, um allein zu bleiben – und dann noch als Evangelist. Sie wollte mich »gut versorgt« wissen, wenn sie nicht mehr für mich da sein konnte.

Für mich war dieses Thema zu diesem Zeitpunkt eher unangenehm und auch unpassend – hier und jetzt ging es doch um Margrit, um unsere Gemeinschaft und um unser Abschiednehmen! Darum habe ich das Thema auch schnell gewechselt. Es macht allerdings sehr deutlich, wie Margrit bis zum Schluss für mich da war, an mich gedacht hat, mein Bestes wollte. Die Devise aus unserer Traupredigt: »Schenkt euch total«, war wirklich zu ihrem Lebensmotto geworden – bis zum Tod.

Damals wusste ich nicht, dass Margrit auch bereits mit einigen unserer Kinder über dieses Thema gesprochen hatte. Sie wünschte sich, dass die Kinder mich darin unterstützen würden, eine neue Ehe zu wagen.

Margrits Lebenslauf

Einige Male hatte unser Hausarzt mir gesagt, dass er in seinem Leben nie einen Kranken mit einem so großen Glauben und einem so starken Lebenswillen gesehen hätte. Darüber habe ich auch oft gestaunt. Trotz ihrer Schwäche stand Margrit jeden Morgen auf. Und jeden Morgen stand sie – bis einen Tag vor ihrem Tod – allein unter der Dusche und kam dann zum Frühstück in die Küche. Nur fürs Frühstück war ich allein zuständig, das Mittag- und Abendessen hat sie bis kurz vor ihrem Tod größtenteils selbst zubereitet.

Damals fragte ich Margrit, ob sie noch die Kraft hätte, mit ein paar Sätzen das Wichtigste aus ihrem Leben aufzuschreiben. So kam es dann – kurz vor ihrem Tode – noch zu diesem kleinen persönlichen Bericht:

(Bei der Beerdigung wurde dieses Zeugnis der ganzen Trauergemeinde vorgelesen.)

Am 5. Dezember 1939 wurde ich als viertes Kind des Landwirts Franz Ehmke und seiner Ehefrau Maria, geb. Ströde, in Görke, Kreis Cammin (heute Polen) geboren. Mein Vater ist 1976 mit 63 Jahren gestorben. Meine Mutter ist jetzt 80 Jahre alt und wohnt in Celle. Ich hatte drei Geschwister, von denen bereits zwei verstorben sind.

Im Frühjahr 1945, als unser Vater als Soldat an der Front war, musste unsere Mutter mit uns vier Kindern vor den Russen fliehen. Die Flucht war schrecklich. An vieles kann ich mich noch so genau erinnern. Lange habe ich gedacht, dass ich nie heiraten und keine Kinder haben möchte, damit sie nicht einmal das Gleiche erleben. Immer wieder mussten wir irgendwo Schutz suchen, um unser Leben zu retten. Oft mussten wir auf der Flucht in Luftschutzkeller laufen, und nachher standen wir wieder vor den rauchenden Trümmern. Einmal wurde unsere stehende Eisenbahn bombardiert, weil viele Soldaten in dem Zug waren. Wir suchten Schutz unter den Waggons. Ich saß direkt auf den Schienen und meinte, der Zug würde mich beim Weiterfahren überrollen. Ich war erst fünf Jahre alt, aber all diese schrecklichen Erlebnisse haben sich so tief bei mir eingeprägt.

Schließlich sind wir in Celle »gelandet«. In Celle bekamen wir nach vielen Massenquartieren in Schulen usw. endlich einen Raum für uns. Das Zimmer war eine frühere Kornkammer und hatte nur Kunstglas in den Fenstern.

Im Winter 1946 war es so kalt, dass wir Eis an den Wänden hatten. Außerdem wurden wir von Wanzen geplagt. In dem einen Raum spielte sich alles ab: Schlafen, Waschen,

Kochen, Essen, Wohnen. Unsere Mutter fuhr zu der Zeit oft nach Bergen-Belsen, zu jüdischen Familien, um dort für Brot zu arbeiten. Eine Nachbarin hat sich dann etwas um uns Kinder gekümmert.

Dann geschah etwas ganz Schreckliches: Meine Mutter bekam Typhus. Sie musste ins Krankenhaus, und wir Kinder kamen ins Waisenhaus. An die Zeit habe ich keine guten Erinnerungen. Im Frühjahr 1946 wurde ich eingeschult. Ich ging gern zur Schule.

1947 kam mein Vater wohlbehalten aus der amerikanischen Kriegsgefangenschaft zurück. Nun änderte sich einiges bei uns. Meine älteren Geschwister hatten große Mühe, sich an den Vater und an die Strenge zu gewöhnen. Mir fiel es leichter. Als Jüngste konnte ich mir vieles erlauben, was bei den andern bestraft wurde. Das habe ich reichlich ausgenutzt. Wenn ich heute darüber nachdenke, schäme ich mich.

1949 bekamen wir endlich eine richtige Wohnung in Celle. Dort habe ich dann eine sehr schöne Kindheit erlebt, wenn auch unter vielen Entbehrungen. Unter unserer Armut habe ich oft gelitten. Regelmäßig habe ich die Kinder beneidet, die richtig neue Kleider bekamen, während wir nur abgetragene Sachen hatten. Trotzdem hatte ich viele Freundinnen. Unser Haus war immer voll.

Ich besuchte auch gern den Kindergottesdienst in der Stadtkirche. Wir hatten eine ausgezeichnete Helferin. Sie verstand es so gut, uns die Geschichten der Bibel lieb zu machen. Später ging sie nach Japan in die Mission. Den Konfirmandenunterricht und die Konfirmation habe ich ernst genommen, aber danach war ich nicht mehr in der Kirche zu sehen.

Ich hatte lange den Wunsch, einmal Verkäuferin zu werden. Die Lehrstellen waren knapp, aber dann bekam ich eine in einem Kiosk mit Leihbücherei, Zeitschriften, Tabakwaren und Süßigkeiten. O weh! Mein Traum von einer glücklichen Verkäuferin war schnell ausgeträumt. Die meiste Zeit musste ich Bücher lesen, um sie dann den Kindern empfehlen zu können. Ich war so unglücklich. Nach dreimonatiger Probezeit lösten wir das Verhältnis wieder auf.

Ich machte dann einen Lehrgang für Schreibmaschine und Stenographie. Und bald fand ich eine neue Ausbildungsstelle. Diesmal bei einem Gerichtsvollzieher. Hier fühlte ich mich pudelwohl. Das war es, was mir gefiel. Nun verdiente ich endlich etwas und konnte mir nach und nach einige Wünsche erfüllen. Ich war modern gekleidet und hatte gern den »letzten Schrei«.

Aber in jener Zeit fing ich auch an, tiefer über den Sinn des Lebens nachzudenken. Ich machte mir oft Gedanken über die Zukunft, über Freundschaft, über eine glückliche Ehe und Familie, über ein lohnenswertes Leben usw.

Damals wurde meine Mutter zu einer Evangelisation eingeladen. Weil sie nicht allein gehen wollte, bat sie mich, mitzukommen. Das war überhaupt nicht in meinem Sinn, aber um ihr einen Gefallen zu tun, ging ich mit. Innerlich fest entschlossen, überhaupt nicht richtig hinzuhören, wollte ich die Stunde an mir vorbeigehen lassen. Aber es kam ganz anders! Damals, 1956, mit knapp sechzehneinhalb Jahren, habe ich die größte Entdeckung meines Lebens gemacht. Ich habe meine Sünde, meine ganze Verlorenheit, erkannt – aber noch viel mehr: Ich habe JESUS kennengelernt und mein Herz und Leben IHM gegeben. Ich habe das Allergrößte gefunden, obwohl ich es gar nicht gesucht hatte. Und damit fing mein Leben eigentlich erst richtig an. Inzwischen habe ich fast 36 Jahre mit JESUS gelebt.

1959 habe ich dann doch geheiratet. Ich war erst 19 Jahre alt, als Wilhelm und ich uns unser »Ja« fürs Leben gaben. Ich habe es nie bereut, Gott hat mir den liebsten Mann der Welt geschenkt und dazu noch vier liebe, gesunde Kinder und später noch vier Schwiegerkinder und neun Enkelkinder (bald sind es zehn) und ganz viele liebe Freunde.

Weiter kam Margrit nicht mit ihrem Zeugnis.

Dann kam der letzte Tag. Zum ersten Mal wollte sie am Morgen im Bett bleiben. An dem Tag hatte sie überhaupt keine

Bedürfnisse mehr. Sie wollte nur noch ruhen. Doch auf gar keinen Fall sollten wir sie ins Krankenhaus bringen. Das alles erklärte ich dem Arzt am Telefon. Nachdem er ihr einen Tropf gelegt hatte, nahm er mich auf die Seite und sagte: »*Aber jetzt müssen Sie wirklich bei Ihrer Frau bleiben, diesen Tag wird sie nicht überleben, dies ist ganz sicher ihr letzter Tag.*«

Margrits letzter Tag

Es war der 11. Juli 1992. Am Tag vorher waren Daniel, unser ältester Sohn, mit seiner Frau Iris und ihrem Sohn Manuel zu Besuch gekommen. Martin, unser Jüngster, mit seiner Frau Heike und ihren beiden Kindern waren ja immer in unserer Nähe. An diesem letzten Tag blieben immer ein bis zwei von uns, meist aber mehrere, an Margrits Krankenbett. Am Nachmittag sangen wir ihr Lieder vor, und Daniel las ergreifende Texte aus dem Neuen Testament.

Unvergesslich bleibt mir der größte Augenblick gegen Abend. Daniel hatte den Bibeltext gelesen, in dem Jesus sagt: »Euer Herz erschrecke nicht! Glaubt an Gott und glaubt an mich! In meines Vaters Hause sind viele Wohnungen. Wenn's nicht so wäre, hätte ich dann zu euch gesagt: Ich gehe hin, euch die Stätte zu bereiten? Und wenn ich hingehe, euch die Stätte zu bereiten, will ich wiederkommen und euch zu mir nehmen, damit ihr seid, wo ich bin« (Johannes 14,1–3). Dann wandte er sich an seine sterbende Mutter und sagte: »Mutti, bald wirst du das alles sehen, bald bist du dort – bei Jesus!« Spontan antwortete sie mit schwacher Stimme: »Wenn Menschen ein Haus bauen, dauert es meist nur kurze Zeit. Jesus baut jetzt schon fast 2000 Jahre. – Muss das schön sein! Aber das Schönste wird sein, Jesus zu sehen und bei ihm zu sein.«

Es waren fast ihre letzten Worte. Als wir dann noch einmal allein waren, sagte ich ihr eine ganze Menge lieber Worte, aber ich war nicht sicher, ob sie etwas davon bewusst aufgenommen hat. Plötzlich öffnete sie wieder die Augen, sah mich ganz erlöst an und sagte leise: »Ich habe dich lieb.« Ich glaube, das waren ihre letzten Worte. Dann schlief sie wieder ein.

Während die Schwiegertöchter sich mit dem Abendessen und mit den Kindern beschäftigten, saßen Daniel, Martin und ich still an ihrem Bett. Plötzlich versuchte sie, ihren Kopf zu heben. Ich dachte, sie hätte sich verschluckt oder müsste husten oder etwas anderes, und wollte ihr schnell behilflich sein, doch im selben Augenblick machte sie einen letzten Seufzer, und ihr Kopf fiel zurück ins Kissen. Sie war daheim!

Beerdigung

Als unser Hausarzt nach der Ausstellung des Totenscheins sich von mir verabschiedete, sagte er ziemlich bewegt, er hätte bei vielen Begegnungen mit Margrit mehr mitgenommen als hiergelassen. Er bedankte sich und verabschiedete sich sichtlich ergriffen. Zwei Tage vorher hatte Margrit mit ihm ganz offen über ihren Tod gesprochen. Ich erinnere mich so gut an ihre Worte: »Ich hatte lange gehofft, ich würde wieder ganz gesund werden und noch länger leben. Viele haben auch darum gebetet. Aber jetzt spüre ich, dass Jesus einen anderen Plan für mich hat. Bald werde ich bei ihm sein. Ich habe jetzt auch ein volles Ja. Ich freue mich sogar darauf.« Zwei Tage später war es schon so weit.

Weil nicht nur einige Mitarbeiter bereit waren, eine Sonderschicht einzulegen, sondern auch unsere Druckerei, konnte schon am Montagnachmittag ein Brief von mir – mit der Traueranzeige – auf die Post gehen. In kürzester Zeit waren fast 30 000 Freunde der BRUDERHAND informiert.

Als dann die Trauerfeier im Gemeinde- und Missionszentrum in Wienhausen begann, staunten wir nur so, wie sich das große Haus bis auf den letzten Platz füllte. Viele Trauergäste hatten sehr weite Wege zurückgelegt. Sogar aus der Schweiz stand eine Anzahl Autos auf dem Parkplatz. Siegmund Schmidt hatte eine Bibelfreizeit in Frankreich vorzeitig abgebrochen und war auf direktem Wege zu uns gekommen, um die Trauerpredigt halten zu können.

Die Verwandten und die vielen Freunde, die Mitarbeiter und Gemeindeglieder, die Musik und die vielen Lieder, die Beiträge unserer Kinder, das Dabeisein der Enkelkinder, die gute Leitung durch Walter Sedlmayer und die ergreifende Predigt von Siegmund Schmidt und vieles mehr – das alles war für mich wie ein wohltuender Händedruck vom Himmel.

Es ging wirklich unter die Haut, als Daniel von den letzten Lebensminuten seiner Mutter erzählte und dann sagte: *»So würde ich auch gern sterben.«*

Dann trat Georges, unser Schwiegersohn, ans Mikrofon. Er war selbst früher einige Zeit Mitarbeiter im Missionswerk gewesen. Als Praktikant hatte er viele, viele Male bei uns am Mittagstisch gesessen. In der Zeit hatte er ja auch Christa, seine spätere Ehefrau, kennengelernt. Zu Margrit, seiner zukünftigen Schwiegermutter, hatte er tatsächlich schon damals ein besonders gutes Verhältnis entwickelt.

Auch seine Worte haben mich tief bewegt: »Lieber Vati, liebe Karina, Daniel, Christa und Martin, liebe Oma und wir als Anhang, Gott lässt uns nicht im Stich, auch wenn es ungemein schwer ist, was wir hier erleben. Das schmerzt. Wir halten zusammen, und Gott hält zu uns. Mutti gönnen wir die Freude bei Jesus, wir hätten sie aber auch gern noch etwas bei uns gehabt.«

Dann sangen unsere vier Kinder und Schwiegerkinder ein Lied über die Ewigkeit, in dem es heißt:

> ... und es kommt eine Zeit, wo kein Tod mehr wird sein
> und kein Leid, kein Schmerz und kein Geschrei.
> Gott wird bei uns wohnen, und wir werden sein Volk sein,
> und er selbst, Gott, wird mit uns sein.

Wie sie so dastanden und singen konnten, obwohl ihnen gleichzeitig zum Weinen war, da war sie richtig greifbar, diese Mischung aus Abschiedsschmerz und gleichzeitiger tiefer Freude und der Gewissheit, dass Gottes Wege letztendlich immer gut sind, auch wenn sie uns schwer und unbegreiflich erscheinen. Wir, die wir mit unserem Schmerz hier auf der Erde zurückblieben, wussten, dass etwas noch viel Schöneres als dieses Leben auf uns wartet – und dass Margrit bereits am Ziel angekommen war, an dem Ort, an dem Gott bei uns wohnt und an dem es keine Schmerzen und keine Tränen mehr gibt.

Als ich an dem Abend zu Bett ging, war ich zwar allein und doch so unaussprechlich dankbar für die vielen guten Jahre mit einer so wunderbaren Frau.

Warum und wozu?

Die Frage nach dem »Warum?« hatte uns in der Anfangsphase der schlimmen Krankheit ziemlich oft beschäftigt. Wir haben uns sehr intensiv damit auseinandergesetzt und die Frage auch oft mit in unsere Gebete hineingenommen. Es kam vor, dass jemand von uns etwa Folgendes im Gebet sagte: »Herr, warum hast du das zugelassen? Was willst du uns damit sagen? Es gibt doch so viele unglücklich Verheiratete, und manche von ihnen werden zusammen uralt. Wir dagegen sind ein glückliches Ehepaar und wären so gern noch lange zusammen, um gemeinsam dir zu dienen. Und jetzt sind wir täglich mit dem Tod konfrontiert. Herr, warum?« Doch bald hatten wir herausgefunden, dass es auf diese Frage keine Antwort gibt.

Jemand hatte uns eindringlich geraten, wir sollten nicht fragen »Warum?«, sondern »Wozu?«. Darauf würde Gott uns bestimmt eine klare Antwort geben. Wozu? – Das haben wir tatsächlich auch sehr oft getan. Aber bald hörten wir auch damit auf, weil wir herausgefunden hatten, dass es auf die zweite Frage in der Regel auch keine Antwort gibt.

Obwohl wir gestandene Christen, ja sogar Seelsorger für viele andere waren, wollten die beiden Fragen uns eine Zeitlang richtig zermürben – bis wir sie für immer beim Herrn abgegeben hatten, in dem Wissen, dass *er* nie, wirklich nie, einen Fehler macht. Er hat für alle, die ihn lieben, einen guten, zuvor bereiteten Weg. Auch wenn wir manchmal seine Führungen überhaupt nicht verstehen.

Vor Jahren hatte ich auf einer vergilbten Karte ein wunderbares Gedicht entdeckt. Ich hatte es bei manchen passenden Gelegenheiten anderen vorgelesen. Nun plötzlich bekam es auch für mich selbst einen ganz großen Wert:

Alles muss an Gott vorbei

Alles, was an uns herankommt,
muss zuerst an Gott vorbei.
Darum sind als Jünger Jesu
wir trotz Not und Fesseln frei.

Ohne unsres Vaters Willen
fällt kein Haar von unserm Haupt.
Selig, wer in allen Ängsten
das von ganzem Herzen glaubt.

Unsre Freuden, unsre Leiden
sind zutiefst von Gott bestimmt:
weiß er doch seit Ewigkeiten,
welchen Ausgang alles nimmt.

Bluterkauft und Gott geheiligt
und zur Sohnschaft ausersehn,
dürfen selbst im Tal des Todes
wir gebahnte Wege gehn.

Lasst uns freudig weiterwandern,
ob der Pfad auch dunkel sei –
denn alles, was an uns herankommt,
muss zuerst an Gott vorbei.

»Ich gehe weiter«,
so heißt es in einem der unvergleichlichen Lieder von Manfred Siebald:

Ich gehe weiter, nur ein wenig weiter,
geh' in Gottes Freude,
geh' in Gottes Licht hinein.

Ich war für ein paar Jahre dein Begleiter,
doch jetzt geh' ich weiter,
um bei meinem Herrn zu sein.

Ich gehe weiter! – Das gilt aber nicht nur für die, die uns verlassen, sondern auch für die, die hierbleiben.

Teil 12: Das Leben geht weiter (1992–1993)

Zwischen Friedhof und Schreibtisch

Wie gut, wenn Hinterbliebene nach einem großen Verlust nicht gleich allein gelassen werden. Wohl wohnten damals drei unserer verheirateten Kinder mit ihren Familien weit entfernt von mir. Die meisten mussten sich nach Margrits Beerdigung auch gleich auf die Heimreise machen. Doch meine älteste Tochter Karina konnte mit ihren beiden Kindern noch eine ganze Woche bei mir bleiben. In diesen Tagen bastelte sie mir ein kleines Kochbuch mit allerlei Anregungen für einfache Gerichte. Vor allem die Anleitung zur Herstellung einer guten Salatsauce war für mich eine wertvolle Hilfe.

Es war auch gut, dass ich selbst noch einige Zeit zu Hause sein und mich so richtig in die vielen lieben Briefe versenken konnte. 940 Trauerbriefe – besser gesagt: Trostbriefe – hatten mich damals erreicht, und ich hatte mir vorgenommen, jedem Absender ein kleines Dankeschön zu senden. So war ich tagelang beschäftigt und las und beantwortete Briefe, die einen fast unbeschreiblichen Wert für mich hatten. Viele der Absender waren mir persönlich bekannt und sorgten für schöne, dankbare Erinnerungen.

Was wohl keiner so richtig mitbekam, war, dass ich drei Wochen lang jeden Abend zum Friedhof fuhr. Dort stand ich dann einige Minuten, dachte zurück an unsere gemeinsamen Jahre, dankte Jesus für alles Gute und sagte ihm, dass ich ihm auch für den weiteren Weg mein ganzes Vertrauen geben wollte.

Margrit war ja eine ganz ungewöhnlich treue Beterin gewesen. Jeden Tag hatte sie auch die Namen unserer Kinder und Enkelkinder vor den Herrn gebracht. Dort am Grab entschied ich mich, von jetzt an noch viel treuer darin zu werden und einen Teil der jetzt fehlenden Gebete zu ersetzen.

Opa, ich hab dich ganz doll lieb

Eins der schönsten Erlebnisse in diesen drei Wochen hatte ich an einem Nachmittag in meinem Büro. Soeren, der Sohn von Martin und Heike, besuchte mich damals fast jeden Tag und spielte – meist auf dem Fußboden – mit kleinen Autos und Bäumen und allerlei Spielzeugtieren, während ich mich mit meinen Postbergen beschäftigte. Dabei machte er allerlei Geräusche, wenn die kleinen Fahrzeuge ihre Kurven drehten.

Plötzlich wurde es ganz still. Soeren – damals dreieinhalb Jahre alt – sah zu mir herauf, ich sah zu ihm hinunter, und wir beide lächelten uns an. Und dann – ja dann kamen für mich die schönsten Augenblicke seit Margrits Tod. Soeren sagte ganz langsam: »Opa, ich hab dich gaaanz doll lieb!« – »Sag das noch mal!«, war meine glückliche Reaktion. Und Soeren sagte noch einmal: »Ich hab dich gaaanz doll lieb!« Und fügte hinzu: »Und Mama auch!«

Hochzeit von Markus und Ute Schmidt

Dann kam der 1. August 1992. Seit der Beerdigung waren genau drei Wochen vergangen, und ich stand wieder auf meinem Lieblingsplatz – der Kanzel! –, um eine meiner Lieblingsbeschäftigungen – die Trauung eines jungen Paares – zu versehen. Ob überhaupt jemand sich damals in mich hineindenken konnte, wie mir zumute war, als ich vor dem strahlenden

Brautpaar stand mit den vielen guten Ratschlägen für eine gelingende Ehe und der Frage, in der es am Ende heißt: » ... bis dass der Tod euch scheidet«? Und das so kurz nachdem der Tod mich von Margrit geschieden hatte? ... Es hat mich fast zerrissen. Und doch war mir klar: Das Leben geht weiter, und damit auch meine Aufgabe als Pastor, als Missionsleiter und auch als Evangelist.

Am Sonntagmorgen stand ich wieder vor der Gemeinde, ebenso am Mittwoch und beim Abendmahlsgottesdienst am darauf folgenden Sonntag. Seit ich bekehrt bin, gehören Abendmahlsfeiern zu den Höhepunkten in meinem Gemeinde-Erleben. An jenem Sonntag ging mir das, was Jesus für uns getan hat, besonders nahe.

Besuch aus Brasilien

Nach dem Abendmahlsgottesdienst am 9. August brach die ganze Gemeinde auf zum Sommerfest auf dem BRUDERHAND-Gelände in Oppershausen. Ich glaube, alle hatten Verständnis dafür, dass ich mich von dem Jahresfest abmeldete und mich stattdessen meinen Besuchern aus Brasilien widmete.

Vor fünf Jahren waren Margrit und ich ihre Gäste in Curitiba gewesen. Damals hatte ich in der Gemeinde in Brasilien evangelisiert. Besonders die Frauen hatten sich damals sehr lieb gewonnen. Nun saßen wir beim Mittagessen am Heidesee, dachten zurück und bewegten viele Themen, die uns gemeinsam interessierten.

Plötzlich kam etwas, womit ich nun gar nicht gerechnet hatte. Ich war erst vier Wochen allein. Ja, ich war allein. Und genau darauf sprach der liebe Gast aus Brasilien mich an, als er sagte: »Wilhelm, wie denkst du wohl über deinen weiteren Weg? Sicher wirst du jetzt erst mal einige Zeit allein bleiben. Doch dann solltest du wieder heiraten. Gott hat bestimmt einen guten Plan für dich! Und wir werden weiter für dich beten.« Damit hatte ich mich in den hinter mir liegenden vier Wochen noch gar nicht beschäftigt. Als wir uns schließlich verabschiedeten, habe ich mich für alle guten Ratschläge bedankt. Wie wertvoll sind doch echte Freunde! Besonders in Zeiten der Not.

Die beste Therapie

Davon war ich schon immer überzeugt, dass man gar nichts Besseres für sich selbst tun kann, als dass man sich um das Wohl der anderen kümmert. Wie hat Jesus das wohl gemeint, als er sagte: »Gib, und dir wird gegeben!« (Lukas 6,38)? Und welche Erfahrungen hat der Erfinder des bekannten Spruches wohl gemacht, der sagte: »Willst du glücklich sein im Leben, trage bei zu anderer Glück, denn die Freude, die wir geben, kehrt ins eigene Herz zurück!«?

So war es dann auch eine richtige Wohltat für mich, als ich wieder zu meiner wichtigsten Aufgabe zurückkehren konnte. Die Evangelisation in Hamburg war ja schon lange geplant, und ich war glücklich, als ich erlebte, wie Abend für Abend Menschen in die Seelsorge kamen, um sich für Jesus zu entscheiden.

Doch als dann der letzte Abend kam und viele wirklich passende Dankesworte für all die fleißigen Mitarbeiter gesagt wurden, kam ich einige Augenblicke ganz furchtbar in die Enge. Wie viele hunderte Male hatte ich es schon erlebt, dass nach einigen an mich gerichteten Dankesworten ein riesiger Blumenstrauß aus dem Versteck geholt und mir überreicht wurde. Ein schöneres Geschenk konnte ich mir normalerweise ja auch gar nicht wünschen, denn ich wusste ja am besten, wie sehr Margrit Blumen liebte. Doch an diesem Abend hätte ich bei einem solchen Akt wohl laut losgeweint.

Gott ist so gut. Er kann Herzen lenken wie Wasserbäche. An diesem Abend kam kein Blumenstrauß aus dem Versteck, sondern es kamen einfach einige persönliche Dankes- und Segensworte, die genau in meine Situation passten.

Ein Freiflug nach Amerika

Im Herbst 1991 hatte ich, nach fünf Wochen Evangelisation, etwas Hochinteressantes auf dem Flughafen in Vancouver in Kanada erlebt. Einen Tag vor der Autofahrt zum Flughafen hatte mir jemand erzählt, dass Passagierflugzeuge oft überbucht würden in der Annahme, dass fast immer einige Passagiere – aus welchem Grund auch immer – nicht erscheinen würden. Sollte mir je so etwas passieren, sollte ich mich nicht einfach mit dem nächsten Flug und einer kleinen Entschädigung abspeisen lassen, sondern richtig auftrumpfen und einen Gutschein für einen Freiflug für irgendeine internationale Strecke verlangen.

Einen Tag später stand ich mit meinem Koffer in der langen Warteschlange und schließlich am Schalter zum Einchecken. Alles lief ganz normal ab. Schließlich saß ich mit vielen anderen im Warteraum und blätterte in einer Zeitung, als ich plötzlich meinen Namen aus dem Lautsprecher hörte. Noch vier weitere Namen wurden aufgerufen. Wir wussten natürlich nicht, dass unser Gepäck gar nicht zum Flugzeug transportiert, sondern bereits in einem Extraraum abgestellt worden war, denn wir fünf waren diesmal die Opfer und konnten wegen Überbuchung nicht mitreisen.

Sofort rief ich die vier anderen zusammen und hielt ihnen eine flammende Rede: »Wir haben diesen Flug gebucht und dafür bezahlt. Wir haben sozusagen einen Vertrag mit der Fluggesellschaft. Hier ist keine höhere Gewalt im Spiel. Die Maschine fliegt. Aber sie ist überbucht. Man wird uns jetzt eine Übernachtung und ein Ticket für einen späteren Flug und einige hundert Dollar als Entschädigung anbieten. Bitte geht nicht darauf ein! Wir lehnen das ab. Wir verlangen eine Hotelübernachtung mit Frühstück und einen Gutschein für einen Freiflug auf irgendeiner internationalen Linie.«[62]

Das junge Ehepaar war begeistert. Die beiden anderen waren skeptisch. Dann wurden wir in einen Extraraum gelotst und von einer Dame über das Missgeschick informiert. Sie entschuldigte sich und bot uns zur Entschädigung genau das an, worüber meine Freunde einen Tag vorher mit mir gesprochen hatten: Transfer zu einem Hotel, Übernachtung mit Frühstück, ein Ticket für einen Flug am nächsten Morgen und 300 Dollar als Entschädigung.

Die beiden Skeptiker waren einverstanden und nahmen das Angebot an. Sie freuten sich sogar über die Urlaubsverlängerung und über den Geldbetrag. Wir anderen drei lehnten das Angebot ganz entschieden ab und verlangten außer Transfer, Hotel mit Frühstück und dem Ticket statt der 300 Dollar einen Gutschein für einen Freiflug auf irgendeiner internationalen Strecke, die von der Canadian Airline bedient wird. Es gab ein längeres Hin und Her. Schließlich brachte uns ein Mitarbeiter genau das, was wir als Entschädigung verlangt hatten. Dann lief alles wie besprochen. Wir trafen uns dann noch einige Male – das letzte Mal beim Umsteigen in Toronto –, bevor wir uns auf die Reise über den großen Teich machten. Das alles war am 1. und 2. Oktober 1991 passiert.

Inzwischen waren über zehn Monate vergangen, es war Mitte August 1992, ich war allein und erinnerte mich an meinen Gutschein von der Canadian Airline. Am 9. September wollte ich mit einer Großevangelisation in Wetzikon beginnen. Wie gern hätte ich die Zwischenzeit einmal ganz allein an einem schönen Ort verbracht.

Kurz entschlossen wählte ich die Telefonnummer der Canadian Airline, stellte mich vor als Pastor, der gerade seine Frau verloren hatte und wenn irgend möglich gerade jetzt seinen Gutschein einlösen würde, um einmal zwölf Tage in Kanada allein zu sein. Innerhalb von wenigen Minuten war alles gebucht. Sogar meine sehr konkreten Terminvorstellungen wurden voll und ganz akzeptiert.

Am nächsten Tag rief ich bei meinen Freunden in Kelowna an. In ihrem wunderschönen Motel hatte ich während meiner früheren Dienstreise gewohnt und hätte sie gern wieder besucht. Auch von ihnen bekam ich sofort ein »Herzlich willkommen! Das Apartment steht bereit.«

Einige Tage später saß ich im Flugzeug auf der Reise nach Kanada. Außer meinen Kleidern, meiner Bibel und einigen Büchern hatte ich mir noch ein paar Kassetten mit Musik und passenden Liedern eingesteckt und freute mich richtig auf die vor mir liegenden Tage.

In Vancouver mietete ich mir ein Auto und fuhr dann erst einmal über die Grenze in die USA. Weil ich so viel Zeit hatte, fuhr ich einfach in östlicher Richtung von einem schönen Ort zum andern. Jeden Abend war ich in einem anderen Motel, fuhr dann gemütlich weiter und genoss singend und betend die wunderbare Landschaft, bis ich nach einigen Tagen wieder die Grenze überquerte und bei meinen Freunden in Kelowna am Okanagansee in Britisch Kolumbien ankam. Dort stand mir eine kleine Wohnung zur Verfügung, und ich konnte das Motel mit all seinen Einrichtungen genießen. Ich nahm mir viel Zeit zum Lesen, Beten, Nachdenken und Wandern und traf mich hin und wieder mit meinen Freunden.

Nach einigen erlebnisreichen Tagen setzte ich meine Rundreise fort, verbrachte einige Zeit in den Rocky Mountains und landete nach elf Tagen wieder in Vancouver.

Was ich dort erlebte? – Es ist fast unglaublich. Wieder einmal stand ich in einer langen Menschenschlange und schob meinen Koffer Zentimeter für Zentimeter vor mir her in Richtung Schalter. Einige Meter von mir entfernt geschah in einer anderen Menschenschlange genau dasselbe, mit nur einem Unterschied: Ich wollte nach Deutschland, die Fluggäste in der anderen Reihe wollten nach Australien. Plötzlich rief ein junger Mann aus der anderen Schlange: »Hallo, wir kennen uns doch. Ja, ist das möglich? Wo reisen Sie hin?« Sie hatten mich wiedererkannt. Nun erkannte ich sie auch. Es war das Ehepaar, das vor genau elf Monaten mit mir um den Gutschein gekämpft hatte. Nun hatten sie ihn eingelöst, aber nicht nur für eine Reise nach Kanada, sondern für einen Flug über Vancouver nach Australien und weiter nach Neuseeland. Dort wollten sie drei Monate verbringen, die ganze Flugreise natürlich auf Kosten der Canadian Airline. Wieder und wieder haben sie sich für meinen guten Tipp bedankt. Dabei hatte ich doch nur weitergesagt, was mir ein Freund einen Tag vor dem damaligen »Zwischenfall« geraten hatte.

Ein Zelt platzt aus allen Nähten

Schon bald machte ich mich auf zu der 19-tägigen Zelt-Evangelisation in Wetzikon. Es wurde – mit der Verlängerung – der längste und größte Einsatz im Zelt der Schweizerischen Zeltmission.

Normalerweise konnte das Zelt 1800 Personen aufnehmen. Man konnte es auch erweitern für 2000, ja sogar für 2200 Personen. Für mehr reichte das Material nicht. Doch in Wetzikon fanden sich Zimmerleute, die fähig und bereit waren, zusätzliche Elemente aus Holz anzufertigen und das Zelt auf ein Angebot mit 2400 Plätzen zu vergrößern. Trotzdem mussten in den letzten Versammlungen manche mit einem Stehplatz zufrieden sein.

Ähnlich wie im Vortragszelt sah es damals vor der eigentlichen Versammlung im Gebetszelt und nach der Versammlung im Seelsorgezelt aus. Nicht nur die Länge des Einsatzes, sondern auch die Intensität der Arbeit hat mich damals ganz außerordentlich beansprucht. Aber ich war glücklich, wenn ich mich abends gegen Mitternacht oder auch viel später auf den Heimweg begab. 311 Personen gingen durch meine Seelsorge. Viele Christen durften damals miterleben, wie ihre Angehörigen, für die sie lange gebetet hatten, endlich den Schritt über die Grenze wagten.

Ein erschütternder Todesfall

Ich war spät in meinem Logis angekommen und lag noch in tiefem Schlaf, als am frühen Morgen das Telefon neben meinem Bett läutete. Entweder hatte sich da jemand verwählt, oder es musste etwas besonders Wichtiges passiert sein.

Ich schoss hoch, nahm den Hörer ab und sagte: »Hallo, hier ist Wilhelm Pahls.« Erst kam gar nichts. Dann hörte ich: »Hallo, Vati ... M.[63] ist tot!« Dann vernahm ich nur noch ein fast endloses Schluchzen. Es war Heike, meine Schwiegertochter, die mir als Erste die erschütternde Nachricht überbrachte.

Dann versuchte sie, mir noch einiges zu erklären, doch es ging ihr eigentlich vor allem darum, dass ich es auch wissen und mitbeten sollte.

M. war eine gute Freundin von Heike, ihr Mann H. ein guter Freund von mir. Beide waren engagierte Mitarbeiter in unserer Wienhäuser Gemeinde und bereiteten sich darauf vor, in Kürze aufs Missionsfeld zu gehen. Sie hatten bereits zwei Kinder, und nun war das Unfassbare geschehen: M. war bei der Geburt ihres dritten Kindes an einer nicht vorhersehbaren Fruchtwasserembolie gestorben.

Während ich auf der Bettkante sitzend vor mich hinweinte, läutete das Telefon zum zweiten Mal. Diesmal war es H. selbst. Wir haben dann einige Zeit zusammen geweint. Danach bat H. mich, die Beerdigung von M. zu übernehmen.

Wir waren Freunde. Aber wie sollte das geschehen? Der Beerdigungstermin lag mitten in der Großevangelisation, in der ich mich gerade befand, mitten in einem wirklich anstrengenden Dienst, 800 Kilometer von zu Hause entfernt. Ich war drauf und dran, Nein zu sagen, und brachte es doch nicht über die Lippen. Nach einer Gebetszeit traf ich kurz darauf meine Entscheidung und gab in einem weiteren Telefongespräch meine Zusage.

Dann besorgte ich mir ein Ticket für den Flug Zürich/Kloten-Hannover und zurück. Einige Tage nach der erschütternden Nachricht startete morgens um 7:30 Uhr meine Maschine in Richtung Norden. Nach der Beerdigung brachte mich jemand wieder zum Flughafen, und um 17:55 Uhr startete ich in Richtung Zürich. Kurz vor 20:00 Uhr kam ich durch einen Hintereingang ins Zelt und saß dann pünktlich wie an jedem anderen Abend auf der Bühne.

Ich glaube, es war einer der anstrengendsten Tage in meinem Leben. Vom Flughafen in Hannover war ich erst einmal zu H. gefahren, um etwas Zeit mit ihm zu verbringen. Die Zwischenzeit verbrachte ich dann im Gebet. Pünktlich fand ich mich anschließend im Gemeindezentrum ein. Doch dort geschah etwas, was niemand hatte voraussehen können.

Durch den breiten Haupteingang sah ich in den Gemeindesaal. Es war genau dasselbe Bild wie vor zwei Monaten. Auf der linken Seite stand der Jugendchor und sang fast genau dieselben Lieder wie damals. Rechts vom Rednerpult stand der Sarg mit vielen Kränzen und langen Schleifen, genau wie vor zwei Monaten. Dann spielte unser Trompeter ein Solo, und zwar »Großer Gott, wir loben dich«, genau wie vor zwei Monaten.

Eigentlich wollte ich ja nach vorn gehen, um die Trauergäste zu begrüßen und den Gottesdienst zu eröffnen, doch ich konnte nicht. Stattdessen schleppte ich mich hinten in den kleinen Technikraum, stützte mich auf einen unserer Ältesten, der dort Dienst hatte, und sagte ihm: »Siegfried, ich kann nicht. Ich kann nicht nach vorn gehen. Ich schaffe das nicht. Ich fürchte, dass ich da vorn zusammenbreche.« Ich spürte aber, dass es eigentlich keine körperliche Schwäche war, sondern die Trauer, der psychische Druck, der mich so fertigmachte.

Nachdem Siegfried Jakob mir Mut gemacht und mit mir gebetet hatte, rang ich mich durch und machte mich dennoch auf den Weg nach vorn.

Dann stand ich am Rednerpult, von dem aus ich so viele Predigten gehalten hatte, und wollte die vielen Besucher begrüßen. Aber ich konnte nicht. In der ersten Reihe saß H., daneben seine Eltern und die Eltern von M. Dahinter saßen die Geschwister und Verwandten und die vielen Freunde und Bekannten. Sie alle wollte ich begrüßen und dann zu ihnen sprechen, aber ich konnte einfach nicht. Stattdessen legte ich mein Gesicht aufs Rednerpult, umschloss es mit meinen Händen und fing an, laut zu weinen.

Ich weiß nicht, was die vielen Besucher aus dem In- und Ausland von mir gedacht haben, ich habe mich auch schrecklich geschämt, aber zu einer besseren Leistung war ich in diesem Augenblick einfach nicht fähig.

Als ich mich endlich einigermaßen gefangen hatte, habe ich mich erst einmal entschuldigt und dann erklärt: »Vor genau zwei Monaten stand hier auch ein Sarg. Alles war so wie heute, nur dass in dem Sarg eine andere Frau lag. Es war meine Frau.

Und heute, genau zwei Monate später, sind wir wieder hier, um die Frau meines Freundes zu begraben.«

Als ich dann weitersprach, hatte ich den Eindruck, dass alle mir verziehen oder mich verstanden hatten. Jedenfalls verlief die Trauerfeier dann in normalen Bahnen und hat sicher alle Herzen tief berührt. Gott schenkte es sogar, dass ein naher Verwandter von H. bei dieser Beerdigung zu Jesus fand.

Das Leben geht weiter

Ich erwähnte es schon einmal, dass ich – so weit ich zurückdenken kann – eine richtige Schwäche für schöne Liedverse, aber auch für gute Gedichte hatte. Nach Margrits Tod stieß ich erneut auf diese uralten Verse, die eine wunderbare Wahrheit und Ermutigung beinhalten.

Nicht immer wird die Wolke
ob deinem Haupte stehen;
doch musst du heut und morgen
auch mal im Schatten gehen.

Und Schatten sind ein Zeichen
von nahem, hellem Licht.
Die Wolke wird entweichen,
hell strahlt sein Angesicht.

Bedenke: Türmt sich's vor dir
wie dunkle Nebelwand –
es ist ja nur der Schatten
von deines Vaters Hand.

Und Schatten sind ein Zeichen
von nahem, hellem Licht.
Die Wolke wird entweichen,
hell strahlt sein Angesicht.

Echte Freunde

Wie froh war ich, dass ich so viele gute Freunde hatte. Manche Telefonate und manche Briefe haben mir in diesen Tagen mehr gegeben, als es mit teuren Geschenken möglich gewesen wäre. Es kamen Briefe aus aller Welt. Etliche waren verbunden mit einer Einladung zu ein paar Urlaubstagen oder -wochen. Unter den vielen wertvollen Briefen war auch einer von einem lieben Freund aus der Schweiz. Er meinte, es sei vielleicht gut für mich, jetzt einmal eine Woche in die Berge zu gehen und einfach die Stille zu genießen. Um mir das zu ermöglichen, hatte er mir einen Gutschein beigelegt für eine Ferienwoche in dem christlichen Ferienhotel »Meielisalp« am Thunersee. Ein Jahr später sollte dieser Gutschein eine ganz große Bedeutung für mich bekommen.

Gott sorgt für mich

Seit dem 11. Juli 1992 war ich nun schon allein. Margrit war gestorben, alle Kinder waren aus dem Haus, und ich war – wenn ich nicht auf Reisen war – allein in meiner großen Wohnung. Manchmal fühlte ich mich sehr einsam. Nun kenne ich keine diesbezüglichen Untersuchungen, aber ich denke, dass Witwer mit dem Alleinsein noch mehr Mühe haben als verwitwete Frauen. Ich bekam zwar viele Einladungen, von denen ich aber nur wenige annahm, weil ich nicht ständig anderen zur Last fallen wollte.

Martin und Heike mit ihren beiden Kindern wohnten damals noch in nächster Nähe. Heike sorgte auch ganz vorbildlich für meine Wohnung, für die Blumen und die Wäsche, und sie pflegte auch das Grab.

Wenn ich zu Hause war, hätte ich oft bei ihnen essen können. Das Angebot nahm ich aber nur einmal pro Woche an. Das war dann aber immer etwas Besonderes. Sonst war ich Selbstversorger. Am Morgen machte ich mir Müsli, wie ich es seit Jahren gewohnt war. Jeden Mittag machte ich mir eine riesige Portion Salat, und am Abend gab es nur einen großen Jogurt.

In den anderthalb Jahren, in denen ich allein war, habe ich meinen Herd – wenn ich mich nicht irre – wohl nur zweimal eingeschaltet. Ich weiß noch, dass ich mir einmal Pellkartoffeln (»Gschwellti«) gemacht habe. Bei meiner Ernährungsweise fühlte ich mich aber richtig wohl.

Die vielen offenen Türen

So heißt das dritte Kapitel in diesem Buch, und so möchte ich diesen kleinen Abschnitt jetzt überschreiben. Es kamen nämlich nicht nur Trostbriefe aus aller Welt, sondern auch viele dringende Einladungen zu Evangelisationen. So kam es schon kurz nach der Großevangelisation in Wetzikon zu einem Einsatz in einer Sporthalle in Baden/Wettingen. Dann ging es zum Dienst nach Rumänien, danach erneut in die Seidenstickerhalle nach Bielefeld, und bald darauf für elf Tage nach Süd-Amerika.

Ganz ähnlich ging es weiter im nächsten Jahr. 1993 durfte ich neben den unvergesslichen Einsätzen in Kasachstan, Rumänien und in verschiedenen Städten in Deutschland, Österreich und der Schweiz sogar die größte Zelt-Evangelisation in meiner Geschichte erleben. Es war der Einsatz in Lemgo, wo sich zuletzt bis zu 6000 Besucher ins Zelt drängten.

1993 war aber auch das Jahr, in dem sich sehr vieles auf einer ganz anderen Ebene ereignete, so dass ich immer wieder hautnah erleben konnte, dass Gott sich wirklich liebevoll um mich kümmerte.

Margrits Wunsch

»Wenn ich sterbe, solltest du unbedingt bald wieder heiraten.« – Das hatte ich einige Male aus ihrem Mund gehört. Auch die Kinder wussten um ihren Wunsch. Aber darüber sprachen sie nie, jedenfalls nicht mit mir. Das war auch lange gar kein

Thema für mich. Ich wollte erst einmal trauern, alles richtig verarbeiten und auf alle Fälle Gottes Willen erkennen und tun.

Die vielen Mitdenker

Ein lieber Freund aus Brasilien hatte mir ja schon vier Wochen nach Margrits Tod gesagt, ich sollte unbedingt wieder heiraten.

Einige Monate später sprach Siegmund Schmidt, mein bester Freund, mich vorsichtig daraufhin an und meinte, es sei sicher gut, wenn ich mich dem Gedanken an eine Wiederheirat nicht verschließen würde. Denselben Rat bekam ich damals von Georges Blaser, meinem besten Schweizer Freund. Nachdem ich sechs Monate allein war, fragte einer unserer Mitarbeiter fast etwas schüchtern, ob ich mir vorstellen könnte, noch einmal zu heiraten. Als ich gerade ein Jahr allein war, hatten wir Besuch aus Argentinien. Eine wirklich reife Christin erkundigte sich teilnahmsvoll nach meinem Ergehen. Dann sagte sie: »Wilhelm, aber jetzt musst du aufpassen! – Du hast einer lebenden Frau die Treue versprochen. Und du hast das Versprechen gehalten. Doch jetzt ist sie tot. Aber dein Weg geht weiter, und du solltest unbedingt offen sein für Gottes Pläne. Du musst nicht ewig trauern. Ich denke, du solltest wieder heiraten.«

Bald darauf war ich mitten in einer großen Zelt-Evangelisation. Dort traf ich einen bekannten Bibellehrer. In einem persönlichen Gespräch sagte er mir etwas ganz Interessantes: »Wir haben oft an dich gedacht und für dich gebetet. Wer einmal eine so wunderbare Ehe hatte, hat sicher den Wunsch, es noch einmal zu erleben. Und wir glauben, dass Gott dir das schenken will.« Als es dann einige Zeit später tatsächlich dazu kam, schrieb mir ein Prediger: »Wir haben oft an Dich gedacht und waren sicher, dass Du nicht allein bleiben würdest. Wir freuen uns mit Euch.« Dann folgten seine Segenswünsche.

Warum schreibe ich das alles so offen? Weil manche Gläubige an dieser Stelle sehr verunsichert sind und fast den Eindruck haben, sie würden dem Verstorbenen ein großes Unrecht antun, wenn sie wieder heiraten. Wie froh bin ich über Gottes gute Führung beim ersten Mal und auch beim zweiten Mal.

Meine Ängste

»Ich habe ausgetrauert«, hatte mir ein lieber Freund gesagt, den Gott einen ebenso schweren Weg geführt hatte wie mich und der sich nach einer Zeit des bewussten und intensiven Trauerns innerlich klar von dieser Phase verabschiedete und offen für eine neue Beziehung war. *»Ausgetrauert«,* dieses Wort hatte ich bis dahin noch nie gehört. Das hätte ich damals von mir auch noch nicht so sagen können. Ungefähr ein Jahr hat es gedauert, bis ich den Blick nach vorn wieder freibekam.

Und dann ging alles ziemlich schnell: Ich hatte mich wieder freigeschwommen und wusste jetzt, dass ich offen sein wollte für eine neue Ehe. Ich fing an, dafür zu beten.

Doch plötzlich tauchten tausend Fragen auf: Wie werden meine Kinder reagieren? Und die Enkelkinder? Wie wird man im Missionswerk damit umgehen? Wer garantiert mir überhaupt, dass eine zweite Ehe auch eine gute Ehe wird? Und wo sollte ich die Richtige finden?

Vor meinen inneren Augen tauchten alle möglichen schlimmen Seelsorgefälle auf. Auch gewisse Predigerehen kamen mir in den Sinn. Und ich bekam es richtig mit der Angst zu tun. Was werden meine Kinder denken, wenn es nicht gutgeht? Ich kann nie mehr über das Thema reden, wenn es in der eigenen Ehe nicht richtig klappt.

Vor mir stand das wunderbare Beispiel von Moody, aber dann auch das schreckliche von Wesley. Mal hatte ich den Eindruck, eine Ehe sei eigentlich Privatsache, doch im nächsten Augenblick war mir klar, dass es – besonders bei einem Evangelisten – eine sehr öffentliche Angelegenheit ist.

Ich hatte einige junge Männer kennengelernt, die als große Hoffnungsträger ihren Dienst begonnen hatten, aber bald von der Bildfläche verschwunden waren, nachdem sie geheiratet hatten. Und das wusste ich auch aus der Seelsorge und aus vielen Büchern: Eine Frau kann ihren Mann ganz enorm fördern; eine Frau kann aber auch alles kaputt machen. In der Regel ist der Mann nur so gut wie seine Frau. Viele junge Leute, die ein brennendes Herz und eine klare Berufung hatten, sind nie auf dem Missionsfeld angekommen, weil sie in der Wahl des Ehepartners nicht auf Jesus gehört haben.

Ach, was ging mir damals alles durch den Kopf.

Bald hatte ich den Eindruck, dass es wahrscheinlich gar nicht so schwer sein würde, wieder eine Frau zu finden, aber sehr schwer, die richtige zu finden. Genau das war mein Wunsch: die Richtige! Lieber wollte ich für den Rest des Lebens allein bleiben, als eine falsche Entscheidung zu treffen. Ich brauchte nun ein zweites Mal dringend Gottes Hilfe.

Ich war davon überzeugt, dass Gott das schaffen könnte. Er hatte es ja bereits einmal getan. Warum sollte das, was ich so viele Jahre so beglückend und dankbar erlebt hatte, nicht ein zweites Mal möglich sein?

Als es für mich ganz feststand, dass ich offen sein wollte für eine neue Ehe und mich sogar darum bemühen wollte, fing ich an, meine Vorstellungen und Wünsche auf eine Gebetsliste zu schreiben. Nach kurzer Zeit war die Wunschliste komplett und hatte ihren festen Platz in meiner täglichen Stille.

Jeden Morgen, während meiner ausgedehnten Stillen Zeit, nahm ich sie heraus, um sie ganz langsam Punkt für Punkt Jesus vorzutragen.

Mein Wunschzettel

Normalerweise benutze ich in der Öffentlichkeit und auch in meiner privaten Gebetszeit keine ausformulierten, aufgeschriebenen Gebete. Doch ich notiere mir gern wichtige Gebetsanliegen in meinem Ringordner. Der liegt während des privaten Gebets aufgeschlagen vor mir, damit stelle ich sicher, dass ich nicht einige wichtige Anliegen auslasse.

Jetzt hatte ich plötzlich eine Menge neuer Anliegen, die mir ganz außerordentlich wichtig schienen. Ich machte jeden Morgen – wie gewohnt – meine Stille Zeit. Jedes Mal nahm ich nach dem Bibellesen meinen kleinen Ringordner mit den vielen Notizen zur Hand, um Jesus all die vielen Anliegen zu sagen. Jeden Morgen betete ich intensiv für mich, für meine Familie, für das Missionswerk, für die Gemeinde, für die Missionare, für einige Kranke, für die Neubekehrten und für die Evangelisationen. Doch dann kam das neue, das ganz besondere Anliegen noch dazu. Dazu brauchte ich jetzt einige zusätzliche Minuten.

Darf ich offen darüber schreiben? Ich bin dafür bekannt, dass ich mir manchmal wegen meiner unbeschwerten Offenheit den Mund verbrenne. Ein guter Freund sagte einmal: »Wilhelm, du hast eine ganz große Stärke, aber die Stärke ist zugleich auch eine Schwachstelle; damit machst du dich leicht verletzlich: Du trägst dein Herz oft sehr offen auf deiner Zunge. Damit dienst du vielen – und manche schätzen deinen Dienst gerade darum so sehr. Gleichzeitig ärgerst du damit andere.«

Ich glaube, er hat Recht, und vielleicht geschieht das auch jetzt wieder durch diesen kleinen Bericht. Aber ich möchte damit vor allem Gott die Ehre geben und einigen Lesern Mut machen, sich nicht zu scheuen, ihr Herz vor Gott auszuschütten und wirklich alles mit ihm zu besprechen. Gott hat dann immer noch die Möglichkeit, Ja oder Nein zu sagen.

Auch auf die Gefahr hin, dass einige Leser mich total missverstehen oder meine Vorgehensweise ablehnen, möchte ich ganz ehrlich berichten, wie ich es damals gemacht habe. Wie ein Kind seinen Eltern wirklich jeden Wunsch mitteilen darf und dabei den Eltern vertrauen kann, dass sie die richtigen Entscheidungen treffen, so dürfen auch Kinder Gottes mit allen ihren Wünschen zu ihrem himmlischen Vater kommen. Er weiß viel besser als wir, was das Beste für uns ist.

Mein besonderes Gebetsanliegen begann jeden Morgen ungefähr mit folgenden Worten: »Herr, ich weiß, dass ich dir keine Vorschriften machen kann. Du weißt auch viel besser, was das Richtige für mich ist. Aber ich darf dir alle meine Wünsche sagen.«

Dann dankte ich wieder – wie schon so oft – für die 33 guten

Jahre mit Margrit und für alle Treue Gottes in meinem bisherigen Leben und fuhr dann fort:

»Herr, du weißt, dass ich gern wieder heiraten würde, du weißt aber auch um all meine Ängste. Bitte, bitte bewahre mich vor jedem Entscheid und vor jedem Schritt, der nicht gut ist für mich und dir nicht gefällt.

Ich wünsche mir wieder eine gute, glückliche Ehe:

- *eine Frau, die ich richtig lieben kann und die mich richtig liebt;*
- *am liebsten eine Frau, die noch nicht verheiratet war;*
- *am liebsten eine Frau, die keinen Kinderwunsch mehr hat (wegen meines Alters und der vielen Reisen usw.);*
- *eine Frau, die meine Kinder annimmt und lieb haben kann;*
- *eine Frau zwischen 40 und 50;*
- *eine Frau, die etwas kleiner ist als ich;*
- *eine Frau, die nicht zu dick, aber auch nicht zu dünn ist;*
- *es wäre schön, wenn sie dunkle Haare hätte;*
- *eine Frau, die schon lange bekehrt ist und für DICH brennt;*
- *eine Frau aus einer guten evangelikalen Gemeinde;*
- *am liebsten eine Frau, die eine Bibelschule besucht hat;*
- *eine Frau, die übereinstimmt mit meiner Theologie;*
- *eine Frau, die ein volles Ja hat zu meiner Berufung und zum Missionswerk und zu unserer Gemeinde;*
- *eine Frau, die gern singt und Musik liebt;*
- *eine Frau, die nicht zu eng, aber auch nicht oberflächlich ist;*
- *eine fröhliche Frau, die auch gern lacht;*
- *eine Frau, die bereit ist, alles zu verlassen, um mir zu helfen.«*

Auch das Folgende stand auf meiner Wunschliste, und ich habe es Jesus fast jeden Morgen in meiner Gebetszeit gesagt:

> *»Es wäre schön, wenn sie aus einem Pflegeberuf käme, wenn sie gern Hausfrau wäre, wenn sie mit dem Computer umgehen könnte, wenn sie gern Ski laufen und schwimmen und wandern würde, wenn sie Englisch und vielleicht noch andere Sprachen könnte; es darf gern eine Schweizerin sein, vor allem aber: eine Frau, die sich total an mich verschenkt.«*

Dabei habe ich nie an eine bestimmte Frau gedacht. Ich wusste gar nicht, ob es eine solche Frau gibt, und hatte keine Ahnung, woher sie kommen könnte und wie ich sie entdecken und treffen und finden könnte.

Teil 13: Gott ist immer noch größer (1993–1995)

Zu dritt in Kasachstan

Ein knappes Jahr nach Margrits Tod hatte ich meinen Ehering abgelegt. Damit wollte ich mich selbst daran erinnern, dass ich nun wieder offen sein wollte für eine ganz neue Beziehung.

Anfang August reiste ich mit meinem treuen BRUDERHAND-Mitarbeiter Siegfried Korzonnek und Viktor Enns, meinem Übersetzer, zu einer Evangelisation nach Kasachstan. Erst vier Wochen vorher hatte ich Siegfried und Ilona getraut. Für ihn waren die weite Reise und die lange Trennung sicher ein ganz besonderes Opfer. Doch der Herr schenkte uns eine Rettungsaktion, die uns alle Opfer vergessen ließ. Es war eine ganz gewaltige Ernte. 326 Personen trafen während des Einsatzes im Kulturzentrum eine Entscheidung für Jesus. Ich hatte schon oft viel Zeit zusammen mit Siegfried im Gebet verbracht, doch dort in Karaganda verbrachten wir manchmal Stunden zusammen in diesem wichtigen Dienst. Die Auswirkungen waren dann auch entsprechend.

Doch keiner wusste, dass ich damals auch dort, in dem fernen Kasachstan, jeden Morgen in meiner persönlichen Stillen Zeit meine Wunschliste hervornahm und sie vor Jesus ausbreitete. Dort in Kasachstan erinnerte ich mich auch an den Gutschein von Robert Rahm für die Ferienwoche auf der Meielisalp und hoffte, dass der nach über einem Jahr noch gültig war.

Urlaub am Thunersee

Gerade heimgekehrt, rief ich bei Robert Rahm an. Er freute sich, als er meine Stimme hörte. »Natürlich ist der Gutschein noch gültig, der verfällt nie!«, erklärte er mir am Telefon. Als ich dann auf der Meielisalp anrief, wurde mir sofort ein schönes Zimmer offeriert. Das passte ausgezeichnet. Ich sagte sofort zu, und schon zwei Tage später machte ich mich auf den Weg.

Nach einem Zwischenstopp in Lörrach trat ich am 21. August 1993 meinen Urlaub am Thunersee an. In meinem Kopf hatte ich bereits einen fertigen Fahrplan für die folgenden zehn Tage:

- Ich wollte ausruhen, gute Andachten hören, wandern, viel beten und lesen und mich vom Haus verwöhnen lassen.
- In der zweiten Hälfte wollte ich mich auf einige wichtige Vorträge vorbereiten.
- Fürs Wochenende stand eine Hochzeit auf dem Programm. In Zürich heirateten mein Neffe Stephan und Barbara, eine Schweizerin. Sie hatten mich um die Trauung gebeten.
- Für den darauf folgenden Sonntag stand eine Vorbereitungsversammlung in Zürich auf dem Dienstplan.
- Für Montag hatte ich eine Einladung vom Janz-Team in Kandern. Dort sollte ich drei Vorträge bei einem Mitarbeitertreffen halten.

Mein erster Urlaubssonntag war ein sonnendurchfluteter Tag. Nach dem guten Gottesdienst machte ich mich sofort auf die Reise in Richtung Grimselpass. Mit der Passhöhe verbanden mich so gute Erinnerungen. Dort oben wollte ich noch einmal die wunderbare Aussicht genießen. Die Mittagszeit verbrachte ich dann auch in einer Höhe von 2165 Metern mit einer Gruppe von Motorradfahrern auf einer Hotelterrasse oben auf dem Grimselpass. Es war wirklich ein wunderschöner Tag.

Auf der Rückfahrt machte ich einen Stopp an einem atemberaubenden Aussichtspunkt. Dort baute ich mir aus Steinen einen Gebetsplatz wie Jakob und nahm mir viel Zeit zum Nachdenken und vor allem zum Gebet. Mein Wunschzettel nahm dabei ziemlich viel Zeit ein.

Dann plötzlich geschah etwas Eigenartiges: Ich musste auf einmal an eine bestimmte Frau denken, der wir vor Jahren auf einer Schiffsreise begegnet waren. Eine Frau, mit der Margrit damals eine ganze Menge Zeit verbracht hatte. Ich hatte sie eigentlich nicht näher kennengelernt, aber ich konnte mich gut erinnern, dass Margrit mir damals gesagt hatte, dass diese ledige Schweizerin, wenn nur der Richtige gekommen wäre, bestimmt eine sehr gute Predigersfrau geworden wäre. Dann fiel mir wieder ein, dass die beiden sich nach der Reise sogar geschrieben hatten. Und plötzlich erinnerte ich mich auch wieder an ihren Namen. Johanna Christen hieß sie damals. Jene Reisebegegnung lag allerdings schon fast vier Jahre zurück.

Inzwischen war viel Zeit vergangen. Ich wusste gar nicht mehr richtig, wie sie aussah. Wenn sie mir irgendwo begegnet wäre, hätte ich sie ganz bestimmt nicht wiedererkannt.

Schließlich machte ich mich auf die Rückreise zur Meielisalp. Ich hörte gute Musik im Auto und freute mich sehr an der herrlichen Bergwelt, doch gleichzeitig musste ich immer an diese bestimmte Frau denken, der wir vor Jahren auf dem Schiff begegnet waren.

Ob sie noch in der Schweiz lebte? Und wenn ja – wo sie wohl wohnte? Vielleicht war sie längst verheiratet. Oder ob sie doch noch ledig war? Aber was sollten diese Gedanken? Ich sang ein Lied mit, das gerade aus dem Kassettenrekorder zu hören war, betete auch mal während der Fahrt, doch schon wieder waren meine Gedanken bei dieser bestimmten Frau.

Pünktlich traf ich mich am Abend mit den vielen anderen Gästen im Speiseraum. Nach dem guten Essen in der wohltuenden Gemeinschaft ging ich gleich in mein Zimmer. Ich wollte einfach allein sein, den schönen Tag noch etwas verarbeiten, beten und rechtzeitig zu Bett gehen. Doch schon wieder waren meine Gedanken bei dieser Johanna vom Schiff, und ich überlegte, ob vielleicht Gott mir etwas damit sagen wollte.

Irgendwann hatte ich dann den Eindruck, ich sollte jetzt einfach mal etwas Näheres über sie erfahren. Dabei betete ich fast ununterbrochen. Auf keinen Fall wollte ich einen Fehler machen. Dann kam mir folgender Gedanke: *Ob sie noch in der Schweiz wohnt und ob sie noch ledig ist, kann ich vielleicht über die Telefonauskunft herausfinden.* Doch als ich dann tatsächlich die Nummer der Auskunft gewählt und die Telefonnummer einer Johanna Christen gewünscht hatte, erfuhr ich, dass es in der Schweiz mehrere Frauen mit dem Namen gab. »Wo wohnt sie?« Das wusste ich nicht. Dann sagte die Dame von der Auskunft: »Hier ist zum Beispiel eine Physiotherapeutin ...« – »Ja«, sagte ich schüchtern, »die meine ich.«

Schnell hatte ich die Telefonnummer aufgeschrieben und legte dankend den Hörer wieder auf. Doch dann kam meine schlimmste halbe Stunde auf der Meielisalp. Den Kampf, der sich da in meinem Inneren abspielte, kann ich gar nicht beschreiben. Ich betete. Ich bat Jesus, mich vor einem Fehler zu bewahren. Was wollte ich eigentlich? Wollte ich wirklich bei dieser ahnungslosen Frau anrufen? Und dann um diese Zeit? Inzwischen war es fast 22 Uhr.

Doch dann hatte ich mich durchgerungen und wählte die Nummer. Während es läutete, betete ich ständig: »Herr, lass sie nicht zu Hause sein, wenn das, was ich hier mache, nicht dein Wille ist!« Dann hörte ich eine Frauenstimme: »Christen, Johanna Christen!«, und ich wusste, dass ich jetzt tatsächlich mit der Frau verbunden war, der wir vor vier Jahren auf dem großen Schiff begegnet waren.

Ich stellte mich vor und erzählte ihr, dass ich gerade in der Schweiz im Urlaub sei, dass ich an allerlei Leute und auch an sie gedacht hätte. Dann erfuhr ich, dass sie auch gerade Urlaub hatte und dass sie den diesmal zu Hause verbringen wollte.

Konnte das alles Zufall sein? Da fällt mir im Gebet eine Frau ein, an die ich nie vorher gedacht hatte. Ich erreiche sie auf Anhieb, obwohl ich vorher nicht einmal wusste, wo sie wohnte. Und jetzt hatte sie auch noch gleichzeitig mit mir Urlaub und war in erreichbarer Nähe ...

Heute weiß ich nicht mehr genau, wie viel von dem, was da in mir vorging, ich Johanna bei diesem ersten Telefongespräch bereits angedeutet habe. Jedenfalls kam es dann dazu, dass sie mich für den nächsten Morgen zum Frühstück einlud.

Mein längstes Frühstück

Das gemeinsame Frühstück dauerte dann Stunden und unsere Unterhaltung fast den ganzen Tag. Damals wusste Johanna noch nicht, dass ich so gern Zwetschgen esse. Eigentlich wollte sie die eingekauften Zwetschgen, die in Reichweite in einem Korb lagen, an dem Tag einmachen, doch das lohnte sich nicht mehr, weil ich nach einigen Stunden so ganz nebenbei fast alle verzehrt hatte.

Ich erzählte viel über Margrit, über ihre letzten Jahre und über ihren Tod. Ebenso über unsere Kinder und Enkelkinder, über DIE BRUDERHAND und über unsere Gemeinde, über meine Zukunftspläne und über meinen anstrengenden Dienst. Ich sagte auch ganz offen, dass ich mir seit kurzem gut vorstellen könnte, wieder zu heiraten, dass ich aber andererseits fast etwas Angst hätte vor einem Schritt mit so großer Tragweite.

Auch Johanna erzählte viel aus ihrem Leben. Dabei erfuhr ich eine ganze Menge über ihr Glaubensleben und über ihren Berufsalltag, aber auch manches über ihre Familie und über ihre Gedanken im Blick auf ihren weiteren Weg. Wir sprachen über Gott und die Menschen, über Gemeinde und Mission, über Geld und Hobby, über Wohnung und Ernährung. Es war ein hochinteressanter Tag.

Dabei hatte ich – wovon Johanna zum Glück nichts wusste – immer meine Wunschliste im Hinterkopf. Ich staunte darüber, dass ich innerlich fortwährend einen Punkt nach dem anderen abhaken konnte.

Es war für uns beide fast unglaublich, was im Laufe dieses Tages mit uns passierte: Noch 24 Stunden zuvor hatte keiner von uns beiden auch nur geahnt, dass wir an diesem Tag hier zusammensitzen würden. Und nun saßen wir hier Stunde um Stunde und konnten in einer so unwahrscheinlichen Offenheit unsere Lebensgeschichten voreinander ausbreiten, einander an unseren Wünsche, Zielen, Fragen und Ängsten teilhaben lassen, dass für uns beide am Ende meines Besuches die klare Frage im Raum stand: Hatte Gott uns zusammengeführt?

Natürlich beteten wir auch miteinander, und wir nahmen uns vor, jetzt einige Tage ganz intensiv um eine klare Führung von Gott zu bitten. Bevor wir uns verabschiedeten, versprachen wir uns: Sollten wir beide zu einem klaren Nein kommen, sollte nie jemand etwas von unserer Begegnung erfahren.

Als Johanna mich zum Abschied zur Wohnungstür begleitete, fragte ich so nebenbei: »Wie groß bist du eigentlich?« Bei der Antwort »1,67« merkte ich, dass das auch genau mit meiner Liste übereinstimmte. Ebenso schön war für mich beim Vorbeigehen der Blick in ihr offenstehendes Arbeitszimmer – dort stand nämlich ein Computer auf dem Schreibtisch. Dann haben wir uns verabschiedet.

Bedenkzeit

In den nächsten Tagen war das Wetter nicht sehr einladend. Ich nahm mir viel Zeit für die Vorbereitung der vor mir liegenden Dienste. Aber ich machte auch weite Spaziergänge allein – hauptsächlich, um zu beten. Noch war alles offen, doch noch in dieser Woche wollten wir mit Gottes Hilfe »die richtige Entscheidung« fällen.

Etwas früher als ursprünglich geplant verließ ich am frühen Freitagmorgen mit meinem Koffer das schöne Familienhotel Meielisalp und stellte mich, wie abgemacht, zum Frühstück bei Johanna ein. An diesem Tag sollte es sich entscheiden: Entweder es ist von Gott, dann wollen wir so schnell wie möglich heiraten, oder es ist nicht von Gott, dann wollen wir alles sofort begraben. Es gab leider keine Zwetschgen, aber ein gutes Frühstück und vor allem ein richtig gutes Gespräch, in dem wir erstaunlich schnell eine so große Übereinstimmung und Gewissheit erlebten, dass wir noch am selben Tag zum Standesamt hätten gehen können. Wir beschäftigten uns an dem Tag auch mit vielen Ehegeschichten aus der Bibel und entdeckten, dass es auch nicht eine gab, die erst nach einer monate- oder jahrelangen Kennenlernphase zustandegekommen war.

Damals erlebte Johanna zum ersten Mal mein Tempo, wenn es darum geht, etwas zu erledigen, was ich als richtig erkannt habe. Leider war mein Terminkalender ziemlich voll. Aber, so sagte ich ihr, falls eine bereits geplante Evangelisation sich verschieben ließe, gäbe es noch in diesem Jahr einen günstigen Hochzeitstermin mit einem anschließenden gemeinsamen Urlaub. Nach einem kurzen Telefongespräch war das geklärt. Am selben Tag haben wir dann auch den 17. Dezember 1993 als festen Hochzeitstermin in unsere Kalender eingetragen.

Mit Volldampf durch den Herbst

Gegen Abend fuhr ich zu guten Freunden in die Nähe von Zürich. Dort wollte ich übernachten und mich am nächsten Vormittag auf die Trauung meines Neffen vorbereiten.

Nach der Hochzeit übernachtete ich bei Christa und ihrer Familie im Zürcher Oberland. Christa war dann auch die Erste, die von meinen Plänen erfuhr. Sie war riesig gespannt auf die erste Begegnung mit Johanna.

Nach der Vorbereitungsversammlung in Zürich ging es am Sonntagabend weiter zum Janz Team nach Kandern. Dort hielt ich am Montag meine Vorträge bei einem Treffen aller Mitarbeiter. Von dort fuhr ich zu Karina nach Lörrach, um auch ihr von meiner großen Entscheidung zu erzählen. Auch sie war aufs Äußerste gespannt. Von dort ging es weiter, und zwar mit einem Umweg über Fürth, um auch Daniel und seiner Familie von den Ereignissen der letzten Tage zu berichten. Im Stillen hoffte ich damals schon, dass entweder Daniel, mein ältester Sohn, oder Georges, der Schwiegersohn, oder sogar beide, die Redner bei unserer Hochzeit sein würden.

Auf der Weiterreise fing ich an, ein Liebeslied für Johanna zu »schreiben«, das heißt: Ich fing wieder mal an zu dichten und die Verse während der Fahrt immer wieder zu singen, bis ich den Eindruck hatte, ich könnte jetzt einmal eine Telefonzelle ansteuern und ihr mein »Bekenntnis« am Telefon vorsingen.

Sie war überrascht, sie war glücklich, aber ich hatte den Eindruck, dass sie fast nicht glauben konnte, dass die Verse wirklich restlos von mir stammten.

Der Inhalt des kleinen Liedes zeugt auch etwas von dem Tempo, in dem sich vieles bei mir abspielte.

Zu Hause angekommen, habe ich auch Martin und seine Familie in unsere Pläne eingeweiht.

An allen vier Stellen hatte ich den Eindruck gewonnen, dass sie sich mit mir freuten. Nachdem ich auch nur das Allernötigste zu Hause erledigt hatte – vor allem einiges von der vielen Post –, machte ich mich schon wieder auf den Weg in die Schweiz. Diesmal wollte ich dieselbe Rundreise machen, aber nicht allein – allen vier Kindern wollte ich Johanna persönlich vorstellen.

Leider war Karina gerade an diesem Wochenende verreist, doch sie machte kurz darauf selbst einen Besuch bei Johanna – die damals in der Nähe von Olten wohnte –, um sie persönlich kennenzulernen.

Unseren ersten Besuch machten wir bei Christa und ihrer Familie. Unseren Hochzeitstermin hatten wir für uns ja schon festgelegt. Das waren schon etwas eigenartige Gefühle – ich denke: auf beiden Seiten –, als wir Georges als Schwiegersohn fragten, ob er bereit wäre, die Hochzeitspredigt zu halten und uns zu trauen.

Von dort fuhren wir nach Fürth, um auch Daniel und seine Familie zusammen zu besuchen. Wir waren glücklich, als wir spürten, wie sehr sie unsere Entscheidung bejahten. Einem Mitwirken bei der Trauung schien auch Daniel nicht abgeneigt zu sein.

Im selben Tempo ging es dann weiter. Am nächsten Morgen kauften wir uns in Fürth unsere Eheringe und überlegten, wann und wo und wie wir unsere Verlobung feiern könnten. Dann ging es auf die Reise in den Norden.

Unsere Verlobung

Irgendwo unterwegs machten wir dann einen Stopp. Wir suchten uns ein schönes Restaurant in einer schönen Stadt und feierten ein schönes Fest – wir beide ganz allein. Es war eins meiner bewegendsten Feste. Als wir uns gegenseitig unsere Ringe an die Finger gesteckt und zusammen gebetet hatten, spürten wir, dass Gott Gnade zu unserer Reise gegeben hatte.

Auf der Weiterfahrt nahmen wir die Ringe aber wieder ab, weil wir eine besondere Überraschung für den nächsten Morgen geplant hatten. Zum Abendessen waren wir, wie abgemacht, bei Martin und seiner Familie. Inzwischen hatten wir schon Routine im Vorstellen und hatten auch bei ihnen den Eindruck, dass Johanna willkommen war.

Anschließend brachte ich Johanna zu einer Arbeitskollegin zum Übernachten. Sie war die Einzige – allerdings auch erst seit ein paar Stunden –, die wusste, dass ich plötzlich Heiratspläne hatte.

Die große Überraschung

Am Sonntagmorgen hatte ich die Leitung des Gottesdienstes. Nur Martin und seine Familie und die gerade erwähnte Arbeitskollegin wussten, wer die fremde Frau war, die kurz vor Gottesdienstbeginn mit eben dieser Arbeitskollegin in den Saal gekommen war.

An einer passenden Stelle kam ich dann zu meiner besonderen Ansage. Ich erzählte, dass ich in letzter Zeit öfter gefragt worden war, ob ich mir vorstellen könnte, irgendwann wieder zu heiraten. Dann erklärte ich, dass Margrit das sehr gewünscht hatte, dass es sicher auch der Wunsch der Kinder sei und dass ich seit einigen Wochen auch diesen Wunsch hätte und sehr um die richtige Führung gebetet hätte.

So mäuschenstill war es in unserem Saal wohl noch nie gewesen. Ich hatte den Eindruck, alle hielten den Atem an, als ich nun meinen Ring aus der Jackentasche holte, ihn an den Finger steckte und sagte, dass wir seit Samstagnachmittag verlobt seien und ich ihnen jetzt meine Verlobte vorstellen möchte. Dann bat ich Johanna, nach vorn zu kommen. Sie kam an meine Seite, trat ans Mikrofon und begrüßte die Gemeinde mit einem lauten »Grüezi mitenand!«. Dann luden wir die ganze Gemeinde zu unserer Hochzeit, d. h. zur Trauung und zum anschließenden Kaffeetrinken am 17. Dezember ein. Die Spannung war so richtig greifbar.

Und so spannend ging es dann weiter – bis heute.

Der spannende Herbst

Zwischen unserem Kennenlernen und unserer Hochzeit bin ich natürlich nicht nur zwischen Wienhausen und Olten hin und her gependelt. Mein Terminkalender war ja gut gefüllt, und es war mir auch ein großes Anliegen, in meiner Treue zu Jesus nicht einen Millimeter nachzulassen. So ging es dann auch wie immer von einem Dienst zum andern. Schon eine Woche nach unserer Verlobung begann eine elftägige Zelt-Evangelisation, in der wir gegen Ende so an die 6000 Zuhörer pro Abend begrüßen konnten. Dann folgten eine Evangelisation in Rumänien, Vorträge in Bielefeld und eine Evangelisation in Düren und zwischendurch noch eine Studienreise in den Nahen Osten. Es war ein sehr ausgefüllter Herbst.

Johanna Christen

Folgendes las ich in einem Lexikon: »Johanna war einer der beliebtesten Mädchennamen zwischen 1890 und 1910. In den 60ern fast ausgestorben – aber jetzt wieder topaktuell.«

Interessant: Genau in der Zeit, in der dieser Name fast »ausgestorben« war, wählten ihre Eltern den Namen Johanna. Ob sie damals wussten, was der wunderschöne Name bedeutet? Ob sie ahnten, dass der Name später wieder ganz vorn auf der Beliebtheitsskala stehen würde?

Johanna ist die weibliche Form des griechischen Namens Johannes. Er ist hebräischen Ursprungs und bedeutet *»Gott ist gnädig«* oder *»die Gottbegnadete«*. »Die Gottbegnadete«, das ist also die Bedeutung ihres Vornamens.

Und ihr Nachname? Der ist mindestens ebenso bedeutend. So steht es im Lexikon: Das Wort Christ leitet sich ab vom griechischen »Christianos« (d. h. »der dem Christus Nachfolgende«) und bezeichnet einen Anhänger Jesu von Nazareth.

Nun weiß ich wohl, das jemand zum Beispiel »Gut« heißen, aber in Wirklichkeit sehr böse sein kann. Auf der anderen Seite kann jemand einen ganz gemeinen Namen haben, aber in Wirklichkeit ein großer Wohltäter sein.

Aber ich habe mich riesig darüber gefreut, dass bei Johanna beides, ihr Vorname und ihr Familienname, mit ihrem Leben übereinstimmt.

Das war aber nicht immer so. Auch in ihrem Leben kam es einmal, und zwar mit 21 Jahren, durch eine Evangelisation in Basel zu einer totalen Lebenswende.

Christas Rat

Weil dieses einmalige »seelsorgerliche Gespräch« für mich so unbeschreiblich wichtig war und weil ich mit der »Veröffentlichung« einiger Aussagen vielleicht auch manchen anderen Betroffenen einen wertvollen Dienst erweisen kann, will ich etwas aus unserem Vier-Augen-Gespräch ausplaudern. Das ganz Besondere daran ist vielleicht, dass es bei dieser Unterhaltung um den »Rat einer Tochter an ihren Vater« geht. Normalerweise ist es ja eher umgekehrt.

Christa hatte Johanna bei unserem ersten gemeinsamen Besuch kennengelernt, hatte sie gesehen, gehört und aufmerksam beobachtet, wie nur Frauen es können. Kurz darauf saßen Tochter und Vater unter vier Augen zusammen, und Christa sagte mir in etwa Folgendes:

> »*Johanna gefällt mir richtig. Ich glaube, ihr passt auch gut zusammen. Aber …*« – und dann kam ihr guter, sehr ernst gemeinter Rat: »*Johanna ist so anders, so völlig anders als Mutti. Du musst lernen, nicht zu vergleichen, und noch einmal ganz von vorn anfangen und mit Johanna eine ganz eigene Beziehung aufbauen, eine Ehe, die vielleicht ganz anders ist, als du das mit Mutti gewohnt warst. Jetzt musst du Johanna entdecken, richtig kennenlernen und glücklich machen. Sie ist eine ganz andere Frau. Sie empfindet bestimmt ganz anders und hat sicher auf manchen Gebieten einen ganz anderen Geschmack.*«

Eigentlich wusste ich das ja alles. Ich hatte doch selbst so oft Eheleute beraten. Doch ohne diese Tochter-Vater-Beratung hätte ich auf meinem weiteren Weg wahrscheinlich vieles falsch gemacht. Bevor ich abreiste, sagte Christa noch:

> »*Vielleicht wäre es sogar gut, wenn du die schöne Wohnung aufgeben und stattdessen woanders eine Wohnung mieten würdest, um dann mit Johanna ganz neu anzufangen. Ihr habt zwar vor kurzem alles schön renoviert, aber nach Muttis Geschmack. Die Teppiche, die Tapeten, ja einfach alles ist so, wie Mutti es gern hatte. Vielleicht würde Johanna ja alles gerne selber einrichten und nach ihrem Geschmack gestalten, aber sie will dich nicht verletzen und sagt darum vielleicht lieber nichts. Und wenn sie was ändern möchte, bist du vielleicht tatsächlich enttäuscht. Es ist aber ganz wichtig, dass gerade sie als Frau sich so richtig wohlfühlt in ihrer Wohnung.*«

Weil ich überzeugt war, dass Christa es gut mit mir meinte – und vor allem auch mit Johanna –, habe ich nicht an einer einzigen Stelle widersprochen. Ich habe geschluckt, nachgedacht, gebetet und begriffen. Dann habe ich meine Entscheidung getroffen und Johanna gefragt, ob wir nicht an einem neuen Ort unsere eigene Geschichte beginnen wollten. So haben wir es dann auch gemacht und unsere neue Wohnung so eingerichtet, dass Johanna sich so richtig wohlfühlen konnte. Und obwohl tatsächlich manches ganz anders wurde, als ich es von früher kannte, war es für mich doch wieder so, dass auch ich nirgends lieber war als in unserem neuen Zuhause.

Ziemlich oft entdeckte ich später etwas in unserem Haushalt, das mir von früher her bekannt war, aber kaum einmal haben wir uns mit Sachen abgegeben, die nicht von Johanna persönlich ausgesucht worden waren. Ich hatte mir vorgenommen: Ich will nichts in die neue Wohnung hinüberretten, woran Johanna nicht wirklich Freude hat.

Ein Mann wird sich zu Hause nie wohler fühlen als dann, wenn sich seine Frau so richtig wohlfühlt.

Wie reagieren Johannas Eltern?

Bald nach unserem Kennenlernen wollte Johanna ihre Eltern einweihen, denn sie musste ja sicherstellen, dass sie unseren bevorzugten Hochzeitstermin wahrnehmen konnten.

Nun war es leider so, dass ihre Eltern und die ganze Verwandtschaft – außer einem ihrer Brüder und dessen Frau – Johannas christliche Überzeugung gar nicht guthießen. Anfangs hatte sie sogar allergrößten Widerstand von ihnen erfahren. Als sie nun ihren Eltern verriet, dass sie demnächst heiraten möchte, gab es eher eine ungläubige Reaktion. Als Johanna dann erklärte, dass es wirklich ernst sei, fragte ihre Mutter: »Es wird doch wohl kein Pfarrer sein?« Als Johanna ihnen genau das bestätigte, sagte ihr Vater trocken: »Dä het is grad no gfäut i de Wurmcheschtä.«[64]

»Der hat uns gerade noch gefehlt.« Zum Glück habe ich das erst viel später erfahren.

Dann kam der Tag, an dem Johanna mich bei meinen zukünftigen Schwiegereltern vorstellen wollte. Sicher waren beide Seiten in einer großen Anspannung. Aber dann ging alles gut. Wir fanden uns so schnell und waren bald wie alte Freunde. Als wir uns etwas später zu unserem ersten gemeinsamen Essen trafen, hatten wir so ein harmonisches Miteinander, dass ich mir fast nicht vorstellen konnte, dass sie anfangs dermaßen skeptisch gewesen sein sollten.

Unsere Hochzeit

Wie geplant startete am 17. Dezember das große Fest in Wienhausen. Für manche Schweizer war das fast eine »Weltreise«. Aber sie kamen alle. Alle, die Johanna eingeladen hatte. Dazu die Verwandten von meiner Seite und die Gemeinde und viele, viele Freunde. An den Autokennzeichen konnte man sehen, dass manche wirklich einen sehr weiten Weg gemacht hatten.

Vor anderthalb Jahren hatten wir hier im Gemeindezentrum von Margrit Abschied genommen. Und jetzt waren wir wieder zusammen, am selben Ort, im ebenso vollen Haus, um mit Johanna eine neue Ära zu beginnen.

Wie glücklich waren wir, dass unsere Kinder, Schwiegerkinder und Enkelkinder und viele andere so einen perfekten Traugottesdienst gestalteten. Es war einfach großartig, zu erleben, wie souverän Daniel, unser ältester Sohn, durch das ganze Programm führte und wie Georges Morand, unser Schwiegersohn, die Hochzeitspredigt hielt und auch die Trauung durchführte.

Hier einige Gedanken aus Georges Hochzeitsansprache:

Liebes Brautpaar, liebe Verwandte und liebe Gäste,

in letzter Zeit wurde ich öfter gefragt: »Was, du traust deinen Schwiegervater? Das möchte ich ja nicht machen.«

»Ja, ich mache es!«

Heute feiern wir ein besonderes Fest: Eine Frau namens Johanna Christen, 43, alleinstehend, Schweizerin, heiratet einen Witwer namens Wilhelm Pahls, Deutscher, 57, der vier Kinder, vier Schwiegerkinder und zehn Enkelkinder hat. Nicht ganz alltäglich. Aber gut!

Johanna, du hast deine Geschichte. Du hast sie uns vor kurzem erzählt. Interessant! Du hast viel erreicht im Leben. Nun erfüllt sich auch der Wunsch nach einem Partner und nach einer Familie auf einen Schlag – ohne Kindergeschrei des Nachts. Du heiratest einen nicht allzu sesshaften Mann.

Vati, auch du hast deine Geschichte. Die kennen wir etwas besser. Auch du hast viel erreicht, bist viel herumgekommen, hattest eine 33-jährige erfüllte Ehe. Du hast viel Schönes, aber auch viel Schweres erlebt. Die viereinhalb Jahre Leidenszeit von Mutti haben dich und uns und viele andere geprägt. Wir haben Gottes Führung auf eine neue Art erlebt.

Nun, nach anderthalb Jahren, beginnst du eine Neugestaltung deiner Zukunft mit Johanna und auch mit uns. Wir wollen gemeinsam das Neue anpacken. Allerdings tun wir gut, wenn wir am Erlebten anknüpfen. Es gibt nämlich viel zu verarbeiten und neu zu gestalten.

In uns Kindern und Schwiegerkindern und Enkelkindern löst das Fest auch Schmerzen aus. Nicht Schmerzen mit dir, Johanna, sondern einen neuen Schmerz des Abschiednehmens von Mutti. Und trotzdem sagen wir heute: Wir wollen das Neue anpacken!

Und so frage ich mich: Was will ich euch mitgeben, heute, jetzt? Beide haben viel mehr Lebenserfahrung als ich. Vati traut in den letzten Jahren fast im Akkord. Nun sind wir hier, um diese neue Lebenszelle in Gottes Hand zu legen. Ein russisches Sprichwort sagt: »Gehst du zur See, dann bete einmal. Ziehst du in den Krieg, dann bete zweimal. Heiratest du, dann bete dreimal.«

Hier folgten ein kurzes Gebet und dann die eigentliche Hochzeitspredigt. Die Grundlage für die Predigt bildeten zwei Bibelverse aus den Sprüchen:

»Wer eine Frau gefunden hat, hat etwas Gutes gefunden; Gott meint es gut mit ihm« (Sprüche 18,22).

»Geld und Gut erbt man von den Eltern; aber eine verständige Frau ist ein Geschenk Gottes« (Sprüche 19,14).

Im ersten Punkt der Predigt ging es um Gott und um das

große Geschenk, das Gott uns mit der Ehe macht. *»Auf Gott kommt es an!«*

Nach einem wunderschönen Lied in Schweizerdeutsch von Georges, Christa und ihren Kindern kam es zum zweiten Punkt.

Da ging es um uns, um unsere große Verantwortung. *»Auf uns kommt es an!«*

Im dritten Punkt ging es um die richtige Blickrichtung. Hier kommen beide zusammen: Gott, der große Schenker, und wir, die Empfänger. *»Auf den richtigen Blick kommt es an!«*

Nach einem weiteren Lied der Familie, ein paar Mut machenden Sätzen und einem kurzen Gebet bat Georges uns aufzustehen. Dann kam unser Eheversprechen.

Man muss sich das einmal vorstellen: Da steht ein junger Pastor vor seinem Schwiegervater und fragt:

> *»Vati, willst du mit Gottes Hilfe Johanna als Geschenk Gottes achten und lieben, willst du ihr deine Liebe, Annahme und Vergebung schenken und ihr ein Leben lang zur Seite stehen – und das in erfreulichen und unerfreulichen Zeiten? Dann bestätige es mit einem Ja!«*

Natürlich habe ich laut und gern Ja gesagt.

Dann wandte Georges sich an Johanna und fragte auch sie, aber diesmal nicht in Hochdeutsch, sondern – weil Georges selbst Schweizer ist – in Schweizerdeutsch:

> *»Johanna, willst du mit Gottes Hilfe Wilhelm deine Liebe, Annahme und Vergebung schenken, ihn als Geschenk Gottes achten und lieben, ihm ein Leben lang zur Seite stehen, und das in erfreulichen und unerfreulichen Zeiten? Dann bestätige es mit einem Ja!«*

Auch Johanna antworte mit einem lauten Ja. Aber auch ihre Antwort kam nicht in Hochdeutsch, sondern in Schweizerdeutsch: »Jo!«

Ich glaube, alle hatten ihre Freude daran. Und Gott sicher auch. Wie gut, dass Gott alle Sprachen versteht.

Nach dem Gebet und weiteren wunderbaren Liedern konnte Daniel das folgende Programm bekannt geben.

Das Zusammensein an der riesigen Kaffeetafel und besonders die gelungene Feier am Abend haben nicht nur uns tief beeindruckt. Die vielen Beiträge von Gemeindegliedern, von BRUDERHAND-Mitarbeitern, von Gästen und von meinen Kindern und ihren Familien haben uns richtig überwältigt und oft zu Tränen gerührt. Gott hatte zu unserem Fest viel Gnade gegeben. Es war ein wunderschöner, unvergesslicher Tag.

Über die ganze Vorgeschichte und wie andere das Ganze sahen, lasse ich jetzt einmal eine gute Bekannte in ihrer unnachahmlichen Art erzählen.

Hochzeitsgedicht einer Deutschen

Inge Raudonat hatte uns schon viele Male bei allen möglichen Anlässen mit ihren Versen begeistert. Über ihre Beobachtungsgabe und über ihre Art, die Entdeckungen in lustige Verse zu packen, haben schon viele gestaunt. Dabei bleibt sie todernst, wenn andere sich beim Zuhören vor Lachen krümmen.

Ein Mensch, der Mitte 50 ist,
sehr sportlich, ziemlich selbstbewusst,
im Hauptberuf Evangelist,
sitzt hier mit stolzgeschwellter Brust.

Ein Herz voll Glück, im Arm die Frau,
um die er lange Zeit gefleht,
nun ist sie da – und passt genau
ins Bild, um das sich alles dreht.

Denn Wilhelm war sehr anspruchsvoll,
er lag Gott täglich in den Ohren,
was sie für ein Genie sein soll,
am besten – nur für ihn geboren!

Sie sollte hübsch sein, nicht zu dick,
auch nicht so groß und nicht zu jung,
er wünschte sie adrett und schick,
begeist'rungsfähig und voll Schwung.

Sie sollte gut den Haushalt führen,
sie sollte gern und häufig lachen,
auch den Computer schnell kapieren,
und möglichst keine Fehler machen.

Sie sollte fremde Sprachen sprechen,
wie Englisch, Russisch oder so,
dann könnt' man neue Bahnen brechen,
beim ECHO oder anderswo.

So fiel ihm täglich Neues ein,
er hatte sich sein Bild gemacht,
sie sollte, könnte, müsste sein,
genauso wie er sich's gedacht.

»Ach ja – o Herr –, da kommt mir noch
die große Bitte in den Sinn,
ich wünschte mir und hoffe doch,
du suchst mir eine Schweizerin!«

Gott hat sich alles das notiert
(er hatte sie ja längst parat),
doch hat's ihn köstlich amüsiert,
was Wilhelm so für Wünsche hat.

Und der lässt ja dann auch nicht locker,
wenn's sein muss, fährt er meilenweit,
und reißt die Polizei vom Hocker,
von wegen der Geschwindigkeit!

Er fährt zwar immer kleine Wagen,
doch mit 'ner Menge Pferdestärken,

die ihn so durch die Gegend jagen,
da kann er sich so schnell nicht merken,

wie viele Ka-Em-Ha er darf,
denn ständig muss er sich beeilen,
und deshalb kalkuliert er scharf,
er kann sich schließlich nicht zerteilen.

Weil man ihn braucht, mal hier, mal dort,
macht auch das Eheglück Diät,
denn er ist oftmals länger fort
und wenn er heimkommt, ist's schon spät.

Die Frau, die unsern Wilhelm liebt,
muss schon sehr viel Humor besitzen,
damit es keine Pannen gibt,
denn allzu leicht kommt man ins Schwitzen.

Schon morgens muss sie Müsli mixen,
gesunde Kost kommt auf den Tisch,
und mittags gibt es auch kein Tricksen,
da gibt's Salat, ganz knackig frisch!

Dann kommt der Waldlauf, eine Stunde,
das hält den Menschen jung und fit,
dabei verliert man ein paar Pfunde,
und frische Luft nimmt man auch mit.

Darf Johanna mal mit ihm verreisen,
dann sollt' sie nicht im Auto zittern,
hier muss sie schweigend Mut beweisen,
auch wenn sie durch Radare schlittern.

Sie muss das Haushaltsgeld verwalten,
muss viel und lange Briefe schreiben,
und hat er Vorträge zu halten,
dann muss sie brav zu Hause bleiben.

Das alles hat sie wohlbedacht,
und überlegte gar nicht lange,
ob sie jetzt einen Fehler macht,
vor diesem Schritt ist ihr nicht bange.

Johanna hat sich vorgenommen,
sie möchte hier mit Wilhelm leben,
ist mit nach Norddeutschland gekommen,
und hat ihr Jawort heut gegeben.

Wir wünschen beiden Glück und Segen,
nehmt unsern Herrn in Eure Mitte.
Er leitet Euch auf allen Wegen
und wacht auch über Eure Schritte!

Zuletzt woll'n wir den Schöpfer preisen,
der dieses alles gut bedacht,
hier ist mal wieder zu beweisen,
dass Gott nie einen Fehler macht!

Hochzeitsurlaub

Das, was ich dreißig Jahre lang vielen Brautpaaren richtig eingehämmert hatte, galt natürlich auch für uns. Immer wieder hatte ich es Brautpaaren ans Herz gelegt, nach der Hochzeit unbedingt sofort zu verreisen. Aber nicht zu den Verwandten, nicht in eine christliche Freizeit, sondern an einen schönen Ort, wo auch nicht eine einzige Verpflichtung auf sie wartet, sondern beide allein auf die schönste Entdeckungsreise gehen können. Genau das wollten wir. Und genau das machten wir.

Für Johanna war das Reiseziel eine Überraschung. Ich weiß nicht, ob ich es noch einmal so machen würde. Damals dachte ich, ich könnte ihr damit eine ganz besondere Freude machen. Sie wusste nur, dass es in ein warmes Land gehen sollte. Spätestens auf dem Flughafen ist die Geheimnistuerei natürlich immer zu Ende.

Noch heute sind wir froh darüber, dass wir uns damals für einen mehrwöchigen Urlaub entschieden haben. Dort wurde ein gutes Fundament gelegt. Dort hatten wir Zeit für die Bibel, fürs Gebet, für gute Bücher, für lange Spaziergänge und wertvolle Gespräche und für eine der allerschönsten Entdeckungstouren, die ein Ehepaar erleben kann.

Johannas Feuerproben

Auch der schönste Urlaub geht einmal zu Ende, und der Alltag beginnt. Jetzt wurde es noch mal richtig spannend für uns beide. Würden die vielen guten Vorsätze, die wir für unser gemeinsames Leben gefasst hatten, dem Alltag standhalten?

Nach unserem Hochzeitsurlaub brachten wir erst einmal Johannas Möbel- und Haushalts-Umzug in den Norden über die Bühne, doch schon bald darauf begann dann für uns beide der Ernst des Lebens: die erste richtige Evangelisation.

Johanna wollte gern dabei sein. Das war auch mein Wunsch, denn es ging ja für längere Zeit ins Ausland. Johanna versorgte den Haushalt in der bereitgestellten Wohnung, sang sogar im Evangelisationschor mit und half, wo immer sich eine Möglichkeit für sie bot.

Doch schon bald spürte sie, dass eine Ehe mit einem Evangelisten eine sehr anstrengende Sache sein kann. Das Schlimmste für sie war, dass wir nie vor Mitternacht »nach Hause« kamen.

Dieser erste Einsatz war allerdings nur ein kurzer Testlauf. Denn bald darauf sollte ein Langstrecken-Einsatz folgen, der mich vier volle Wochen in Anspruch nehmen sollte. Während 29 Tagen predigte ich täglich, manchmal auch zweimal – mit einem einzigen freien Tag in der Mitte. Solche Einsätze können zu einer großen Belastung für eine Ehe – besonders für eine junge Ehe – werden. Ich war glücklich, dass Johanna mich tatkräftig unterstützte. In der ganzen Zeit waren wir überwiegend Selbstversorger. Johanna sorgte für den Haushalt, erledigte Post, unterstützte mich im Gebet, oft sang sie mit im Chor und half an manchen Abenden auch in der Seelsorge.

Gott hatte meine Gebete erhört und ein zweites Mal für die richtige Ergänzung gesorgt. Öfter musste ich damals an Gottes eigene Aussage denken: »Ich will ihm eine Hilfe schaffen, die zu ihm passt« (1. Mose 2,18).[65]

Dass Johanna genau die Hilfe ist, die zu mir passt, bedeutet nun allerdings nicht, dass sie deshalb ununterbrochen an meiner Seite sein müsste. Nachdem Johanna mich ein paar Mal bei Evangelisationen begleitet hatte, merkten wir beide, dass es manchmal durchaus sinnvoller sein kann, wenn sie in dieser Zeit zu Hause bleibt, dort die Dinge am Laufen hält und für meinen Dienst betet. Sie hat sich in meiner norddeutschen Heimat schnell gut eingelebt und viele Kontakte geknüpft. Sowohl in der Gemeinde als auch im Missionswerk ist sie zu einer wertvollen Hilfe geworden.

In meinem Dienst hat sie mich außer in der Fürbitte vor allem bei der Planung, Organisation und Durchführung der vielen Bibel-Reisen unterstützt. Da sind wir ein wunderbares Team. Auf einer solchen Reise waren wir uns ja vor Jahren zum ersten Mal begegnet.

Die beste Zeit zum Gebet

Manchmal werde ich gefragt, wie ich es heute mit meiner Stillen Zeit halte, ob jeder für sich betet oder ob wir es gemeinsam tun – oder ob beides einen Platz in unserem Miteinander hat. Darauf will ich gern antworten und kurz schreiben, wie wir es halten, wenn ich zu Hause bin.

Normalerweise klingelt morgens zwei Minuten vor 6 Uhr mein Wecker. Dann stehe ich sofort auf und gehe ins Badezimmer, schalte das Radio ein, höre die 6:00-Uhr-Nachrichten und ein paar weitere Mitteilungen und mache mich nebenher fertig für den Tag. Ungefähr Viertel nach sechs gehe ich zu meinem Gebetsplatz, nehme mein Losungsbuch und lese die Tagestexte einige Male langsam durch und denke noch etwas darüber nach. Danach bete ich und nenne dabei dem Herrn Jesus viele meiner persönlichen Anliegen: Dank, Bitte, Fürbitte.

Kurz vor 7 Uhr wecke ich Johanna. Dann gehe ich in die Küche und bereite das Frühstück vor. Das ist morgens fast immer *meine* Aufgabe. Währenddessen höre ich noch etwas von den 7:00-Uhr-Nachrichten und dann die Presseschau. Das Letztere ist mir besonders wichtig. So bin ich ziemlich gut über alles Wichtige in der Politik informiert. (Manche meiner wichtigen Gebetsanliegen hängen tatsächlich mit diesen morgendlichen Informationen zusammen.) Danach frühstücken wir miteinander. Nachdem der Tisch abgeräumt ist, lesen wir zusammen ungefähr drei Kapitel aus der Bibel (AT und NT), manchmal auch etwas mehr, und dann beten wir gemeinsam – eine Viertelstunde, oft auch länger. Danach geht jeder an seine Aufgaben.

Natürlich freuen wir uns jedes Mal riesig, wenn wieder einmal eines unserer täglichen Gebete ganz konkret von Gott erhört wurde.

Johannas Eltern finden Jesus

»Der hat uns gerade noch gefehlt.« So lautete die erste Reaktion von Johannas Vater, als sie ihren überraschten Eltern von ihrer Beziehung mit einem Prediger berichtete.

Sie waren keine Atheisten. Im Gegenteil: Sie waren sogar eifrige Kirchgänger, sangen im Kirchenchor, ja, Johannas Vater war sogar viele Jahre Kirchenvorsteher gewesen. Doch als Johanna sich mit 21 Jahren während einer Evangelisation in Basel bekehrt hatte, zeigte sich ganz schnell, dass sie ein ganz anderes Verständnis vom Christentum hatten. Mit dem Wort »Bekehrung« konnten sie gar nichts anfangen. Das lehnten sie sogar ganz entschieden ab. Obwohl Johanna viel für ihre Eltern betete, wurde das Miteinander immer schwieriger. Bald konnte man über dieses Thema überhaupt nicht mehr reden.

Als ich Johanna kennenlernte und sie mir einiges von ihren Eltern erzählte, meinte sie, dass es wohl keinen Zweck hätte, weiter um ihre Bekehrung zu beten. Doch ich ermutigte sie und sagte: »Du hast jetzt über zwanzig Jahre allein für deine Eltern gebetet. Doch jetzt sind wir zwei. Jetzt werden wir zusammen für die Eltern beten. Jeden Tag.«

Das taten wir dann auch. Jeden Morgen brachten wir sie in unserer Stillen Zeit im Gebet vor Jesus und baten um ihre Errettung.

Eines Tages – wir waren inzwischen schon ein halbes Jahr verheiratet – hatte Johanna eine ganz wunderbare Idee. Sicher würden die Eltern auch gern einmal unser neues Zuhause sehen und für ein paar Tage in Norddeutschland unsere Gäste sein. Damit hatten wir ein neues, ganz wichtiges Gebetsanliegen. Dazu müsste Gott ihre Herzen lenken und es so führen, dass der Besuch der Eltern möglichst genau in meine siebte Evangelisation »zu Hause« fallen würde. Vielleicht könnten sie dann einige evangelistische Botschaften von mir hören und tatsächlich von Jesus überwunden werden und sich bekehren.

Als sie dann, im August 1994, tatsächlich mit ihrem Auto bei uns eintrafen, merkten wir, dass Gott dabei war, unser brennendes Gebet schrittweise zu erhören. Obwohl sie nach der langen Autofahrt von fast 800 Kilometern todmüde waren, konnten wir sie doch zum Mitkommen bewegen. Auf die ängstliche Erklärung der Mutter hin, sie würden ganz bestimmt beim Vortrag einschlafen, hatte Johanna sie beruhigt und erklärt: »Ihr müsst keine Angst haben. Bei Wilhelm schläft man nicht ein.« Ich glaube, sie waren an dem Abend meine aufmerksamsten Zuhörer. So etwas hatten sie noch nie in ihrem Leben gehört. Sie saßen ziemlich weit vorn, und ich konnte ihr Mienenspiel gut beobachten. Johanna saß hinter mir im Chor und betete »ohne Unterlass«.

Als Johanna dann mit ihnen nach Hause fuhr, sagten sie von sich aus: »Wir kommen morgen Abend wieder mit!« Johannas Vater war so bewegt, dass er nach Worten suchte, um meinen Dienst treffend zu beschreiben, und nannte mich »eine Trompete Gottes«.

Mir kamen die Tränen, als ich am dritten Abend nach der Predigt die ersten Leute im Seelsorgeraum empfing und dann Johannas Vater hereinkommen sah. Fest entschlossen nahm er in der ersten Reihe Platz. Seine größte Entscheidung war gefallen. Nachdem ich allen den Heilsweg noch einmal ganz gründlich erklärt hatte und wir zusammen gebetet hatten, war Jesus auch in sein Herz eingezogen.

Am andern Morgen, schon während des Frühstücks, fragte mich die Mutter, ob ich nachher auch mal Zeit für sie hätte. »Ja, gern!« Denn auf nichts anderes hatte ich an dem Morgen mehr gehofft.

Als wir zum Mittagessen wieder alle zusammensaßen, nahm Johannas Vater Bezug auf seine frühere Aussage, »Dä het is grad no gfäut i de Wurmcheschtä«, und sagte, zu mir gewandt: »Wilhelm, du hast uns *wirklich* gefehlt!«

Unsere heißen Gebete waren erhört worden. Es war mein schönster Tag in meiner siebten Evangelisation »zu Hause«! Der nächste Besuch bei ihnen in der Schweiz war dann auch ganz anders. Es gab ein fröhliches Wiedersehen. Wir waren nicht mehr nur Verwandte, sondern gleichzeitig Geschwister im Herrn, Kinder Gottes, deren Namen im Himmel stehen.

Wie reich sind wir, die Erlösten des Herrn, doch schon hier. Darüber hinaus wissen wir, dass wir noch gar nicht am Ziel der guten Pläne Gottes sind. Es ist so gut zu wissen: »Wir sind auf der Reise, heim in ein besseres Land.«

Teil 14: Wo auf der Welt ist es am schönsten?

Wo ist es am schönsten?

Danach werde ich tatsächlich oft gefragt. Leute, die viel herumgekommen sind, sollten es doch wissen. Weil ich so viel von der Welt gesehen habe, trauen sie mir ein gutes Urteil zu.

Und wo ist es nun am schönsten?

Kapstadt, im Süden Afrikas, meinen einige. Vielleicht haben sie Recht? Vancouver BC, im Westen Kanadas, behaupten die andern. Vielleicht haben sie Recht? Wieder andere meinen: Rio de Janeiro, die Perle Brasiliens, mit dem Corcovado[66] (dem 710 Meter hohen Berg, auf dem die Christusstatue steht) und dem märchenhaften Sandstrand Copacabana[67] und dem weltberühmten Zuckerhut[68]. Vielleicht haben die Recht? An all diesen und vielen anderen schönen Plätzen der Welt war ich viele Male, aber ich habe Mühe, mich festzulegen. Gottes Schöpfung ist einfach wunderbar. Manche meiner Bekannten meinen, Israel sei das schönste Land und Jerusalem die schönste Stadt der ganzen Welt. Vielleicht haben die Recht?

Andere haben da eine ganz andere Meinung: Ich habe einige Schweizer kennengelernt, die fest davon überzeugt sind, dass die Schweiz – sogar mit Abstand – das schönste Land auf der Erdkugel ist. Ich habe nicht widersprochen. Manchmal war ich sogar selbst dieser Meinung. Wir haben ja einige Jahre als ganze Familie in der Schweiz gelebt, und ich habe – bedingt durch meine Evangelisationseinsätze – in keinem anderen

Land (außer Deutschland) so viel Zeit verbracht. Wie oft waren wir hingerissen von der Vielfalt und Schönheit dieses einzigartigen Landes.

Doch dann erinnere ich mich an Leute, die für ganz andere Gebiete der Welt schwärmen. Da ist beispielsweise der griechische Reiseführer: »Kalimera!« So begrüßt er uns jeden Morgen im Bus[69]. Und die ganze Reisegruppe ruft wie aus einem Mund: »Kalimera!« Das heißt: »Guten Morgen!« Und dann folgt gleich sein begeisterter Ausruf: »Ist Griechenland nicht schön?!« Alle stimmen ihm zu und antworten: »Neee!« Das heißt in Griechenland: »Jaaa!« So ging es jeden Morgen. Und durch den Tag hindurch spürte man auf Schritt und Tritt, wie das Herz dieses hochbegabten Reiseführers für seine Heimat schlug.

Reiseführer ist nicht gleich Reiseführer. Wer sein Land liebt, kann einfach viel mitreißender darüber berichten. Bei einer ähnlichen Rundfahrt durch Griechenland erlebten wir eine junge, ungewöhnlich dynamische Reiseführerin. Sie war mit Haut und Haar Griechin und für ihren Beruf außerordentlich prädestiniert. Während wir wissbegierig tagelang das große, schöne Land bereisten und viel Neues und Interessantes über Griechenland erfuhren, leistete sich die junge Dame immer wieder denselben Abstecher und fing erneut an, von der schönsten Insel der Welt zu schwärmen: »Korfu, meine Heimat – kein anderer Platz auf der Erde ist so schön!« Obwohl die Insel gar nicht auf unserem Programm stand, wussten wir bald eine ganze Menge über den »schönsten Platz der Welt«.

Doch dann kam die Reise mit Nopi aus Athen. Ihre Leidenschaft beim Erzählen hat uns alle mitgerissen. Sie sprühte eine ungewöhnliche Begeisterung aus. Geboren war sie in Alexandroupoli, im Nordosten Griechenlands, nahe der Türkei. Es muss ein sehr schöner Landstrich sein. Doch nicht der schönste. Als sie vierzehn Jahre alt war, zog die ganze Familie nach Athen. Inzwischen sind viele Jahre vergangen. Sie ist verheiratet, hat eine Familie und einen der interessantesten Berufe: Reiseführerin. Ihr fehlten fast die Worte, um die Größe, die

Vielfalt, den Einfluss und vor allem die Schönheit »ihrer« Stadt zu beschreiben. Athen – die Wiege Europas, die Geburtsstätte der Demokratie. Vielleicht hat sie Recht?

Aber am letzten Reisetag hatte sie etwas noch viel Schöneres anzupreisen. Nirgendwo ist Urlaub so schön wie auf einer griechischen Insel im Mittelmeer. Sie zählte viele Namen wunderschöner Inseln auf. Meine Gedanken wanderten mit nach Mykonos und Santorin, nach Rhodos, Zypern, Kreta und Malta (ich kenne sie ja alle); doch dann landete sie in ihrer schwelgenden Beschreibung auf der Insel Patmos. Nopi ist davon überzeugt, dass es überhaupt keinen schöneren Platz auf der Erde gibt. Vielleicht hat sie Recht? Einige Male habe ich das auch schon gedacht.

Ich war ja selbst schon an all diesen Plätzen. Und ich glaube, sie haben alle Recht. Die Welt ist einfach schön, wunderschön.

Der eine schwärmt von seiner Nordkap-Reise, der andere erzählt begeistert von der Mitternachtssonne, die er auf den Lofoten bestaunt hat. Ja, an vielen Plätzen ist es so schön, dass man den Ort am liebsten gar nicht mehr verlassen möchte.

Doch wo auf der Welt ist es nun am schönsten?
Meine schönste Reise ist immer die Heimreise. Mein schönster Platz auf der Erde ist mein Zuhause in der Lüneburger Heide.

> Wo die Fuhren rauschen auf dem Heidesand,
> wo der gelbe Ginster leuchtet weit ins Land,
> wo die Eichen trotzen jedem Sturmgebraus,
> da ist meine Heimat, da bin ich zu Haus.[70]

Wenn ich das Lied höre, kommen mir fast die Tränen. Aber – und das ist die beste Antwort auf die gestellte Frage:

> Durch manche Länderstrecke trug ich den Wanderstab,
> von mancher Felsenecke schaut' ich ins Tal hinab,
> doch über alle Berge, die ich auf Erden sah,
> geht mir ein stiller Hügel, der Hügel Golgatha.[71]

Das kommt auch in folgendem Lied zum Ausdruck, das wir auf jeder von uns geführten Reise viele Male singen:

Ich bin durch die Welt gegangen,
und die Welt ist schön und groß,
und doch ziehet mein Verlangen
mich weit von der Erde los.

Ich habe die Menschen gesehen,
und sie suchen spät und früh,
sie schaffen, sie kommen und gehen,
und ihr Leben ist Arbeit und Müh.

Sie suchen, was sie nicht finden,
in Liebe und Ehre und Glück,
und sie kommen belastet mit Sünden
und unbefriedigt zurück.

Es ist eine Ruh vorhanden
für das arme, müde Herz;
sagt es laut in allen Landen:
Hier ist gestillet der Schmerz.

Es ist eine Ruh gefunden
für alle fern und nah:
In des Gotteslammes Wunden,
am Kreuze auf Golgatha.[72]

Wie oft musste ich schon so bei mir denken: Wenn diese Welt – deren Untergang Gott längst beschlossen hat – schon so schön ist, dass es uns oft schwerfällt, von einem besonders schönen Ort wegzugehen, wie schön muss dann erst Gottes neue Welt sein, die »Gott denen bereitet hat, die *ihn* lieben« (1. Korinther 2,9).

Und die anderen?

Wenn ich mich mit dem Himmel und überhaupt mit dem Ziel unserer herrlichen Errettung beschäftige, muss ich auch immer wieder an die vielen anderen denken, die für Gottes Angebot weder Ohr noch Auge haben. Was wird mit ihnen? Wo werden sie dann sein?

Ich habe an manchen Sterbebetten gesessen und die großen Unterschiede gesehen.

Wie schlimm ist es doch um einen Menschen bestellt, der fast alle Schönheiten dieser Welt gesehen, aber nie darüber nachgedacht hat, wohin die letzte Reise geht. Wie arm ist der Mensch, der nie auf den Gedanken gekommen ist, dass auch er einmal seinen letzten Atemzug macht, dass auch sein Herz einmal das letzte Mal schlägt; der sich auf alle möglichen Reisen bestens vorbereitet, sich aber nie Gedanken darüber gemacht hat, wohin seine letzte Reise geht.

Darf ich hier einmal ganz persönlich werden und jeden Leser offen fragen, wie es um die eigenen Vorbereitungen steht:

- *auf die Prüfung?*
- *auf die Gäste?*
- *auf das große Fest?*
- *auf den nächsten Urlaub?*
- *auf eine große Reise?*
- *auf die Hochzeit?*
- *auf das Kind?*
- *auf das Alter?*

Und wie sieht es mit der Vorbereitung aus

- *auf die letzte Reise?*

Der Himmel ist ein vorbereiteter Platz für vorbereitete Leute.

Der größte Narr

Von dem englischen König Heinrich VIII. wird eine interessante Geschichte erzählt:

Als er im Sterben lag, ließ er noch einmal seinen Hofnarren kommen und teilte ihm mit, er werde nun bald seine größte Reise antreten. Darauf fragte der Narr: »Majestät, wo soll die Reise denn hingehen?« Der König erwiderte: »Ich weiß es nicht.« Der Narr stellte noch eine zweite Frage: »Majestät, wie habt Ihr Euch auf diese Reise vorbereitet?« Der König antwortete verlegen: »Gar nicht.« Nach einer kurzen Pause ergriff der Narr wieder das Wort: »Majestät, Ihr habt mir einst das Narrenzepter gegeben, das ich so lange tragen sollte, bis ein größerer Narr auf englischem Boden gefunden würde. Dieser Tag ist heute gekommen. Ihr wusstet, dass Ihr verreisen müsst. Aber Ihr habt Euch nicht auf die Reise vorbereitet. Ihr wisst nicht einmal, wohin die Reise geht. Majestät, Ihr seid der größte Narr auf englischem Boden.«

Und damit drückte er das Narrenzepter in die Hand seines Königs.

Teil 15: Worum geht es eigentlich?

Klare Fronten

Zu meinen besonderen Büchern, die ich wie wertvolle Schätze hüte, gehörte auch die Broschüre »Zur Klärung der Fronten« von Pastor Friedrich Heitmüller. Ich weiß heute nicht mehr, wie ich einmal zu dem wertvollen Büchlein gekommen bin. Jahrelang hat es mich auf meinen Reisen begleitet. An manchen Orten habe ich Abschnitte daraus vorgelesen. Vielleicht war es auch deshalb so wertvoll für mich, weil die offene Sprache des bekannten Theologen total meine Überzeugung widerspiegelte und mich ermutigte, in meiner Verkündigung kein Blatt vor den Mund zu nehmen. Wer seine Zuhörer liebt, kann ihnen die Wahrheit doch nicht vorenthalten.

Irgendwo ließ ich dieses wertvolle Buch wohl auf einer Kanzel liegen. Alles Suchen und Nachfragen blieb ohne Erfolg. Selbst Verwandte des inzwischen verstorbenen Autors konnten mir bei der Suche nach Ersatz nicht weiterhelfen. Das habe ich sehr bedauert.

Doch dann geschah das Unerwartete: Ich hatte in Kanada frei aus dem Gedächtnis einen Satz aus dem Buch zitiert und dabei erwähnt, dass ich das Buch, aus dem der Satz stammte, leider verloren hätte. Dann vergingen einige Monate und ich bekam ein kleines Päckchen aus Kanada mit einem wunderbaren Inhalt. Im beiliegenden Brief stand:

»Wir danken Ihnen für Ihre klare Verkündigung, die Sie in Clearbrook gehalten haben. Jetzt geben wir die Kassetten gern weiter. Ihre Verkündigung erinnerte uns immer wieder an alte

Zeiten am Holstenwall, wo wir auch so klare Predigten von Friedrich Heitmüller hören durften. Es ist uns eine Freude, dass wir Ihnen das Buch ›Zur Klärung der Fronten‹ schicken können.«

Meine Freude war fast unbeschreiblich. Jetzt kann ich wieder daraus zitieren, und ich möchte gerade an dieser Stelle eine kleine Kostprobe geben:

»Evangelisation« ist diejenige missionarische Wirksamkeit im Raum der sogenannten Christenheit, die kirchliche und unkirchliche Menschen aus dem geistlichen Tode erwecken und zu persönlicher Bekehrung und Wiedergeburt durch das Gläubigwerden an Jesus Christus führen will. Bei aller Verschiedenheit in Form und Art ist alle »echte« Evangelisation einig gewesen und auch heute noch einig in wenigen einfachen, aber einschneidenden Sätzen:

- *Der Mensch bedarf zu seiner Errettung der persönlichen Bekehrung und Wiedergeburt.*
- *Ihrer bedarf auch das als Baby getaufte und christlich erzogene Gemeindeglied.*
- *Bekehrung und Wiedergeburt geschieht in vom Heiligen Geist gewirkten Lebensvorgängen, die nicht in jedem Fall genau auf Tag und Stunde zu datieren sein mögen, die aber auf jeden Fall deutlich und bewusst in Entscheidungszeiten des Lebens erfahren werden müssen und das Leben – bei allen bleibenden Mängeln – ganz klar in ein Einst und Jetzt teilen.*
- *Diese Grundlinien gelten als unaufgebbare biblische Wahrheiten, deren Nichtbeachtung die Hauptschuld an dem Tode in den Kirchen trägt.*
- *Der eindeutige biblische Tatbestand ist: Nicht nur Heiden und Juden, sondern auch getaufte Namenschristen müssen sich bekehren, wenn sie gerettet und selig werden wollen, eben weil sie durch ihre Taufe keine Kinder Gottes geworden sind.*

Dann zitiert Heitmüller einige bekannte christliche Persönlichkeiten:

- *»Auch das getaufte und christlich erzogene Gemeindeglied bedarf zu seiner Errettung der persönlichen Bekehrung und Wiedergeburt« (Oberkirchenrat Dr. Werner de Boor).*
- *»Alle christliche Predigt ist Bekehrungspredigt« (Professor Dr. Julius Schniewind).*
- *»Nicht nur Zöllner und Huren, Schächer und Verbrecher, sondern auch Fromme und Religiöse, Kirchgänger und Pastoren müssen sich bekehren, wenn sie vollwertige Glieder am Leibe Christi werden wollen« (Pastor Hans Dannenbaum).*

Meine feste Überzeugung

Ich habe für mich eine ganz einfache Rechnung gemacht:

1. Entweder es geht ohne Bekehrung und ohne Wiedergeburt – doch dann wäre Jesus ein Lügner, und die Bibel wäre nicht wahr.
2. Oder Jesus hat die Wahrheit gesagt und die Bibel stimmt – doch wenn es so ist, kommt kein Mensch ohne Bekehrung und Wiedergeburt ins Reich Gottes.

Weil ich so fest davon überzeugt bin, dass das Zweite zutrifft, will ich weiterhin mit allergrößtem Nachdruck über die Notwendigkeit einer persönlichen Bekehrung und Wiedergeburt predigen und in jeder Evangelisation zur persönlichen Entscheidung aufrufen. Denn:

- Wer gegen die Bekehrung ist, der ist gegen Gott.
- Wer gegen die Bekehrung ist, der ist gegen die Bibel.
- Wer gegen die Bekehrung ist, der ist sogar gegen sich selbst.

Und die Folge davon? In Hosea 13, Vers 9, lesen wir: »Das ist dein Verderben ..., dass du gegen mich, deine Hilfe, bist.«[73] Wie schrecklich: Man kann sogar sein eigener Todfeind sein.

Ich war seit meiner Bekehrung immer der Meinung, dass ein Prediger des Evangeliums, der seine Zuhörer liebt, ihnen die ganze Wahrheit sagen muss. Natürlich kann er nicht einfach mit der Tür ins Haus fallen, er muss sich gut überlegen, wie er es am besten sagt, und es muss in Liebe geschehen; aber wahr muss es sein. Jesus sagt: »Die Wahrheit wird euch frei machen.« Warum nur versagen so viele Verkündiger genau an dieser Stelle?

Kürzlich sagte der TV-Journalist Markus Spieker: »Es ist sehr lange her, dass ich in einer Kirche Begriffe wie ›Himmel‹, ›Hölle‹, ›Satan‹, ›Weltgericht‹ gehört habe.«

Schon William Booth (1829–1912) sagte: »Ich bin der Überzeugung: Die größten Gefahren, die dem kommenden Jahrhundert bevorstehen, sind:

- eine Religion ohne den Heiligen Geist,
- eine Vergebung ohne Buße,
- eine Erlösung ohne Wiedergeburt,
- eine Politik ohne Gott,
- eine Ewigkeit ohne Gericht
- und ein Himmel ohne Hölle.«

Es ist eigentlich unbegreiflich, aber es ist eine Tatsache: Früher hatte man Angst vor der Hölle, heute hat man Angst, über die Hölle zu predigen.

Warum nur darf ein Mensch sich Pastor oder Pfarrer einer christlichen Kirche nennen, vor andere Menschen hintreten und im Namen Gottes reden, wenn er selbst nicht einmal bekehrt ist?

Von solchen Menschen sagte Jesus einmal: »Weh euch ... ihr Heuchler, die ihr das Himmelreich zuschließt vor den Menschen! Ihr geht nicht hinein, und die hineinwollen, lasst ihr nicht hineingehen ... Darum werdet ihr ein umso härteres Urteil empfangen« (Matthäus 23,13–14).

Zu den anderen sagt Jesus: »Ich gehe hin, euch die Stätte zu bereiten. Und wenn ich hingehe, euch die Stätte zu bereiten, will ich wiederkommen und euch zu mir nehmen, damit ihr seid, wo ich bin« (Johannes 14,2b und 3).

Die wichtigste Lebensfrage

Keiner hat die wichtigste Lebensfrage je besser beantwortet als Charles Haddon Spurgeon, der große Prediger Londons. Man nannte ihn den Fürsten unter den Predigern. Er sagte:

> »Es geht eigentlich nur darum,
> dass Menschen in den Himmel kommen.«

Bist Du dabei?

Mein größter Wunsch

Die wichtigste Entscheidung im Leben

Es gibt viele wichtige Entscheidungen im Leben, aber es gibt eine, die alle anderen in ihrer Wichtigkeit übertrifft. Wer sie verpasst, hat eigentlich umsonst gelebt. Darum möchte ich Dich, liebe Leserin, lieber Leser, herzlich bitten, diese letzten Seiten besonders aufmerksam zu studieren und ernstlich darüber nachzudenken, ob die wichtigste Deiner Lebensfragen geklärt ist.

Das größte Problem des Menschen

Ob Mann oder Frau, ob jung oder alt, ob reich oder arm, in einem Punkt sind wir vor Gott alle gleich: Wir sind schuldig. Hier geht es nicht darum, wie viel »Gutes« oder »Böses« ein Mensch getan hat. Wir alle sind von Geburt an von Gott getrennt. Wir haben Gott und seine Ordnungen missachtet. Wir sind unsere eigenen Wege gegangen. Wir haben uns von Gott entfernt und damit seinen Zorn verdient. Weil Gott ein gerechter und heiliger Gott ist, wird er uns im Gericht zur Rechenschaft ziehen.

Aus uns heraus können wir nichts bringen, was zu unserer »Ent-Schuldigung« hilft. Die Schuld des Menschen ist sein größtes Problem.

Der einzige Ausweg

Gibt es einen Ausweg aus diesem Dilemma? Ja, Gott selbst hat einen Weg zur Errettung geschaffen. In der Bibel lernen wir Gott nicht nur als einen heiligen und gerechten Gott, sondern auch als liebevollen Vater kennen. Er will nicht, dass wir für ewig verlorengehen und für immer von ihm getrennt sind. Er will vielmehr, dass wir gerettet werden und dann in einer engen Beziehung mit ihm leben – hier und in alle Ewigkeit.

Um das möglich zu machen, sandte Gott in seiner Liebe Jesus Christus, seinen Sohn, auf diese Erde. Er sollte die Strafe für unsere Schuld stellvertretend auf sich nehmen. Und genau das tat Jesus. Er wurde Mensch. Er erklärte uns das Geheimnis vom Reich Gottes, dem Herrschaftsbereich Gottes. Er zeigte uns, wie groß Gottes Liebe ist. Jesus starb an einem Kreuz auf dem Hügel Golgatha, nahe der Stadt Jerusalem.

Jesus starb an unserer Stelle, wegen unserer Schuld. Gott hat den stellvertretenden Tod Jesu akzeptiert und ihn von den Toten auferweckt. Deshalb können wir von unserem Grundproblem, der Trennung von Gott, befreit werden. Wir brauchen die Strafe für unsere Schuld nicht mehr selbst zu tragen, weil Jesus sie auf sich genommen hat.

Auch Du kannst gerettet werden, Du kannst aber auch verlorengehen. Die Entscheidung liegt bei Dir. Möchtest Du gerettet werden und später in der ewigen Herrlichkeit bei Gott sein? Dann solltest Du jetzt unbedingt weiterlesen.

1. Schritt: Erkenne Deine Schuld!

Viele Menschen sehen ihre eigene Sünde nicht ein. Andere sehen sie, versuchen aber, sie zu überspielen. Wir sind von Natur aus Schauspieler. Immer wieder haben wir es meisterhaft fertiggebracht, uns zu verstellen und einen anderen Eindruck zu erwecken, als es den Tatsachen entspricht. Aber vor Gott ist alles offenbar. Er kennt uns genau. Wir sind vor ihm wie ein aufgeschlagenes Buch. Er kennt alle Einzelheiten unseres Lebens. Vor Menschen kann man seine Sünden zum Teil verbergen. Man kann die Missachtung der göttlichen Ordnungen mit vielen Entschuldigungen begründen. Aber bei Gott zählen diese Entschuldigungen nicht. In der Bibel lesen wir: »Was der Mensch sät, das wird er ernten« (Galater 6,7).

Du hast bestimmt schon viele Deiner Sünden vergessen. Gott vergisst sie nicht so einfach. Vielleicht versuchst Du, Deine Sünden zu verbergen. Gott wird sie ans Licht bringen. Die Sünden, die Du als junger Mann getan hast, die Sünden, die Du als junges Mädchen getan hast, sie werden wieder zum Vorschein kommen. Dann fällt jede Maske. Die Bibel sagt: »Alles, was verborgen ist, wird offenbar werden« (vgl. Lukas 12,2). Dann wird Gott Dich für Deine Sünde zur Rechenschaft ziehen und strafen müssen.

Und das, obwohl die Sühnung für die Schuld geschehen ist. Obwohl die Vergebung bereit ist. Aber Vergebung kann nur der empfangen, der sich schuldig weiß. Das Erkennen und Eingestehen der eigenen Sünde ist der erste Schritt zur Errettung.

2. Schritt: Bekenne Deine Schuld!

Ich glaube, an keiner Stelle der Bibel wird uns der Weg zur Vergebung der Sünden besser erklärt als in Psalm 32.

Die Bibel berichtet uns viel von König David. Er erkannte, dass er vor Gott schuldig war, und er litt darunter. Daraufhin bekannte er Gott seine Sünde, und Gott vergab sie ihm. David schrieb später in Psalm 32,1–5:

> »Wohl dem, dem die Übertretungen vergeben sind, dem die Sünde bedeckt ist! Wohl dem Menschen, dem der Herr die Schuld nicht zurechnet, in dessen Geist kein Trug ist! Denn als ich es verschweigen wollte, verschmachteten meine Gebeine durch mein tägliches Klagen. Denn deine Hand lag Tag und Nacht schwer auf mir ... Darum bekannte ich dir meine Sünde, und meine Schuld verhehlte ich nicht. Ich sprach: ›Ich will dem Herrn meine Übertretungen bekennen.‹ Da vergabst du mir die Schuld meiner Sünde.«

Gewöhnlich ruft der Kranke den Arzt, und der Ertrinkende schreit um Hilfe. Was tat David, als er seinen sündigen Zustand erkannte? Er wandte sich an Gott und bat ihn um Hilfe. Er bekannte ihm seine Schuld. Und daraufhin empfing er Vergebung.

Sicher kannst Du Dich nicht an jede einzelne Sünde in Deinem Leben erinnern. Es geht auch nicht darum, unsere Vergangenheit bis ins Kleinste zu durchforsten. Aber wir müssen erkennen, dass uns nicht nur ein paar gravierende Sünden von Gott trennen, sondern dass unser ganzes Leben von der Sünde gezeichnet ist. Wir haben gegen Gott rebelliert, indem wir unseren eigenen Weg gegangen sind. Unsere ganze Lebenshaltung ist von der Sünde durchdrungen. Doch Gottes Zusage gilt: »Wenn wir aber unsre Sünden bekennen, so ist er treu und gerecht, dass er uns die Sünden vergibt und reinigt uns von aller Ungerechtigkeit« (1. Johannes 1,9).

3. Schritt: Lade Jesus ein, in Dein Leben zu kommen!
Wer seinen sündigen Zustand erkennt, verspürt den Wunsch, jemanden zu haben, der ihm von jetzt an zur Seite steht. Gott vergibt, wenn wir bekennen. Es reicht aber nicht aus, nur die sündigen Taten zu bekennen. Wir brauchen jemanden, der uns Kraft gibt, ein neues Leben zu führen. Dieser »Jemand« ist Jesus Christus. Jesus kam, um unsere ganze Schuld wegzunehmen. Aber er will noch mehr tun. Er macht uns zu Kindern Gottes und schenkt uns ein völlig neues Leben.

Im Johannes-Evangelium, Kapitel 1, Vers 12, lesen wir die Zusage: »Alle, die ihn [Jesus] aufnahmen und an seinen Namen glaubten, denen gab er das Recht, Gottes Kinder zu heißen.«

Das kannst auch Du heute erleben! Mach es so wie David. Geh an einen Ort, wo Du ganz allein bist, und beginne, mit Jesus zu sprechen. Es kommt bei diesem Gebet nicht auf schöne oder viele Worte an. Wichtig ist, dass Du es ehrlich meinst. Jesus ist da und hört Dich. Er sieht Dein Herz und versteht Dich.

Sage ihm mit Deinen eigenen Worten, dass Du jetzt zu ihm kommen möchtest, dass Du erkannt hast, dass Du ein Sünder bist und Du gegen Gott und Menschen gesündigt hast. Bitte Jesus um Vergebung Deiner Schuld. Dann danke ihm, dass er auch für Deine Sünden am Kreuz gestorben ist.

Bleib dann aber nicht auf halbem Wege stehen. Bitte Jesus, jetzt in Dein Leben zu kommen. Sage ihm, dass Du von jetzt an mit ihm leben willst und nicht mehr dem Teufel dienen möchtest. Sage Jesus, dass er von jetzt an Dein Herr sein und die weitere Führung Deines Lebens übernehmen soll.

Deine Entscheidung ist entscheidend!
Vielleicht möchtest Du die Erklärung der drei Schritte noch einmal lesen? Dann tu es auch. Tu es heute. Tu es jetzt!

Und dann darfst Du es ganz fest glauben:

1. Wer seine Sünden, sein ganzes altes Leben, im Glauben aufrichtig im Gebet zu Jesus gebracht hat, dem sind seine Sünden vergeben. – Diesen ganzen Vorgang nennt die Bibel auch »Bekehrung«.
2. Wer zu Jesus Christus gebetet und ihn im Glauben in sein Leben aufgenommen hat, der ist ein Gotteskind geworden und hat das ewige Leben. – Dieses Ereignis nennt die Bibel auch »Wiedergeburt«.

Wenn Du den Weg so weit gegangen bist, darfst Du Dich über Gottes großes Geschenk freuen und ihm immer wieder dafür danken.

Jetzt solltest Du Menschen kennenlernen, die dasselbe erlebt haben. Jesus möchte, dass wir in einer guten Gemeinde sein Wort hören und ihn immer besser kennenlernen und gemeinsam mit anderen Christen ihm fröhlich nachfolgen und dienen.

Eine der schönsten Erfahrungen für einen echten Christen ist, wenn durch ihn auch andere Menschen Jesus kennenlernen und finden.

Ich wünsche Dir von Herzen Gottes reichen Segen!

Homepage: www.wilhelm-pahls.de
E-Mail-Adresse: wilhelm.pahls@gmx.de

Anmerkungen

[1] Dafür war eine Ausnahmegenehmigung der Bibelschulleitung nötig.
[2] Centro de Entrenamiento Christiano (Christliches Schulungszentrum)
[3] 1936 bis 1965
[4] Heute heißt der Beruf »Kraftfahrzeug-Mechatroniker«.
[5] Von Charles Haddon Spurgeon
[6] Siehe: »Lebt er noch? – Schlagt ihn tot!«, Seite 115–116
[7] Das ist ein dienstfreier Montag als Ausgleich für einen Gemeindedienst am Sonntag.
[8] Das ist ein dienstfreies Jahr, als Geschenk, als Anerkennung, zum Beispiel auch zur Weiterbildung, in manchen Fällen mit einer Gehaltsfortzahlung.
[9] Einmal hatte ich Probleme mit Nierensteinen, zweimal hatte ich vereiterte Mandeln, einmal war ich so heiser, dass die Zuhörer mich fast nicht verstehen konnten, zweimal musste ich mich wegen einer Beerdigung in der Familie kurz vertreten lassen, aber ich musste nie eine geplante Evangelisation wegen Krankheit absagen.
[10] Siehe: »Lebt er noch? – Schlagt ihn tot!«, Seite 215–216
[11] Martin Luther
[12] Natürlich erwarten wir von jedem Mitarbeiter, dass er sich einer guten Gemeinde anschließt und sich da auch verbindlich engagiert.
[13] Auszug aus der BRUDERHAND-Satzung: »DIE BRUDERHAND verkündigt und lehrt Gottes Wort nach dem Alten und Neuen Testament der Bibel. Dies geschieht durch Evangelisation, Schulung, Freizeiten, seelsorgerliche Dienste, äußere Mission sowie Herausgabe und Verbreitung von christlicher Literatur … DIE BRUDERHAND möchte das biblische Verständnis für Evangelisation, Mission und Diakonie fördern. DIE BRUDERHAND unterstützt Missionare

und Bedürftige und leistet Hilfe bei Katastrophen. DIE BRUDERHAND ist ein kirchenunabhängiges evangelikales Glaubenswerk. Sie ruft angesichts der großen Herausforderungen unserer Zeit zu brüderlicher Handreichung innerhalb der Reichgottesarbeit auf.«

[14] »Auf den Hund kommen« ist eine Redensart mit der Bedeutung »in schlimme Umstände geraten«.

[15] Siehe: »Lebt er noch? – Schlagt ihn tot!«, Seite 26–27

[16] Matthäus 11,29

[17] Heinrich Kemner (19.6.1903–13.6.1993). Nach seiner Pensionierung als Gemeindepfarrer gründete und leitete er den bekannten Ahldener Jugendtag, die Ahldener Bruderschaft und das Geistliche Rüstzentrum Krelingen. Er wirkte auch als Evangelist und Schriftsteller.

[18] 1. Korinther 3,12

[19] Den Namen habe ich aus verständlichen Gründen geändert.

[20] Erst im Februar 1970 kam es zu einem Einsatz von neun Tagen.

[21] Siehe: »Lebt er noch? – Schlagt ihn tot!«, Seite 215–216

[22] »Berufung, Auftrag und Ziel«

[23] 30. März 1973

[24] Siehe Teil 3, »Offener Himmel über Hamburg«

[25] Siehe Hochzeitsgedicht in Teil 13, »Gott ist immer noch größer!«

[26] MEOS Svizzera ist ein evangelikales Missionswerk, das es sich zur Aufgabe gemacht hat, ausländische Mitbürger mit dem Evangelium zu erreichen.

[27] 1521: Luther auf dem Reichstag zu Worms mit den berühmten Worten: »Hier stehe ich und kann nicht anders! Gott, helfe mir! Amen.«

[28] Daniel war damals Student an der FETA.

[29] In vielen Fällen bekommt der Neubekehrte auch eine Bibel als Geschenk.

[30] Auch Daniel, unser ältester Sohn, war damals einer der Absolventen.

[31] FETA, Freie Evangelisch-Theologische Akademie Basel, heute: STH, Staatsunabhängige Theologische Hochschule Basel

[32] Apostelgeschichte 16,9

[33] Russland, Estland, Kasachstan, Kirgisien, Tadschikistan, Usbekistan, Ukraine, aus den Ländern am Schwarzen Meer usw.

[34] In manch einer Aussiedler-Gemeinde spricht man eher vom Bethaus.

[35] Darüber habe ich im ersten Buch einiges berichtet.
[36] Der Gran Chaco oder kurz Chaco ist eine Region mit Trockenwäldern und Dornbuschsavannen im Inneren Süd-Amerikas. Er umfasst den Norden von Argentinien, den westlichen Teil von Paraguay und den Südosten von Bolivien. Seine Ostgrenze bilden die Flüsse Rio Paraná und der Rio Paraguay, während sich seine Westgrenze von Nord nach Süd etwa von Santa Cruz de la Sierra (Bolivien) über Santiago del Estero (Argentinien) bis nach Córdoba erstreckt.
[37] Das ist eine diakonische Arbeit, die sich sich an den Grundlagen der Bibel orientiert. Auf Anregung amerikanischer Mennoniten, die schon im Jahr 1943 den »Mennonite Voluntary Service« im Norden geschaffen hatten, beschäftigten sich die paraguayischen Mennoniten mit dem Gedanken, einen organisierten christlichen Dienst einzurichten. 1951 kamen die ersten freiwilligen Helfer und begannen die Leprastation bei Kilometer 81 an der Landstraße Nr. 2 aufzubauen. 1957 wurde die Arbeit im Hospital Psiquiátrico begonnen.
[38] Deutsche Indianer Pionier Mission
[39] So werden in der Regel die Gemeindehäuser genannt.
[40] Mit Einzugsgebiet sind es sogar 1,8 Millionen.
[41] DIGUNA ist die Abkürzung für »Die gute Nachricht«. DIGUNA ist ein 1972 entstandenes Missionswerk mit den Schwerpunkten Evangelisation und Mission in Ost-Afrika.
[42] Wienhausen hat etwas über 4000 Einwohner.
[43] Oppershausen ist ein Ortsteil von Wienhausen. In Oppershausen ist auch das Zentrum vom Missionswerk DIE BRUDERHAND.
[44] Siehe Vorwort von Werner Gitt. In der von ihm erwähnten Evangelisation konnten wir das Zelt im aufgebauten Zustand besichtigen.
[45] Jakob Schärer, David Brändli, Tilmann Geske, Hans Schütze, Karl-Friedrich Seibel, Georges Morand, Holger Güntzel, Manfred Röseler, Daniel Pahls, Mathias Schreiber, Markus Schmidt, Willi Kort und andere.
[46] Bis 1995: Hermann Pahls, Wilhelm Pahls, Karl Seeger, Heinz Bremer, Robert Wenger, Walter Sedlmayer, Siegfried Jakob, Hans-Georg von Dewitz, Markus Schmidt.
[47] Übersetzung: unrevidierte »Hoffnung für alle«
[48] geboren 27.2.1965

[49] Ich war Gastredner bei der Absolvierungskonferenz.

[50] Später Ilsegret Berger

[51] DIGUNA (»DIe GUte NAchricht für Afrika«) arbeitet im Sudan, im Kongo, in Uganda und in Kenia.

[52] Die Buchstaben WEC bedeuten »Weltweiter Einsatz für Christus«.

[53] Missionsschiff von OM, »Operation Mobilisation«

[54] Siehe: »Lebt er noch? – Schlagt ihn tot!«, Seite 13–19

[55] Darüber berichte ich auf Seite 39 im ersten Buch.

[56] Von 1971 bis 2002 war er Leiter des Fachbereichs Informationstechnologie an der Physikalisch-Technischen Bundesanstalt in Braunschweig (PTB). 1978 Ernennung zum Direktor und Professor bei der PTB. Beschäftigung mit wissenschaftlichen Fragestellungen aus den Bereichen Informatik, Numerische Mathematik und Regelungstechnik. Publikation der Ergebnisse in zahlreichen wissenschaftlichen Originalarbeiten. Autor mehrerer Bücher zu dem Problemkreis »Biblischer Glaube und Naturwissenschaft«.

[57] Jonathan, der Jüngste, ist erst bei uns in Deutschland geboren.

[58] Seit Jahrzehnten auch Dozent an der STH Basel

[59] Amyotrophe Lateralsklerose, die fortschreitend den ganzen Körper lähmt.

[60] 1983 heiratete unsere Tochter Christa, 1985 unsere Tochter Karina, 1987 unser Sohn Daniel und 1988 unser Sohn Martin.

[61] So heißen die neun: Nadine, Patric, Janne, Soeren, Annbritt, Manuel, Viola, Nicola und Marilen. Später kamen Tim und David noch dazu.

[62] Heute wäre das nicht mehr möglich. Nach einer Verordnung der EU werden so hohe Entschädigungsforderungen nicht mehr anerkannt. Die Höchstsumme liegt wohl bei 600 Euro.

[63] Auf Wunsch der Betroffenen habe ich die Namen hier weggelassen.

[64] »Der hat uns gerade noch gefehlt in der Wurmkiste.« (Eine ironische Aussage, mit der aber deutlich zum Ausdruck kommt: Den haben wir gar nicht nötig.)

[65] Nach der Bruns-Übersetzung

[66] Der Corcovado (deutsch: der Bucklige) ist ein Berg in Rio de Janeiro, auf dem eines der Wahrzeichen der Stadt, die Christusstatue, steht. Unterhalb liegt der Tijuca-Nationalpark. Der Corcovado ist 710 m hoch und bietet einen spektakulären Blick über

die Stadt. Eine Serpentinenstraße und eine Zahnradbahn, die Corcovado-Bergbahn, führen bis nahe an den Gipfel des Corcovado.

67 Copacabana ist einer der bekanntesten Stadtteile Rio de Janeiros, der direkt eingebettet zwischen dem Atlantik und den mit Favelas bevölkerten Granitfelsen liegt und über den berühmten vier Kilometer langen Sandstrand verfügt.

68 Der Zuckerhut ist ein 396 Meter hoher Felsen, der der Stadt Rio de Janeiro auf einer Halbinsel im Atlantik vorgelagert ist. Er wird in Brasilien »Pão de Açúcar« (wörtlich: Zuckerbrot, der portugiesische Begriff für Zuckerhut) genannt, weil er die Form desselben hat. Entgegen landläufiger Meinung ist der Zuckerhut nicht der Standort der weltberühmten Christusstatue.

69 Griechenland, die Türkei, den Libanon, Syrien, Jordanien, Ägypten und Israel bereisten wir viele, viele Male auf den zahlreichen Bibel-Reisen, die wir seit 1971 durchführten. (Siehe auch: »Auf den Spuren Jesu und seiner Apostel« in Kapitel 3.)

70 Heidjers Heimat

71 Von Karl Gerok (1815–1890)

72 Von Eleonore Fürstin von Reuß (1835–1903)

73 Hosea 13,9; nach der Schlachter-Übersetzung